LOCAL AUTONOMY

지방 자치론

| 이달곤 · 하혜수 · 정정화 · 전주상 · 김철회 |

박영사

머 리 말

우리나라에서 지방자치제는 1961년에 중단되었다가 1991년에 부활되어 이제 20년을 넘기고 있다. 그동안 지방자치제도의 질적 수준도 향상되고, 자치의식도 성숙하였지만, 지방정치, 지방재정 등 많은 부문에서 아직도 갈 길이 멀다. 이론적인 측면에서 지방자치제의 문제점에 대한 진단과 더불어 처방을 모색하기 위한 많은 연구들이 이루어졌다고 판단된다. 지방자치에 관한 수많은 저술과 논문들이 이를 대변해주고 있다. 이러한 측면에서 이번에 지방자치론을 준비하면서, 본서가 그동안의 저술에 대한 또 하나의 추가에 그치지 않을까 염려하는 마음을 지울 수 없었다. 그러나 대다수 지방자치 관련 저술들이 한 학기에 소화하기 어려울 정도로 방대한 내용을 담고 있고, 학부생들이 읽기에 다소 어려워, 더 간결하고 쉬운 교과서가 필요하다는 데 공감대가 형성되어, 다섯 명의 저자가 힘을 합쳐 저술을 시작하게 되었다. 기존의 지방자치 관련 교과서와 다른 본서의 특징을 제시하면 다음과 같다.

첫째, 무엇보다도 기존 관련 교과서가 한 학기에 강의하기 어려운 방대한 분량으로 구성되었다는 점을 고려하여, 본서는 핵심 내용을 중심으로 한 학기에 소화할 수 있는 분량으로 구성하였다. 즉 본서는 한 학기가 15주라는 점을 고려하여 전체내용을 15장으로 구성하였고, 중간고사와 기말고사 때문에 강의가 이루어지기 힘든 경우에는 2개장에 대해 과제로 부여하는 방법으로 활용될 수 있을 것이다.

둘째, 본서는 그동안 지방자치와 관련된 연구와 교육을 수행해 왔던 다섯 명의 학자들의 공동노력을 통해 완성되었다. 지방자치분야는 내용이 방대하여 한 사람이 모든 지방자치분야의 구체적인 내용을 망라하여 온전히 이해하기 힘든 특징을 지니고 있다. 이러한 점에 착안하여 다섯 명의 학자들은 지방자치와 관련된 기초이론을 어떻게 하면 학생들에게 쉽게 전달할 수 있을까 깊이 고민하고, 진지하게 토론하는 가운데, 시너지 효과를 낼 수 있도록 노력하였다. 지난 1년 동안 본서의 저자들은 격주로 만나 먼저 교재의 전체적인 틀과 목차에 대해 토론한 후, 각자 맡은 장을 집필하고, 집필한 내용에 대해 공동으로 토론하고 의견을 제시하는 과정을 통해 공동저술이 갖는 일관성 부족의 결함을 최소화하였다.

셋째, 본서는 장별 내용을 기초이론－제도－과제 등 3개 영역으로 분류하여 순차적으로 기술함으로써, 지방자치와 관련된 전체 내용을 기초 개념부터 향후 발전방향까지 체계적으로 이해할 수 있도록 구성하였다. 아울러 이론적인 내용의 기술과 더불어, 현대 한국사회에서 지방자치와 관련되어 이슈가 되었거나 현재 이슈가 되고 있는 언론보도나 사례를 보완적으로 제시함으로써 내용의 현실성과 독자의 이해도를 높이려고 노력하였다.

넷째, 본서는 「지방정부론」(이달곤, 2004)을 모태로 하여 저술되었다. 기존의 「지방정부론」은 지방자치와 관련된 종합적인 내용을 모두 포함하고 있는 저술임에도 불구하고, 내용이 방대하고, 학부생과 공무원 등 일반인이 이해하기에 다소 어렵다는 한계를 지니고 있었다. 본서는 기초적인 이론 부문은 위 저서의 내용을 참조하되, 제도와 과제 부문은 현재의 시점에서 가능한 한 사례를 중심으로 구성함으로써 이해도를 높이기 위해 노력하였다. 「지방정부론」에서 인용한 부분에 대해서는 장별로 표시하였음을 밝혀둔다.

다섯째, 저자들은 더 쉽고 간결한 지방자치론 대학교재를 만들기 위해 많은 애를 썼음에도 불구하고, 초기 작품이라는 특성상 미흡했던 점도 많았음을 고백하지 않을 수 없다. 특히 기초이론을 알기 쉽게 설명해주는 적절한 사례를 개발하여 충실히 제시하지 못하고 있는 점은 많은 아쉬움으로 남는다. 향후 저자들은 이러한 한계를 극복하기 위해 지속적으로 사례를 발굴하고, 이를 쉽게 전달하는 방법을 고안하여 본서를 수정·보완해 나갈 것임을 약속한다.

마지막으로 우여곡절이 있었음에도 불구하고, 본서가 이렇게 세상의 빛을 보게 되기까지 보이지 않는 곳에서 애를 써주신 분들에게 감사의 말씀을 전하지 않을 수 없다. 특히 박영사에서 책의 시작부터 끝까지 만들어지는 과정을 챙겨주신 이정은 대리님, 교정을 위해 수고하신 우석진 부장님, 그리고 안종만 회장님께 감사의 말씀을 드린다.

2012년 2월

저자일동

차 례

제 1 장 지방자치의 의의와 본질

제 2 장 지방자치의 이론적 기초

제 3 장 지방분권과 자율성

제 4 장 주민자치와 주민참여

제 7 장 지방선거

제 9 장 자치단체장과 집행기관

제 11 장 지방재정운영

CHAPTER 01

지방자치의 의의와 본질

제 1 장 지방자치의 의의와 본질

제1절 지방자치의 개념

1. 기초개념

지방자치를 공부하면서 지방, 지역, 지방행정, 지방자치, 지방정부, 지방자치단체, 지방거버넌스 등 지방자치와 관련된 무수한 개념과 마주한다. 그러나 실제 그러한 개념에 대해 정확한 이해 없이 어설프게 넘기는 경우가 많다. 지방자치의 본질과 실체를 제대로 이해하기 위해서는 지방자치의 개념에 대한 이해가 앞서야 하고, 지방자치의 개념정의를 위해서는 그와 연관된 기초개념을 파악하는 것이 중요하다.

(1) 지방과 지역

지방자치의 기초개념 중에서 지방, 지역, 지구, 구역, 권역의 개념에 대하여 차례로 살펴보고자 한다. 지방(local)의 개념을 보면, 영어사전에서 'local'은 현지, 국소(부분), 주변부, 지엽(지사), 지점 등의 의미를 갖는다. 국어사전에서 지방은 ① 어느 방면의 땅, ② 서울 이외의 지역, ③ 중앙의 지도를 받는 아래 단위의 기구와 조직 등으로 요약된다.

이러한 정의에 기초할 때, 첫째, 지방은 중심(center)이 아닌 지엽 또는 주변부(periphery)의 의미를 갖는다. 서울 이외의 지역을 지방이라고 통칭하는 것과 동일한 맥락이다. 서울에는 나라 전체를 통치하는 왕성이 있기 때문에 중심 내지 핵심에 해당되고, 그 외의 지역은 그로부터 멀리 떨어진 변방 또는 지엽적 의미를 가졌던 것이다. 오늘날 지방대학의 문제, 서울과 지방의 격차문제 등은 이러한 지방의 개념에 기초한 것이다. 서울의 생활권이 확대되어 경기와 인천을 포함한 수도권을 지방에 대칭되는 개념으로 사용하기도 하지만 정확한 표현으로 보기 어렵다.

둘째, 지방은 전체의 부분으로서 중앙(central)에 대칭되는 개념이다. 어느 방면의 땅은 전체의 부분에 해당되고, 중앙의 지도를 받는 아래 단위의 기구와 조직이라는 의미의 지방도 특정 지역을 관장하는 기구라는 점에서 보면 전체의 부분을 의미한다. 이러한 의미에서 지방은 현지적 특성을 강하게 내포하고 있다. 중앙이 전체의 의미를 직접적으로 표현하고 있지 않지만 지사(지점)가 일부 지역을 관장하는데 반해, 본부(본사)가 전체를 관장하는 조직이라는 점에서 전체의 의미를 포함하고 있다. 이러한 개념에 따르면 서울도 경기도나 경상북도와 같이 하나의 지방에 속한다. 서울이 수도로서 나라 전체를 관장하는 통치조직이 입지해 있지만 나라 전체의 부분임에는 틀림없다. 이상의 두 가지 지방의 개념 중 지방자치론에서 다루는 지방의 개념은 전체의 부분(일부 지역)으로서의 지방이다.

지방의 개념과 가장 유사하게 사용되는 개념이 지역(region)이라는 개념이다. 국어사전에서 지역은 ① 일정하게 구획된 어느 범위의 토지, ② 전체 사회를 어떤 특징으로 나눈 일정한 공간 영역으로 정의된다. 이러한 정의에 따르면 지역도 전체의 일부로서 지방의 의미가 거의 동일하다. 다만, 지역은 독자적으로 기능할 수 있는 공통의 역사성을 지닌 국가의 하위공간이라는 특성이 강조되고 있다. 그리고 영국, 프랑스 등 유럽 주요국에서 보는 바와 같이 지역(region)은 지방보다 넓은 공간단위를 지칭하는 개념으로 사용되기도 한다. 따라서 지역정부는 기존의 지방정부보다 더 넓은 자치구역을 관장하면서 보다 강력한 자치권을 가진 하위국가정부를 지칭하게 된다.

보충 1-1 지역의 유사개념

지구(地區)는 일정한 목적 때문에 특별히 지정된 지역을 의미한다.

구역(區域)은 정치적, 행정관리적 이유에서 지역을 보다 작은 단위로 구분한 것이다. 도시계획법에는 지역의 기능을 증진하기 위한 목적으로 지구로 나누고, 지역과 지구의 제한을 강화 또는 완화하기 위해 구역으로 나눈다. 이러한 점에서 지구와 구역은 광협의 차이는 다소 있을 수 있지만 두 개념 모두 계획적, 관리적 목적을 위해 구획된 것으로서 지역의 하위공간이라는 특성을 공유하고 있다. 자치구역, 행정구역, 선거구 등은 이러한 구역에서 파생된 개념이다.

권역(圈域)은 지구나 지역처럼 계획적, 정책적인 목적으로 지역을 구획한 것이지만, 차이점은 반드시 법률적 구획이 아닐 수 있고 공간적 범위도 하나의 지역에 한정되지 않을 수 있다. 지자체 장기발전계획에서 구분한 권역(3-4개)은 법률에 근거하지 않은 권역이고, 수도권 등은 법률에 근거한 권역에 속한다. 또한 수질보전특별대책지역 1권역은 수개 지역(경기도의 4시 3군)으로 구성되어 있다는 점에서 지역의 일부를 의미하지만 수도권은 서울, 인천, 경기 등 3개 단위지역을 포함하는 광대한 지역이다. 지역의 공간차원도 상대적이기 때문에 권역은 지역의 하위개념이 되기도 하고, 그 반대가 되기도 하는 것이다.

이러한 관점에서 지방과 지역을 유사한 개념으로 보고 상호 교차적으로 사용하고자 하며, 선진국 등에서 발견되는 광역적 지역을 관장하는 지방정부에 대해서는 지역정부라고 구분할 것이다. 지구, 구역, 권역은 계획적, 정책적, 관리적 목적으로 지역을 구분한 것으로서 상호 교환적으로 사용하고자 한다. 다만 법률에서 지구, 구역, 권역으로 명시한 경우에는 그에 해당하는 개념을 사용하고자 한다.

(2) 관치와 자치

지방자치를 구성하는 두 가지 개념 중 지방과 그에 관련된 개념은 살펴보았으므로 자치의 개념에 대해 살펴보기로 한다. 자치는 글자 그대로 '스스로 다스린다'의 의미이다. 국가를 단위로 하면, 다른 국가의 통제와 간섭 없이 다스린다는 의미에 더하여 공공엘리트가 아닌 국민들 스스로 다스린다는 의미를 포함하고 있다. 국민들 스스로 다스린다는 의미는 법률과 국가의 중요 정책에 있어서 국민의 의사를 제도화하고, 필요한 경우 표결로서 결정한다는 것이다. 오늘날 인구의 증가, 행정의 전문화 등에 의해 직접민주주의가 곤란한 상황에서는 국민의 대표기관인 국회를 통해 국가의 중요 정책이 결정되는 대의민주주의를 포함하고 있다. 지방이나 지역의 입장에서는 중앙정부에 의한 통치가 아니라 해당 지역 스스로 다스린다는 의미를 갖는다. 주민의 입장에서는 임명직 행정관료에 의한 통치가 아닌 주민 스스로 또는 대표자를 통한 통치를 의미한다. 주민에 의한 통치가 아닌 중앙정부 또는 그 일선기관에 의한 통치는 타치에 해당되는데, 중앙정부의 관료나 지방정부의 관료에 의한 통치는 관치(官治)라고 할 수 있다. 이처럼 자치는 일정한 지역을 단위로 법인격을 부여받은 지방자치단체가 중앙정부의 획일적인 통치를 받지 않고 자율적으로 다스리는 것과 주민들이 스스로 또는 대표자를 통해 지역의 문제를 처리하는 것을 포함한다.

2. 지방자치의 개념정의

지방자치는 지방과 자치라는 두 가지 개념으로 이루어진 구성개념으로서 지방이 스스로 다스린다는 의미를 내포하고 있다. 지방자치는 일정한 지역을 중심으로 지역주민이 직접 또는 지방정부를 구성하여 법률의 범위 안에서 중앙정부와의 관계 속에서 지역의 문제를 자기책임하에 처리하는 것을 의미한다. 이를 좀더 구체적으로 살펴보면 다음과 같다.

첫째, 지방자치는 일정한 지역을 대상으로 이루어진다. 이러한 지역을 자치구역이라고 하는데, 지방자치제가 실시되기 전에는 지방행정이 미치는 관할구역이라는 의미에서 지방행정구역이라고 하였다. 지방자치는 국토 전체가 아니라 일정한 지역을 중심으로 이루어지기 때문에 지방자치단체는 국가의 문제에 대하여 의견을 제시하는 등 영향을 미칠 수는 있지만 원칙적으로 지방의 문제에 한정하여 자치권을 행사한다. 우리나라의 지방자치는 시도와 시군구 등에서 각기 고유한 자치구역을 대상으로 이루어지고 있다. 자치단체조합이나 교육자치단체(지방교육청) 등 특정한 기능에 대하여 자치권을 행사하는 경우에도 일정한 관할구역을 대상으로 이루어지기 때문에 지방자치에 속한다. 다만 일반적인 기능에 대한 자치권이 아니라 특정한 기능을 중심으로 자치권을 행사하기 때문에 특별자치단체라는 말을 사용한다.

둘째, 지방자치는 지역주민의 직접적 결정 또는 지방정부를 통하여 이루어진다. 지방자치는 지역의 문제에 대하여 지역주민이 직접 참여하여 결정하거나 주민의 직접투표에 의해 선출된 대표(자치단체장과 지방의회)를 통하여 처리하는 것이다. 주민이 제안하는 주민발의, 그리고 주민이 직접 결정하는 주민투표, 주민소환 등이 제도적으로 규정되어 있지만, 현실적인 제약이 커 주민의 대표에 의한 자치가 보편화되어 있다. 주민의 대표기관에는 지방자치단체장과 지방의회가 있는데, 우리나라 헌법은 지방자치단체장의 선임방법을 규정하고 있지 않지만, 지방의회를 지방자치에 필요한 필수기구로 규정하고 있다(헌법 제118조). 따라서 지방자치는 주민이 직접 또는 지방의회를 구성하여 사무처리하는 것을 요건으로 한다. 이러한 기준에서 보면, 우리나라의 경찰청과 지방국토관리청 등은 일정한 지리적 공간과 관할구역을 가지고 있지만, 주민의 직접 또는 지방의회의 구성에 의한 사무처리가 아니기 때문에 지방자치라고 할 수 없다. 이들 특별지방행정기관은 주민의 직접 또는 대표자에 의해 사무가 결정되고 처리되는 지방자치단체와 달리 중앙부처의 일선기관으로서 중앙정부의 관할로 사무를 처리한다.

셋째, 지방자치는 국가의 통치영역이 미치는 범위 안에서 국가 또는 중앙정부와의 관계 속에서 이루어진다. 지방자치는 국가의 주권이 미치는 범위 내에서 생각할 수 있는 개념이다. 따라서 지역에 대한 자치권을 가지면서도 국가의 유지와 통치라는 차원에서 일정한 제약(limited)과 간섭을 받을 수밖에 없다. 이러한 의미에서 미국이나 독일 등 연방국가의 주(州, State)에 의한 정책결정과 사무처리는 지방자치로 보기 어렵다. 연방국가의 주는 국제법상의 주체는 아니지만 대내적으로 국가의 지위를 인정받고 있고, 헌법, 사법, 군대(미국의 주방위군) 등을 보유하고 있다. 따라서 연방제 국가에 있어서 지방자치는 주가 아니라 주 밑의 카운티(county), 시티(city), 디스트릭트(district),

타운(town) 등에 의한 지역문제의 결정과 처리를 의미한다고 볼 수 있다. 그러나 단방제 국가인 영국의 스코틀랜드와 웨일즈 등에서 발견되는 지역정부에 의한 지역문제 처리는 지방자치라고 할 수 있다. 일정한 자치구역에서 주민의 선출에 의해 구성되는 지방정부가 법률과 중앙정부의 일정한 제약하에서 지역의 문제를 자치적으로 처리하기 때문이다.

3. 지방자치와 지방행정의 차이

지방자치는 특정지역을 대상으로 그 지역의 문제에 대한 자치적인 처리를 의미하며, 내용적으로는 지방정치, 지방행정, 지방경제 등을 포함한다. 그러나 지방행정이나 지방정치는 지방자치를 구성하는 핵심적인 내용이지만 반드시 지방자치에 수반되는 것은 아니며, 지방자치와 관계없이 이루어질 수 있다. 지방자치제가 실시되기 이전에도 지방행정이라는 용어는 광범위하게 사용되고 있었다. 지방행정이 없는 지방자치는 생각할 수 없지만 지방자치 없이도 지방행정은 존재할 수 있다. 다시 말해 중앙부처의 일선기관에 의해서도 지방행정은 수행되기 때문에 지방자치제가 실시되지 않는 곳에서도 지방행정은 존재한다.

지방행정은 지방행정기관에 의하여 수행되는 행정을 의미한다. 중앙행정기관에 의해 수행되는 중앙행정에 대응되는 개념으로서 일정 지역을 대상으로 한 행정이라고 할 수 있다. 지방행정기관에는 두 가지 형태가 있다. 하나는 지방자치단체의 지위를 가지면서 동시에 중앙정부의 일선기관으로서의 기능을 담당하는 보통지방행정기관이고, 다른 하나는 개별 중앙부서의 일선기관으로서 기능하는 특별지방행정기관이다. 따라서 지방행정기관에 의해 수행되는 지방행정도 보통지방행정기관에 의한 행정과 중앙정부의 일선기관(특별지방행정기관)에 의한 행정을 포함한다.

일반적으로 중앙정부는 일정 지역을 대상으로 한 사무의 처리(행정)를 위하여 그 사무의 일부를 보통지방행정기관(단체위임)이나 기관의 장(기관위임)에게 위임하여 처리하거나, 직접 집행기관을 설치하여 처리하는 특별지방행정기관 등 두 가지 방식을 택하고 있다. 특별지방행정기관, 즉 중앙정부에

그림 1-1 **지방자치의 범위**

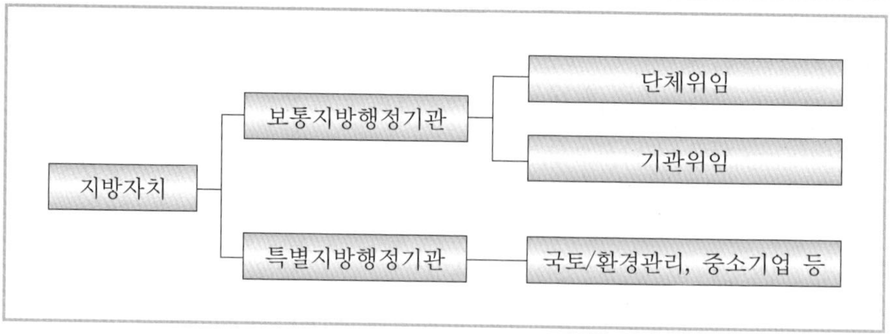

서 국토관리, 환경관리, 중소기업지원 등에 관한 일선집행기관을 설치하여 사무를 처리하는 방식도 넓은 의미의 지방행정에 해당된다. 그러나 실질적 의미의 지방행정은 보통지방행정기관에 의한 행정, 즉 자치단체의 지위에 의한 행정과 국가일선기관의 지위에 의한 행정을 의미한다. 가장 좁은 의미의 지방행정은 중앙정부의 일선기관으로서의 지위에 의한 행정(위임행정)이 아닌 지방자치단체의 지위에 의한 자치행정을 의미한다. 이러한 점에서 지방자치는 주로 지방자치단체에 의한 자치행정을 의미하게 되고, 일부 위임행정(자치단체가 국가 일선기관으로서의 지위에 의해 수행하는 지방행정)을 포함하지만 사무처리에 있어서 제약을 받게 된다.

4. 단체자치와 주민자치의 차이

우리는 역사적 사실에 근거하여 단체자치와 주민자치의 개념을 구분하고 있다. 단체자치는 중앙정부에서 중앙정책을 집행하거나 지역의 문제를 처리할 지방행정기관을 설치하여 운영하다가 이후 법인격과 자치권을 부여한 역사적 사실에 근거해 있다. 프랑스, 독일 등에서는 이전에 설치된 지방행정기관에게 자치권을 부여하는 방식을 통하여 지방자치제가 발전하였기 때문에 단체자치적 전통을 가진 국가라고 한다. 이들 국가에서는 이러한 전통에 따라 지방행정기관은 국가일선기관으로서의 지위와 지방자치단체로서의 지위를 동시에 가지고 있다. 그에 반해 주민자치는 주민들이 지역문제를 처리하기 위해 자치단체(기구)를 만들어 자치를 하는 방식이다. 영국, 미국 등에서는 주민들이 자발적으로 단체를 만들어 지역문제를 자치적으로 처리하였고, 이후 중앙 및 주정부가 그러한 단체에 자치권을 인정한 역사적 전통을 갖고 있다.

단체자치와 주민자치는 역사적 출발점이 달랐지만 이후 발전과정에서 두 가지 방식이 혼재되었다. 즉 단체자치적 전통이 강한 나라에서도 주민의 자발적 참여에 의한 주민자치적 요소를 강화하였고, 주민자치적 전통이 강한 나라에서도 국가에 의한 자치권 부여라는 단체자치적 요소를 강화하였다. 두 가지 방식이 혼재된 현재에는 중앙정부에서 지방정부에게 자치권을 부여하는 측면은 단체자치로, 그리고 지역주민이 지방정부의 결정에 참여하는 측면은 주민자치로 볼 수도 있다. 따라서 단체자치와 주민자치의 어느 한 쪽만으로는 실질적인 지방자치를 구현하기 어려울 것이다. 지역의 문제에 대한 진정한 자치를 위해서는 지방정부가 중앙정부의 간섭과 통제를 적게 받고 필요한 권한은 많이 받아야 하고, 지역주민들도 지역문제에 대해 직접 결정하거나 지방정부의 결정에 주도적으로 참여할 수 있어야 하기 때문이다.

제2절 지방자치의 구성요소

지방자치의 필수적 요건으로 공법인, 관할구역, 주민, 자치권 등을 들 수 있다. 프랑스에서도 지방자치단체의 요건으로 5가지 요소, 즉 법인격, 지역, 고유기관, 일정한 독립성, 고유이익 등을 제시하고 있다(배준구, 2001). 여기서 법인격과 고유기관은 지방자치단체로 볼 수 있고, 일정한 독립성과 고유이익은 자치권으로 귀결될 수 있으므로 지방자치는 자치구역, 주민, 지방자치단체(법인격), 자치권을 핵심적 구성요소로 한다고 볼 수 있다.

1. 자치구역

지방자치는 일정한 지역을 대상으로 이루어진다. 자치권이 미치는 일정한 지리적 공간을 자치구역이라 한다. 원칙적으로 자치구역은 상호 배타적이지만, 자치단체조합 등 지자체간 협력체에서처럼 서로 중복될 수 있다. 기본적으로 특정 자치단체의 자치권은 자치구역에 한정되기 때문에 여러 가지 문제도 발생한다. 도로건설 등 자치구역을 초월하는 광역행정수요에 대한 효과적 대응이 어렵고, 환경오염 등 외부효과를 둘러싸고 지방정부간 갈등과 대립이 유발될 수도 있다. 지방자치의 효과성을 위해 자치구역의 크기도 쟁점이 되고 있다. 자치구역이 넓으면 자치역량이 클 수 있고, 그에 상응하는 권한이양이 이루어질 수 있다. 대신 자치구역이 넓으면 주민의 접근성이 확보되기 어려워 주민자치 및 참여가 저하될 수 있다. 그와 반대로 자치구역이 좁으면 주민의 접근성 확보가 용이한 반면 인구와 재정력 등 자치역량이 떨어지고 그에 상응하는 권한이양이 곤란할 수 있다. 그에 따라 지방자치단체 단독으로 처리할 능력이 부족하여 지방자치단체간 협력을 통한 사무처리, 상급 또는 중앙정부로의 권한이양이 이루어질 수 있다. 이 두 가지 문제를 적절히 조화시킬 수 있는 자치구역의 설정이 필요하다.

2. 지역주민

지방자치는 주민이 없이는 성립될 수 없다. 자치구역이 있더라도 주민이 거주하지 않는 무인도 등에서는 지방자치가 이루어질 수 없다. 주민은 자치구역 안에 주소를 둔 내외국인을 포함한다. 주민은 지역문제의 처리에 직접 참여하거나 지역의 대표선출에 참여함으로써 지방자치의 주체로 기능하며, 지방자치단체의 정책결정 및 사무처리로부터 수혜를 받는다는 점에서 지방자치의 객체가 되기도 한다. 주민의 존재 자체가 지방자치의 요건이지만 더 나은 지방자치를 위해서는 주민의 자치의식수준이 높아야 한다. 동일한 조건이라면, 자치의식이 높고 적극적인 주민이 많은 자치단체는 주민의 참여와 통제수준이 높아 보다 높은 수준의 지방자치(주민자치)를 이룰 수 있을 것이다. 지역주민 외에도 기업과 관공서 등 다양한 기관과 법인들도 지방자치에 중요한 영향을 미치는 존재이지만 이들의 존재여부가 지방자치의 성립요건이 되지는 않을 것이다.

3. 지방자치단체 또는 지방정부

지방자치는 주민의 직접 또는 대표를 통하여 이루어진다고 하였는데, 실제로 많은 부분이 대표기관을 통해 이루어진다. 우리는 지방자치를 이끌고 있는 단체 또는 기관을 지방자치단체 또는 지방정부라고 한다. 지방자치단체는 일정한 지역에 대하여 자율적으로 통치할 수 있도록 권한이 부여된 법적 실체를 의미한다. 우리나라 헌법의 규정에 따르면(헌법 제117조) 지방자치단체는 지역주민의 복리를 위하여 법률이 정한 범위 내에서 자치권을 행사하는 공법인을 지칭한다. 좀더 구체적으로 살펴보면 지방자치단체는 다음 세 가지 요건을 갖춰야 한다.

첫째, 지방자치단체는 지방자치법에 의해 법인격이 부여된 공법인이다. 지방자치단체는 법인으로서 국가와는 별개의 권리·의무의 주체가 되고(소송당사자 능력, 계약체결능력, 재산소유능력), 공법인으로서 단체의 목적과 기능이 법률에 의해 규정되고, 단체의 목적달성을 위해 강제징수권·경찰권 등 공권력을 보유하며, 면세·보조금 지급 등 각종 특전을 받는데 반해 예산·결산 등 의무를 진다. 현행 지방자치법에 의하면, 법인격이 부여되지 않는 지방자치단체는 상정할 수 없다. 설령 자치적 기능을 수행하는 단체가 설치되더라도 법인격이 부여되지 않으면 지방자치법상의 지방자치단체로 보기 어렵고 그에 준하는 단체에 불과하다.

둘째, 지방자치단체는 의결기관인 지방의회와 집행기관인 자치단체장으로 구성되어 있다. 기관통합형의 국가에서는 주민직선에 의한 지방의회 구성과 지방의회의장의 자치단체장 겸직을 채택하고 있다. 기관대립형의 국가에서는 대부분 자치단체장과 지방의회 모두 주민에 의해 선출하도록 하고 있다. 기관대립형에 속하는 우리나라는 헌법에 주민직선의 지방의회를 두고,

지방자치단체장의 임명방법 등에 대해서는 법률로 정하도록 함으로써 탄력성을 부여하고 있다. 우리나라에서 지방자치단체가 되기 위해서는 자치단체장은 임명제로 해도 되지만 주민선출의 지방의회는 반드시 설치해야 한다(헌법재판소 판례 참조).

셋째, 지방자치단체는 일반적으로 자치행정권, 자치입법권, 자치재정권을 보유하고 있다. 물론 경우에 따라 영국과 포르투갈 등의 지역정부는 법률제정권과 사법권을 보유하고 있지만 보편적인 현상은 아니다.

보충 1-2 지방자치단체의 요건에 관한 헌법재판소 판례

"… 헌법은 단체장의 선임방법에 관한 사항은 법률로 정한다고 하여, 지방의회의원의 경우와는 달리 규정하고 있다. 그러므로 단체장을 선거할 것인가 임명할 것인가, 선거나 임명하는 경우에는 어떻게 선출 또는 임명할 것인가 하는 문제는 전적으로 법률에 의하여 결정된다. 따라서 단체장의 선임방법을 정부 또는 상급 단체장에 의한 임명제로 하든, 지방의회에 의한 간접선거제로 하든, 주민들에 의한 직접선거제로 하든, 그것은 입법자의 고유권한에 속하는 것으로 보인다. … 1987.10.29 공포된 이른바 제6공화국 헌법 규정의 하나인 제118조 제2항의 규정을 처음 구체화한 입법이라고 할 수 있는 지방자치법개정법률(1988. 4.6 법률 제4004호)은 단체장을 그 법에 정한 피선거권이 있는 자 중에서 선거한다고만 하고, 그 선거방법은 다른 법률에 다시 위임하였을 뿐만 아니라(제86조), 그 선거 시기에 관하여도 아무런 규정을 두지 아니한 채, 단체장은 따로 법률로 정할 때까지 정부에서 임명한다고 규정하였다(부칙 제5조). 이처럼 시한을 정함이 없이 당분간 단체장을 정부 임명제하에 두도록 한 것은 바로 입법자가 헌법 제118조 제2항에 의한 입법위임을 이행함에 있어서, 단체장의 주민직접선거제가 헌법적 의지는 아니라고 해석한 데서 비롯된 것이라고 보아야 한다…." (92헌마174).

지방정부는 지방자치단체와 동의어라고 할 수 있지만 중앙정부에 대응되는 지방적 통치주체라는 의미가 강하게 내포되어 있다. 지방자치단체는 법률에 규정된 기관을 지칭하는 데 반해, 지방정부는 기관의 활동과 성과평가 등을 포함하는 동태적인 측면을 포함하는 개념으로 구분하기도 한다(이달곤, 2004: 4; 임승빈, 2006: 40). 하지만 정부(입법, 행정, 사법)의 개념에 착안하여 지방정부를 지방정치(선거, 입법), 지방행정(집행부), 지방사법을 포함하는 통치기관으로 볼 수도 있다. 지방자치단체의 활동과 성과평가 등의 동태적 측면을 강조하든 통치기관적 특성을 강조하든 지방정부라는 용어가 학문적으로는 광범위하게 사용되고 있다. 여기서도 다음의 몇 가지 이유에 근거하여 지방자치단체와 지방정부를 동의어로 보고 상호 교환적으로 사용하고자 한다.

첫째, 지방자치단체와 지방정부 사이에 권한과 활동의 본질적인 차이를 발견하기 어렵다. 지방정부로 불리는 선진국에서 자치사법과 자치경찰기능이 있다는 것이 차이가 있지만, 우리에게도 자치입법과 자치행정, 자치조직, 자치재정권 등이 부여되어 있기 때문에 기본적 자치권을 가지고 있다고 할 수 있다.

둘째, 정부의 용어도 국가에 따라 다르게 사용될 수 있다는 점이다. 영국, 미국, 프랑스 등에서는 정부의 개념이 입법, 사법, 행정을 포함한 통치기구 전체를 의미하는 것으로 사용하지만, 독일과 우리나라(헌법)에서는 행정부 및 그에 부속된 행정기구만을 의미하는 좁은 의미로 사용하고 있다. 따라서 자치사법권의 부재를 이유로 지방정부의 개념을 사용할 수 없다는 주장에 동의하기 어렵다.

셋째, 이미 지방정부라는 개념이 광범위하게 사용되고 있다는 점이다. 법률적으로 지방자치단체라는 개념이 사용되고 있지만 학문적으로는 지방정부라는 용어가 보편적으로 사용되고 있고, 심지어 두 개념이 지칭하는 실질적 내용에 큰 차이를 발견하기 어렵다.

보충 1-3 자치단체와 준자치단체 그리고 행정기관의 차이

행정기관(行政機關)은 법인격, 직선 의결기구와 집행기구, 자치입법권, 자치재정권, 자치사무처리권 등이 부여되지 않은 중앙정부의 특별지방행정기관이나, 지자체의 하부행정기구(행정구, 읍면동)로서 단순 집행기능을 수행한다.

지방자치단체(地方自治團體)는 공법인격을 보유하고 있고, 주민직선에 의해 지방의회가 구성되며(기관대립형의 경우 주민직선의 자치단체장), 자치권의 수준에 있어서 다소간의 차이는 있지만 자치행정권, 자치입법권, 자치재정권(독자적 조세징수권과 예산심의권)을 보유하고 있다.

준지방자치단체(準地方自治團體)는 일부 자치적 기능을 수행한다는 점에서 행정기관과 다르고, 자치권의 제약 및 조례제정권의 부재 등의 측면에서 지방자치단체에 이르지 못하는 단체를 지칭한다. 이러한 구도에 의하면 행정기관과 지방자치단체 사이에 존재하는 다양한 형태의 준지방자치단체를 상정할 수 있다.

구분		행정기관	준자치단체			자치단체
법인격		×	○	×	×	○
공법인		×	×	×	×	○
직선 자치단체장		×	×	○	×	○
지방의회		×	×	×	○	○
자치사무처리권		×	○	○	○	○
자치조직권	기구설치	×	×	○	○	○
	인사	×	○	○	○	○
자치입법권	조례제정	×	×	×	×	○
	규칙제정	×	×	○	○	○
독자적 조세권		×	×	×	×	○
존재양태		특별행정기관, 행정구	일본 자치회	뉴욕시 구	파리시 구, 교구	한국의 시군구

출처: 하혜수 외(2009).

4. 자 치 권

지방자치는 자치구역, 지역주민, 결정기구(지방자치단체)에 더하여 자치권을 성립조건으로 한다. 자치권이 없다면 진정한 지방자치를 기대할 수 없다. 시군의 읍면동, 대도시의 행정구, 그리고 제주특별자치도의 행정시 등에서는 자치구역과 지역주민이 있지만 자치권이 부여되지 않고, 그에 따라 자치권을 행사할 수 있는 기구가 없기 때문에 지방자치가 이루어질 수 없다.

지방자치권은 법률의 범위 안에서 자치법규인 조례를 제정할 수 있는 자치입법권, 지역문제를 자치적으로 처리할 수 있는 자치행정권, 자치사무의 처리에 필요한 조직을 구성하고 인적 자원을 충원하고 관리할 수 있는 자치인사조직권, 지방자치단체의 운영과 자치사무의 처리에 필요한 재원을 조달하고 관리할 수 있는 자치재정권, 그리고 조례와 규칙에 대한 위반행위를 심판하고 제재할 수 있는 자치사법권 등을 포함한다. 그러나 우리나라의 지방자치에 있어서는 자치사법권은 인정되지 않고 있다.

이러한 자치권은 중앙정부에 의해 주어지는 것이 일반적이며, 그에 따라 법률의 범위 안에서 행사되고 있다. 국가에 따라 지방자치의 역사와 수준이 다양하듯이 지방정부에게 부여되는 자치권의 수준 또한 매우 다양하다. 따라서 지방자치는 자치권의 수준이 아니라 자치권의 존재여부에 의해 결정된다는 것이다. 우리의 경우에도 자치구와 시군의 자치권이 다르고, 제주특별자치도의 자치권 수준이 다른 도보다 높다. 영국의 런던은 다른 도시보다 높은 자치권을 누리고 있고, 프랑스의 파리시도 다른 도시보다 높은 자치권을 보유하고 있다. 그러나 뉴욕시의 구청이나 영국의 교구(parish) 등은 조례제정과 예산심의권을 가진 지방의회가 설치되지 않는 등 핵심적 자치권이 부여되지 않아 지방자치단체가 아닌 준자치단체로 불리고 있다. 이러한 경우 자치권은 부분적으로 있지만 법인격을 갖춘 지방자치단체가 없고 본질적 자치권이 결여되어 있기 때문에 지방자치단체로 간주되지 않는다.

제3절 지방자치의 의의와 과제

만물에 음양이 있듯 지구상의 어떤 제도든 밝은 면과 어두운 면을 동시에 가지고 있다. 지방자치 역시 긍정적 측면과 함께 부정적 측면을 가지고 있다. 특히 지방자치라는 제도에 내재된 문제도 있지만 제도의 운영에 따른 문제, 자치권의 수준과 주민의 자치의식 등 지방자치의 토대에 의한 문제도 있다. 여기서는 지방자치의 의의와 긍정적 측면을 고찰하고, 지방자치의 부정적 측면 또는 과제를 검토할 것이다. 지방자치의 과제 검토에 있어서는 우리나라의 지방자치여건과 현실에 대한 고찰을 추가할 것이다.

1. 지방자치의 의의

(1) 지역의 개성과 특성에 맞는 발전유도

지방자치 실시의 가장 큰 의의는 각 지역이 가지고 있는 특성에 맞는 개성있는 정책의 추진을 통해 지역발전을 꾀할 수 있다는 점이다. 중앙정부에 의한 정책추진은 지역의 특성과 개성을 고려하기 어렵고, 이는 지역의 특수한 여건과 지역주민의 고유한 요구를 반영하기 어렵다. 그러나 지방자치의 실시는 지역주민의 독특한 요구를 반영하여 지역특성에 맞는 정책을 추진할 수 있고, 이를 통해 지역의 자원과 특수성을 고려한 지역발전을 추진할 수 있다. 또한 지방정부는 지역주민의 다양한 요구를 직접적이고 정확하게 반영할 수 있다는 점에서 고객지향적 행정을 펼 수 있고, 지역주민이 진정으로 중시하는 가치를 정책에 반영할 수 있는 유리한 위치에 있다. 그에 따라 지역주민이 원하고, 지역주민의 편익과 가치를 제고할 수 있는 방향으로 지역발전을 추진할 수 있다. 우리나라의 경우 지방자치의 실시 이후 지역특산물의 상품화, 특구지정추진, 지역축제 등 지방정부의 특성에 맞는 다양한 지역발전 프로그램을 개발하고 있지만, 지방재정력의 부족, 지방정부의 자치권 부족, 자치역량의 부족 등으로 인해 뚜렷한 성과를 보이는 곳은 많지 않다.

(2) 지방정부간 경쟁촉진

지방자치가 실시되면 자치구역에 대한 자치권을 가진 다양한 수의 지방정부가 존재하게 되고, 이는 지방정부간 경쟁을 유도하여 공공자원의 효율적 배분에 기여할 수 있다. 티보우(Tiebout, 1956)는 주민들이 지방정부로부터 받게 되는 자신의 편익(서비스)과 비용(조세)에 대한 비교형량을 통해 더 효율적인 지방정부(비용보다 편익이 높은)로 이동해간다는 가설을 제시한 바 있다. 이를 티보우가설(Tiebout hypothesis)이라고 부르며, 이동에 의해 투표권을 행사한다고 하여 발에 의한 투표(voting by feet)라고 한다. 물론 티보우가설은 지역주민이 지방정부의 편익과 조세에 대한 완벽한 정보를 가지고 있어야 하고, 이동에 따른 추가적인 비용이 없어야 하며, 외부효과와 규모의 경제효과가 없어야 하는 것을 기본전제로 하고 있으므로 현실적 구현이 용이하지 않다는 비판도 있다. 그러나 인적 자원과 기업이 지방정부의 역량과 재정력을 결정하는 중요한 요인이며, 지방정부는 이들 자원의 유치를 둘러싸고 잠재적, 현재적 경쟁을 벌이고 있는 현실을 고려할 때 티보우가설이 전혀 맞지 않는 것은 아니다. 더욱이 주민들이 수시로 이동해가지는 않을지라도(exit option), 허시만(Hirschman, 1970)의 주장처럼, 편익과 조세에 불만이 있을 경우 적극적인 목소리를 내고(voice option), 지방정부는 시정조치를 하지 않을 수 없기 때문에 지방정부간 경쟁은 불가피할 것이다.

우리의 현실은 어떤가? 주민들의 이동을 자극하는 요인으로 직업의 이동과 자녀교육이 중요하게 대두되고 있다. 그에 따라 경제력이 집중되어 있고, 문화와 교육여건이 좋은 수도권으로의 인구이동이 두드러진 특징을 보이고 있다. 그리고 교육서비스는 시도 등 광역자치단체 단위로 이루어지고 있고, 일반자치와 교육자치가 분리되어 있으며, 그리고 교육에 대한 권한이양이 미흡하여 지방정부간 교육서비스의 편차가 크지 않다. 따라서 수도권과 비수도권간 이동을 제외하면 광역자치단체간에도 인구이동이 활발한 편이 아니다. 그렇다고 지방정부간 경쟁이 전혀 이루어지지 않는 것은 아니다. 즉 기업유치, 국책사업 등 지역발전에 도움이 되는 시설에 대해서는 사활을 건 유치경쟁을 벌이고 있고, 인구감소와 유출에 대해 적극적인 노력을 기울이고 있는 현실을 고려할 때 지방자치의 실시가 지방정부간 잠재적 경쟁을 촉진하는 것은 사실이다.

(3) 정책실험과 혁신추진 용이

지방자치의 실시는 지역의 특성에 맞는 서비스를 제공하는 다양한 지방정부의 존재를 가능하게 할 것이다. 지방정부는 개성 있는 정책을 추진하고, 지역의 특성에 맞는 여러 가지 정책실험을 시도할 수 있다. 사실 새로운 정책과 혁신은 성과에 대한 정치적 논쟁과 실패에 대한 부담 때문에 전국적 단위에서는 추진되기 어려운 측면이 있다. 그러나 지방정부는 실패에 대한 비용이 상대적으로 적을 뿐만 아니라 그 부담이 일부 지역에 한정되기 때문에 정책실험에 따른 부담이 적은 편이다. 실제로 자치단체 총액인건비제, 고객서비스헌장제 등 중앙정부에서 새로운 정책을 추진할 때 몇몇 지방정부를 대상으로 시범실시(정책실험)하고, 이에 대한 시행착오를 보완하는 형식을 취한 바 있다. 정책실험(policy experiment)의 실시를 통해 정책의 효율성을 높이고, 더 나아가 정책추진의 오류를 감소시킬 수 있다. 또한 2006년 제주특별자치도를 중심으로 중앙권한의 이양, 특별지방행정관서의 이관, 그리고 자치경찰제의 실시 등을 추진한 바 있는데, 지방자치의 실시에 따른 정책실험의 용이성을 보여주고 있다.

(4) 주민자치와 주민통제 강화

일정한 자치구역을 중심으로 한 지방자치의 실시는 주민의 직접참여를 통한 주민자치를 촉진하고, 지방행정에 대한 주민통제를 강화할 수 있다. 지방자치의 실시로 인해 주민들과 심리적·지리적으로 근접한 곳에서 지역문제가 결정되고 처리되기 때문에 주민의 정책참여가 용이하고, 참여를 통해 정책에 영향을 미칠 수 있다는 효능감(efficacy)을 증대시킬 수 있다. 아울러 지방행정의 잘못에 대하여 의견을 제시하고 시정조치를 요구하는 등 지방행정에 대한 주민의 통제도 강화할 수 있다.

우리나라의 경우 지방자치제가 도입된 지 얼마 되지 않아 주민의 직접참여 및 통제가 매우 낮은 수준이다. 지방정부마다 다양한 주민참여제도를 마련해두고 있지만 참여제도에 대한 인식과 참여경험은 매우 낮게 나타나고 있다. 최근에는 주민감사청구제, 주민소송제, 주민투표제, 주민소환제 등 보다 강력한 직접참여제도를 도입하고 있지만 발의요건의 엄격성, 자치의식의 부족 등의 요인에 의해 활용되는 성과는 높지 않다. 일부에서는 시군 등 자치구역이 지나치게 넓어 주민자치를 저해한다는 논리를 펴면서 읍면동 자치의 실시를 주장하기도 한다. 그러나 자치구역을 좁게 설정하는 것은 주민의 접근성과 참여가능성은 높일 수 있지만 자치단체의 재정력과 자치역량을 떨어뜨리는 양면성을 가질 수 있다.

2. 지방자치의 과제

(1) 칸막이 행정과 지역이기주의

지방자치의 실시는 자치구역 단위의 칸막이 행정으로 인한 비효율과 폐해를 초래할 수 있다. 지방정부는 자신의 자치구역 내의 문제에만 집착하고, 이를 벗어난 외부효과(spill-over effect)에 대해서는 상대적으로 관심을 덜 갖게 된다. 그래서 지방정부는 인구규모에 관계없이 거의 비슷한 수준의 기구와 정원을 가지고 있고, 재정능력이나 이용수요를 고려하지 않고 제각각 문예회관, 체육시설, 청소년수련관, 복지회관 등 각종 시설을 설치하여 적자운영, 과소이용에 따른 비효율을 초래하고 있다. 또한 환경오염, 도로건설, 하천관리, 지역경제 등 협력적 대응이 필요한 광역행정수요에 대해서도 적극적이지 못하다. 아울러 기업, 공공기관, 국가시설 등 지역에 도움이 되는 편익시설의 유치에 있어서는 적극적인 경쟁을 벌이면서도 장애인시설, 쓰레기처리장, 분뇨처리장 등 비선호시설에 대해서는 서로 기피하는 지역이기주의적 행태도 나타나고 있다. 위천국가공단건설사례에서 보는 바와 같이 하류지역이 수질오염을 이유로 반대했기 때문에 국가공단건설 자체가 무산된 바도 있다.[1)]

이처럼 지방자치의 실시로 인해 지역특성에 맞는 발전을 유도할 수 있는 장점이 기대되는 데 반해 칸막이 행정과 지역이기주의에 따른 과제도 안게 되는 것이다. 우리나라는 이러한 칸막이 문제를 해결하기 위해 여러 가지 대안을 시도했거나 검토하고 있다. 이명박정부 들어 지역경제에 대한 광역적 대응을 위해 광역경제추진위원회를 만들었다. 그러나 당초 자치단체조합으로 만들려고 하였으나 지방정부의 자치권 침해문제에 직면하여 단순 협의기구로 위상을 낮추었다. 또한 인구가 과소하고 재정력이 낮아 경쟁력이 떨

1) 1995년 대구시가 위천국가공단의 지정을 추진하자, 하류에 있는 부산시와 경남도가 낙동강 수질오염을 이유로 반대하면서 분쟁이 발생하였고, 1996년 대구시가 부산시와 경남도의 요구를 수용한 수정안을 발표하였으나 부산시민과 경남도민의 격렬한 반대에 직면하여 무산된 바 있다.

어지는 지방정부간 자율통합을 추진하였으나 이 역시 성과가 저조하다. 통합창원시 외에 가시적인 성과가 나타나고 있지 않다. 지방정부 단위의 칸막이를 깨기 위해서는 지방정부간 협력의지나 자치권 포기와 같은 도덕적 무장뿐만 아니라 협력제도의 구축, 효과적인 갈등관리, 관련집단의 저항에 대한 효과적 대응, 적절한 인센티브 등도 마련되어야 할 것이다.

(2) 지방정부간 격차심화

지방자치는 자치구역, 인구, 재정력 등의 차이에 의한 지역격차를 심화시킬 수 있다. 지방자치는 당초 지방정부의 면적, 인구, 경제력 등을 조정하지 않고 실시되었기 때문에 지역단위의 자치가 강화될수록 지역의 경제력과 발전수준에는 차이가 벌어지게 된다. 1995년 자치제 부활 이후 우리나라의 지방정부간 격차는 점점 심화되고 있다. 인구 1만명(울릉군)과 2만 5천명(군위군)의 자치단체가 있는가 하면 인구 110만명(수원)의 자치단체도 있다. 재정력 면에서도 재정자립도가 10% 이하 자치단체가 있는가 하면 90%가 넘는 자치단체도 있다. 현재 인구가 과소하고 재정력이 낮은 자치단체는 점점 인구가 줄고 노령인구가 증가하는 데 반해 인구가 많고 재정력이 좋은 자치단체는 생산기반이 확충되고 젊은 인구가 유입될 것으로 예상되어 그 격차는 더욱 벌어질 것이다. 이에 더하여 우리는 수도권과 비수도권 지역간 격차가 보다 심각한 문제로 부각되고 있다. 비수도권의 우량 자치단체도 수도권의 열악한 자치단체에 비해 결코 나은 수준이 아니라는 점에서 보면 수도권과 비수도권간 격차의 심각성을 읽을 수 있다.

중앙정부에서는 이러한 지방정부간 격차를 시정하기 위해 지방교부세, 국고보조금 등의 재정조정제도를 도입·운영하고 있다. 그러나 재정조정제도를 통해 이러한 격차에 대응하는 데는 한계가 있다. 특히 수도권과 비수도권의 격차문제는 재정조정제도를 통해서는 해결할 수 없을 정도로 그 정도가 심각하다. 이 문제에 대응하기 위해 참여정부에서는 세종시 건설과 혁신도시 조성을 통해 정부부처와 공공시설의 지방이전을 추진하였으나 아직 가시적인 성과는 나오지 않고 있다. 기업과 시설의 이전과 더불어 비수도권지역에 대한 발전전략을 재정립하는 노력도 필요할 것이다. 비수도권지역의 과소지역 문제도 심각한 수준이다. 경북 북부지역, 전남 도서지역, 강원 산간지역 등은 인구감소와 고령인구 증가로 자립능력을 위협받고 있다. 이들 지역에 대해서는 국가의 재정지원 확대조치와 함께 자율통합 유도, 공공시설의 공동이용, 통합청사 활용 등도 추진해야 할 것이다.

(3) 지방관료정치와 참여독점

지방자치는 지역을 단위로 권력이 배분되는 현상이므로 중앙관료에 의한 지배가 지방관료에 의한 지배로 대체될 수 있고, 일부 소수 지방엘리트의 참여독점으로 연결될 가능성도 있다. 특히 지방자치의 역사가 짧고 주민들의 자치의식이 높지 않는 상황에서는 이러한 가능성이 높게 나타날 수 있다. 우리나라의 경우 주민들의 자치의식이 낮은 것이 가장 큰 문제점인데, 이 경우 지방관료에 의한 관치가 자치를 대체할 수 있다. 현재 다양한 주민참여프로그램과 정보공개제도 등이 구비되어 있지만 주민들의 관심과 인식 그리고 참여경험은 낮게 나타나고 있다. 이러한 상황에서 주민의 의견수렴과 참여는 형식요건에 불과하고 실제로는 지방관료에 의한 통치가 이루어지게 되는 것이다. 아울러 일반시민들의 관심과 광범위한 참여가 부재한 상황에서 일부 영향력 있는 지역엘리트의 독점적 참여가 나타날 수 있다. 일부 농산어촌 지역에서는 재력 있는 토호, 지방의원, 자치의식을 갖춘 시민단체 등 소수엘리트에 의한 주민자치가 이루어지고 있다.

이러한 주민참여 부족은 자치의식 부족에 더하여 주민의 삶의 질에 영향을 미치는 중요한 정책에 대한 결정권이 중앙정부에 있기 때문이기도 하다. 지방정부에서 하는 결정이 자신의 삶에 중요한 영향을 미치지 못하는 상황에서 이들의 관심과 참여는 낮을 수밖에 없다. 또한 자신이 내는 세금의 지출결과에 대한 관심이 낮다. 이는 지방세의 비중이 낮고, 국세로 낸 세금도 지방교부세로 내려와 지출되기 때문에 세금지출과 정부활동의 연관성을 따지기 어렵기 때문이다. 실질적 영향을 미칠 수 있는 자치프로그램의 부족도 문제점으로 지적될 수 있다. 이를 위해 참여정부에서는 주민투표제, 주민소환제 등을 도입하였다. 그러나 정치적 악용을 염려하여 발의요건을 까다롭게 함으로써 주민들의 참여 효능감을 저하시키고 있고, 거기에 더해 주민들의 자치의식 부족이 결합되어 여전히 직접참여제도의 활용정도는 높지 않은 편이다.

(4) 국가전체적 통합성과 국가경쟁력 약화

지역단위의 자율성 강화와 지방자치 실시는 두 가지 측면에서 국가경쟁력을 떨어뜨릴 수 있다. 첫 번째 측면은 국가전체적 통합성 결여이다. 지역단위의 정책추진은 인접 자치단체간 연계, 광역행정문제에 대한 관심과 대응부족, 국가적 문제에 대한 지역갈등과 대결구도 등을 통해 국가전체적 통합성을 저해할 수 있다. 사실 원전폐기물처리장 건설은 지방정부간 대립과 갈등으로 수십년간 해결되지 못한 바 있고, 국가적으로 중요한 영남신공항 건설도 지방정부간 갈등이 심화되어 결정되지 않고 있다. 국가산업단지, 4대강사업, 세종시 건설 등의 경우에도 중앙정치적 갈등뿐만 아니라 지방정부간에 첨예한 의견대립이 나타나고 있다. 두 번째 측면은 국가통합성의 결여를 우려한 중앙정부의 소극적 권한이양에 따른 지방의 창의성과 자립성 부족에 의한 국가경쟁력 저하를 들 수 있다. 중앙정부는 자치권의 강화가 지역대립을 고착화하고 국가적 통합성을 약화시킬 수 있다고 생각하여 권한이양에 소극적이거나 부정적이다. 이에 따라 세계화시대에 있어서 지역정부간 경쟁에 의해 국가경쟁력이 좌우되는 상황에서도 획기적인 지방분권을 추진하지 않고 있으며, 선진국의 지역단위와 경쟁할 수 있는 자치구역개편에도 소극적이다. 중앙정부는 지방분권이 지역발전과 국가경쟁력 제고에 기여한다는 사실을 인정하면서도 권력독점과 통제관성에 젖어 자치권 확대를 추진하지 않는다. 이처럼 지방자치를 실시하면서도 그에 상응하는 권한이양 및 제도적 기반을 갖추지 않는 것도 지방의 창의성을 해치게 된다.

3. 이 책의 구도

지방자치의 개념과 의의 그리고 과제 등을 종합하면 지방자치론에서 중요하게 다루어야 할 윤곽이 드러난다. 이 책은 지방자치는 기본적으로 네 가지 측면이 중요하다고 보았다. 이를 도식화하면 다음 그림과 같다.

그림 1-2 **지방자치의 구도**

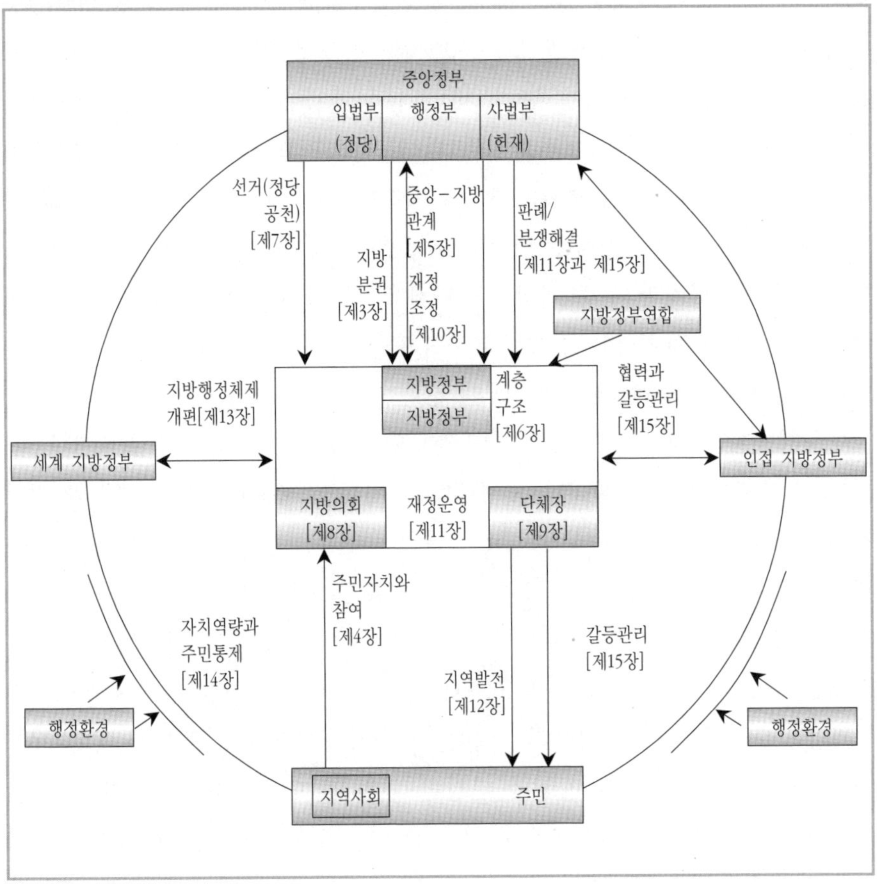

첫째, 단체자치의 측면으로 중앙-지방정부간 관계이다. 기본적으로 지방자치가 국가의 법률적 틀 안에서 이루어지는 것이므로 중앙정부에 의한 영향은 매우 중요하다. 중앙정부의 경우에도 입법부(정당 포함), 행정부, 사법부(헌법재판소 포함) 등으로 구분하여 살펴볼 수 있다. 입법부(정당)와 지방정부간에는 지방선거, 특히 정당공천제 등을 통해 지방자치에 영향을 미칠 수 있다(이 문제에 대해서는 본서 제7장 지방선거에서 다루었다). 행정부와의 관계에서는 중앙-지방정부간 관계(협력과 통제), 지방분권(권한이양), 재정조정제도 등에 있어서 지방자치가 상당한 영향을 받게 된다. 중앙-지방정부간 관계는 일방적인 통제보다는 수평적인 협력관계에 의해 지방자치의 효과성이 제고될 수 있고(이 문제는 본서 제5장 중앙－지방정부간 관계에서 다루었다), 중앙정부의 권한이양이 자치권의 수준을 결정하므로 지방자치에서 매우 중요할 것이며(이 문제는 본서의 제3장 지방분권과 자율성에서 다루었다), 지방자치는 지방정부간 재정격차를 심화시킬 수 있으므로 중앙정부에 의한 재조정조정이 필요하다(이 문제는 본서의 제10장 재정조정제도에서 다루었다). 그리고 사법부(헌법재판소)와의 관계는 법률해석 등을 통해 지방자치 전반에 걸쳐 영향을 미칠 수 있지만 주로 지방자치(단체)의 개념과 자치권 그리고 분쟁해결에 영향을 미칠 것이다(이 문제는 본서의 제1장 지방자치의 개념과 제3장 지방분권과 자율성 그리고 제15장 지방정부간 협력과 갈등관리에서 다루었다).

둘째, 주민자치적 측면으로 지방정부와 주민(지역사회)간의 관계이다. 주민과 지역사회와의 관계에서 지역주민은 지역의 중요한 문제에 대해 직접 결정하거나 그에 대해 적극적으로 참여해야 한다. 이것은 진정한 의미의 풀뿌리 주민자치이다(이 문제는 본서의 제4장 주민자치와 참여에서 다루었다). 또한 지방정부는 지역주민의 수요에 맞는 서비스를 제공하고 지역특성에 맞는 정책을 추진하여 지역발전을 도모해야 한다(이 문제에 대해서는 본서의 제12장 지역발전에서 다루었다). 아울러 지방정부는 지역차원에서 권력의 배분과 지역문제의 결정에 있어서 지역의 다양한 의견과 이해관계를 조정하고, 대립과 갈등을 조정하는 것이 중요하다(이 문제는 본서의 제15장 지방정부간 협력과 갈등관리에서 다루었다).

셋째, 지방정부의 자치역량 측면이다. 지방분권이 이루어지고 주민자치가 이루어지더라도 지방정부가 조직과 재정운영 등 효율적인 경영을 통해 자치역량을 갖추지 못할 경우 중앙의존성에서 벗어나기 어렵고, 지역수요와 특성에 맞는 효과적인 서비스 제공에 실패할 가능성이 높다. 지방정부의 자치역량에 대해서는 지방의회의 운영(이 문제는 본서의 제8장 지방의회에서 다루었다), 자치단체장의 리더십과 운영능력 그리고 지방의회간의 관계(이 문제는 본서의 제8장 단체장과 집행부에서 다루었다), 지방정부의 예산관리와 지방채관리 등 전략적 재정운영(이 문제는 본서의 제11장 재정운영에서 다루었다) 등이 중요하다. 자치계층의 문제는 자치역량뿐만 아니라 지방분권 등 다양한 측면에 영향을 미치지만 계층구조에 따라 자치구역과 자치권이 달라질 수 있다는 점에서 자치역량에 더 가까운 문제로 보았다(이 문제는 본서의 제6장 자치계층구조에서 다루었다).

넷째, 환경변화에의 대응 측면이다. 지방자치 및 지방정부의 환경으로는 타 지방정부, 세계 지방정부, 주민의식의 변화, 여타 정치·경제적 상황변화 등을 포함한다. 먼저 다른 지방정부와의 관계에서는 대결보다는 갈등조정과 협력이 중시된다는 점에서 관리전략을 제시하였고(이 문제는 본서의 제15장 지방정부간 협력과 갈등관리에서 일부 다루었다), 선진국 지방정부와의 관계에서는 국가간 경쟁보다는 지역정부간 경쟁에 의해 국가발전과 국가경쟁력이 좌우되는 세계화시대의 특성을 고려하여 지방정부로의 권한이양(지방분권)과 그에 맞는 지방행정체제개편대안을 제시하였으며(이 문제는 본서의 제13장 지방분권개혁과 지방행정체제개편에서 다루었다), 그리고 지역주민의 의식변화에 대응하여 지역발전과 서비스수준을 제고해야 하는데 그에 필요한 자치역량 제고전략을 제시하였고, 지방행정에 대한 주민의 통제를 강화할 수 있는 다양한 장치와 전략을 제시하였다(이 문제는 본서의 제14장 자치역량과 주민통제에서 다루었다).

참고문헌

강용기. (2008). 「현대지방자치론」. 서울: 대영문화사.

김병준. (2009). 「지방자치론」. 서울: 법문사.

김영기. (1997). 「지방자치행정론」. 서울: 대영문화사.

김현조. (2009). 「지방자치론」. 서울: 대영문화사.

배준구. (2001). 프랑스 3대도시의 지위와 조직－파리, 마르세이유, 리용의 구를 중심으로－.

안용식 · 강동식 · 원구환. (2001). 「지방행정론」. 서울: 대영문화사.

이달곤. (2004). 「지방정부론」. 서울: 박영사.

이달곤. (1995). 행정계층 및 구역의 개편방향에 관한 연구. 「행정논총」. 33(1): 145－159.

이달곤 · Suzuki, Atsushi. (2009). 2009 한국지방자치행정의 과제와 바람직한 발전방향: 지방분권 및 지방행정체제의 개편. 「아태Focus」. 44: 73－78.

이승종. (2005). 「지방자치론－정치와 정책－」. 서울: 박영사.

이승종. (2008). 지방역량강화를 위한 광역자치구역의 개편방안. 「행정논총」. 46(3): 361－390.

임승빈. (2009). 「지방자치론」. 서울: 법문사.

조창현. (2005). 「지방자치론」. 서울: 박영사.

최병대. (2008). 「자치행정의 이해－사례분석－」. 서울: 대영문화사.

하혜수 · 최영출 · 홍준현. (2010). 준지방자치단체의 개념과 적용가능성. 「한국지방자치학회보」. 22(3).

하혜수. (2007). 자치계층구조 개편의 성공적 추진요인: 영국과 우리나라의 사례를 중심으로. 「한국행정학보」. 41(2): 47－68.

하혜수.김영기. (2006). 지방행정구역과 자치계층구조 개혁의 지향점과 기준에 관한 연구. 「한국행정논집」. 18(1): 1－28.

헌법재판소. (1994). 지방자치단체의 장 선거일 불공고 위헌확인 등. [전원재판부 1994.8.31. 92헌마174.

Byrne, T. (2000). *Local Government in Britain*. London: Penguine Books.

Hirschman, Albert O. (1970). *Exit, Voice, Loyality: Responses to Decline in Firms, Organizations, and States*. Cambridge, MA: Harvard Univ. Press.

Ohmae, K. (1995). *The End of the Nation－State: The Rise of Regional*

Economics. New York: The Free Press.

O'Neill, Kathleen. (2005). *Decentralizing the State: Elections, Parties, and Local Power in the Andes*. New York: Cambridge Univ. Press.

Shuman, Michael H. (2000). *Going Local: Creating Self-Reliant Communities in a Global Age*. New York: Routledge.

Tiebout, C. M. (1956). A Pure Theory of Local Expenditures. *Journal of Political Economy*. 64: 416-424.

CHAPTER 02

지방자치의 이론적 기초

제 1 절 규모의 경제이론
제 2 절 지방권력이론
제 3 절 티보우이론

제 2 장 지방자치의 이론적 기초

지방자치현상을 체계적으로 설명하는 데 있어서 토대가 되는 이론들을 정리하기란 쉽지 않다. 가장 큰 이유는 지방자치에 관한 이론들이 충분히 성숙되지 않았다는 점이고, 두 번째는 특수한 사정을 반영한 분야이니 만큼 이론에서 다양한 측면이 너무 혼란스럽게 부각되고 있는 점이다. 지방자치에 관한 저술에서도 지방자치의 이론적 기초에 대한 논의가 빠져 있거나 부족한 경우가 많다. 실제로 지방자치학자들도 지방자치에 관한 대표적 이론이 무엇이냐에 관한 질문을 받으면 대답이 궁색할 것이다. 학자들간 합의가 존재하지 않는 상황에서 지방자치이론을 정리하고 제시하기란 여간 부담스러운 일이 아니다. 그러나 지방자치연구에서 매우 빈번히 인용되거나 지방자치를 암묵적으로 떠받치고 있는 대표적 이론들은 제시할 수 있다. 규모의 경제이론, 지방권력이론, 티보우이론 등에 대해 차례로 살펴보기로 한다.

제 1 절 규모의 경제이론

1. 이론의 의의

(1) '규모의 경제'의 개념

규모의 경제(economy of scale)이론은 기업경제에서 도출된 명제로서 생산요소 투입량의 증대(생산규모의 확대)에 따라 평균생산비가 체감되거나 평균수익이 체증한다는 것이다. 규모의 경제이론은 기업경영에서 뿐만 아니라 공공부문에서도 적용될 수 있다는 기본 전제에 따라 공공개혁이나 행정구역 개편 등에서 강조되고 있다. 이 이론은 규모의 경제현상에 의해 설명되고 있는데, 일반적으로 대량생산의 이익과 대규모 경영이익에 의해 뒷받침되고 있다. 대량생산의 이익은 기업의 생산설비가 일정할 때 발생하는 규모의 경제를 의미하는 데 반하여 대규모 경영이익은 생산설비의 확대 또는 동일 기업에서 플랜트 수의 증가를 포함한 규모의 경제를 의미한다.

규모의 경제 중 대량생산의 이익이 발생하는 이유를 살펴보기로 하자. 생산비는 생산량의 증대에 따라 변하는 가변비용과 변하지 않는 고정비용으로 구분된다. 가변비용에는 원재료비·노무비와 같이 정비례적으로 변하는 비례적 비용과 감독비와 같이 불비례적으로 변하는 불비례적 비용으로 구성된다. 고정비용에는 감가상각비·지대·이자 등이 포함된다. 이 세가지 비용의 조합으로 인해 생산량의 증대에 따라 전체적 평균비용이 줄어들게 된다는 것이다. 다시 말해 생산비용은 생산량의 증대에 따라 단위당 평균비용이 일정한 고정비용 곡선(A), 체감하는 비례적 비용 곡선(B), 어떤 생산량까지는 체감하고 이후 체증하는 불비례적 곡선(C)에 의해 구성되는데, 곡선 B와 곡선 C의 체증부분이 상쇄되는 지점까지 평균비용은 체감한다. 바로 이 점(O)이 최적 규모에 해당되며, 이 점에 이르기까지 대량생산의 이익(규모의 경제

그림 2-1 규모의 경제 도식화

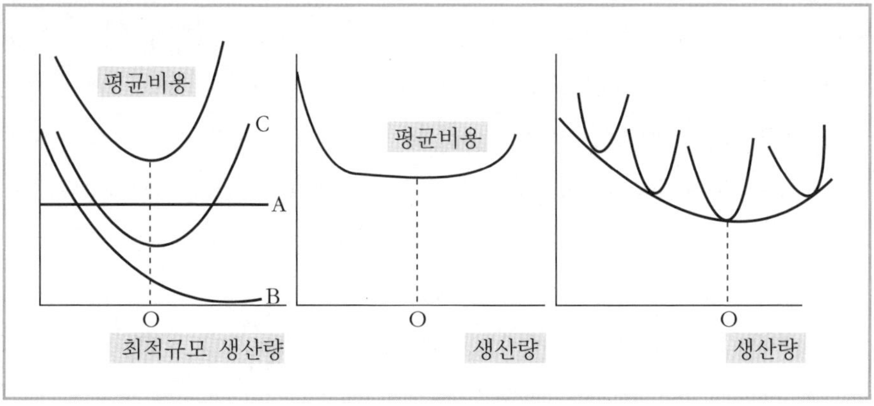

이익)이 발생한다.

규모의 경제이익 중 대규모의 경영이익은 최소한의 최적규모에 도달하고 있는 공장을 복수로 가지고 있는 기업의 경우 기업 전체의 평균비용이 공장단위의 평균비용보다 낮게 되는 현상을 의미한다. 이는 대규모 관리의 이익, 대량판매의 이익, 대량구입의 이익 등에 의해 달성되는 이익이다. 대규모의 경영이익은 대규모 경영에 따른 장점이 단점보다 크기 때문에 발생한다. 대규모 경영의 장점은 원재료의 염가매입, 운송비의 감소, 보다 세분화된 분업화, 다양한 기계·설비의 이용, 성과급임금제의 실시, 운전자금 회전율의 상승, 부산물의 합리적 이용, 일반관리비의 상대적 감소, 경기순환에 대한 적응력 향상, 대외신용도의 호전 등이다. 그에 반해 대규모 경영의 단점은 경영 전반에 대한 파악과 통제의 어려움, 감독과 감시비용의 증대, 경영의 휴지·정체상태의 발생 등이다.

(2) '규모의 경제' 이론의 의의

규모의 경제이론은 기업경영에서 도출된 것이지만 정부부문, 특히 지방자치 및 지방서비스 공급에 있어서도 적용될 수 있다. 먼저 지방서비스 공급에 있어서 규모의 경제이론이 적용될 수 있다. 쓰레기처리, 상하수도 등의 지방공공서비스에 있어서 일정 처리 용량까지 평균비용이 줄어들기 때문에 인근 자치단체와 공동처리하는 것이 효율적일 수 있다. 그 다음 지방정부의 인구와 관할구역이 일정 수준에 이를 때까지 평균비용이 줄어드는 규모의 경제효과가 일어난다고 한다. 이 경우 규모의 경제이론은 자치구역의 적정화를 도모하는 논거로 강조된다. 이러한 관점은 뒤에서 설명할 티보우이론과는 상반되는 측면이 있다. 티보우이론에서는 주민이 선택할 수 있을 정도의 충분히 많은 지자체의 존재가 지자체간 경쟁를 촉진하여 효율적 서비스 공급을 가능하게 한다고 전제하지만, 규모의 경제이론에서는 다수의 소규모 지자체보다는 일정 규모 이상의 지자체가 서비스처리에 투입되는 비용을 줄일 수 있어 효율적이라는 주장이기 때문이다.

규모의 경제이론에 기초할 때, 작은 지자체간의 통합은 공공서비스의 산출규모를 증대시키고, 이를 통해 서비스 처리에 소요되는 평균비용을 감소시킬 수 있다. 지자체의 통합으로 인해 운송비용, 접근성 증대, 혼잡도 등의 비용이 초래될 수 있지만 소규모 지자체의 통합에 의해 달성된 규모의 경제효과는 이러한 추가적 비용을 상쇄하고도 남는다는 것이다(Soul & Dollery, 2000: 14). 규모의 경제적 관점에서도 무조건적, 무한정의 지자체 통합이 선호되지 않으며, 통합으로 인한 긍정적 효과가 추가적 비용을 상회할 때 정당화된다. 따라서 규모의 경제적 관점에서 지자체간 통합에 유리한 상황은, 첫째, 통합을 통하여 서비스공급의 비용이 감소될 것으로 예상되는 지역, 둘째, 어떠한 이유에서든 납세자들이 통합을 지지하는 경우, 셋째, 납세자들이 통합을 반대하지만 자치단체가 보조금에 과도하게 의존하고 있어 중앙정부(주정부)에서 경제적으로 효율적인 권역을 제시할 정당성을 갖는 경우 등이라고 할 수 있다(Dollery & Marshall, 1997: 152−153). 요컨대, 규모의 경제논리에 의하면, 평균비용이 최소화되는 수준까지 공공서비스의 규모를 늘릴 필요가 있고, 행정구역의 통합은 이러한 경제적 효율성에 기여할 수 있다는 것이다.

지자체의 규모의 일정 수준을 넘어서면 평균비용의 절감에 의한 규모의 경제효과 외에 집적효과(conglomeration effect)도 발생한다. 집적이익은 어떤 지역에 산업이나 인구가 집중하면 상호간의 분업과 협력에 의해 시너지효과가 발생하고, 아울러 노동 및 소비시장이 형성되면서 도로 등의 기반시설이 마련되고 투자효율과 생활편익이 증대되는 현상을 말한다. 이러한 집적이익으로 인한 규모의 경제효과는 과밀과 혼잡비용으로 인한 불이익이 집적이익과 일치하는 지점까지 발생할 것이다. 물론 현실적으로 집적이익과 혼잡비용을 비교형량하기는 쉽지 않을 것이다.

2. 이론의 적용 가능성

1960년대까지만 해도 도시의 적정규모를 모색하는 데 많은 관심을 기울였으나, 최근 들어 정확한 적정규모의 도출이 어려워지면서 관심이 줄어 들었다. 따라서 행정구역의 개편에 있어서도 규모의 경제효과를 우선적인 논거로 삼기는 어려울 것이다. 규모경제효과를 행정구역 개편의 우선적 논거로 삼기 어려운 이유를 보면 다음과 같다.

첫째, 지방서비스의 성격에 따라 규모의 경제효과가 달라진다는 점이다. 지방정부서비스의 다양성 때문에 어떤 하나의 조직이 모든 지방서비스를 효율적으로 제공하기 어렵다. 예컨대, 대규모 자본투자를 요구하는 상하수처리, 쓰레기 매립 등과 같은 사업은 측정이 용이할 뿐만 아니라 대규모 인구단위에서 효율적으로 생산될 수 있기 때문에 규모의 경제가 작용한다. 그에 반해 노동집약적 활동을 필요로 하는 복지, 문화 등은 측정이 어렵고 빈번히 제공되며 규모의 불경제가 존재한다(Bish, 2001: 11). 더욱이 경험적 연구에서는 동일한 서비스에 있어서도 규모의 경제효과에 대한 일관성 있는 결과가 제시되지 않고 있다(Bynes and Dollery, 2002). 이러한 관점에서 규모의 경제효과를 위해 공공서비스가 미치는 행정구역의 개편을 주장하기는 어려울 것이다.

둘째, 측정의 방법론과 관련된 문제이다. 통계적 방법에 의해 공공서비스의 생산에 소요되는 최소의 비용규모를 추정하는 데에는 몇 가지 문제점이 발견된다. 우선, 전체 기능이 아닌 개별 활동의 효과를 분석하는 경향이 있다. 그 다음 산출물은 종종 계량화하기 어려우며, 대부분의 연구는 인구중심의 산출지표(output measures)에 의존하고 있다. 또한 지출과 인구데이터는 거의 서비스를 공급하는 정부의 자료이지, 실제로 생산하는 조직의 자료가 아니다. 따라서 생산조직의 규모효과가 아니라 생산을 효율화할 수 있는 정부의 능력을 측정하게 된다(Bish, 2001: 12−13).

셋째, 적정규모에 관한 연구결과도 사례국가에 따라, 자치단체의 수준(기초자치단체와 광역자치단체)에 따라 그 규모가 다르다는 점이다. 외국의 기초자치단체를 대상으로 한 연구에서 다수 서비스가 기술적 효율성의 경우 인구 3만명까지 비용이 급격히 증가하다가 인구 5만명 수준에서 최적성을 보이며 24만명 수준까지 계속된다고 한다(Soul & Dollery, 2000: 14). 또다른 연구에 의하면 지역경제(조세기초)와 효율성(행정비용)에 근거하여 4만명−15만명으로 주장하고 있는데, 이익공동체, 시간거리, 자연적 경계 등 현재 시스템의 영향에 의한 것으로 볼 수 있다. 우리나라의 기초자치단체를 대상으로 한 연구(최영출, 2005)에서는 60만명 전후로 나타나고 있다. 광역자치단체의 경우 선진국을 사례로 한 외국의 경험적 연구(Alonso, 1975)에 의하면, 1인당 총지출수준은 50만명을 초과할 때(독일)와 1백만명을 초과할 때(일본) 오히려 증대된다는 사실을 나타내 주고 있다. 우리나라의 광역자치단체를 대상으로 한 연구에서는 광역자치단체의 인구가 300만명을 넘게 되면 비효율적이라는 연구가 있다(이성복, 1995: 145). 또한 광역자치단체의 인구가 400만명일 때 비용이 최소화된다는 연구가 있는가 하면, 600만명을 초과할 때 비효율적이라는 연구(하혜수 외, 2000; 조기현, 2001)도 있다.

그러나 대규모 행정구역이 보다 정교한 행정구조를 가져오고, 규모의 증대에 따라 1인당 행정비용이 줄어드는 것은 명백하다. 상당한 인구규모로의 통합으로 전문화된 시설(specialized facilities)과 전문직업인력을 확보할 수 있으며, 이를 통해 시설의 이용률을 높이고 비용 대비 효과를 줄일 수 있기 때문이다(Soul & Dollery, 2000: 15). 또한 지자체간 통합을 통해 공공조직의 축소, 지방의원과 행정공무원의 감축, 중복 공공기관의 통합에 따른 이용률 제고 등에 따른 행정적 효율성(administrative efficiency)을 확보할 수 있을 것이다.

제 2 절 지방권력이론

1. 다원주의론

(1) 다원주의의 의의

지방자치는 다원주의를 배경으로 하고 있다고 할만큼 다원주의가 지방자치에 미친 영향은 절대적이다. 지방자치가 영국의 역사에서 주민자치로 시작한 것은 당시의 열악한 생활수준과 여건을 개선해야만 했던 필요성과도 관련이 있다. 영국은 지역별로 역사적으로 형성된 고유한 통치구조와 방식을 가지고 있었기 때문에 다양한 제도가 만들어지고 도시화과정을 거치면서 어느 정도 안정된 제도로 발전하게 되었다(Webb and Webb, 1963). 영국에서

도시화된 지방정부는 일정한 규모뿐만 아니라 통일된 제도적 형태를 가지게 되면서 민주국가체제의 일부분으로 자리잡게 되었고, 그 뒤 지방정부는 역할경계의 불명확함에도 불구하고 일정한 범위안에서 독자적인 의사결정권을 행사할 수 있게 되었다(Hampton, 1991: 117-137). 이러한 과정을 통해 국가의 결정권이 분산되었고, 지방정부 차원에서 다원주의 사상이 보다 용이하게 구현될 수 있었던 것이다.

지방자치이론으로서의 다원주의는 지역공동체권력이론에서 상정하는 다원주의 철학이다. 즉, 지방정부를 떠받치고 있는 하나의 지역사회 내에도 다양한 권력의 원천이 존재하고, 이들 간에 밀도 높은 관계가 형성되어 있다는 것을 전제로 하고 있다. 지역사회의 여러 집단으로부터 다양한 종류의 요구와 압력이 정책결정자에게 행사되고, 동시에 권력을 나누어 가진 다수의 집단들이 경쟁하고 협조하면서 공동의 합의점을 향하여 나아간다는 것이다. 지역사회는 소수의 정치행위자에 의해 권력이 독점되어 있지 않고 다수의 대중들에게 분산되어 있고, 소수의 정치엘리트가 정책결정을 담당하고 있는 상황에서도 다수 대중들의 요구로부터 자유로울 수 없다는 입장이다. 다원론에 입각하면 지방정부의 주요 결정은 다수 주민의 요구 또는 직접적 참여에 의해 이루어진다. 인간은 외딴 섬에 버려지면 맨 먼저 클럽을 만들고 그 다음 위원회를 구성한다는 비유가 바로 다원주의의 본질을 시사해준다.

다원주의는 중앙과 지방간의 관계에도 적용될 수 있다. 지방분권이 촉진되면 지방정부의 권한과 기능이 강화될 수 있고, 지역의 사정에 따라 중앙-지방간 관계가 다양하게 나타날 수도 있기 때문이다. 보충성의 원칙(principle of subsidiarity)도 일종의 다원주의를 반영하고 있다. 보충성의 원칙은 보완성의 원리라고도 하며, 계층제를 전제로 하는 경우 가장 밑에 있는 계층에게 그 역량에 상응하는 권한과 자원을 부여해야 한다는 것이다. 가장 아래층에서 해결할 수 없는 문제가 생길 때 그 바로 위 계층의 기관이 나서야지, 필요 이상으로 높은 단계의 기관이 먼저 나서서는 안 된다는 주장이다. 보충성의 원리는 가족이 대부분의 문제를 해결하도록 하고 가족의 힘으로 해결하지 못하는 문제는 지역의 자선기관이나 중간기관이 나서고, 그래도 안되는 문제에 한하여 지방정부가 나서야 하며, 지역단위기관이 해결하지 못할 경우에는 지역정부가 해결하고, 지역정부도 해결하지 못하는 경우 최종적으로 중앙정부가 나서야 한다는 것이다.

(2) 다원주의와 지방자치

다원주의적 시각에 의하면 지방정부는 다수의 이해관계자들의 중간에서서 그들의 이해를 조정하는 기구이다. 즉 서로 다른 이익을 가진 개인이나 상호 경쟁하는 집단들의 이해와 요구를 정치적 시장에서 교환시키는 매개체에 불과하다. 지방정부는 중립적인 위치에서 정당이나 이익집단들간에 존재하는 갈등을 중재하는 기능을 수행한다는 것이다. 이러한 시각에서는 목표설정을 하면서 전략적으로 기능을 수행하는 적극적인 지방정부의 역할을 찾기 어렵다.

다원주의적 시각은 지방정부란 시장의 원리에 따르는 각 집단간의 이윤추구행위에 대한 공정한 심판자로 역할해야 한다는 최소정부론에 근거해 있다(Friedman, 1962). 일부 서구 선진국의 사례에서 보는 바와 같이 지방정부가 지역공동체에 존재하는 갈등의 조정기능에 충실한 경우 이러한 다원론적 시각이 적실성을 갖게 될 것이다. 그러나 발전국가(development state)에서 보는 바와 같이, 중앙정부와 지방정부가 지역사회발전과 지역경제발전을 주도하는 경우 이러한 소극적인 역할모델은 유용성이 떨어질 것이다. 이러한 측면에서 국가의 상황에 따라 다원주의의 내용도 다양하고 지방정부의 역할도 어느 정도 넓은 스펙트럼(spectrum)을 가질 수 있다는 점을 이해해야 할 것이다.

2. 엘리트론

(1) 엘리트론의 의의

엘리트이론은 정책결정과정은 물론이고 사회적 변화에 있어서 소수 엘리트의 역할을 중시하는 이론이다. 엘리트는 다양하게 규정될 수 있지만 기본적으로는 권력을 포함한 정치·사회·경제적 자원을 확보한 소수 유력집단을 의미한다. 지역사회 엘리트이론은 1950년대 헌터(Hunter, 1953)와 밀즈(Mills, 1956)의 연구로부터 시작되었는데, 기본적으로 다원론과 달리 국가와 지방정부의 권력이 일부 소수세력에게 집중되어 있어 이들 엘리트집단이 정책결정을 좌우하며, 일반 대중들은 주요 정책결정에 참여하거나 영향을 미치기 어렵다는 주장이다. 엘리트론은 국가를 자본가계급이나 정치적 지배계급의 수단으로 보는 도구주의적 국가론의 기초를 제공하고 있으며, 다양한 집단이나 다수의 사회·경제적 변수보다는 엘리트집단이라는 세력에 관심을 집중한다. 또한 특정국가의 지배계층이나 계급을 분석하여 국가를 특정지배집단의 수단으로 취급하는 경향이 있다. 엘리트론적 시각은 지역정치사회의 지배권력구조와 정책결정과정에서 이들의 역할을 파악하는 데 유용한 분석틀을 제공하고 있다.

(2) 엘리트론과 지방자치

엘리트론은 지방자치가 등장한 초기부터 현재에 이르기까지 지방자치 현상과 깊이 연관되어 있다. 지방자치과정과 직접적으로 관련된 지역사회의 권력분석 연구 중에는 엘리트론이 그 근거를 제공하고 있는 것이 적지 않다. 지역사회의 권력현상에 대한 체계적인 분석은 그 기원이 1924년도 미국의 사회학자 린드(Lynd)부부의 현장연구(Lynd and Lynd, 1929)에까지 거슬러 올라간다. 그들은 미국 인디애나주의 Muncie시에 2년 동안 거주하면서 그 지역사회 내에서 시정부가 민주주의 제도에 기반하여 운영되고 있음에도 불구하고, 사회·경제적 엘리트들의 실질적 영향력이 절대적임을 밝혀내었다.

이후 정치과정이나 정책결정과정에서 누가 지배적인 권력을 행사하는가 하는 문제는 학자들의 주된 연구관심사가 되어 왔다. 지역사회의 권력유형에 대한 연구들은 크게 두 가지 입장으로 대별된다. 하나는 지역사회에는 안정적인 지배엘리트가 존재하는데 이들은 주로 기업가들이며, 그 지역사회의 정책결정에 지배적인 역할을 수행한다는 시각이다. 이러한 주장은 헌터의 애틀랜타에 대한 지역권력 분석에서 제시되고 있다. 이와 달리 지역사회의 권력은 다원화되어 있으며, 정책결정과정에서 참여자들은 주민들의 입장을 고려하고, 어느 한 입장이나 특정집단이 주도적인 영향력을 행사하는 것이 아니라 갈등 속에서 타협을 통하여 의사결정이 이루어진다는 시각이다. 이러한 입장을 대표하는 연구가 다알(Dahl)의 뉴헤이븐시에 대한 연구이다.

폴스비는 이러한 상반된 연구결과가 연구대상 지역이 다르고 연구의 설계과정에서 사용된 조사기법이나 연구가정들이 서로 다르기 때문으로 보고 있다(Polsby, 1980). 그 이전의 폴스비 연구는 지역사회의 정책결정과정에 대한 엘리트의 영향력을 좀더 다각적인 각도에서 바라보고 있다. 그는 지역에서 진행되는 문제가 통상적이거나 논란을 불러일으킬 만한 것이 아닐 경우에는 엘리트들이 지역의 자원을 동원하는 데 있어서 자유롭지만, 새로운 정치적 이해관계를 형성하는 경우에는 지배적인 엘리트집단 외부에 있는 주민들의 지지가 중요하다고 주장한다(Polsby, 1963).

엘리트이론에서는 중앙과 지방의 엘리트가 하나의 집단으로 취급되는 경향이 있기 때문에 지방자치의 의미가 퇴색되는 경향이 있다. 이는 중앙의 엘리트가 보다 큰 권한과 세력을 가지고 지방의 엘리트를 포섭하고 있다면, 지방의 엘리트를 중앙엘리트와 실질적으로 구별하기도 어려울 뿐만 아니라, 명목상 지방엘리트가 구별된다고 하더라도 지방엘리트가 중앙엘리트에 종속된 상태이기 때문에 독자적인 의사결정을 하기가 어렵기 때문이다. 따라서 엘리트이론은 밑으로부터 전개되는 풀뿌리 민주주의에 대한 회의론에 입각하고 있다고 볼 수 있다.

3. 지방국가론: 막스주의적 시각

(1) 기본적 관점

막스주의적 국가론에서는 지방정부도 자본주의체제의 유지와 발전과정에서 사회계급간의 정치·경제적 이해를 반영하는 수단으로서 취급된다(Duncan & Goodwin, 1982; Saunders, 1979). 이러한 입장을 취하고 있는 대부분의 연구는 주로 영국을 중심으로 유럽의 사상적 전통 속에서 이루어졌으며, 지역자본가의 이익을 대변하거나 혹은 자본가 계급은 아니더라도 그 사회의 정치적 지배세력의 이해관계를 반영하는 기구로서 지방정부를 바라보며, 이를 지방국가(local state)로 부른다.

이러한 시각은 주류 정치학이나 행정학에서도 찾아볼 수 있다. 공공정책이 주요 이익집단의 포로가 되고 있다는 포획이론(captured theory), 이익집단과 의회 그리고 정부부처 사이에는 특정이익을 옹호하는 관계가 유지된다는 철의 삼각관계(iron triangle), 그리고 입법과정에서 이익집단과 의원집단간의 담합(log-rolling)에 대한 연구 등이 이러한 시각과 유사한 바탕에서 이루어진 것이다(Hunter, 1953; Dahl, 1961). 또한 정책결정에서 전문가들과 이익집단간에 형성되는 정책공동체(policy community)나 정책네트워크(policy networks) 등도 이러한 시각과 무관하지 않다.

막스주의적 전통을 따르는 학자들은 자본주의라는 사회구성체 내에서 지방정부의 역할과 그 성격을 사회적 갈등과 이해관계라는 틀로서 보다 명확하게 규명하려고 시도한다. 이들에 따르면, 지방정부는 단순히 행정서비스를 제공하는 역할에 그치지 않고, 사회적 계급관계에 대한 차별적인 영향을 미친다는 것이다. 지방국가도 중앙정부와 마찬가지로 자본가 계급의 자본축적을 촉진하기 위하여 존재한다는 시각을 견지하고 있는 것이며(Cockburn, 1977), 도구주의적 국가이론을 지방국가에도 적용하는 것이다.

도구주의적인 관점에서는 지방정부도 국가의 구성요소이고 착취의 도구로 치부되므로, 중앙과 지방의 관계에서도 지방의 역할이 따로 부각될 수 없다. 이것이 다원주의와 다른 점이다. 그러나 기능주의적 시각에서 보면, 지방정부는 중앙정부와 약간의 다른 기능을 수행하는 것으로 이해된다. 즉 국가의 주된 기능이 자본의 확대 재생산에 있다면, 지방국가의 주된 기능은 주민들이 필요로 하는 소비재의 생산에 있다는 것이다. 이러한 맥락에서는 중앙과 지방간의 관계에서도 지방정부의 차별화된 역할이 어느 정도 인정될 수 있으며, 지방정부의 고유한 성격이 드러날 수 있다.

(2) 이원국가론

이원국가론(dual state theory)은 도구주의적 시각을 수용하면서도 기능주의적 시각을 가미하여 중앙과 지방정부간의 구체적인 역할분담 내용을 파악하려는 이론이다. 주로 영국을 중심으로 발전된 이원국가론은 중앙정부와 지방정부의 기능이 각기 다르다고 본다. 중앙정부가 생산의 측면(production function)에서 기업가의 이윤추구와 사유재산제의 보호에 주력하는 데 반하여, 지방정부는 집합적 소비재(collective consumption goods)를 생산하는 기능을 담당하는 것으로 보고 있다. 즉, 중앙정부는 사유재산제를 보호하고 기업이 시장활동을 통하여 이윤을 낼 수 있도록 자본주의 체제를 유지하는 데 관여하는 반면, 지방정부는 복지, 의료, 보건, 주택, 교육 등 소비적인 성격이 강한 공공서비스를 제공함으로써 자본주의 발달에 따른 노동자계급의 정치적 세력화와 밀접한 관련이 있다는 것이다.

이러한 설명에는 자본주의체제의 유지에 기여한다는 점에서는 도구주의적 시각에서 강조하고 있는 국가의 도구적 기능이 그대로 인식되고 있지만, 중앙정부와 지방정부의 역할과 기능이 서로 다르게 분담되었다는 점에서는 한 단계 세련된 주장이다(Saunders, 1979). 그러나 근래에는 영국을 비롯한 유럽 선진국에서도 지방정부가 지역발전과 경제성장을 위하여 물적 토대를 구축하는데 역점을 두어야 한다는 주장이 제기되고 있다(Lorimer, 1970). 지방정부도 단순한 집합적 소비재의 전달을 넘어서서 생산적 기능도 가져야 한다는 것이다. 이러한 사조는 미국의 경우와는 시기적 차이가 있다. 미국의 지방정부론에서는 “지방자치의 핵심에 지역경제 문제가 있다”는 사실을 공공연히 강조한다. 그만큼 지방정부의 생산적 측면이 강조되고 있다. 이러한 경향은 우리나라에서도 유사하게 나타나고 있다.

이원국가론에 입각한 연구들은 지방정부의 자율성을 확장시켜 진일보한 이론의 구축을 시도하고 있다. 이들은 지방국가가 자본가 계급의 이해를 충실히 반영하려 한다는 도구주의적 시각과 달리 지방국가의 정치적 자율성을 인정한다. 지방국가를 단순히 자본주의 체제를 유지하기 위한 수단으로 간주하지 않고, 사회구조나 계급적 제약을 넘어서서 고유한 역할을 수행하는 자율적 실체로 보고 있다. 이러한 과정에서 개별 지방국가의 기능과 역할은 자본가와 비자본가의 경제적 관계뿐만 아니라 각 지방의 정치적 발전단계나 역사적 전통 그리고 문화적 배경 등에 따라서 다양하게 규정될 수 있다. 예를 들어 고유한 문화적 전통을 가진 전통적 소도시에 있어서 지방국가는 지배계급을 옹호하기보다는 사회적 통합과 문화적 긍지를 고취하는 역할을 수행한다고 볼 수 있다. 이러한 시각에 의하면 지방정부는 중앙정부와 독립되어 이해될 수 있고, 그 지방의 경제적 이해관계나 지배적인 정치세력에 의존하지 않고 지역자본가의 이익을 초월한 지방국가의 모습을 가질 수 있다(Duncan & Goodwin, 1982).

4. 신다원론

1960년대 후반에 이르러서는 초기의 다원주의이론은 비판에 직면하게 되었고, 이에 따라 새로운 신다원주의(neo-pluralism)가 나타났다. 신다원주의는 두 가지 핵심적 요소를 가지고 있다. 하나는 합리적 선택이론(rational choice theory)이고, 다른 하나는 정치기회의 정치과정론(political process theory)이다. 이들은 모두 공공정책이나 제도적인 관행을 변화시키는 데 필요한 자원을 어떻게 동원하고, 사회운동을 촉진시키는 정치적 과정을 어떻게 만들어가고 있는가에 주된 관심을 둔다. 전자는 사회운동과 제도화된 정치를 합리적 선택이라는 관점에서 설명하는 것이고, 후자는 기존의 정치질서에 도전하는 정치연합에 초점을 두고 있다.

(1) 합리적 선택이론

합리적 선택이론은 전통경제학에서 가정하고 있는 인간행동의 특성, 즉 계산 가능한 합리성을 정치행동에 도입하면서 기존의 다원주의 정치과정을 비판하는 입장을 취한다. 한편 합리적 선택이론에 기초한 집합행동(collective action)에 관한 몇 가지 이론들은 기존의 다원주의 시각을 넘어서서 노동조합의 활동이나 사회운동을 설명하기 위한 토대가 되고 있는데, 이들은 주로 전통적 다원주의 시각이 정치적 이익의 실현을 위한 집단의 형성이 어떻게 가능한지를 충분히 설명하지 못한 점을 비판한다. 다원주의에서는 노동조합이나 이익단체와 같은 정치집단이 단순히 조직의 이익을 실현하기 위하여 형성된다고 보았다. 그러나 소규모 조직과는 달리 대규모 조직의 경우 무임승차문제(free riding problem) 때문에 조직의 구성원이 자발적으로 조직의 이익을 위하여 적극적으로 활동한다는 보장이 없어지게 되는 문제가 발생한다.

강제적인 조직의 명령이 작동하지 않거나 집합적 행동에 따른 이익이 자신에게 귀착된다는 확신이 없을 경우 조직의 이익을 위한 개인들의 집합적 행동을 기대할 수 없다는 것이다. 개별 구성원의 입장에서는 위험과 비용을 감수하면서 행동에 나서기보다는 뒤에서 관망하고 있다가 결과가 나오면 이에 합류하는 것이 더 합리적인 행동이기 때문이다.

이러한 집합적 행동의 문제점을 합리적 선택이론에 의하여 설명하려고 한 초기의 학자는 올슨(Olson)이다. 올슨에 따르면, 인간은 이기적이고 합리적인 계산에 바탕을 두고 행동하지만, 다수의 집합적 행동에 있어서는 이러한 합리적 계산이 무임승차의 문제를 유발하는 여건을 조성한다고 주장한다(Olson, 1965). 즉 대규모 집단에서 집합재를 제공하려는 노력은 무임승차문제 때문에 실패하게 된다는 것이다. 합리적인 개인이라면 다른 사람들이 공헌할 것이라는 전제하에 집단적 활동에 참여하기보다는 자신의 개인적인 이익에 몰두하는 것이 더 이익이 된다고 생각할 것이기 때문이다. 따라서 대규모 조직이나 집단의 자발적 형성은 논리적으로 불가능하게 되고, 과거 다원주의자들이 전제한 다양한 사회조직의 형성과 활성화가 사실상 어렵게 된다.

올슨은 그 대안으로 몇 가지 가설에 근거하여 집단형성의 방법론을 제시하고 있다. 그 중 하나가 조직의 규모를 작게 하여 어떤 개인도 눈에 띄지 않고는 집단의 활동에서 벗어날 수 없게 하는 것이다. 조직이 큰 경우 내부적으로 조직을 세분화하여 조직의 집단적 활동에 가담하지 않는 사람을 알 수 있게 한다면, 개인이익을 위해서 조직의 이익에 나서지 않는 사람이 줄어들게 될 것이다. 둘째, 조직구성원에게 선별적 유인(selective incentive)을 제공하는 방법이다. 활동의 성과에 따라서 그에 부합하는 유인을 반대급부로서 주면, 개인은 이러한 반대급부를 위해 조직의 목적에 동참하게 된다는 것이다. 유인은 반드시 물질적인 것에 국한될 필요가 없고 사회적 인정이나 명예와 같은 무형의 가치들도 활용될 수 있다. 물론 이러한 방법에 대한 비판도 제기되고 있어 완벽한 대안으로 보기는 어렵다.[1)]

---

1) 제기되는 비판론을 정리하면, 집합적 혹은 사회적 유인과 같은 연성유인(soft incentives)이 추가적으로 필요하다. 단합과 목적 지향적 유인이 있어야 조직화가 가능하다는 것이다. 현대 사회의 주민운동이나 사회운동도 단결, 의식화, 믿음 등이 주요한 동기요인이

(2) 정치과정론

신다원주의의 또 다른 측면은 정치과정이론에서 정치적 기회를 중심으로 파악될 수 있다. 전통적 다원주의는 자유주의적 민주주의체제에서 기본적으로 공정한 기회를 위한 제도적 기반이 제공된다고 전제하였다. 그러나 집단의 세력과 사회 여건에 따라서 정부정책에 대한 영향력의 정도가 달라지는 현상이 실제로 존재함을 주장하고, 이러한 현상을 중시하는 것이 신다원주의론이다. 그렇다면 이러한 정치적 기회가 집단에 따라 차이가 발생하는 원인은 어디에 있을까?

첫째, 어떤 집단이 정체(polity)의 주요 구성원인가 아니면 정치적으로 배제된 수준에 따라서 그 정책결정과정의 접근도에 차이가 나타날 것이다. 둘째, 정체의 내부 구성원과 사회적 활동가간에 긴밀한 연결이나 연합이 있는 경우와 그렇지 않은 경우 사회적 활동가가 주도하는 운동이 미치는 영향력에는 많은 차이가 있을 것이다. 셋째, 온건적 권위주의 정권에서는 시민권리를 옹호하기 위한 항의가 거세지만 자유주의적 민주주의체제에서는 체제에 대한 항의가 약화될 것이다. 서구 민주주의 국가에서 비례대표제를 채용하고 있는 경우에는 제3의 정당과 같은 군소 정파의 항의를 줄이는데 효과적일 수 있다. 그것은 강력한 믿음과 주장을 전달시킬 수 있는 체제를 갖추었기 때문이다. 여기서 우리는 자유주의적 민주주의가 전반적으로 타협과 협상을 통하여 극단적으로 정치질서에 도전하는 세력을 약화시키는 제도화된 갈등관리 메커니즘으로 작동하고 있음을 알게 된다.

지방자치에 있어서도 정치적 기회가 어떻게 배분되는가 하는 것은 중요한 의미를 가진다. 자유민주적 질서를 수용하고 있는 경우에도 지역에 따라

라는 지적이다(Jenkins, 1983: 52−70). 둘째, 사람들이 대규모 집회나 항의운동에 참여하지 못하는 것은 현실적으로 시간적인 여유가 없거나 정보부족 때문이라고 보는 입장이 있다. 어느 실험에서 무임승차문제를 심각하게 의식하는 사람일수록 집합적인 행동에 보다 적극적으로 참여하는 것으로 나타난 것도 단순한 이해타산보다는 현실적 제약 때문에 참여가 저조하다는 것을 설명하는 데 도움이 된다(Oliver, 1984). 셋째, 실제로 민주화를 위해서 목숨을 불사한 사례에서와 같이 내면화된 신념과 같은 절대의 가치를 위해서 자신을 헌신하는 사람이 적지 않다는 지적이다. 이러한 부분은 초기의 합리적 선택이론으로 설명하는 데에는 한계가 있다.

서 정치과정에의 참여기회가 균등하게 배분되지 않을 수 있기 때문이다. 예를 들어 성장연합 레짐이면서 권위주의적 리더십을 가진 지방정부는 환경보전론자들에 대하여 접근성을 충분히 보장해주지 않을 수도 있고, 성장과 균형 문제가 민주적 토론을 통하여 합의에 도달하지 못하고 세력간의 갈등을 증폭시키면서 성장일변도로 나가는 경우도 적지 않다. 이러한 경우 그 지역사회는 갈등의 수준이 높아지고 환경재난과 같은 극단적인 사태가 발생하지 않는 한 균형을 회복하기 어려운 상황이 장기화될 수도 있다.

어떤 지역사회는 지방정부가 지역의 복리나 공익과 관련하여 지향점을 갖지 못할 수 있고, 또한 다양한 집단들의 요구를 수동적으로 조정하는 역할마저 수행할 수 없는 경우도 있다. 지방정부의 리더들이 부패에 연루되어 있거나 주요 세력들이 격렬하게 대립되어 있는 경우 이러한 현상이 발생할 수 있다. 어떤 경우에는 다원주의가 극단화되어서 무정부 상태가 장기간 나타날 수도 있다. 이러한 경우 정치과정은 시민사회의 구조와 역학관계에 의해 좌우될 수 있다.

제3절 티보우이론

1. 이론의 의의

(1) 티보우가설의 기본가정

티보우가설(Tiebout hypothesis)은 성숙된 이론수준으로 정립된 것이라기보다는 하나의 모델 또는 가설로 알려져 있다. 그에 따라 티보우가설, 티보우모델, 티보우이동(Tiebout migration) 등으로 불리고 있다. 그럼에도 불구하고 지방자치의 이론기초 중에서 중요한 이론으로 소개하는 것은 그것이 지방자치연구에 있어서 논리적, 분석적 기초를 제공하고 있기 때문이다. 티보우이론은 중앙정부의 공공재공급에서는 성립될 수 없는 공공재의 효율적 공급에 관한 차별화된 논리를 제시하고 있다. 다수의 지방정부는 유동적인 노동

(주민)과 자본(기업)의 유치를 둘러싸고 경쟁을 벌이기 때문에 적은 비용(tax)으로 수준 높은 지출(service)에 힘쓰게 되고, 자연히 효율적인 서비스공급에 이르게 된다는 것이다. 티보우이론은 우리에게는 '발에 의한 투표(voting by feet)'로 더 잘 알려져 있는데, 주민들이 지자체의 서비스와 조세에 대한 비교를 통해 자유롭게 이동해갈 수 있는 조건이 형성되어 있기 때문이다.

티보우이론은 1956년 그의 역작 「지방지출에 관한 순수이론」에 소개된 것으로 무임승차문제(free rider problem)에 대한 비정치적 해법을 제시한 것이다(Tiebout, 1956). 티보우이론은 기본적으로 지역내 지자체들이 다양한 종류의 공공재(정부서비스)를 다양한 가격(조세율)으로 제공한다고 가정한다. 만약 개인들이 이들 서비스에 대한 서로 다른 선호체계와 상이한 조세지불능력을 가지고 있다면, 개인들은 자신의 효용을 극대화시킬 수 있는 자치단체로 이동해갈 것이다. 즉 소위 발에 의한 투표가 이루어진다는 것이다. 이 모델에 따르면, 주민들이 자신의 선호와 일치하는 지자체를 선택하기 때문에 지자체는 주민의 선호와 일치하는 지방공공서비스의 공급을 결정할 것이며, 이러한 과정을 통해 적정수준의 지자체가 될 때까지 주민구성의 재분류가 일어날 것이다.

보충 2-1 티보우의 생애와 가설

티보우(Charles Tiebout)의 생애를 살펴보기 전에 티보우의 이름을 정확히 표현하는 것이 중요하다는 생각이 든다. 지방자치론이나 행정학저서에서는 티뷰, 티부, 티보우 등으로 다양하게 사용되고 있다. Tiebout Hypothesis에 관한 행정학용어사전에도 티부가설로 사용되고 있다. 최근 Fischel(2000)은 경제학자들에게 티보우의 정확한 네이밍을 강조하면서 자신의 기억을 토대로 티보우(TEE－bow)라고 분명히 밝히고 있다. 따라서 본서에서도 티보우라고 표기하고자 한다.

티보우는 1924년 8월 12일 미국 코넥티컷주 그린위치에서 출생하였고, Wesleyan대학에서 석사와 미시건대학에서 박사를 받았다. 전공은 경제지리학, 지역경제학, 공공경제학 등이다. 노스웨스턴대 교수를 역임하고 워싱턴대학 교수로 재직중 1968년 1월 16일 43세의 짧은 나이로 돌연사(심장마비)하였다.

티보우는 비공식적이기는 하지만 대학원 때 그의 가설을 제기하는 천재성을 보였다. 대학원생 시절 세미나에서 무임승차문제는 필수적으로 정치적 해결을 필요로 한다는 머스그레이브(Richard Musgrave)의 주장에 맞서 그의 가설을 주장했다고 한다. 티보우는 1956년 박사학위를 받은 후 대학원 시절 제시한 가설을 완성하여 발표하였다. 그러나 당시에는 이 가설이 크게 주목받지 못하였다. 주된 이유는 그 가설이 경험적 검증을 거치지 않았기 때문이었다.

1969년 지방공공재지출에 관한 Oates의 연구가 발표되면서 티보우이론이 주목을 받기 시작했다. 오우츠는 지방정부간 조세와 지출의 차이는 내부운영비를 반영하고 있다는 것을 입증하였다. 따라서 티보우가설을 티보우-오우츠가설로 부르는 것이 더 적절하다는 주장도 있다. 이후 티보우가설은 지방자치 연구에서 매우 비중 있게 인용되고 있다. 티보우가 43세의 짧은 나이로 요절하였지만 그의 이론만은 지방자치문제를 연구하는 학자들에게 지속적인 영향을 미치고 있다.

티보우이론은 지자체간 경쟁과 지자체 발전을 위한 매우 유력한 시사점을 제공하고 있지만 현실 적용성 면에서는 유용성이 다소 떨어진다는 비판을 받고 있다. 티보우이론이 비현실적 가정에 입각해 있는데, 자연과학이론과 달리 사회과학이론들은 사회현상을 대상으로 하고 있기 때문에 엄격한 인과이론을 개발하기 어렵다는 한계에 기인한 것으로 보인다.

첫째, 주민의 이동가능성이다. 이동하는 소비자(mobile consumer)로 표현되고 있는데, 주민들은 자신들이 거주할 장소를 자유롭게 선택할 수 있다는 것이다. 이는 이동에 따른 비용(이사비용)이 수반되지 않는다는 것을 의미하고, 완전한 이동(집을 팔고 이사하는 것)이 보장되어 있다는 것을 의미한다. 실제로는 이동에 따른 비용이 수반될 뿐만 아니라 이사를 하지 않는 불완전한 이동도 이루어지고 있으므로 비현실적 가정일 수 있다.

둘째, 완전한 정보이다. 주민들은 자신이 살고 있는 지자체의 정책과 서비스뿐만 아니라 이러한 서비스제공에 수반되는 비용(조세)에 관한 완전한 정보를 알고 있다고 가정한다. 아울러 인접 지자체의 서비스 및 조세 수준에 관한 완벽한 정보를 가지고 있기 때문에 자신이 속한 지자체의 그것과 비교할 수 있다는 것이다. 최근 지자체의 정보공개 및 성과공시가 강조되고 있지만 이 가정 역시 현실적으로 충족될 가능성은 높지 않다.

셋째, 주민의 선택할 수많은 지자체가 존재한다. 상이한 가격(조세)으로 서로 다른 서비스를 제공하는 수많은 지자체가 존재하여야 한다. 이는 서비스의 내용과 종류가 다를 수 있고, 동일하다고 하더라도 조세가 다를 수 있다는 것을 가정한다. 이 가정의 경우 주민들의 선호를 완벽하게 충족시킬 수 있는 지자체의 존재는 아닐지라도 선택가능한 수의 지자체가 존재한다는 점에서 전혀 비현실적이라고 보기는 어렵다.

넷째, 외부효과가 존재하지 않는다. 특정 지자체의 의도하지 않은 서비스공급이 인접 지자체에 긍정적 또는 부정적 파급효과를 미치지 않는다는 것을 의미한다. 이 가정은 매우 비현실적이다. 하천관리, 도로관리, 공기정화 등 특정 지자체의 서비스로 인해 인접 지자체가 의도하지 않은 편익을 누릴 수 있고, 환경오염과 범죄 등과 같이 특정 지자체의 단속강화로 인해 인접 지자체가 의도하지 않은 불이익을 받을 수도 있다.

다섯째, 규모의 경제효과가 존재하지 않는다. 이는 공공재 생산을 위한 단위당 평균비용이 동일하다는 것을 의미한다. 지방정부의 규모의 차이에 따른 지방공공재 대량생산의 이익이 존재하지 않는다는 것을 의미한다. 이 가정도 논란의 여지가 있다. 규모의 경제효과에 관한 연구를 보면, 규모의 경제효과를 보이는 적정 규모에 대한 논란은 있지만 규모의 경제효과 자체에 대하여 부인하지는 않는다.

여섯째, 지방자치단체는 합리적이고 자립적이다. 지방자치단체는 불량한 주민들을 퇴출시킬 정도로 합리적이다. 아울러 자신의 세입으로 자신의 서비스비용을 충당할 수 있을 정도로 자립적이며 중앙정부의 보조금에 의존하지 않는다. 지자체의 자치권이 국가의 통치범위 안에서 이루어진다는 전제하에서 보면 이러한 지자체는 현실적으로 존재하지 않는다.

(2) 티보우이론의 의의

티보우이론은 지자체간 경쟁을 효과적으로 설명함으로써 지자체의 실시와 발전에 기여하고, 이를 통해 지방자치의 기초이론으로서 그 위상을 확고히 하고 있다. 첫째, 자립적이고 자치권을 가진 다수의 지방정부가 독자적인 판단에 의해 지방공공재를 공급하는 분권화된 체제가 효율적이라고 주장함으로써 지방자치의 당위성을 강조하고 있다. 이는 공공재 공급은 분권적 배분체제가 효율적이지 못하다는 새뮤얼슨(Samuelson)의 이론을 반박한 것이다. 공공재는 국민의 선호와 관계없이 정치적 과정을 통해 공급될 수밖에 없다는 전통적 새뮤얼슨이론은 중앙정부 차원의 순수공급재(외교, 국방 등)에만 해당되고, 지방공공재(상수도, 청소, 소방 등)는 분권적 체제가 효율적이라고 주장함으로써 기존 이론을 보완 또는 발전시켰다는 데 의의를 찾을 수 있다.

둘째, 주민들은 지자체의 서비스와 조세에 관한 완전한 정보에 기초하여 자신이 선호하는 지자체로 이동해가는, 소위 '발에 의한 투표(vote by feet)'를 통해 지자체간 경쟁을 촉진할 수 있다고 강조한다. 그 이후 허쉬만(Hirschman, 1970) 등에 의해 주민들은 이동(exit) 외에 애착심(loyalty)과 불만제기(voice) 등의 대안도 가지고 있다는 주장으로 발전되고 있지만 기본적으로 지자체들은 기존의 주민과 자본을 잡아두거나 새로운 주민과 자본을 끌어들이기 위해 경쟁하게 된다는 것이다.

셋째, 무임승차자(free rider) 또는 편이승차자(easy rider)의 문제에 대한 새로운 해법을 제시했다는 점에서도 의의가 있다. 기존에는 무임승차 문제는 정치적 수단에 의해서만 해결될 수 있다고 믿었는데, 티보우모형을 통해 비정치적 해법에 의해 무임승차문제가 해결될 수 있다는 점이 입증되었다. 즉 자신이 받는 서비스에 대한 정당한 대가를 지불하지 않는 무임승차자는 주민과 지자체의 합리적 선택, 지자체간 경쟁에 의해 설 자리를 잃게 되기 때문에 비정치적 과정을 통해서도 이러한 무임승차문제는 해소될 수 있다는 것이다.

2. 이론의 한계와 적용상의 유의점

(1) 티보우이론의 한계

티보우이론은 여러 가지 의의에도 불구하고 현실적인 한계도 가지고 있다. 티보우이론이 갖는 한계를 정리하면 다음 세 가지로 압축된다.

첫째, 기본적 가정의 비현실성이다. 앞서 조금씩 언급하였지만 티보우이론은 비현실적 가정에 근거해 있다. 외부효과가 없다는 가정은 현실적으로 성립되기 어렵다. 환경오염, 소방서비스 등에서 보는 바와 같이 지자체의 행정행위가 관할구역을 초월하여 긍정적 또는 부정적 영향을 미치는 것이 현실이며, 지방행정구역의 개편으로 이러한 문제를 완전히 해소하기 어려운 측면이 있다. 외부효과의 문제에 대하여 지자체간 협력, 경제적 보상, 이용자부담 등의 제도적 수단을 강구할 수 있지만 이러한 외부효과의 존재를 완벽히 차단하기는 어렵다. 이러한 가정과 더불어 규모의 경제효과, 완전한 정보, 완전한 이동가능성 등의 가정도 불완전하다. 규모의 경제효과를 계산하거나 이에 기초하여 최적규모를 찾아내기 어렵다고 하여 규모의 경제효과 자체를 부정할 수는 없을 것이다. 지방이나 서울의 강북지역에서 집을 팔지 않고 전세를 얻어 강남으로 이사하는 경우 완전한 이동이 되지 않아 재산세를 납부하지 않게 되고 이는 비용부담지역과 수혜지역간의 차이를 가져와 외부효과를 초래하게 된다. 그리고 지자체의 서비스와 조세에 대한 정보나 인접 지자체와의 비교정보를 완벽하게 파악하기 어렵다. 또한 이러한 정보가 제공된다고 하더라도 이사비용과 지가차이 등을 고려할 때 완전한 이동이 담보되기도 어렵다. 그러나 완벽한 정보가 없고 이동가능성에 제약이 있다고 하더라도 교육 등 핵심적 서비스에 대한 정보만으로도 이동이 결정될 수 있기 때문에 전혀 현실가능성이 없는 가정은 아니다.

둘째, 지역간 격차가 심화될 수 있다. 지자체의 서비스와 조세에 대한 비교정보를 토대로 발에 의한 투표가 이루어질 수 있고, 그 결과 지자체들은 선호가 유사한 사람들로 구성될 가능성이 높다. 따라서 지방공공재 공급의 효율성은 매우 높을 수 있다. 그러나 지역간의 이질성은 매우 높을 수 있다. 예컨대, 부유한 지역에 가난한 사람이 살면 부유층은 상대적으로 조세부담이 증대되기 때문에 떠나게 될 가능성이 높고, 그에 따라 소득수준이 유사한 사람들끼리 모여 살 가능성이 높다. 이는 지역간 이질성과 격차를 심화시킬 수 있다.

셋째, 지자체의 자립성을 확보하기 어렵다. 지방자치단체는 서비스생산에 투입되는 재원을 자체적으로 조달하기 어렵다. 대다수 지자체는 지방교부세와 중앙정부의 보조금에 의존하고 있다. 특히 인구가 감소하고 노령인구가 많은 과소지역의 경우 이러한 재정의존도는 극심하다. 지방공공서비스의 종류와 수준뿐만 아니라 서비스의 가격(조세) 면에서도 지자체간에 큰 편차가 없다. 서비스생산에 소요되는 재원이 부족한 지자체에 대해서도 중앙정부가 보전해 주기 때문에 서비스가격에는 차이가 없는 것이다. 따라서 자체재원이 부족한 지역에 거주하는 주민들은 서비스비용을 인식하지 못하는 재정환각(fiscal illusion)에 빠져서 부담없이 혜택을 받을 수 있다는 착각을 하게 된다. 지역주민들이 서비스수준과 가격수준을 제대로 비교하여 보다 효율적인 지자체로 이동하는 것을 저해하는 요인이 된다.

(2) 티보우이론의 적용상 유의점

티보우이론은 이론적 약점과 한계에도 불구하고 그 나름의 유용성을 가지고 있다. 즉 티보우이론은 비현실적 가정 등의 약점에도 불구하고 지자체간 경쟁촉진과 주민의 선택 등 지자체의 발전에 유용한 함의를 제공하고 있다. 티보우이론의 적용에 있어서도 이러한 유용성을 최대한 활용할 수 있도록 해야 할 것이다. 첫째, 지자체의 자립성을 제고하기 위한 조치가 필요하다. 지자체간 경쟁촉진과 효율적 운용을 확보하기 위해서는 지방공공재 생산에 투입되는 재원을 최대한 자체적으로 마련하도록 해야 할 것이다. 그리고 지자체 세입에서 지방세의 비중을 높이는 조치를 강구해야 한다. 그래야 조세가격의 차이를 가져올 수 있고, 효율화를 통해 서비스비용을 줄이거나 서비스의 질을 제고하는 데 주력하는 등 지자체간 경쟁을 촉진시킬 수 있다. 지방교부세나 보조금의 제공시 이러한 부분에 대한 고려가 있어야 할 것이다. 둘째, 지방행정구역 개편에 있어서 지자체의 자립성을 고려하되 선택의 범위를 지나치게 제약하는 것도 경계해야 할 것이다. 시군통합을 통한 자족성 강화도 필요하지만 지나친 숫자축소는 주민들의 선택범위를 좁힐 수 있고, 지역의 특성에 맞는 차별적 발전을 저해할 수 있다.

참고문헌

이달곤. (2004). 「지방정부론」. 서울: 박영사.

이성복. (1995). 「도시행정론」. 서울: 법문사.

조기현. (2001). 행정구역의 적정규모에 관한 실증적 연구: 초월대수비용함수와 DEA를 중심으로. 「지방자치전망: 도전과 기회」. 한국지방자치학회 2001년도 동계학술발표회 자료집.

최영출. (2003). 영국의 단층제 개혁. 정부혁신지방분권위원회 워크숍 발표자료.

하혜수 · 조규영 외. (2000). 「광역시 추진에 대한 대응논리 개발에 관한 연구」. 수원: 경기개발연구원.

Alonso, W. (1975). The Economics of Urban Size. J. Friedman and W. Alonso. (eds.). *Regional Policy: Readings in Theory and Applications*. Cambridge, Mass.: MIT Press.

Bish. Robert L. (2001). Local Government Amalgamations: Discredited Nineteenth－Century Ideals Alive in the Twenty－First. *The Urban Papers*. 150(March).

Byrnes, J. D. and B. E. Dollery. (2002). Do Economics of Scale Exist in Australian Local Government? A Review of the Research Evidence. *Urban Policy and Research*. 20(4): 391－414.

Cockburn, Cynthia. (1977). *The Local State: Management of Cities and People*. London: Pluto Press.

Dahl, Robert. (1961). *Who Governs?: Democracy and Power in an American City*. New Haven: Yale University Press.

Dollery, B. E., N. A. Marshall and A. C. Worthington. eds. (2003). *Reshaping Australian Local Government: Finance, Governance and Reform*. Sydney: UNSW Press.

Duncan, S. S. and M. Goodwin. (1982). The Local State and Restructuring Social Relation: Theory and Practice. *International Journal of Urban and Regional Research*. 6(2).

Fischel, William A. (2000). Municipal Corporations, Homeowners, and the Benefit View of the Property Tax. Paper Written for the Conference on Property Taxation and Local Government Finance(January 16－18,

Paradise Valley, Arizona).

Friedman, Milton. (1962). *Capitalism and Freedom*. Chicago: University of Chicago Press.

Hampton, William. (1991). *Local Government and Urban Politics*. London: Longman.

Hirschman, Albert O. (1970). *Exit, Voice, Loyality: Responses to Decline in Firms, Organizations, and States*. Cambridge, MA: Harvard Univ. Press.

Hunter, Floyd. (1953). *Community Power Structure*. Chapel Hill, N.C.: University of North Carolina Press.

Jenkins, J. Craig. (1983). The Transformation of a Constituency into a Movement. In Jo Freeman(ed.). *Social Movements of the Sixties and Seventies*. New York: Longman.

Lorimer, James. (1970). *The Real World of City Politics*. Toronto: James Ewis and Samuel.

Lynd, Robert and Helen Lynd. (1929). *Middletown*. Harcourt.

Mills, C. W. (1956). *The Power Elite*. New York: Oxford University Press.

Oliver, Pamela. (1984). If You Don't Do It, Nobody Else Will. *American Sociological Review*. 49: 601−610.

Olson, Mancur. (1965). *The Logic of Collective Action*. Cambridge, M. A.: Harvard University Press.

Polsby, Nelson W. (1963). *Community Power and Political Theory*. New Haven: Yale University Press.

Saunders, P. (1979). *Social Theory and the Urban Question*. Holmes & Meier.

Soul, Stephen and Brian Dollery. (2000). An Analysis of the Criteria Used by Australian Local Government Amalgamation Inquiries between 1960 and 1992. *Regional Policy and Practice*. 9(2): 41−52.

Tiebout, C. M. (1956). *A Pure Theory of Local Expenditures*. Journal of Political Economy. 64: 416−424.

Webb, Sidney and Webb, Beatrice. (1963). *The Development of English Local Government 1689−1835*. Oxford: Oxford University Press.

CHAPTER 03

지방분권과 자율성

제 3 장 지방분권과 자율성

지방분권과 자율성은 지방자치를 결정하는 핵심적 내용에 속한다. 지역의 문제에 대한 자치를 위해서는 그에 필요한 권한이 중앙정부로부터 이양(지방분권)되어야 하고, 외부의 간섭과 통제 없이 지방정부 스스로의 의지(자율성)에 따라야 한다. 중앙권한의 이양 정도에 따라 지방정부의 자율성도 달라질 수 있다는 점에서 지방분권과 자율성은 불가분의 관계에 있다. 지방분권이 이루어지면 그만큼 지방정부의 자율적 처리영역이 늘어나지만 자율영역이 늘어난다고 반드시 지방분권이 촉진되는 것은 아니다. 지방정부가 소수 지역엘리트에 의해 좌우되지 않고 재정능력 등 자치역량을 갖출 때 지방분권의 가능성이 높아지는 것은 사실이지만 인과적 관계를 갖는 것은 아니라는 의미이다. 지방정부의 자율성을 제약하는 요인은 중앙정부(지방분권)뿐만 아니라 지방의 사회경제적 조건(재정력과 지역엘리트집단)과 인접 지방정부 등으로 다양하기 때문이다. 따라서 지방자치가 발전하기 위해서는 지방분권과 더불어 자율성 확대도 이루어져야 한다.

제 1 절 지방분권

1. 지방분권의 개념

우리는 지방분권의 개념을 사용하면서 은연중에 분권, 분산, 권한위임 등을 혼용하고 있다. 그러나 이것들은 지방분권과는 사뭇 다른 개념이다. 지방분권이 중앙정부와 지방정부간의 권한배분을 지칭하는 용어인 데 반해, 분권은 모든 주체들간 권한배분을 의미하고 분산은 기관 내의 상하간 권한 배분관계인 행정적 분권을 의미한다. 여기서 권한위임은 책임의 완전한 이양 없이 권한의 일부를 맡겨서 처리하는 것을 의미한다(<보충 3-1> 참조). 특히 분권은 중앙-지방간, 정부-민간간, 정부-공기업간 등 모든 주체에 적용될 수 있는 개념임에도 불구하고 지방분권과 분권을 동의어로 사용하는 경향이 있다. 이러한 점에서 지방분권의 필요성을 논의하기 전에 지방분권의 개념을 정확히 이해할 필요가 있다.

지방분권(local decentralization)[1]은 정책결정권한을 비교적 자율적인 지방정부(지역정부) 또는 법적인 특별기관에게 이양하는 것으로 정치적 분권 또는 민주적 분권으로 불리고 있다. 최근 영국에서는 주민직선의 새로운 지역정부를 창설하면서 권한이양(devolution)이라는 용어를 쓰고 있는데, 권한의 일부를 위임하는 것이 아니라 일정한 사안에 대한 책임과 권한의 완전한 이양을 의미한다. 지방분권은 일반적으로 중앙정부가 정치행정적 또는 지리적 계층구조상 하위수준에 있는 지방정부에게 권한을 이전하는 행위를 지칭한다. 주민이 지방정부를 더 잘 통제할 수 있다는 전제 위에서, 지방분권은 상위정부로부터 독립적인 하위수준의 정부에게 권력과 자원의 이양을 포함하는 자율적 영역을 만들어내는 것이다(Walle, 2002).

그리고 지방분권화의 개념이 사용되고 있는데, 지방분권과 근본적인 차이는 없고, 동적 개념 정도로 이해할 수 있을 것이다. 지방분권은 중앙-지방간 권한배분 상태를 의미하는데 반해 지방분권화는 권한의 이양과정을 포함하는 의미가 강하다(김익식, 1990: 1377-1388; Smith, 1985). 지방분권화는 중앙정부가 지방정부의 요구에 의하여 또는 중앙정부의 자체적 판단에서 행정적 경비절감과 운영의 효율성 등을 고려하여 지방정부에 대하여 권한을 이양하는 과정이라는 정의가 이를 뒷받침해 준다(박정수, 1993: 120; 배인명, 1993: 885).

---

1) 지방분권은 행정적 측면뿐만 아니라, 궁극적으로는 주민들에게 결정권의 유효성을 실감하게 하는 것으로 볼 수 있다.

보충 3-1 분권의 유형

- 분산(deconcentration): 정부부처 또는 기관 내에서 일정 정도의 행정권한 또는 책임을 하위수준으로 넘기는 것을 의미한다. 분산은 정부부처 내에서 상위계층의 권한을 하위계층(하위수준의 부서 또는 국가일선기관)으로 위임하는 것을 의미하며, 다른 말로 행정적 분권(administrative decentralization) 또는 관료제적 분권(bureaucratic decentralization)이라고 부른다.
- 권한위임(delegation): 실질적인 권한의 이양 없이 법률이나 행정명령에 의해 상급기관의 권한 일부를 하부기관에게 또는 하나의 정부수준으로부터 다른 정부수준에게 맡겨서 처리하는 것을 의미한다. 위임의 경우 상급정부는 권한의 행사에 대한 궁극적인 책임을 면제받지 못한다.
- 물리적 분권(physical decentralization): 지방화(localisation)로 불리며, 중앙으로부터 분권화된 지역으로 공공서비스를 이전(재배치)하는 것으로서 주민들과 직접적으로 접촉하는 원스톱기관을 설치하는 형태를 띤다. 물리적 분권은 정보통신기술의 발전에 힘입어 주민들의 서비스편의를 위해 추진된다. 중앙 또는 상층부의 권한이 주민접촉기관으로 위임된다는 점에서 보면 행정적 분권 또는 관리적 분권의 개념과 실질적으로 유사하다.
- 지방분권(local decentralization): 권한이양(devolution)으로 불리고 있는데, 실질적으로 중앙정부의 직접적 통제를 받지 않고 활동하는 하위국가단위의 정부를 창설하고 강화하는 것이다. 지방분권의 가장 중요한 기준은 단체장과 지방의원에 대한 선거가 아니라 서비스제공, 세입조달 그리고 자율적 투자결정 등에 대한 책임의 이전에 있다. 이러한 점에서 실질적인 지방분권은 권한이양의 형태라고 할 수 있다.
- 독립법인(corporation)에의 분권: 국가의 기능을 독립적인 공공기관(public bodies)에게 위임하는 방식이다. 이때 공공기관은 그 구성원이 정부기관(의회 또는 정당 포함)에 의해 배타적으로 임명 또는 선출되지 않지만 정부로부터 일정한 통제를 받는다.
- 민간화(privatization): 비정부조직 또는 민간기업에게 정부권한을 넘기는 것이다. 권한의 이양이라는 관점에서 보면 민간위탁(contracting out)이나 민간화(privatization)도 광의의 분권개념에 포함된다. 다만 정부가 민간화 이후에도 일정 정도의 감독과 지원을 계속한다는 점에서 보면 민간화와 위임간에 차이는 모호해진다.

지방분권의 개념 역시 중앙집권의 개념과 대비되는 것으로서 상대적인 관점에서 파악될 수 있다. 지방분권의 개념은 중앙정부의 권한이 지역정부 또는 지방정부로 이전되는 과정을 의미하거나 그러한 권한이전이 이루어진 결과 지방정부로 더 많은 권한이 이전된 정도를 의미하게 된다. 그에 반해 중앙집권은 중앙-지방간 권한배분관계에 있어서 중앙정부에 더 많은 권한이 집중되어 있는 정도를 의미하거나 지방정부의 권한이 중앙정부로 이전되는 현상을 의미하게 된다. 중앙정부의 권한이 지방으로 이전되는 지방분권화가 요구되고 있지만, 반대로 지방정부의 권한이 중앙정부로 이전되는 현상도 일어나고 있다. 과거 중앙정부에 집중된 권한이 집행의 효율성과 지방민주주의의 발전 그리고 지역주민에 대한 대응성 제고를 위해 지방정부로 이전되던 현상이 최근 광역행정수요의 증가, 지방정부의 대응능력 부족 등에 의해 지방정부의 기능과 권한이 거꾸로 중앙정부로 이전되어야 한다는 주장도 있다. 이러한 현상을 과거의 중앙집권화에 대비하여 신중앙집권화라고 부른다.

2. 지방분권의 방식

지방분권은 중앙정부의 권한이 지방정부로 이전되는 현상을 의미하는 지방분권화와 중앙-지방간 권력배분관계에서 지방정부에 더 많은 권한이 배분되어 있는 정도를 포함하는 개념이라고 할 수 있지만, 지방정부에 배분되어 있는 권한의 양적인 측면만 따지기 어려울 것이다. 실제로 지방정부에서 수행하고 있는 기능과 권한의 성격과 내용이 어떠하며, 그러한 권한의 배분방식이 어떠한가 하는 질적인 측면도 매우 중요하기 때문이다. 권한배분의 방식과 권한배분의 성격과 내용을 고찰하는 것은 실질적인 지방분권의 정도를 측정할 수 있는 지표임과 동시에 특정한 국가체제하에서 지방분권 추진의 한계를 파악하는 데도 도움이 될 것이다.

지방분권의 개념을 그림에서와 같이 하나의 스펙트럼으로 본다면 좌측 극단에는 가장 초보적인 지방분권방식인 권한위임이 존재하고, 우측 극단에는 독립국가가 존재하며, 그 중간에 권한이양과 연방주의(주권공유)가 존재

그림 3-1 분권의 다양한 방식

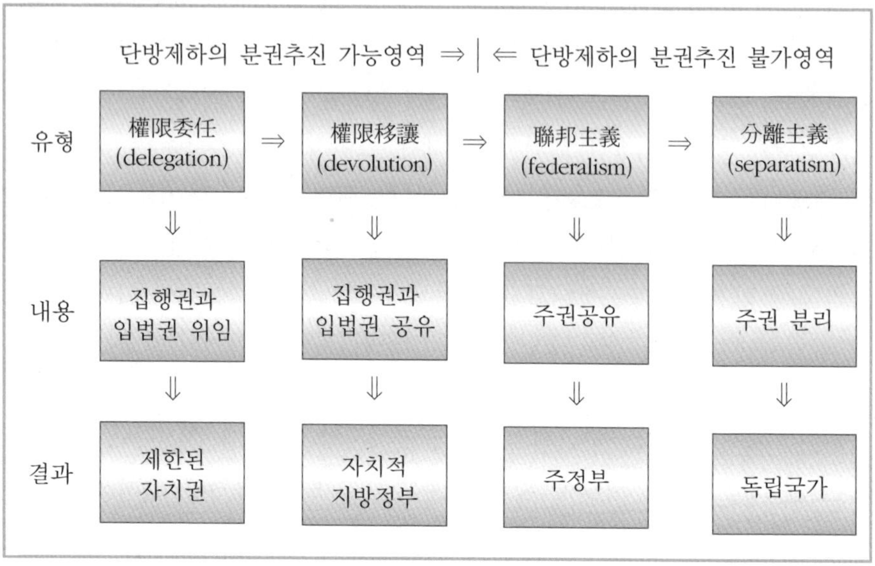

하게 될 것이다. 독립국가는 이미 지방정부의 지위와는 관계없는 개념이고, 주권공유를 의미하는 연방주의 역시 단방제 국가체제와는 근본적으로 다른 개념이라고 할 수 있다. 따라서 단방제하에서 추진할 수 있는 지방분권영역은 권한위임과 권한이양으로서 이 두 가지 조합에 의해 지방분권의 수준과 성격이 정해질 것으로 생각된다.

(1) 권한위임

위임(delegation)은 의사결정을 위한 제한된 권한 또는 책임을 다른 사람에게 넘기는 행위를 지칭한다(Collin, 2004: 66). 권한위임은 초보적인 지방분권방식으로서 이 방식만이 존재할 경우 지방정부는 자치권을 갖지 않는 중앙정부의 일선기관적 지위에 머물게 될 것이다. 권한위임은 위임이라는 용어의 의미에서 유추할 수 있듯 수임자의 재량권과 자율성이 높지 않는 분권방식이라고 할 수 있다. 권한위임은 정책결정과 집행에 관한 중앙정부의 권한을 지방정부에게 맡기는 것을 의미한다. 권한위임의 경우 최종적인 결정과 책임은 위임자에게 있고, 수임자는 극히 일부의 권한만을 부여받기 때문에 지방정부의 자율성이 매우 제한적이라고 할 수 있다. 중앙-지방간 관계에 있어서 중앙정부에서 처리해야 할 국가사무에 대하여 처리의 효율성과 편의성을 고려하여 지방정부에게 위임하여 처리하는 경우 대체로 지방정부는 집행권을 위임받게 된다. 중앙정부는 최종적인 책임자로서 업무처리지침을 내리거나, 경비를 부담하면서 경비지출에 대한 사후감독 및 감사권을 행사하기 때문이다.

중앙정부의 권한(사무)위임방식은 단체위임과 기관위임으로 구분할 수 있다. 단체위임은 국가와 지방정부가 공통적 이해관계를 갖는 사무를 지방자치단체에 위임하여 처리하는 방식이다. 이 경우 지방정부는 이러한 위임사무의 처리에 있어서 별다른 제약을 받지 않으며 자치사무의 처리에 준하여 처리하는 것이 상례이다. 그에 반해 기관위임은 국가의 사무이지만 처리의 효율성을 고려하여 지방자치단체의 장(기관장)에게 위임하여 처리하는 방식이다. 지방정부가 사무를 처리하지만 최종적인 책임이 중앙정부에게 있으므로 중앙의 감독과 감사를 받는 등 업무처리의 자율성에 제약이 크다. 과거 자치제 실시 이전에 지방의 일반행정의 기관장은 국가의 집행기관이었으므로 국가사무를 위임하여 처리하던 관행이 지속되고 있다. 그러나 지방자치시대에 있어서는 자치단체장이 더 이상 국가의 집행기관이 아니므로 기관위임사무의 존재 자체에 대한 비판적 논의가 일고 있다. 일본에서도 1995년 지방행정개혁을 단행하면서 기관위임사무를 폐지하고, 대신 법적인 근거를 가진 위임사무를 의미하는 법정수탁사무로 개편한 바 있다.

(2) 권한이양

권한이양(devolution)은 위임과는 달리 하위정부에게 정책결정 및 집행적 권한과 더불어 책임까지 법률적으로 완전히 이양하는 것을 의미한다. 중앙정부의 권한이 한번 이양되면 지방정부의 것이 되고, 최종적인 책임 역시 지방정부에게 귀속된다. 권한이양의 범위는 매우 광범위하여 집행권의 이양에서부터 법률제정권의 이양에 이르기까지 다양하다. 이러한 점에서 권한이양은 통상의 지방분권보다 훨씬 더 많은 권력의 이전을 포함하는 개념으로 볼 수 있다(Collin, 2004: 72). 권한이양의 방식 중 가장 취약한 형태는 집행적 권한이양(administrative devolution)인데, 이 경우 지방정부는 결정된 정책을 집행하는 권한만을 부여받게 된다. 때때로 자치헌장(home rule)으로 명명되는 법률적 권한이양(legislative devolution)은 정책결정의 책임과 재정적 독립성을 가진 선출직 지역정부의 설치를 포함한다(Heywood, 2000: 239). 권한이양은 주권이 단일의 중앙정부에 귀속되는 단방제 국가에 있어서 최대한으로 추진할 수 있는 지방분권방식이라고 할 수 있다. 그에 따라 단순한 집행권의 이양이 아닌 법률제정권의 이양까지 포함할 경우 헌법체제의 변화까지 수반하기 때문에 중앙-정부간 권한배분관계를 획기적으로 바꿀 수 있다. 최근 영국의 경우가 단방제 아래서 지방광역정부의 권한을 많이 넓힌 경우라 할 수 있다.

우리나라의 지방분권개혁에서는 자치입법권의 강화(법령의 위임없이도 조례를 제정할 수 있는 권한)를 추진하고 있지만 법률제정권의 이양은 포함되어 있지 않고, 대부분 집행권의 위임 또는 이양이 주류를 이루고 있다. 그에 반해 영국의 경우 법률제정권의 이양을 포함하고 있고, 오히려 권한이양의 개념을 법률제정권을 가진 지역정부의 창설에 한정하여 사용하는 경향도 있다. 영국에서 권한이양은 중앙정부의 권한이 지역정부(중간적 수준의 지방정부)로 이양되는 것을 지칭하고 있다. 영국의 경우 중앙정부와 지방정부간의 기능(권한)배분이 거의 정착되어 있기 때문에 기존의 지방정부(카운티와 디스트릭트)와 중앙정부간에 권한이양의 여지가 적다고 할 수 있다. 그에 따라 자치권을 가진 새로운 지역정부(예컨대, 스코틀랜드의회, 웨일즈, 북아일랜드 등)의 창설을 통하여 중앙정부의 획기적인 권한이양을 추진하고 있다고 볼 수 있다. 결국 권한이양으로서의 지방분권은 상위 정치권위체로부터 하위 정치권위체로의 권력이전을 포함한다. 보다 구체적으로는 세 가지 요소, 즉 하위 선출직 기관으로의 권력이전, 지리적 기준에 의한 권력이전, 현재 각의와 의회에서 행사되고 있는 기능의 이전을 포함하고 있다. 이러한 기능은 법률적일(법률제정권) 수도 있고, 집행적일(하위법규의 제정권) 수도 있다(Bogdanor, 1999: 2-3).

전통적으로 의회주권주의의 정치체제적 성격이 강한 영국에 있어서, 이러한 권한이양은 국가의 헌정원리를 근본적으로 바꾸는 조치일 수밖에 없다. 의회주권은 주로 법률원리에 중점이 두어져 있지만, 영국의 정치체제 전반에 영향을 미치고, 심지어 주민들의 사고에까지 영향을 미치고 있다. 권력은 전능한 지고의 의회에 집중되어 있어 권력, 특히 법률제정권의 분리(이양)는 생각할 수 없고, 중앙정부와 지방정부를 일련의 독립적인 계층으로 취급하기 어렵다는 것이다. 단방제하에서의 권한이양은 연방의회와 주의회간에 최고권력을 분리(공유)하는 연방제와는 다르다는 점에서 그 한계가 드러난다. 권한이양을 받은 지방정부(지역정부)는 중앙정부와 주권을 공유하지 못하며, 이들의 책임과 권한이 중앙정부로부터 이양되어 있다는 점에서 연방제국가의 주정부와는 위상에서 차이가 난다. 따라서 권한이양이 새로운 독립적 정부계층을 보강하는 것이지만, 실제로는 독립적 계층이 아닌 상호의존적 새로운 계층을 만드는 것이다.

(3) 주권공유: 연방주의

주권공유방식은 연방제에서 활용되는 방식이다. 연방주의(federalism)는 대개 하나의 국가 내에서 영토에 근거하여 권력을 배분하는 역사적, 법적, 정치적 구조를 의미한다. 그러나 정치형태로서의 연방제는 별개로 구분된 2개의 정부수준을 필요로 하며, 이들 중 어느 하나도 법률적으로나 정치적으로 다른 정부에 종속되지 않는다. 핵심적인 특징은 주권의 공유에 있다. 연방제는 그에 포함된 2개의 정부(연방정부와 주정부)가 주권을 공유하고 있다는 점에서 권한이양과 다르고, 주정부가 대외적으로 독립국가적 지위를 갖지 않는다는 점에서 국가연합(confederations)과 다르다. 권한이양에서 지방정부는 중앙정부와 주권을 공유하지 않으며, 국제연합에서 각 국가들은 만장일치의 의사결정에 의해 보장된 독립성을 부여받고 있다.

연방제도 연방정부와 주정부간의 권력배분관계에 따라 집행적 연방제와 행정적 연방제로 구분되기도 하지만 공통적인 특징으로는 다음 네 가지를 들 수 있다(Heywood, 2000: 241). 첫째, 연방정부와 주정부는 서로 침해할 수 없는 광범위한 권력을 보유하고 있는데, 여기에는 입법권, 집행권, 조세권을 통한 재정적 독립성 등이 포함된다. 둘째, 연방정부와 주정부의 책임과 권력은 성문헌법에 의해 규정되어 있는데, 이는 중앙－지방간 관계가 어느 한쪽에서 일방적으로 변경할 수 없는 공식적인 법적시스템에 의해 뒷받침되고 있다는 것을 의미한다. 셋째, 공식적인 헌법규정은 최고법원에 의해 해석되는데, 그에 따라 연방정부와 주정부간에 분쟁이 발생할 경우 대법원에서 이를 중재하게 된다. 넷째, 연방정부와 주정부간의 협력과 이해를 촉진하기 위해 상원을 두어 중앙의 정책결정과정에서 주정부의 의견을 반영하도록 하고 있다. 연방주의에서 하위정부는 연방정부와 주권을 공유하게 되며, 그에 따라 외교, 국방 등 대외적으로는 연방정부가 국가의 지위를 부여받지만 국내적으로는 주정부가 하나의 국가적 지위를 누리게 된다. 그에 따라 주정부는 입법, 행정, 사법적 기능뿐만 아니라 치안, 군대 등에 대한 일부 권한도 보유하게 되어 국가에 준하는 자치권을 누리게 된다.

(4) 주권분할: 독립국가

주권분할방식은 독립국가로의 분리를 의미한다. 분리주의(separatism)는 국가의 한 부분 또는 지역이 나머지 지역으로부터 분리 또는 독립되어야 한다는 신념인데, 이러한 신념이 제도적으로 뒷받침되면 분리된 정부에게 주권을 분할하는 결과를 가져온다. 이 경우 지방정부는 이론가들이 지칭하는 막시스트 지방국가도 아니고 연방제하의 주정부도 아닌 자치권을 가진 하나의 국가로 독립하게 될 것이다. 따라서 분리주의는 대내적 업무와 대외적 업무에 대한 완전한 통제권을 가진 자치적 독립국가의 창설을 의미한다(Lancaster & Roberts, 2004: 370). 분리주의하의 지방정부는 더 이상 중앙 또는 연방정부의 하위정부로서의 지위에 머물러 있지 않으므로 지방분권의 범주를 넘어서는 개념으로 볼 수 있다.

지방분권의 개념정의와 관련하여 지역주의(regionalism)에 대해서도 살펴보아야 한다. 지역주의는 광역행정으로 번역되기도 하는데, 일반적으로 중앙정부의 권한이 중간적 지방정부에게 이전되는 현상을 의미한다. 지역주의는 지방분권을 강조하지만 국가의 통합성과 중앙정부의 궁극적 권한행사에 대해서는 문제삼지 않는다. 그러나 지역주의는 매우 모호한 개념으로 사용되기도 한다. 지역주의는 행정적 · 입법적 측면에서는 권한이양을 강조하지만, 지역정부(주정부)가 헌법에 의해 주권의 공유를 보장받는다는 점에서 보면 연방주의를 의미하기도 한다. 지역주의는 이와 전혀 다른 의미로도 사용된다. 국제정치에서 지역주의는 세계의 특정지역에 있어서 국가간의 협력을 의미한다. 지역주의는 독립적 주권을 가진 국가간의 상호작용관계를 지칭하는 정부간관계주의(intergovernmentalism) 또는 EU와 같이 국민국가의 상위에 있는 권위체를 인정하는 초국가주의(supernationalism)를 의미하는 것이다. 따라서 지역주의가 지방분권을 의미하는 경우도 있지만 반드시 일치하지 않는다는 점에서 차이가 있다.

3. 지방분권의 적정수준

지방자치의 발전을 위해 지방분권이 필요하다는 점을 인정하더라도 바람직한 지방분권의 수준을 찾기란 쉽지 않다. 지방정부에게 너무 많은 권한이 내려가면 국가전체적 통합력에 위협을 받게 되고, 너무 적은 권한이 이양되면 지방의 창의력과 주도력에 의한 지역발전과 국가경쟁력은 기대하기 어렵다. 다시 말해 중앙정부든 지방정부든 어느 쪽도 상대방 없이는 온전히 기능하기 어렵다. 중앙정부의 존재가 전제되지 않는 지방정부는 국제사회에서 독립적인 행위자로 기능하기 어렵고, 반대로 국가간 경계가 허물어지고 경쟁이 심화되는 세계화시대에 있어서 지방정부의 창의성과 주도적 노력이 뒷받침되지 않는 국가는 경쟁력과 번영을 누리기 어렵다.

(1) 우리나라의 지방분권 수준

우리나라의 지방분권 수준은 매우 낮은 편이다. 사무배분은 2002년 국가사무 73%, 지방사무 27%이고, 2007년 국세와 지방세 비중은 각각 78.8%와 21.2%이다. OECD 국가와의 비교가 가능한 지방세 비율을 보면, 21.2%로서 OECD 선진국의 평균수준에도 못미치고 있음을 알 수 있다. 우리나라의 지방분권 수준이 취약한 것은 다음 몇 가지 요인에 기인한다.

첫째, 중앙집권적 전통에 기인한 면이 적지 않다. 1992년 대다수 권한이 중앙정부에 집중된 상황에서 지방분권을 위한 체계적 준비 없이 지방자치제를 실시하였다. 이후 지방분권에 대한 지속적 요구가 있었으나 정치권과 중앙관료들의 소극적 태도에 의해 별다른 효과를 보이지 않고 있다. 둘째, 지방분권의 방식도 문제다. 지방정부에서 처리하는 권한 중 상당수가 이양이 아닌 위임방식으로 되어 있다. 따라서 지방정부는 실제로 해당 사무를 처리하면서도 중앙정부의 간섭과 통제를 받을 수밖에 없다. 셋째, 단위사무중심의 이양방식도 문제다. 최근 들어 지방분권을 추진하면서 위임사항을 이양하는데 초점을 두고 있지만 단위사무를 중심으로 이양 여부를 결정하기 때문에 인력과 재원의 포괄적 이양이 어렵다. 예컨대, 환경단속이라는 하나의 기능에 20여 개 단위사무가 묶여 있는데, 15개 단위사무를 이양하고 5개 단위사무를 그대로 둘 경우 사무에 관련된 인력과 재원을 이양하기 어렵게 된다. 단위사무별로 인력과 재원을 추정할 수 있겠지만 이양결정때마다 이러한 계산이 필요할 뿐만 아니라 관련된 인력과 예산확보를 위한 추가적인 조치가 따라야 하는 등 제약이 적지 않다. 넷째, 사무 외에 자치입법권, 자치재정권(지방세 신설권) 등의 이양이 추진되지 않기 때문에 지방분권의 수준이 크게 바뀌지 않고 있다. 자치입법권과 조세권의 경우 정치권과 중앙부처 관료들의 소극적 태도뿐만 아니라 헌법의 규정도 제약요인으로 작용하고 있다. 우리나라 헌법은 법령의 범위 안에서 조례를 제정하도록 하고 있고, 조세법률주의를 채택하여 조례에 의해서는 지방세를 신설하지 못하도록 규정하고 있다. 그에 따라 권력구조개편을 위해서 뿐만 아니라 지방분권을 위해서도 개헌이 필요하다는 주장이 설득력을 얻고 있다.

(2) 지방분권의 당위성: 세계적 추세

지방분권을 효과적으로 추진하기 위해서는 이상의 문제점을 개선해야 한다. 지방분권방식의 개선, 포괄적 이양, 헌법개정(분권헌법), 정치권과 중앙관료의 지방분권의지 등이 확보되어야 할 것이다. 그러나 가장 중요한 것은 정치권과 중앙관료의 의식변화라고 할 수 있다. 이들이 지방분권의 중요성을 인식하고 적극적인 의지를 가질 때 개헌과 지방분권관련 법률개정이 이루어질 수 있기 때문이다. 그러나 어느 정도의 지방분권이 바람직하고, 여전히 지방분권이 필요한지에 대한 합의를 도출하기란 쉽지 않다. 따라서 판단의 준거를 제공하는 것이 중요하다. 여러 가지 판단의 준거가 있겠지만 지방분권의 목적가치, 즉 지방분권을 통해 얻고자 하는 목적을 분명히 할 필요가 있다. 바꾸어 말해 지방분권의 목적을 간과한 상태에서 지방분권의 확대를 맹목적으로 주장하는 것은 설득력을 얻기 어렵다.

앞서 살펴본 바와 같이 지방분권은 무한정 허용되는 것이 아니라 국가의 형태나 정치체제의 성격에 따라 일정한 제약을 받는다. 이러한 한계는 지방분권의 목적이 국가나 정치체제의 약화(또는 붕괴)에 있지 않다는 사실을 분명히 말해 주고 있다. 국가체제의 약화를 방지하고 정치체제의 안정을 도모하기 위해 지방분권을 추진한다는 소극적 측면의 목적 외에 국가번영과 발전이라는 보다 적극적인 목적을 제시하는 것도 중요하다. 여기서는 지방분권의 목적가치를 장황하게 논의하기보다는 선진국의 최근 경향에 주목하고자 한다. 세계화시대에는 다른 국가의 정책과 행동이 국내 문제로 파급되는 속도와 깊이가 상상하기 어려울 정도로 증대되기 때문이다.

OECD 주요 선진국에서는 국가경쟁력 제고를 위해 대폭적인 지방분권을 추진하는 추세에 있다. 전세계적으로 중앙정부의 역할에 의한 국가발전과 국가경쟁력 제고에 대하여 일정한 한계를 인식하여 지방정부의 역할에 관심을 가지고 있다. 특히 1980년대 이후 OECD 선진국을 중심으로 중앙정부의 권한을 지방정부로 이양하는 지방분권에 대한 관심이 높아지고 있는데, 국가경제위기의 극복을 위한 소극적인 측면뿐만 아니라 지방정부의 자율성과 주도적 역할에 의한 정책의 성과제고와 지역발전, 그를 통한 국가경쟁력의 제고를 위한 적극적인 측면에서도 지방분권화가 강조되고 있다.[2] 분석을 통해 입증하기는 어렵지만, 선진국들이 앞을 다투어 지방분권을 추진하고 있다는 사실에 대해서는 가볍게 보아 넘길 일이 아니다. 앞서 언급한 바와 같이 세계화시대에는 선진국의 행동이 국내의 문제에 파급되는 나비효과를 가

2) 지방분권화가 국가경쟁력의 강화에 기여하는지에 대해서는 체계적인 분석이 필요하다. 지방분권과 국가경쟁력간 관계에 대한 연구에서 상반되는 결과들이 나오고 있는 것도 그 때문일 것이다. 1980년대 이후 OECD국가를 대상으로 한 중앙정부의 역할(국세부담률)과 경제성장률의 관계 연구에서 조세부담률이 높은 국가일수록 경제성장률이 낮아지고 있다는 연구(Steinmo, 1995; 채원호, 2005)가 있는가 하면 지방분권이 거시경제의 안정과 부패방지 그리고 효율성에 부정적인 영향을 미친다는 연구결과도 있다(Litvack, et.al, 2002; World Bank, 1998).

져오기 때문이다. 우리나라가 이러한 추세에 따라가지 않거나 거역할 경우 국가경쟁력 상실에 직면할 수 있다. 더욱이 우리나라는 다른 OECD 선진국에 비해 중앙집권적 전통이 강한 역사적 특성으로 인해 여전히 지방분권 수준이 상대적으로 낮은 편이다. 이러한 점을 고려할 때 지방분권화는 지방자치의 발전을 위해서 뿐만 아니라 국가경쟁력의 제고를 위해서도 필요하다는 점을 인식해야 한다. 지방분권을 중앙－지방정부간의 정치게임, 즉 권력배분을 둘러싼 제로섬게임(zero－sum game)으로 볼 것이 아니라 양자간의 적정한 권한 및 역할분담을 통하여 국가전체적으로 경쟁력을 증대시키는 윈윈결과를 가져오는 것으로 보아야 한다.

제2절 지방정부의 자율성

1. 자율성의 개념

자율성(autonomy)의 개념을 살펴보기 전에, 밀접하게 관련된(그러면서도 제도적으로 광범위하게 사용되고 있는) 자치권의 개념부터 고찰할 필요가 있다. 자치권은 중앙정부와 지방정부간 관계와 같이 법인격체간의 권한배분관계에서 나온 개념으로서 하위기관(지방정부)이 상위기관(중앙정부 또는 광역정부)로부터 지역문제 해결에 필요한 권한을 확보해가는 과정이다. 따라서 자치권은 이를 확보해 가는 하위기관의 입장에서 중요한 개념이다. 그에 비해 자율성은 법인격체간의 관계에 한정되지 않고 공공조직이든 민간조직이든 자기조직의 운영에 필요한 권한과 능력을 확보한 정도와 관련된 개념이다. 자율성은 개인적 수준, 집단적 수준, 국가적 수준에 따라 약간씩 다른 의미로 사용될 수 있지만 공통적인 사항은 자치, 자기결정, 자주성 그리고 자유 등을 포함하고 있다. 개인적 차원의 자율성은 자유와 연결되고, 국가적 수준의 자율성은 독립성이나 자주성과 연관되어 있다. 집단적 수준의 자율성은 지방정부에게 적용될 수 있는데, 일정한 범위 내의 자기결정성과 관련되어 있다. 자율성은 그리스어의 스스로(auto)와 법률의 지배(nomos)가 결합된 개념으로서 자치, 자기규율 또는 자기결정을 의미한다(Wright, 1994). 이러한 점에서 자율성이 자치권보다는 광범위하게 적용될 수 있는 개념이지만 지방정부의 자율성에 한정할 경우 자치권과 자율성은 거의 같은 개념으로 볼 수 있다.

지방정부의 자율성은 지역문제의 처리에 있어서 외부의 간섭과 통제를 받지 않고 자치적으로 결정할 수 있는 능력과 권한의 정도를 의미한다. 그러나 좀더 자세히 살펴보면 협의의 개념과 광의의 개념으로 구분할 수 있다. 첫째, 협의의 의미에서 지방정부의 자율성은 외부의 간섭과 제약으로부터 자유로운 정도, 즉 지방정부의 정책결정에 있어서 대안의 자유로운 선택의 정도를 의미한다(Gurr and King, 1987). 여기서 외부의 제약요인은 자율성의 유형에서 보는 바와 같이 중앙정부의 간섭과 지역의 사회경제적 조건(지역경제발전과 재정력 등)이 포함된다. 둘째, 광의의 의미에서 지방정부의 자율성은 지방정부의 자유로운 정책결정권한을 포함하여 이러한 권한을 행사하여 지역주민의 복지수준을 증진시킬 수 있는 능력을 의미한다(Wolman and Goldsmith, 1996). 이러한 점에서 지방정부의 자율성은 자치권한(자유로운 정책결정을 통한 권한행사)과 자치능력(이러한 권한의 행사를 통한 주민복지의 증진능력)을 포함하는 개념으로 볼 수 있다. 따라서 지방정부의 자율성은 넓게 보면 중앙-지방관계에서의 지방분권화 정도뿐만 아니라 지역주민의 복지수준을 높일 수 있는 자치능력(재정력과 전문성 등)을 포함하는 것으로 볼 수 있다. 다시 말해 지방정부의 자율성은 지방정부가 지방정책의 추진에 필요한 권한을 어느 정도 확보하고 있고, 중앙정부의 간섭과 지역의 정치경제적 제약 없이 그러한 권한을 행사할 수 있는 능력으로 정의될 수 있다.

2. 자율성의 유형

지방정부의 자율성은 다른 주체로부터 간섭을 받지 않고 자주적으로 결정할 수 있는 능력을 의미한다고 볼 때, 다른 주체에는 중앙정부, 다른 지방정부, 지역사회, 더 나아가 다른 나라의 지방정부 등이 될 것이다. 그러나 현실적으로 지방정부의 자주적 결정에 영향을 미치는 주체로는 중앙정부를 들 수 있고, 그 다음 상위의 지방정부, 인접 지방정부 그리고 지역사회의 엘리트들이 될 것이다. 그리고 지방정부의 자율성도 통제와 간섭이 배제된 소극적 측면을 의미하기도 하지만 보다 적극적으로 자주적인 정책결정을 통하여 지역주민의 서비스질에 영향을 미치는 능력을 의미하기도 한다. 이처럼 지방정부의 자율성은 보는 측면에 따라 몇 가지 유형으로 나누어볼 수 있다.

(1) 위로부터의 자율성과 아래로부터의 자율성

중앙정부 또는 상급지방정부로부터의 자율성과 지역경제 등 아래로부터의 자율성으로 구분할 수 있다. 위로부터의 자율성은 제1유형(type Ⅰ)의 자율성이라 할 수 있고, 아래로부터의 자율성은 제2유형(type Ⅱ)의 자율성이라고 할 수 있다(Gurr and King, 1987: 57–58). 이 경우 자율성은 지방정부의 정책결정에 있어서 외부의 제약으로부터 자유로운 정도를 의미한다. 위로부터의 자율성은 중앙정부로부터의 제약요인, 즉 헌법과 법률, 기능위임 정도, 재정적 통제 그리고 비공식적 조언과 지침 등으로부터 자유로운 정도를 의미한다. 아래로부터의 자율성은 지방경제의 조건(지역경제 및 소득수준은 지방정부의 재정력과 지방세수입을 결정함), 지배이익집단의 권력 그리고 지역의 여론과 집합적 요구 등으로부터 자유로운 정도를 의미한다. 이러한 점에서 보면, 지방정부의 자율성은 지방정책의 추진에 있어서 중앙정부로부터의 제약과 간섭으로부터 자유로운 정도뿐만 아니라 지역경제 여건 및 여론 주도층의 제약으로부터 자유로운 정도를 의미하는 것으로 볼 수 있다.

(2) 소극적 자율성과 적극적 자율성

소극적 자율성과 적극적 자율성의 구분이다. 지방정부의 자율성을 지방정책의 결정에 있어서 자유로운 선택권의 행사와 지역주민의 복지수준에 영향을 미칠 수 있는 능력으로 정의하고 있는 견해가 여기에 속한다(Wolman and Goldsmith, 1992; 1990). 소극적 의미의 자율성은 중앙정부나 지역사회의 제약하에서 지방정부가 자유롭게 정책을 결정할 수 있는 정도를 의미하며, 자치권한에 해당된다. 그에 반해 적극적 의미의 자율성은 지역주민의 복지

수준에 적극적으로 영향을 미칠 수 있는 능력을 의미하며, 자치능력 또는 자치역량에 해당된다. 면역적 권력(immunity power)과 주도적 권력(initiative power)의 개념도 이와 유사한 구분이다(Clark, 1984: 145). 면역적 권력은 중앙정부나 상급 지방정부의 통제나 감독에 대한 두려움 없이 지방정부가 행사할 수 있는 권력을 의미하고, 주도적 권력은 지방정부가 중앙정부로부터 구체적인 수권의 필요 없이 의도적이고 목표지향적으로 행사할 수 있는 권력을 의미한다.

(3) 총체적 자율성과 개별적 자율성

총체적 자율성과 개별적 자율성의 구분이다(Boyne, 1993: 88-90). 이러한 구분은 중앙정부와 지방정부의 관계 속에서 전체 지방정부가 누리는 자율성과 개별적인 지방정부가 누리는 자율성은 다를 수 있다는 전제에 기초해 있다. 총체적 자율성(aggregate autonomy)은 중앙정부와 지방정부간의 관계에서 지방정부의 자율성 수준(예컨대, 지방정부의 고유사무비율, 자주재원 비율, 그리고 재정통제 정도 등)을 의미한다. 개별적 자율성(individual autonomy)은 개별 지방정부의 특성과 다양성을 인정하는 정도에 관한 개념이다. 즉 중앙정부의 전반적 통제수준이 높을지라도 획일적인 기준과 지침을 강요하지 않는 등 지방정부의 다양성을 인정할 경우 개별적 자율성은 높다고 할 수 있다. 최근 들어 지방분권에 있어서 지방정부의 능력과 의지 그리고 성과 등을 고려하여 차등적, 비대칭적인 권한이양(asymmetric devolution)을 추진하고 있는데(하혜수 · 최영출, 2002), 그 결과 개별 지방정부의 특성과 여건에 따라 자율성의 정도가 달라질 수 있다. 이 경우 총체적인 수준에서는 자율성의 정도가 크게 달라지지 않더라도 개별 지방정부의 자율성은 높아질 수 있다.

이처럼 지방정부의 자율성은 다양한 관점에서 파악될 수 있다. 단순히 중앙정부로부터 제약을 받지 않고 자유롭게 지방정책을 결정하고 집행할 수 있는 정도를 의미하기도 하고, 거기에 더하여 지역의 경제사회적 요인으로부터 제약을 받지 않는 정도를 포함하기도 한다. 또한 중앙정부와 지역경제적 요인으로부터 통제와 감독을 받지 않는 소극적인 측면뿐만 아니라 지역주민의 서비스질과 복지에 영향을 미칠 수 있는 능력과 같은 적극적 측면을 포함하기도 한다. 그리고 지방정부 전체 수준의 자율성뿐만 아니라 개별 지방정부의 특성과 다양성을 고려하는 개별적 자율성을 포함하기도 한다. 이러한 점에서 보면 지방정부의 자율성은 지방정부가 중앙정부와 지역경제적 요인으로부터 제약을 받지 않으면서 주도적으로 지역주민의 행정서비스와 복지수준을 제고시킬 수 있는 능력을 의미하며, 이는 지방정부의 전체적인 수준에서 뿐만 아니라 개별적 지방정부 수준에서도 파악될 수 있는 개념으로 정의할 수 있다.

3. 자율성 제약요인

(1) 역사적 요인: 국가형태와 운영 경험

역사적으로 국가형태(연방제와 단방제)와 운영 경험 등이 지방정부의 자율성을 제약하는 요인으로 작용한다. 먼저 연방제 또는 단방제를 채택하는가에 따라서 지방분권이 결정되고 그 결과 지방정부의 자율성이 달라질 수 있다. 일반적으로 연방제하에서는 지방정부의 자율성이 높은 데 반해 단방제 하에서는 상대적으로 낮다. 그러나 이는 어디까지나 일반적인 경향을 말하는 것이고 극단적인 사례도 있다. 멕시코의 경우 헌법상으로는 연방제를 채택하고 있으나 단방제를 연상시킬 정도로 중앙집권적으로 운영되고 있다. 영국의 경우 단방제를 채택하고 있으면서도 스코틀랜드와 웨일즈 지역정부는 높은 수준의 자율성을 누리고 있다.

지방자치제의 운영 경험(실시시기 및 기간과 그동안의 개혁 경험)도 지방정부의 자율성에 적지 않은 영향을 미친다. 외부의 강요에 의하여 자치제를 도입한 일본에서는 혁신지자체의 등장과 지방경제의 활성화 등을 통해 자율성 수준을 높여가고 있다. 그러나 프랑스의 경우처럼 대다수 단방제국가는 지방의 자율성이 적지 않게 제약받고 있는 상황에 처해 있다. 우리나라의 경우 1950년대에 도입된 지방자치제도는 군사정권에 의해 강제적으로 중단되었을 뿐만 아니라 국가발전수준에 비하여 상대적으로 늦은 1990년대에 부활되어 지방의 자율성이 매우 제약받고 있다. 1952년부터 실시한 서양식의 지방자치제는 정치적 측면에서 분권화를 시도하는 일련의 조치들 중에서도 가장 괄목할 만한 조치였으나 제도의 시행과정에서 정치적 의도가 작용하여 초기에 상정했던 모습과는 다른 양상으로 전개되었다. 그 당시 지방자치제는 하락하는 대통령의 지지율을 지방자치라는 틀로써 묶어 의사지지(擬似支持: pseudo-support)의 외양을 갖추기 위한 도구에 지나지 않았기 때문이다(손봉숙, 1995: 45-47). 1991년과 1995년에 걸쳐 이루어진 지방자치제 부활은 제도적 복원의 시작에 지나지 않으며 지방분권, 자치역량, 자치의식을 확보하는 데는 상당한 시간이 걸릴 것이고, 그에 따라 여전히 지방정부의 자율성은 제약받을 수밖에 없다.

(2) 정치적 맥락: 정치제도와 정치참여

정치적 맥락에서는 정치제도와 정치참여가 지방정부의 자율성에 영향을 미친다. 정치제도 측면에서 정당의 분권화와 민주화가 진전된 국가에서는 지방의 자율성이 상대적으로 높을 수밖에 없다. 유럽 국가들이 지방의 자율성을 제고시킬 수 있었던 것은 정치적으로 주민들과 지방정부가 서로 밀접하게 연계되어 있고 정당의 민주화 수준이 높다는데 있다. 지방당(local political party)의 존재는 바로 이러한 현상을 반영한다. 지방당을 통하여 주민통제와 주민참여가 더 활성화되면 자연히 중앙정부가 관여할 수 있는 여지는 줄어들 것이고, 주민들은 지방정부의 관장사항을 더욱 확대하려고 할 것이기 때문이다. 지방정부는 바로 주민의 것이기 때문에 지방정부의 자율성은 곧 주민의 자유와 권리의 신장으로 직결된다.

정치참여에 따라서도 지방정부의 자율성이 좌우되는 다양한 측면을 볼 수 있다. 선출직 지역엘리트들은 주로 지방정치에 적극적으로 참여하는 주체가 되고, 이들과 더불어 간선되는 공직자들도 적극적인 참여주체의 일부가 될 수 있다. 각종 형태의 조합, 위원회, 협회, 시민단체 등도 상당히 활발하게 정치활동을 주도하며, 지방언론도 지방정치의 주요한 행위자로 활동하게 된다. 이러한 참여 주체들의 성장배경이나 활동과정이 중앙으로부터 어느 정도의 독자성과 자율성을 가지고 있는가 하는 것은 해당 지방정치의 기반 강화에 직접적인 영향을 미친다. 또한 지방정치의 행위자들이 얼마나 중앙정치 행위자들로부터 독자성을 누리고, 나아가 '아래로부터의 요구'를 강력하게 제기할 수 있느냐 하는 것도 중앙과 지방간의 관계에서 지방의 자율성을 결정하는 중요한 환경변수가 된다.

정당참여가 지방선거과정에서 제도적으로 보장되고 있는 정도 역시 지방정부의 자율성에 적지 않게 영향을 미친다. 지방선거가 정당추천보다 특정 이슈나 후보자의 자질에 좌우되면 지방정부의 자율성은 제고될 수 있다. 우리나라에서와 같이 지방선거에서 정당추천 여부가 당락의 중요한 변수가 되고, 특정지역에서 특정정당이 지배하는 분할구도하에서는 지방정부의 자율성이 제약받을 수밖에 없다. 정치적으로 주민의 의식수준이 높아지고 민주화가 진행되면 이러한 정당추천의 문제는 희석될 수 있다. 일본에서는 선거가 중앙과 지방을 긴밀하게 연계시키는 역할을 수행하고 있다. 그에 따라 주민의 정치적 비판이 강화되고 생활정치에 대한 민감성이 높아지면서 정치인의 태도가 변하였고, 이는 지방정부의 자율성에도 영향을 미치게 되었다. 우리나라의 경우 오랫동안 권위주의적, 집권적 정치문화에 기인하여 주민들의 정치의식과 참여가 낮은 편이다. 그에 따라 지방선거나 지역문제 있어서도 중앙정당의 영향력이 상대적으로 강하여 지방정부의 자율성을 제약하게 된다. 지방선출직 정치인에 대한 중앙정부의 행정적인 통제시도, 지방의회나 단체장의 업무에 대한 중앙정부의 과도한 감독, 지방선출직의 활동에 대한 감사원의 직무감찰시도 등은 이러한 경향을 보여주는 단적인 사례이다.

(3) 경제적 맥락: 지방재정력과 지역불균형

경제적 맥락에서 지방재정력과 지역불균형이 지방정부의 자율성에 영향을 미친다. 지방재정은 지역경제기반에 의존한다. 따라서 지역의 경제기반은 중앙과 지방과의 관계에 영향을 미친다. 정치경제학적인 관점에서 살펴보면 부유한 지역과 빈곤한 지역은 중앙정부나 중앙정치권에 대하여 상이한 관계를 맺게 된다. 부유한 지역의 지방정부는 관할지역의 부를 역외로 이탈시키는 중앙정부의 정책에 반대할 것이고, 재정기반이 취약한 빈곤지역의 지방정부는 중앙정부나 부유한 지방정부로부터 도움을 받을 수 있는 정책을 선호할 것이다. 외부로부터의 지원과 도움은 자율성의 신장에 장애가 될 가능성이 높다. 이러한 논리는 지역개발사업의 경우에도 적용된다. 개발지역으로 지정되면, 그 지역에는 외부자본이 유입되고 고용이 증대되며 각종 파급효과를 통하여 지역경제가 활성화된다. 이때 중앙정부가 지역개발사업을 주도적으로 시행할 경우 지역의 의견은 무시되거나 소외될 가능성이 높다. 중앙정부가 재원과 행정력을 투입하여 추진하는 개발사업에서 지방정부는 중앙으로부터 도움은 받되 간섭을 회피하려고 힐 것이고, 중앙정부는 전국적 차원의 균형발전에 집착할 것이다. 정부가 추구하는 이러한 상극적 의도는 개발사업과정에서 갈등을 야기하기도 하는데, 그럼에도 불구하고 경제력이 낮은 지역은 중앙에 대한 의존도를 높이지 않을 수 없게 되고 자연히 중앙의 관여나 간섭의 정도가 증가하게 될 것이다.

지역경제와 자율성간의 관계는 지역간 경제구조의 격차가 크고, 해당 국가가 정치적 과도기에 있게 될 때 보다 직접적으로 나타난다. 정치경제학적 관점에서 중앙과 지방간의 흥미로운 관계를 보여주는 사례를 중국에서 발견할 수 있다. 1980년대 중국 상해지역과 광동지역은 다른 지역에 비하여 정치적으로나 경제정책면에서 특별한 대우를 받았다. 1989년 천안문 사태 이후 친광동파의 정치적 위상저하와 상해와 푸동지구에로의 정책중점 이동이 있었지만 중앙정치권에서는 여전히 광동성의 지역경제력을 무시할 수 없다. 어떤 정권이 집권하더라도 지역경제규모를 바탕으로 한 광동지역의 비중은 매우 클 것이고, 이러한 커진 비중은 중앙정부에 대해 광동성이 자율성을 확보하는 데 있어서 중요한 역할을 할 것이다(김영진, 1995). 일본의 중앙정부도 인구가 감소하거나 지역경제력이 낙후된 과소지역에 대해 특별법의 제정을 통해 지역경제를 특성화 및 활성화하기 위해 노력하고 있다. 이러한 사업을 통해 지역경제가 활성화되는 긍정적인 측면도 있지만 중앙의존성을 증대시켜 지방의 자율성을 제약하는 양면성을 가지고 있다. 과소지역 지원사업은 지역의 경제, 생활, 환경기반을 구축하는데 초점이 있는데, 사업에 소요되는 재원의 상당부분이 지방교부세로 충당되고 있어 중앙정부에 대한 재정의존도가 매우 높은 실정이다.

우리나라에서도 지역간의 경제격차가 중앙과 지방간의 관계에 영향을 미치고 있음을 간접적으로나마 파악할 수 있는 사례가 다수 발견된다. 수도권을 위시한 대도시지역에 비해 그 이외의 지방정부는 경제력 면에서 상대적으로 취약함을 볼 수 있다. 특히 농촌지역의 지역경제력은 매우 취약하고 재정력도 대단히 미약하다. 이처럼 과소·낙후지역에 위치한 지방정부는 중앙정부의 정책적 혜택을 당연한 것으로 기대하게 될 것이고, 가능하면 정치·행정적 연계를 통해서 중앙정부의 정책수혜를 받으려고 할 것이다. 또한 각종 보조금, 지방교부세 등과 같은 재정조정제도상의 혜택을 추구하게 되는데, 이러한 활동들은 자연히 중앙정부에 대한 의존성을 높이게 되어 결국 지방정부의 자율성을 떨어뜨릴 것이다.

(4) 법규적 맥락: 법률원리와 법규정

법규의 차원에서 중앙-지방간 관계나 지방정부의 자율성을 논의할 때에는 법의 지배(rule of law)가 그 출발점이 된다. 법의 지배란 어떠한 정부도 헌법정신과 법의 규정에 의하여 그 권한이 제약되어야 한다는 제한된 정부의 의미와 어떠한 상위정부도 하위정부에 대한 통제와 재량권행사에 있어서 제약을 받지 않으면 안된다는 내용을 포함한다. 법의 지배 개념에는 이러한 두 가지 원칙 이전에 사람이 아닌 법률의 지배에 따라서 정부도 법의 지배라는 일반원칙을 준수해야 한다는 점도 포함된다. 이는 지방자치권의 의미, 한계, 성격 등에 관해서는 법원의 결정이 중요하다는 의미로 확장될 수 있다. 이러한 법률적 관점에서 보면, 국가형태(연방제와 단방제), 정부형태(대통령제와 의원내각제)에 따라 지방정부의 자율성에 대한 규정과 해석이 달라질 수 있다.

미국의 경우 하위정부의 자율성에 대해서는 헌법이나 개별법의 규정 이외에도 판례에 근거한 일반적인 규범이 존재하는데, 1860년대 아이오와주(州) 판사인 딜론에 의해 주정부와 지방정부간의 관계가 명시된 딜론의 판결(Dillon's Rules)이 그것이다. 딜론의 판결은 입법적 통제를 벗어나는 지방정부의 고유권한은 완전히 거부된다는 것으로 연방제체제하에서 지방정부의 권한을 가장 협소하게 해석하고 있다. 이와 비슷한 원칙이 단방제국가인 영국에서 월권금지원리(ultra vires)에 반영되어 있다. 지방정부는 공법인으로서 그 존재가 온전히 법률에 의해 규율되므로 지방정부가 행하는 어떠한 활동도 국회에서 만든 법률에 저촉되어서는 안된다는 것이다. 그러나 이러한 중앙정부 또는 주정부의 직접적이고 세밀한 통제도 시대 흐름에 따라 점차 지방정부의 자율성을 증대시키는 동시에 국가 전체의 효율성을 향상시키는 방향으로 변하고 있다. 그 예가 미국의 지방정부 개혁과정에 나타나는 자치헌장(Home-Rule)이다. 주정부가 지방정부에게 인정한 자치권의 범위를 규정한 일종의 자치법규인데, 지방정부는 이 헌장에 규정된 조직, 인사, 재정, 사무 등에 대한 권한을 자율적으로 행사할 수 있다. 그만큼 지방정부의 자율성이 증대되는 방향으로 변화되었다는 것이다.

최근 다수의 선진국에서는 새로운 형태의 지방정부를 위한 시험적 개혁을 추진하고 있다. 대표적인 예는 1982년에 제정된 프랑스의 지방분권법을 들 수 있는데, 이 법은 지방정부에 대한 후견적 감독제를 상당부분 폐지하고 종래 지사(prefect)의 권한을 지방의회 의장에게 이양한다는 내용을 포함하고 있다. 아직도 해당 지역의 경제적 여건, 지사의 영향력, 지방의회의장의 위상 등에 따라서 자율성의 실현정도에 차이를 보이고는 있지만 그럼에도 불구하고 이 법에 의하여 상당한 수준의 지방분권과 지방정부의 자율성을 신장하였다. 1980년대 중반부터 추진되고 있는 스웨덴, 덴마크, 핀란드, 노르웨이와 같은 북구제국의 자유지자체(free commune)제도 역시 지방정부의 자율성을 제고하려는 노력으로 간주된다. 이 제도는 실험적으로 일부 자치단체에 대하여 중앙의 각종 제약을 면제시켜 주는 것이다. 이 제도를 통해 지방정부는 행정 및 재정운영상 불필요한 제약으로부터 벗어날 수 있는 면제권을 신청할 수 있고, 중앙정부는 신청의 타당성이 인정될 경우 중앙정부의 인허가와 규제 등을 철회하거나 해당 권한을 지방정부에게 이양해 준다(하혜수·최영출, 2002). 일본의 특례시제도, 미국의 선점제도 등도 지방정부의 자치역량이나 자치의지를 고려한 차등적, 비대칭적 권한이양 추진사례에 속한다.

우리나라의 경우 법적 차원에서 규정하고 있는 자율성은 다음과 같은 측면에서 살펴볼 수 있다. 대한민국 헌법은 제117조 제1항에서 지방자치단체의 존립을 보장하고 지방자치단체의 업무를 포괄적으로 규정하고 있지만 자치권의 구체적인 내용을 법률에 유보하고 있고, 자치사무의 범위도 법률이 아닌 법령의 범위내로 규정하고 있어 자치권과 자율성에 대한 제약이 높은 편이다. 지방자치법 규정에도 자치단체장에 대한 권한제약규정, 직무이행명령제도, 승인유보 등의 조치들이 규정되어 있어 지방정부의 자율성이 제약되고 있다. 예를 들어, 행정권한위임의 경우 개별법에 의거한 권한위임방식을 사용해야 하지만 실제로는 너무나 많은 권한이 중앙정부에 집중되어 있어 일일이 개별법으로 규정하는데 어려움이 있다. 어떤 법률이 일정한 권한을 중앙정부의 장관이 행사할 수 있도록 규정하고 있다면, 권한의 변동을 가져오는 위임도 해당 법률에서 정하는 것이 당연하고 또한 권한의 일부에 한하여 위임이 가능하다고 보는 것이 타당하다. 그러나 현재 우리나라는 대통령령(행정권한의 위임 및 위탁에 관한 규정)을 만들어서 일괄위임을 시도하는 방법을 사용하고 있다.

제3절 지방분권과 자율성의 관계

1. 지방분권과 자율성의 차이

중앙-지방간의 견제와 균형이 기본적으로 독립성보다는 상호의존성을 전제로 하고 있지만, 지방정부의 자율성은 권력의 분산에 대한 자유로운 신념에 의해 정당화된다는 점에서 지방분권과 밀접한 관련성을 가진다. 지방정부의 자율성은 지방정부의 정책결정에 있어서 중앙정부와 다른 지방정부 그리고 민간부문(지역엘리트)의 제약이나 간섭을 받지 않고 지방정부의 독자적이고 자주적인 판단에 근거하는 것과 더불어 그렇게 할 수 있는 능력을 확보하고 있는 것으로 볼 수 있기 때문에 중앙정부로부터의 권한이양은 매우 핵심적인 요소를 차지할 것이다. 그러나 지방분권과 지방정부의 자율성이 교집합을 가지고 있지만 동일하지는 않다. 지방정부의 자율성은 지방분권에 의해 상당부분 영향을 받지만 다른 요인에 의해서도 영향을 받기 때문이다. 지방정부는 중앙정부의 간섭과 제약 외에도 지방정부의 경제적 요소,

지방엘리트, 인접 지방정부 등으로부터 자유롭지 못하기 때문이다. 더욱이 중앙-지방정부간 관계에 한정하더라도 지방분권이 중앙-지방간 권한배분에 초점이 있다면 자율성은 중앙정부로부터의 간섭에서 자유로운 정도에 초점이 두어져 있다.

이러한 점에서 지방자치의 발전에 있어서는 지방분권과 더불어 지방정부의 자율성에 대한 논의가 필요한 것이다. 지방분권 외에 지방정부의 자율성에 영향을 미치는 요인에 대하여 살펴보면 다음과 같다.

첫째, 중앙정부의 감독과 통제에 의해 제약을 받는다. 대폭적인 권한이양이 이루어지는 경우에도 어떤 사안에 관련된 권한의 전부가 이양되지 않는 한 중앙정부의 감독과 통제권이 남게 된다. 또한 중앙정부의 일부 권한이 이양되는 경우에도 관련된 재원과 인적 자원이 이양되지 않는 한 지방정부의 자율성은 여전히 제약을 받을 수밖에 없다. 이처럼 중앙정부의 권한(사무)과 재원을 이양한 경우에도 포괄적으로 이양하지 않거나 매우 엄격하고 세세한 통제방식을 채택하고 있다면 지방정부의 자율성은 매우 축소될 수밖에 없을 것이다. 우리나라의 중앙통제는 동의, 조언, 정보제공, 지원 등과 같은 비권력적인 방식보다는 승인, 취소, 정지, 이행명령, 대집행 등과 같은 권력적 방식에 더 많이 의존하고 있는 것이 특징이다. 공무원 정원과 조직구조에 대한 승인, 지방채 발행의 승인, 위법부당한 처분에 대한 시정명령과 취소·정지권 등은 대표적인 권력적 통제방식에 속한다. 또한 우리나라의 중앙정부는 합법적 통제뿐만 아니라 합목적적 감독까지 광범위하게 활용하고 있다. 지방자치법에 규정된 취소·정지권, 직무이행명령제, 대집행제 등이 대표적인 예에 속한다. 이러한 감독과 통제수단 역시 사법기관이 아닌 행정기관에서 위법성과 이행확보 여부를 판단한다는 점에서 문제가 있다.

둘째, 지방정부의 경제적 조건에 의해 제약을 받는다. 지방정부의 경제적 조건은 곧바로 조세수입 등 재정적 능력으로 연결된다. 지방정부의 자체재원이 부족하여 중앙정부의 이전재원(지방교부세, 국비보조금)에 의존한다면 지방정부의 운영 전반이나 개별 사업의 추진에 제약을 받지 않을 수 없다. 우리나라의 경우 지방정부의 재정능력(재정자립도)도 전반적으로 매우 취약하며, 특히 재정자립도 10% 이하의 자치단체도 있다. 상대적으로 인구가 적

표 3-1 **우리나라의 지방분권지표와 자율성지표의 비교**

<table>
<tr><th>분야</th><th>지표</th><th colspan="3">측정지표</th></tr>
<tr><td rowspan="5">조직
인사
분야</td><td rowspan="2">중앙-지방간
인적자원 배분</td><td>전체공무원 대비 지방공무원 비율</td><td rowspan="4">지방분권지표</td><td rowspan="5">자율성지표</td></tr>
<tr><td>자치단체 4급 이상 공무원 중 국가공무원이 아닌 비율</td></tr>
<tr><td rowspan="2">특별지방
행정기관의 비중</td><td>전체 국가공무원 중 특별지방행정기관 공무원이 아닌 비율</td></tr>
<tr><td>전체 특별지방행정기관 공무원 중 지방 관련 9개 특별지방행정기관 공무원이 아닌 비율*</td></tr>
<tr><td>중앙의 관여</td><td>중앙의 승인 등이 없이 설치되는 조직 비율</td><td></td></tr>
<tr><td rowspan="5">사무
배분
분야</td><td rowspan="4">중앙-지방간
사무배분</td><td>지방사무 비율(자치+위임)</td><td rowspan="4">지방분권지표</td><td rowspan="5">자율성지표</td></tr>
<tr><td>자치사무 비율</td></tr>
<tr><td>자치사무로 전환된 위임사무 비율</td></tr>
<tr><td>자치사무로 전환된 공동사무 비율</td></tr>
<tr><td>중앙의 관여 사무</td><td>중앙의 승인 등이 없이 규정되는 사무비율</td><td></td></tr>
<tr><td rowspan="8">재정
분야</td><td rowspan="4">지방정부 지출
및 세입</td><td>GDP중 지방지출 비율</td><td rowspan="4">지방분권지표</td><td rowspan="8">자율성지표</td></tr>
<tr><td>정부지출 중 지방지출 비율</td></tr>
<tr><td>조세총액 중 지방세 비율</td></tr>
<tr><td>총 정부 세입 중 자치단체 세입 비율</td></tr>
<tr><td rowspan="4">지방재정 운영의
재량성</td><td>지방세목 설치 자율성(조례로서 탄력세율을 적용할 수 있는 지방세목수 비율)</td><td></td></tr>
<tr><td>보조금통폐합 노력도(총 보조금액 중 포괄보조금액 비율)</td><td></td></tr>
<tr><td>지방채 운영의 재량성(중앙의 승인 없이 발행한 지방채 비율)</td><td></td></tr>
<tr><td>재정자주도</td><td></td></tr>
</table>

으며 재정자립도가 낮은 소위 과소 자치단체가 농어촌 지역의 경우 매우 많은데, 이들 지자체들은 대부분 경제기반이 취약하고 노령인구 비율이 높아 증대되는 행정수요에 대응하기 위해 중앙정부에 의존해야 하는 상황에 있다. 이들 지자체는 경제적, 재정적 측면에서 심각한 자율성 위기에 처해 있다.

셋째, 지방정부 내의 소수 정치엘리트집단에 의한 제약이다. 지방자치는 주민들의 광범위한 참여에 의한 주민자치를 근간으로 하고 있다. 그러나 대다수 주민들의 무관심과 무력감 속에 소수 정치엘리트들이 지방정치를 지배하는 상황이 나타나고 있다. 머신정치(machine politics),[3] 성장연합 등은 지배엘리트에 의한 지방정치의 가능성을 보여주고 있다. 지방정부가 소수정치엘리트에 의해 좌우될 경우 자율성은 침해되고, 대다수 주민들의 이익이 아닌 소수 이익을 대변하는 정책으로 나타날 수 있다. 우리나라 지방정부에서 소수 정치엘리트에 의한 정치지배를 실증하기란 쉽지 않다. 그러나 다양한 주민참여프로그램에도 불구하고 주민들의 참여수준은 매우 저조하고, 최근 도입한 주민투표제와 주민소환제의 성과도 미흡한 수준을 고려한다면 소수엘리트에 의한 과도한 참여가능성은 남아 있다고 할 수 있다. 이외에도 상급 지방정부나 인접 지방정부에 의한 자율성 제약도 있다. 특히 상급 지방정부에 의한 포괄적 지도감독권의 존재는 지속적인 이슈가 되고 있다.

2. 지방분권과 자율성의 수준 측정

지방분권 수준과 자율성 수준을 측정해보면, 양자간의 차이를 보다 분명히 확인할 수 있을 것이다. 2005년 지방분권과 자율성 수준을 측정한 바 있다. 지방분권 및 자율성을 측정하는 데 있어서 기본적으로 조직인사, 사무배분, 재정분야로 구분하여 살펴보고자 한다.

조직인사분야에 있어서 지방분권의 수준을 요약하면 다음 그림과 같다. 전체공무원 대비 지방공무원 비율은 2002년 36.8%에서 2005년 38.3%로 1.5% 포인트 증가하였다. 법령의 제·개정에 따른 중앙부처의 요청에 의해 사회복지인력, 소방현장 대응인력, 개별 주택가격 평가전담 인력, 지방분권담당 인력 등이 보강된데 기인한다. 지자체 소속 국가공무원의 경우 부단체장, 기획관리실장 등으로 최근 변화가 없었지만, 관리시설물의 신·증설에 따라 일부 지방공무원이 증가되었다. 전체 공무원의 증원보다 특별지방행정기관의 공무원이 증가됨에 따라 이에 관련된 지방분권 수준은 향상되었다. 국가의 승인없이 설치되는 조직의 비율로서 측정되는 조직인사분야의 자율성 수준은 2002년 88.6%에서 2005년 91.1%로 2.5% 포인트 향상되었다. 이는 자체 조직진단 결과 보고, 한시기구의 설치 승인 등이 폐지된데 기인한다.

3) 조직의 힘으로 선거의 승리나 입법을 도모하는 것을 의미한다.

그림 3-2 **조직인사분야 지방분권과 자율성 측정결과**

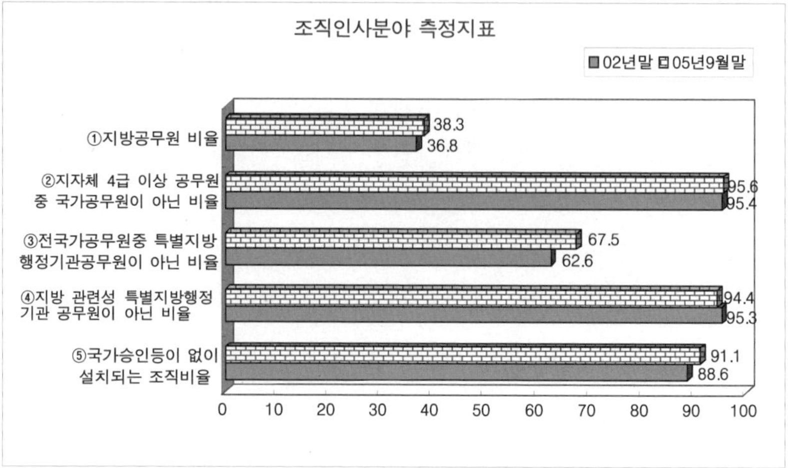

사무배분 측면의 지방분권 수준은 다음 그림과 같이 요약된다. 지방사무 비율과 자치사무 비율은 약간 향상된 것으로 나타났는데, 중앙행정권한의 지방이양에 따라 이 기간 동안 126건의 국가사무가 자치단체로 이양되었다. 자치사무로 전환된 위임사무 비율은 9.2%로 매우 낮지만 통계자료의 미비로 연도별 변화를 측정하기 어렵다. 자치사무로 전환된 공동사무 비율은 1.9%(31건) 증가된 것으로 나타났다. 사무배분분야의 자율성 수준을 보면, 법령상 자치단체에 대한 협의, 승인, 동의, 지침, 인·허가 등 사전관여 없이 규정되는 사무비율은 98.1%로 가장 높은 것으로 나타났다. 그러나 별도의 통계자료가 없어 연도별 변화는 파악하기 어렵다.

지방분권과 자율성의 개념은 서로 관련되면서도 지표와 관점에 있어서 다소간 차이가 있음을 알 수 있다. 이처럼 지방분권과 자율성의 관계에서 보는 바와 같이 지방분권만으로는 자치발전과 지역발전을 이루기 어렵고, 자율성이 증대되어야 한다. 즉 지방분권을 통해 서비스 수준의 제고와 지역발전과 같은 성과를 내기 위해서는 자율성과 자치능력이 전제되어야 한다. 중앙정부의 권한이 이양된 경우에도 높은 수준의 비공식적인 통제와 간섭이

그림 3-3 사무배분 분야의 지방분권과 자율성 측정결과

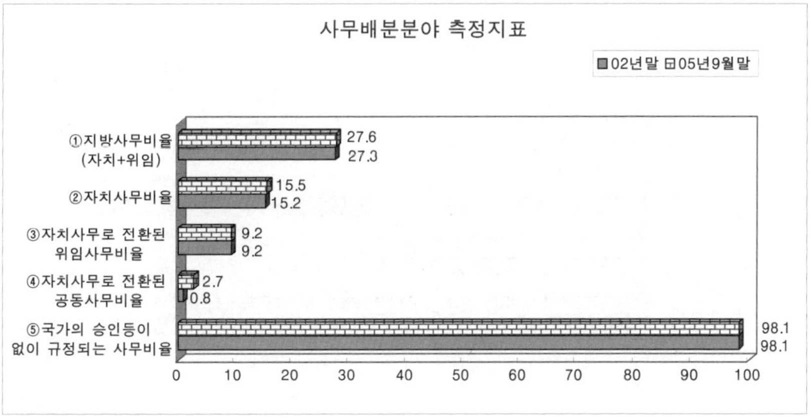

이루어진다면 지방정부 스스로 능력을 발휘하기 어렵다. 또한 자치능력에 맞지 않는 권한이양을 추진하는 경우에도 제대로 된 성과를 내기 어렵다. 자치역량에 걸맞는 권한이양이 이루어질 때 정책의 성과가 높아지고 지역발전이 이루어지며, 나아가 지역경쟁력이 높아질 수 있을 것이다. 중앙정부의 권한이 이양되더라도 지방정부 스스로 역량을 갖추지 못하거나 지역경제 엘리트들로부터 제약을 받는다면 지역발전과 경쟁력을 확보하기 어렵다. 중앙정부는 지방정부의 능력에 맞는 권한이양을 추진하고 그에 맞는 감독과 통제장치를 설계해야 하고, 지방정부 역시 스스로 자주재원을 신장하고 효율적인 재정운용을 도모하며 지역의 소수엘리트집단이 아닌 대다수 주민의 참여를 바탕으로 명실상부한 주민자치를 펴나가야 한다. 요컨대, 지방분권은 그 자체만으로도 의미를 갖지만 지역발전과 주민의 복지 증진이라는 궁극적인 목적을 달성하기 위해서는 지방정부의 자율성과 자치역량을 높이는 것이 중요하다. 지방분권이 하나의 수단이자 과정이라면 지방분권을 통하여 지방정부의 자율성과 자치역량을 제고하고, 이를 통해 정책과 서비스의 질을 개선하고, 나아가 지역발전과 국가경쟁력을 제고해야 할 것이다.

그림 3-4 지방재정분권화 수준(지출 및 세입 측면)

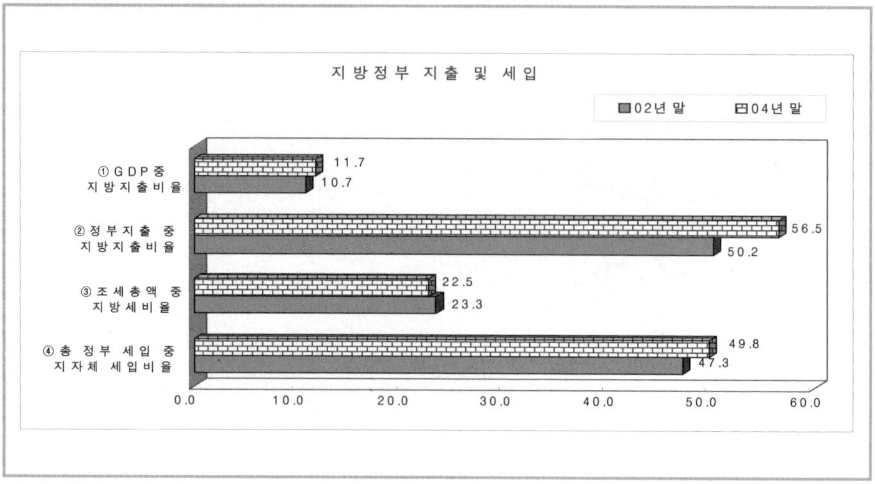

그림 3-5 지방재정운영의 재량성

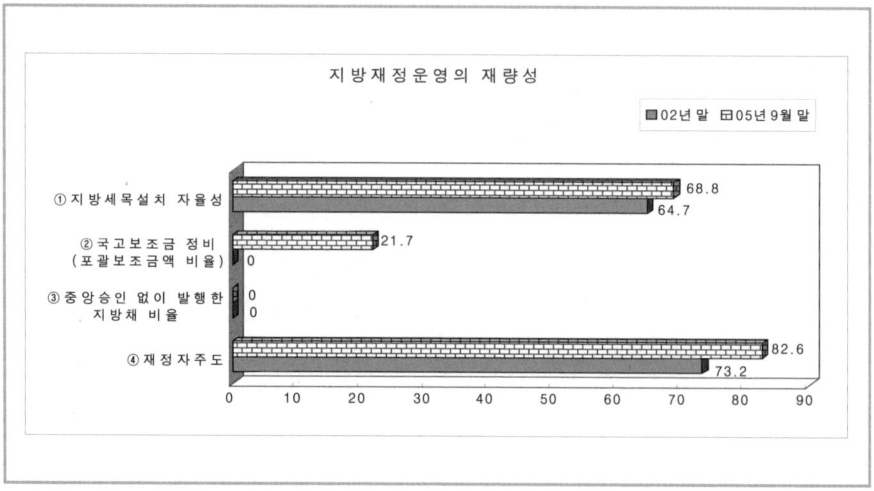

참고문헌

김영진. (1995). 개혁기의 정국에 있어서 중앙정부에 대한 지방정부간의 차별적인 재정관계의 전개: 상해시와 광동시의 예로. 「한국정치학회보」. 29(3): 607－629.

김익식. (1990). 중앙과 지방정부간의 권한배분의 측정－지방분권이론의 정립을 위한 시론. 「한국행정학보」. 24(3): 1373－1398.

김재훈. (1998). 중앙과 지방간의 부문별 기능재배분을 위한 시도. 「한국지방자치학회보」. 10(1): 27－44.

박정수. (1993). 재정분권화정책의 결정요인에 관한 연구. 「한국행정학보」. 27(1): 157－183.

배인명. (1993). 재정분권화의 결정요인 분석 －미국 州 지방정부관계를 중심으로－. 「한국행정학보」. 27(3): 883－900.

손봉숙. (1995). 50년대 지방자치의 정치적 배경. 김병찬 · 정정길(공편), 「50년대의 지방자치」. 서울대학교 출판부.

이기우. (1990). 국가와 지방자치단체의 관계. 「지방자치연구」. 2(2): 21－46.

이달곤. (1998). 역사적 맥락에서 본 중앙과 지방간의 관계. 「행정논총」. 36(1): 151－185.

이달곤. (2004). 「지방정부론」. 서울: 박영사.

임도빈. (1997). 지방자치단체의 조직자율권에 대한 비판적 고찰. 「한국행정학보」. 31(3): 57－71.

채원호. (2000). 전환기 일본의 지방분권개혁 －1990년대 지방분권개혁을 중심으로－. 「한국행정연구」. 9(3): 193－216.

하혜수. (2009). 지방분권형 지방행정체제 개편대안 연구. 「한국지방자치학회보」. 21(3): 33－52.

하혜수 · 최영출. (2002). 차등적 분권제도에 대한 비교연구: 영 · 미 · 일 · 북유럽을 중심으로. 「한국행정학보」. 36(2): 109－127.

Bognanor, Vernon. (1999). *Devolution in the United Kingdom*. New York: Oxford University Press Inc.

Bognanor, Vernon. (2003). Asymmetric Devolution: Toward a Quasi－Federal Constitution. Patrick Dunleavy, et.al. (eds.). *Developments in British Politics 7*. Hampshire: PALGRAVE Macmillan.

Boyne, G. (1993). Central Policies and Local Autonomy: The Cases of Wales. *Urban Studies*. 30(1). 87−101.

Collin, P. H. (2004). *Dictionary of Politics and Government*. Third Edition. London: Bloomsbury.

Gurr, T. and D. King. (1987). *The State and the City*. Chicago: Univ. of Chicago Press.

Heywood, Andrew. (2000). *Key Concepts in Politics*. Hampshire: PALGRAVE Macmillan.

Lancaster, Steve and David Roberts, eds. (2004). *British Politics in Focus as Level*. Lancs: Causeway Press.

Litvack, Jennie, Junaid Ahmad, and Richard Bird. (2002). *Rethinking Decentralization in Developing Countries*. Washington, D.C.: The World Bank.

Walle, John van der. (2002). Decentralization, Trends and Constraints. http://www.kit.nl/ smartsite.shtml?ch=fad&id=6164.

Wolman, Harold & Michael Goldsmith. (1990). Local Autonomy as a Meaningful Analytic Concept: Comparing Local Government in the United States and the United Kingdom. *Urban Affairs Quarterly*. 26(1): 3−27.

Wolman, Harold & Michael Goldsmith. (1992). *Urban Politics and Policy: A Comparative Approach*. Cambridge: Blackwell.

World Bank. (1998). *Applying a Simple Measure of Good Governance to the Debate on Fiscal Decentralization*. World Bank Policy Research Working Paper 1894(Washington: World Bank).

Zimmerman, Joseph F. (1995). *State−Local Relations: A Partnership Approach*. New York: Praeger.

Zimmerman, Joseph F. (1993). Preemption in the U. S. Federal System. *Publius: The Journal of Federalism*. 23(Fall): 1−13.

CHAPTER 04

주민자치와 주민참여

제 4 장 주민자치와 주민참여

지방자치과정에서 주민참여는 양면성을 가지고 있다. 주민참여를 통해 다수 주민의 의사에 의한 정책결정이 이루어져 주민자치가 실현될 수 있다. 주민참여는 또한 참여과정의 시간지연에 따른 비용과 비전문가에 의한 방향착오를 가져올 수 있다. 따라서 비판론자들은 주민참여가 확대되면 될수록 소수 주민에 의한 독점이 강화되는 참여의 역설(paradox of participation)을 주장한다. 그러나 주민참여가 위축되거나 봉쇄되면 풀뿌리 주민자치가 위험하고, 민주주의의 공고화는 물론 정의의 실현이 위험에 빠질 수 있다는 점에서 주민참여의 확대에 소홀함이 없도록 해야 할 것이다. 이 장에서는 지방자치가 주민의 적극적인 참여에 기초하고 있다는 점에 근거하여 주민참여의 양면성, 주민참여의 수단, 주민참여의 확대방안 등을 살펴보기로 한다.

제 1 절 민주주의와 주민자치

1. 대의민주주의와 주민참여

원래 민주주의는 다수주민의 뜻에 의해 통치되는 정치형태이다. 따라서 주민의 직접참여에 의한 정책결정이 핵심적 요소가 된다. 직접민주주의(direct democracy)는 국민들의 직접적 투표를 포함한 의사표명을 법률과 정책에 대한 승인과 거부, 즉 정부의 주요 정책을 결정하는 정치체제를 말한다. 국민의 대표자나 중간 매개자 없이 국민들이 정책에 대한 결정권을 직접 행사하기 때문에 직접민주주의라고 명명된다. 그러나 사회가 복잡해지고 인구가 많아지면서 주민의 직접참여에 의한 지배는 일정한 제약을 갖게 되었다. 사회가 전문화되고 복잡화되면서 정치와 행정의 전문적 대응이 필요하고, 인구의 폭발적 증가로 인해 주민의 직접참여에 의한 정책결정은 물리적 한계에 직면하게 되었다. 그에 따라 국가통치나 지방자치에 있어서 대의민주주의(representative democracy)가 보편적 형태로 자리잡게 되었다. 국가통치에 있어서는 국민이 선출한 대표기관인 국회에서 주요 정책을 결정하고, 지방에서는 지역주민들이 선출한 지방의회에서 지방의 주요 정책을 결정하고 있다. 국민과 주민들은 자신의 대표를 통해 정책결정에 간접적으로 참여하는 방식이다.

이러한 대의민주주의는 효율성이라는 점에서 유용한 제도적 수단이 되지만 주민들의 의사를 반영하는 데 있어서 문제점도 초래하고 있다. 첫째, 주민의 뜻이 대표를 통해 전달되는 과정에서 왜곡이 생길 수 있다. 이는 전문용어로 대리인문제(agency problem)라고 한다. 국회의원과 지방의원은 주민이 선출한 주민의 대리인으로 볼 수 있다. 이 대리인들은 주민들의 의사를 제대로 반영해야 하는데, 자신의 재선에 우선적 관심을 갖기 때문에 이기적 행태를 보일 수 있다. 이처럼 국민의 대표가 정책결정에 있어서 국민의 의지를 충실히 반영하지 않는 현상은 당연히 기울여야 할 도덕적 의무를 소홀히 한다는 점에서 도덕적 해이(moral hazard)에 비유될 수 있다. 이 경우 주민들이 다음 선거에서 심판하여 대리인을 교체할 수 있지만 그 간극이 너무 크기 때문에 즉각적이고 효과적인 통제가 되지 않을 수 있다.

둘째, 정치적 무관심이 증대되고 있다. 정치적 무관심은 정치와 정부에 대한 신뢰부족, 정치인의 도덕적 해이, 정치적 효능감 부족 등 여러 가지 요인에 기인한다. 자신이 직접 정책을 결정하지 않고 대표자를 통해 간접적으로 참여하기 때문에 자신의 의사가 정책에 반영되지 않거나 왜곡되기 때문에 정치에 무관심하거나 참여하지 않게 된다. 또한 대표자를 통한 간접참여를 통해서는 정책을 변화시키거나 정책변화에 영향을 미칠 수 있다는 정치적 효능감(political efficacy)이 매우 낮기 때문에 적극적으로 참여하지 않게 된다. 국민의 대표를 선출하는 총선과 지방선거에서 투표율이 계속 낮아지고 있는 데서 이러한 증거를 찾을 수 있다.

이 문제에 대해서는 논리와 현실이 다소 다를 수 있다. 논리적으로는 대표자의 도덕적 해이, 정치적 효능감 부족 등이 정치적 무관심과 참여부족으로 연결된다고 주장할 수 있다. 그러나 현실적으로 주민의 참여부족과 정치적 무관심은 매우 복잡한 요인에 의해 영향을 받는다. 정치적 무관심이 대의민주주의에 기인한다고 주장할 수 있으려면 직접민주주의적 프로그램에 대한 관심과 참여가 높아야 하는데, 반드시 그렇지만은 않다. 정치적 무관심과 참여는 접근성과 참여공간, 정책의제, 시간과 여유 등 매우 복합적인 요인에 의해 영향을 받기 때문이다. 그에 따라 주민들이 쉽게 접근할 수 있는 공간에서 자신의 관심사를 결정하는 풀뿌리민주주의, 즉 지방자치가 매우 중시되고 있다. 대다수 국가에서는 주민들이 지역사회의 문제에 관심을 갖고 대안을 결정하는 주민자치를 강조하고 있다.

2. 참여민주주의와 주민참여

참여민주주의(participatory democracy)는 다수의 주민이 정책결정과정에 자발적으로 참여하는 민주주의를 포괄적으로 지칭한다. 이는 정치체제의 모든 구성원들에게 정책결정과정에 참여할 수 있는 기회를 확대하려고 노력하고, 참여하는 주민들의 범위를 확장하는 방법을 모색하는데 중점을 둔다. 이러한 관점에서 참여민주주의가 참여기회와 참여범위의 확대를 지향한다는 점에서 대의민주주의와 직접민주주의를 포함한다고 볼 수 있다. 그러나 최근의 경향은 대의민주주의보다는 주민의 직접적 참여를 통한 정책결정을 지향하는 직접민주주의를 강조하며, 직접민주주의 중에서도 자유롭고 심층적인 토론을 통한 참여를 지향하는 심의민주주의(deliberative democracy) 또는 숙의민주주의를 강조하고 있다.

오늘날 직접민주주의는 과거 도시국가 또는 지자체를 단위로 한 정체(polity)에 대한 주민의 직접참여를 지향하는 것이라기보다는 대의민주주의를 보완하는 장치로서 강조되고 있다. 그에 따라 주민의 대표에 의해 독점적으로 행사되었던 법률과 정책발의권을 주민들에게도 부여하는 주민발의제, 지자체의 주요 정책을 주민의 투표로서 결정하는 주민투표제, 그리고 단체장 등 주민의 대표들의 잘못에 대하여 주민이 소환하여 해직시키는 주민소환제 등이 도입되고 있다. 우리나라에서도 지방자치법에 주민발의제, 주민투표제, 주민소환제 등을 규정하고 있다. 주민투표제는 이미 원전폐기물센터 입지결정과 제주특별자치도 행정구역개편과정에서 적용된 바 있고, 주민소환제도 제주도, 하남시 등에서 추진된 바 있다. 그러나 아직은 주민투표과정이나 주민소환과정에서 주민의 관심부족과 참여부족에 의해 기대한 바의 성과를 거두지 못하고 있다. 따라서 주민의 직접참여를 강조하는 직접민주주의적 참여제도가 대의민주주의의 약점을 전적으로 보완할 수 있을지에 대해서는 판단을 유보해야 할 것이다.

직접민주주의의 이러한 문제에 대하여 보다 적극적인 처방을 지향하는 것이 심의민주주의라고 할 수 있다. 심의민주주의는 다양한 주민의 참여를 통해 보다 자유롭고 심층적인 토론기회의 제공에 초점을 두고 있다. 심의민주주의는 1990년대 말 주민들의 정치적 무관심에 의한 참여감소에 대응하기 위해 제안되었다. 주민들의 정치적 좌절과 분노를 치유하기 위해서는 주민들이 직접 정책결정과정에 참여하여 서로간에 의견을 자유롭게 교환하는 심층적 토론의 기회를 가져야 한다는 것이다. 그에 따라 심의민주주의는 동등한 참여기회 보장, 다양한 참여자, 집단적 토론과정, 이성적 심의과정 등을 중시한다(문태현, 2010). 우리나라에서도 최근 심의민주주의적 참여방식을 도입하고 있다. 주요 정책결정과정에 대한 주민공론조사, 주민배심원제, 주민참여예산제도 등이 그러한 예에 속한다. 이러한 심의민주주의가 제대로 작동하기 위해서는 공정하고 이성적인 토론의 장을 만드는 것이 중요하므로 의사결정규칙의 정립, 정치적 왜곡문제의 개선, 주민의 토론적 사고형성 등의 과제를 풀어야 할 것이다.

3. 주민참여와 주민자치

참여민주주의 중에서도 중앙집권적이고 엘리트 위주의 정치를 지양하고, 주민들이 살고 있는 지역과 실생활을 변화시키려는 데 중점을 두는 것이 풀뿌리민주주의이다. 그에 따라 지방자치와 지방분권을 강조하며 이를 통해 주민참여의 확대를 꾀하고자 한다. 다시 말해 주민참여는 지방자치에 기여할 수 있고, 지방자치는 주민자치를 통해 완성될 수 있다고 볼 수 있다. 이러한 점에서 주민참여와 주민자치는 불가분의 상관관계에 있는 것이다. 주민자치는 지역주민이 자신의 자율적 의사에 따라 지역의 문제를 결정하고 처리하는 것을 의미한다. 주민자치는 영국과 미국에서 발달된 지방자치의 개념으로서 주민들이 조직한 지방단체에 의해 지역사회의 공적 문제를 스스로 결정하고 집행하는 것을 의미한다. 즉 주민자치는 지역주민이 주체가 되어 지방의 공공사무를 결정하고 처리하는 주민참여에 중점을 두는 제도를 말한다. 이러한 주민자치의 관점에 의하면, 국가 이익을 대표하는 중앙정부와 지방 이익을 대표하는 지방정부의 대립은 있을 수 없으며, 중앙정부의 행정사무를 지방자치단체가 처리하는 경우에도 지방자치단체가 한편으로는 국가의 하급행정기관으로서 다른 한편으로는 지방의 자치행정기관으로서 이중적 지위를 가지는 일은 없다.

주민자치를 이렇게 정의한다면 주민의 직접참여에 기초한 직접민주주의뿐만 아니라 주민의 대표선출에 의한 대의민주주의를 포함하는 개념임을 알 수 있다. 주민자치는 주민의 직접참여 또는 대표자의 선출을 통해 지역의 문제를 결정하고 처리하는 방식을 강조한다. 주민자치는 단체자치와 함께 근대적 지방자치의 양대 축으로 간주되는데, 주민자치가 지방행정을 지역주민 스스로의 의사와 책임으로 처리하는 것이라면, 단체자치는 중앙정부로부터 일정한 독립성을 확보한 지방자치단체가 기관을 구성하여 지역문제를 처리하는 것이다. 문제는 주민자치에 있어서도 주민의 대표자 선출기능만 확대되고 직접참여에 의한 결정방식이 위축될 경우 주민자치는 대의민주주의의 한계를 그대로 떠안게 된다. 따라서 주민자치에 있어서도 주민의 직접참여에 의한 결정방식을 의미하는 직접민주주의를 구현하는 데 역점을 두어야 할 것이다.

주민참여는 주민자치의 핵심이고, 주민은 지방의 주인(owner)이다. 하지만 현실의 주민은 많은 경우 지방정치와 행정의 대상으로, 즉 서비스를 받는 고객(client)로 치부된다. 지방정치과정이 대의제 원칙을 따르고 있지만 대표성이 제대로 준수되는 경우가 많지 않고, 행정과정의 주민참여가 강조되고 있지만 정보공개는 한정적이고 참여는 일부 특수이해관계에 있는 사람에게 국한되는 경우가 적지 않다. 이러한 과정에서 시민들은 정치 홍보의 대상이 되거나 행정의 객체로 전락되기도 하고 참여는 동원으로 변질되기도 한다. 지방행정의 상당부분이 질서유지와 규제활동인 현실에서 주민의 적극적 참여는 극히 한정된 사항에 국한될 수 있다. 일선관료제의 관행으로 볼 때 일률적이고 기계적인 법집행은 주민들에게 창의적이고 적극적인 참여의 동기를 제공하지 못한다. 특히 관존민비적 문화가 잔존하고 주민의 계도에 초점을 둔 프로그램이 다수 존재하는 상황에서 주민은 일방적인 수용을 강요받는 수준에 머무는 경우가 적지 않을 것이다. 정부중심의 사회에서는 주민의 소극적 자세가 고착될 수도 있다. 그리고 관의 입장에서는 그것이 마치 효율적인 것으로 이해될 수 있다. 그러나 관 중심의 사회에서는 높은 사회적 비용이 발생하고, 민주주의의 가치를 체험하지 못하게 된다. 따라서 주민참여를 진작시키는 다각적인 방안을 모색해야 할 것이다.

제 2 절 주민참여의 의의

1. 주민참여의 개념과 필요성

주민참여는 다양한 수단과 방법을 통해 해당정책으로부터 영향을 받는 비전문가로서의 주민이 그 정책과정에 참여하여 자신들의 의사를 반영하는 과정을 의미한다. 주민참여는 지역 주민들이 정책결정이나 집행과정에 개입하여 영향력을 행사하는 일련의 행위를 말한다. 주민참여는 간단히 지역주민의 정치행정참여라고 정의할 수 있지만, 그 속에는 매우 특정적 의미를 내포하고 있다.

첫째, 보통 주민의 참여를 의미한다. 따라서 전문지식이나 재력을 갖춘 소수 주민만의 참여는 이러한 범주에 속하지 않는다. 둘째, 주민의 직접 참여를 의미한다. 대표자의 선출 등 주민이 투표에 참여하는 것은 포함되지 않는다. 셋째, 주민이 지역사회의 일반문제에 대해 의견을 투입하는 것이다. 지역사회의 행정과 정책에 대한 지지, 시정요구, 대안 제시 등이 포함된다. 그러나 개인의 문제를 처리하기 위한 민원은 이 범주에 포함되지 않는다. 넷째, 주민의 정책과정에 실질적인 영향력을 행사하는 과정이다. 따라서 단순히 관청에서 동원된 형식적 참여는 포함되지 않는다. 다섯째, 원칙적으로 평화적 수단의 참여를 의미한다. 따라서 폭력과 시위 등에 의한 참여는 이 범주에서 제외된다.

주민참여는 참여민주주의의 대두와 더불어 강조되고 있으며, 조직 내부의 의사결정에 대한 하위 계층의 참여와 함께 참여행정의 핵심적 요소를 이룬다. 특히 사회적으로 소외된 약자들의 직접적, 자발적, 실질적 의사 반영이 참여의 핵심적 관심사가 되고 있다. 주민참여는 정치체제의 외부에 있는 주권자가 내부의 의사결정과정을 통제하는 것을 의미한다. 주민참여는 민주주의의 주춧돌로서 대의제도에 추가하여 일종의 외부통제(external control)를 행사하는 것이다. 특히 지방정부에서 주민의 참여가 중요한 것은 그들의 생활에 민감하게 영향을 미치는 정책과 프로그램에 대해서 다수의 주민이 직접적으로 의사를 투입할 수 있기 때문이다(Mayer, 1994: 229). 주민참여는 대의민주주의를 보완하여 주민의 견해를 반영시키는 특수한 형태의 통치방식이거나 직접민주주의 방식이다.

대의적 정부가 정당의 정강정책이나 선거공약과 같은 다양한 이슈들을 중심으로 정책을 논의한다면, 주민참여는 분절된 단일 이슈영역에 관심을 집중시킨다. 한 가지 이슈에 대해서 평가하고 심판하면서 일종의 준사법적 혹은 행정조사와 같은 기능을 수행한다. 대의적 방식이 정책결점(policy defects)이나 스캔들을 언론에 제기하고 소수의 영향력 있는 집단에 의존하는 데 반해, 주민참여는 일반 대중의 광범위한 참여에 비중을 두고 있다. 논의구조를 중립화하여 정치적 영향을 배제하면서 문제를 적시하고 대책을 논의하는 장으로 자리잡은 참여공동체도 적지 않다.

주민참여는 대의민주주의의 한계를 극복하고 동시에 정책과정에서 상대적으로 소외된 집단의 이익을 적극 반영하기 위한 통로이므로 대표자나 대변기관을 통한 간접참여방식과는 그 성격이나 효과 면에서 상당한 차이가 있다. 주민참여에 대해서 속빈 요식행위라는 주장에서부터 정책에 실질적인 영향력을 미치는 실질권력(real power)이라는 주장에 이르기까지 다양한 평가가 있다. 정부주도형 사회에서 흔히 볼 수 있는 동원된 참여는 순수한 주민참여라고 볼 수 없다. 이미 결정된 정책을 홍보하기 위해서 혹은 정책집행과정에서 나타나는 주민들의 불만을 완화하려는 의도에서 주민을 동원하는 경우가 있다. 이러한 경우 주민의 자발성은 무시되고 주민집단의 입장이나 이해관계를 정책에 효과적으로 투입하기 어렵기 때문이다.

주민참여의 필요성은 무엇인가? 잘 설계되고 내부통제(internal control)가 온전한 정부에 대해서도 외부통제인 주민참여가 필요하다. 의사결정자들이 공익이라는 목표를 지속적으로 추구하게 만드는 사회화 과정을 보강하는 방법으로서 주민참여는 필요하다. 어떤 전문화된 조직도 독립적으로 활동하게 내버려두면 시야가 좁아지고 그들의 세계관에 매몰되기 쉽고, 따라서 조직의 존속과 성장만이 사회적으로 가치가 있는 것으로 생각하게 된다. 어떤 정부기관도 상호작용하는 조직들의 연계망 속에서 긴밀하게 의견을 교환하면서 작동되어야 한다. 그 망 속에서는 정책이 결정되기 이전부터 이질적 조직들이 공익의 다른 측면을 적극적으로 부각시킬 수 있어야 하고 그래야만 다양한 이해관계를 가진 사람들간에 합의가 가능해진다.

현대 국가의 성격변화 과정에서도 주민참여의 필요성은 증대된다. 국가는 어떤 시대보다 시민들의 일상생활에 대해서 다양한 규제를 확대하고 있다. 이러한 규제를 기술관료들에게만 맡겨둔다면 불필요한 규제가 증대되고 자유로운 삶의 영역은 축소될 가능성이 있다. 주민은 시장뿐만 아니라 정치체제에 대해서도 충성(loyalty), 시정요구(voice), 퇴거(exit)를 감행할 수 있다 (Hirschman, 1970). 일찍이 허균이 호민론(豪民論)에서 백성을 항민(恒民), 원민(怨民), 호민(豪民)으로 나눈 점도 같은 맥락이다. 정치엘리트나 정책관료들이 보통 주민의 기대에 일치되는 결정을 내리도록 하는 데는 특정 이슈에 한정된 주민참여포럼이 필요하고 또 그들의 기대가 충족되지 않을 경우 주민들이 불평하고 퇴장하여 다른 지역으로 이동할 수 있는 여지를 두어야 한다. 정치가나 관료들에게만 맡겼을 때 파생되기 쉬운 정책왜곡(policy distortion)

에 대한 안전판으로써 주민참여기제가 필요하다.

2. 주민참여의 양면성

(1) 주민참여의 순기능

주민참여의 순기능은 첫째, 지방분권화를 통해 주민자치를 강화할 수 있다. 주민참여는 지방분권화 없이 촉진되기 어렵다. 행정에 대한 주민의 통제가 불가능한 영역에서는 주민참여가 단지 구호에 불과하기 때문이다. 만약 중앙정부가 집권적인 권한을 가지고 정책을 결정하고 추진할 경우 주민참여의 효력은 약화될 것이다. 그러나 지방단위에 권력이 분산되고, 시민들의 삶에 중대한 영향을 미치는 결정이 주민의 물리적 또는 심리적 통제의 가시권에 들어 있을 경우 주민참여는 실효성을 지닐 수 있다. 집권화가 반드시 부정적이고 비인간적인 것은 아니지만 분권화를 통해 보다 효율적이고 인간적인 가치를 실현할 가능성이 높은 것은 사실이다(Schumacher, 1973). 주민참여는 이처럼 권력의 분산을 통해 지방정부단위에서 풀뿌리민주주의를 정착시키는데 기여한다. 시민들은 지역공동체 수준에서 직접적으로 자신의 의견을 투입하고, 자신의 운명을 결정하는 정책에 대하여 견제와 통제를 할 수 있으므로 자신의 운명을 스스로 결정한다는 자기결정성(self-determination)의 민주주의 원리를 구현할 수 있는 것이다(Cunningham, 1972: 597). 또한 참여를 통해 행정의 독주나 무능을 통제할 수 있어 인격성의 원리를 실현할 수 있다. 인간의 존엄과 가치, 그리고 인격성은 작은 정부, 분권화, 참여민주주의 하에서 구현될 수 있는 것이다.

둘째, 주민참여는 책임성과 대응성을 제고하는데 기여한다. 주민참여는 행정에 대한 민주적 통제를 보완하는 기능을 수행한다. 국민들의 대표를 통하여 행정의 독주와 비대화를 견제하고 있지만, 행정의 전문성, 복잡성, 그리고 세계화 등이 추진되면서 입법부가 통제할 수 있는 여지는 줄어들고 있다. 이러한 상황에서 주민들이 행정이나 정책과정에 직접 참여하여 행정의 책임성을 확보함으로써 대의민주제의 한계를 보완할 수 있다. 행정을 담당하고 있는 관료제는 원래 주민의 복지와 삶의 질을 실현하기 위해 조직된 가장 효율적인 기구이지만 때때로 관료 자신의 이익을 추구하고 스스로의 관성에 의해 비효율적이고, 경직적이며, 일반 시민의 요구에 대해서 민감하게 반응하지 못하는 한계를 지니고 있다. 또한 공무원들은 일반 시민들이 무엇을 원하고, 어떤 방향으로 서비스의 개선이 이루어지기를 기대하는지 모르는 경우가 많으며, 그러한 선호파악능력에 한계를 지니고 있다(Hart, 1972: 606). 이러한 상황에서 주민들은 자신의 선호와 의견을 투입함으로써 민의에 기초한 정책의 추진과 행정의 대응성을 높일 수 있는 것이다. 또한 주민이 행정 또는 정책과정에 참여하여 자신의 의견과 아이디어, 욕구와 선호 등을 전달함으로써 지방정부로 하여금 주민중심의 행정을 구현할 수 있게 한다. 이를 통해 행정서비스의 질을 높일 수 있고, 주민의 삶의 질을 제고할 수 있는 것이다.

셋째, 갈등해소와 사회적 형평성을 구현하는데 기여한다. 오늘날 갈등이 첨예화하고 있는 상황에서 주민참여는 서로간에 의견을 교환할 수 있는 공동의 장을 마련해 줌으로써 갈등을 해소하여 사회통합에 기여하는 기능을 한다. 갈등에는 관과 민의 갈등, 집단간의 갈등, 집단과 개인의 갈등 등 여러 유형이 존재할 수 있지만, 주민참여제도는 관과 민의 갈등은 물론 집단간의 갈등도 해소하는데 기여할 수 있다. 특히 정책으로 인한 갈등에 있어서 정책결정과 집행과정에의 주민참여는 갈등해소를 위한 긴요한 통로가 된다. 다른 한편 주민참여는 정책으로부터 소외된 계층에게 의견제시기회를 제공함으로써 잠재적인 갈등을 해소하고, 더 나아가 사회적 형평성을 실현하는데 기여한다. 여성, 노약자, 장애인, 청소년(어린이) 등은 지금까지 정책결정과정으로부터 소외되었거나 과소하게 대표되었던 주체들이다. 주민참여를 통해 소외계층의 참여기회가 늘어나고 발언권이 강화되어 이들 집단의 이익이 신장될 수 있다.

넷째, 주민참여는 주민의 민주의식을 제고하는 교육기능을 가진다. 시민들은 자치공동체에서 정책과정에 참여함으로써 관련 지식을 습득하게 되고, 민주시민의 일원으로 성장하게 된다. 가장 훌륭한 교육은 경험하면서 배우는 것이므로 시민이 행정과정에 직접 참여함으로써 지금까지 갖추지 못했던 공공정신(public spirits)과 자주성 등 자치역량을 배양해갈 수 있다. 특히 행정과 자원봉사단체가 협력하여 공공서비스를 생산하는 공동생산(co-production)을 통해 서비스나 서비스 비용에 대한 시민의 지식뿐만 아니라 공동체의식도 키울 수 있다. 시민의식은 학교교육과 가정교육으로부터 구비되는 경우도 있지만 사회학습과 정치교육을 통해 갖춰지는 경우가 더 많다. 정책결정과 행정과정에 대한 참여와 공동생산은 이러한 의식을 갖추는 데 있어서 직접적이고 가장 효과적인 수단이 된다.

다섯째, 주민참여는 행정에 대한 시민의 이해와 협조를 획득하여 정책추진을 용이하게 하는 기능을 한다. 시민의 직접적인 참여를 통해 결정한 정책이나 프로그램은 시민의 수용과 지지를 쉽게 확보할 수 있어 집행이나 추진이 용이할 수 있다. 또한 행정정보가 공개되지 않아 시민들이 모르는 정책의 경우 대상주민들의 순응확보가 곤란하여 정책집행의 효율성이나 성과확보가 어려울 것이다. 그에 반해 시민들의 동의를 얻어 추진되는 정책의 경우 정당성 확보는 물론 시민들의 협조와 이해에 기초하여 효율적인 집행이 확보될 것이다. 주민참여는 정책에 대한 시민평가를 통하여 행정서비스의 절차와 질을 높일 수 있다(Van Meter, 1975: 806). 주민참여를 통해 행정에 대한 견제와 통제가 가능하고 새로운 아이디어의 투입으로 행정쇄신을 가져올 수 있기 때문이다.

(2) 주민참여의 역기능

첫째, 주민참여의 비용과 의사결정의 질적 저하 문제가 있다. 주민참여는 수많은 절차와 자료준비 그리고 시간을 요구하는 등 의사결정비용(decision cost)을 초래한다. 주민들이 행정정보를 숙지하지 못하고 있는 경우 정보제공을 위해 애를 써야 하고, 전문적인 정책에 대해서는 그에 대한 이해와 학습에 상당한 시간을 투입해야 한다. 그리고 주민참여를 통한 정책결정은 단 일회적인 참여로서 결정되지 않고 수많은 절차와 요식행위를 필요로 하므로 적시적인 대응이 곤란하다는 단점이 있다. 주민참여는 정책결정에 대한 주민의 의견이 반영되는 과정이므로 정책결정의 지연이 수반될 수 있다. 주민참여절차가 단기적으로는 갈등과 충돌의 계기가 되며, 주민운동과 같은 저항과 반대를 초래할 수도 있다. 특히 이슈가 복잡하거나 영속적일 경우, 이슈의 범위와 강도가 범사회적일 경우 참여비용은 더 높아질 수 있다(Rosener, 1978: 458). 또한 비전문가인 주민들이 전문적인 행정과정에 참여할 경우 기여보다는 지연과 비효율을 조장할 수 있다(Onibokun & Curry, 1976). 이 경우 의사결정비용을 증대시키고, 유연한 정책대응을 저해하는 등 행정의 질을 떨어뜨릴 수 있다. 정책의 지연과 지체가 반드시 행정비용의 증가를 초래하는 것은 아니지만 일부 주민이 참여제도를 악용할 경우 의사결정은 순탄치 못하게 될 가능성이 있다.

둘째, 일부 사익이 공익을 가장할 수 있다. 주민참여는 원칙적으로 소외계층에 대한 참여기회를 보장하여 사회적 형평성의 실현에 기여하므로 공익을 실현할 수 있다. 그러나 현실적으로 주민참여는 언제나 공익(public interest)을 보장할 수 있는 것은 아니며, 일부 집단이나 세력들의 이익을 과도하게 반영할 가능성이 있다(이승종, 1997: 131). 조직의 논리상 과두제의 철칙(iron law of oligarchy)과 전문성에 의한 전제를 통해 일부 소수이익이 지배하도록 만든다는 것이다(May, 1965). 공공행정조직 역시 주민참여에 있어서 일부 영향력 있는 소수의 의견과 이익에 민감하게 되고, 전문성을 갖춘 주민들의 주장을 그렇지 못한 사람보다 우선적으로 고려하는 차별적 조치가 이루어질 수 있다. 주민참여를 제약하는 요인으로서 권력이론에 대한 관심 역시 이러한 비판에서 출발한다. 지역사회의 권력분포는 지역주민의 광범위한 참여를 제약하고 일부 소수자의 편중된 참여공간을 가져온다는 것이다. 주민참여가 일부 소수엘리트의 이익을 보장하는 공식적인 절차로서 기능할 경우 주민참여의 대표성과 정당성은 크게 훼손될 수 있다. 이는 특별한 전문지식, 경험, 식견을 지니지 않는 보통의 개인에게 과도한 영향력을 부여하는 것 이상으로 위험하다. 주민참여가 이렇게 특수이익을 옹호하는 도구로 전락될 경우 사회적 불이익계층에게는 기대에 비례한 실망감을 안겨 주어 사회적 소외감을 부추길 수도 있다.

셋째, 주민참여는 정책의 정당화나 책임회피의 도구로 활용될 수 있다. 이론적으로 볼 때 주민참여는 권력과의 협동 또는 권력에 대한 저항이라는 양면성을 가지고 있는데, 주민참여는 주민이 권력에 흡수·포섭되거나 행정기관에 의해 조종될 수 있는 기회를 제공한다. 즉 행정기관이 만든 정책에 반발하는 주민들을 무마시키거나 정책을 정당화하기 위해 주민참여를 전략적으로 이용할 수 있다. 또한 주민참여는 행정책임의 회피나 전가의 수단으로 악용될 수 있다. 공무원들은 주민의견과 참여의 요건만을 강조하여 소극적인 태도로 일관하거나 책임회피로 나아갈 수 있다.

제3절 주민참여수단

주민들이 행정과 정책에 의견을 투입할 수 있는 수단은 매우 다양하다. 주민들이 크게 영향력을 행사할 수 있는 수단도 있고 단순히 의견을 제시하는 수단도 있다. 주민들이 협조하는 형태도 있고, 행정에 대한 감시기능을 하는 형태도 있으며, 주민이 권력을 행사하는 형태도 있다. 여기서는 주민참여의 수단을 주민협조적 참여, 주민감시적 참여, 주민권력적 참여로 구분하여 살펴보고자 한다.

1. 주민협조적 참여

(1) 민원모니터제도

민원모니터(monitor)제는 주민의 의견과 애로를 수렴하기 위하여 실시되는 제도이다. 공개모집 또는 추천의 방식에 의해 모집된 민원모니터요원들이 주민의 광범위한 의견을 수집하여 시정에 제시하는 방식으로 참여하게 된다. 모니터요원들은 서면, 전화, 방문, 면담 등을 통하여 주민의견, 불편 및 고충사항, 행정에 대한 건의, 조언, 설문조사 등을 담당한다. 민원모니터제도는 주민들의 민원을 신속하게 반영하는 매개기능과 함께 잠재적인 민원을 적극적으로 발굴하는 창조적 기능을 동시에 가지고 있다. 또한 주민들을 민원모니터에 임명함으로써 주민들 스스로 행정에 참여할 수 있는 기회를 제공한다는 점에서, 그리고 주민들이 행정을 경험하고 인식하는 학습기능을 지니고 있다는 점에서 주민참여 내지 주민자치 행정에 일조할 수 있는 제도이다. 하지만 이러한 민원모니터제도가 제기능을 하기는 쉽지 않다. 민원모니터요원에 대한 교육이나 관심을 유도하는 후속조치가 이루어지지 않아 몇몇 모니터요원에게만 제보가 집중되고 있고, 해당 부서의 대응도 적극적이지 못한 것으로 평가되기도 한다.

(2) 공청회와 설명회

공청회는 정부의 주요 정책현안에 대하여 주민의 다양한 의견을 수렴하기 위한 정책토론회의 일종이다. 이러한 공청회는 계획수립을 위한 방침과 기준 등을 논의하여 계획을 수립함으로써 계획의 실효성을 높이고, 계획과 정책의 결정과정에서 이해관계 주민과 자치단체의 의견을 교환하여 문제성 있는 대안을 보완해주는 기능을 수행한다는 장점을 지니고 있다. 그러나 우리나라의 공청회는 정책의 골격을 형성한 다음 최종적으로 결정하기에 앞서 주민홍보 및 의견개진의 수단으로 실시되며, 주민의견의 반영여부는 전적으로 행정기관에 달려 있는 경우가 많다. 또한 공청회의 참여자격과 범위는 제한되어 있지 않지만 사전 광고나 장소의 협소성 등으로 인하여 이해관계 집단을 비롯한 일부 주민을 제외하고는 참여율이 저조한 편이다. 주민간담회는 일명 설명회라고도 하며, 시정의 방향설정과 정책추진에 앞서 주민들에 그 취지를 설명하고 이해를 구하는 절차이다. 주민들과의 의견교환을 통해 행정에 대한 주민의 이해를 구하고, 나아가 주민들의 의견과 견해를 청취하여 행정에 반영하는 쌍방향 행정(two-way administration)의 수단이라 할 수 있다. 설명회 역시 일부 주민을 동원하는 측면과 자치단체의 실적을 홍보하는 기능에 한정되고 있다는 비판을 받고 있다.

(3) 자원봉사제도

자원봉사제도는 행정서비스의 제공에 있어서 자발조직(voluntarian organization)을 이용하는 것이다. 자발적 주민조직의 협조를 받아 주민의 일상생활과 직결된 행정서비스를 제공하면 자치단체의 인적·재정적 부담을 감소시킬 수 있고, 주민들의 참여와 경험을 통해 시정에 대한 이해를 높일 수 있으며, 나아가 주민들의 창의성과 학습능력을 높여 주민의식을 제고시킬 수 있다. 특히 쓰레기처리와 환경정화 분야에서 발견되는 것과 같이 자발적인 주민조직과 협동하여 공공서비스를 생산하는 공동생산(co-production)은 공공부문의 부담을 줄이면서 서비스제공의 경험을 주민에게 제공하는 적극적인 참여수단으로 평가되고 있다. 그러나 자원봉사제도 역시 자원봉사요원의 확보문제와 요원에 대한 교육문제가 큰 이슈로 떠오르고 있다.

(4) 기타 주민참여제도

주민협조적 참여제도에는 그 외에도 자문위원회, 주민제안제, 반상회제 등이 있다. 자문위원회는 민선시장 이전부터 존재하던 제도로서 민선시장 이후 더욱 활성화되고 있는 추세이다. 자문위원회는 해당 분야의 전문가, 교수, 주민단체, 주민대표 등으로 구성되는데, 이들의 의견과 자문을 바탕으로 정책의 질을 높일 수 있을 뿐만 아니라 주민의 의견을 수렴하여 반영할 수 있다는 점에서 유력한 주민참여수단으로 간주된다. 그러나 자문위원회의 위원들의 경우 대부분 지방자치단체장의 위촉에 의해 수동적으로 임명된 사람들이기 때문에 참여의 적극성과 유인이 낮으며, 지방정부의 정책에 비판적인 인사들이 배제될 수 있다는 한계를 지니고 있다. 그리고 소수의 주민들만이 참여할 수 있어 간접적인 참여 이상의 효과를 기대하기 어려운 측면도 있다. 그러나 최근 들어 시민사회의 영향력이 증대되고 주민단체의 활동이 현저해지면서 지역주민단체(community based organization) 관련 인사들이 각종 자문위원회에 진출하는 사례가 많아지고 있다. 주민제안제도는 주민들의 창의적인 제안을 공모하고 심사하여 우수안을 선정함으로써 주민을 행정에 참여시키는 장치이다. 반상회제도는 반의 주민들이 모여 의견을 교환하고 제시된 의견을 자치단체에 전달하는 장치이다.

2. 주민감시적 참여

(1) 주민감사청구제

주민감사청구제는 행정기관이나 공직자의 위법·부당한 조치나 행위로 인하여 일반주민들의 불편이 가중될 경우 또는 특정 주민의 손실과 피해를 초래한 경우 이해관계자 또는 일반 주민들이 관련 감사기관에 감사를 청구하여 시정을 요구하는 제도이다. 지방자치단체의 19세 이상의 주민은 시·도는 500명, 인구 50만 이상 대도시는 300명, 그 밖의 시·군 및 자치구는 200명을 넘지 아니하는 범위에서 그 지방자치단체의 조례로 정하는 주민 수 이상의 연서로, 시·도에서는 주무부장관에게, 시·군 및 자치구에서는 시·도지사에게 그 지방자치단체와 그 장의 권한에 속하는 사무의 처리가 법령에 위반되거나 공익을 현저히 해친다고 인정되면 감사를 청구할 수 있다. 다만, 수사나 재판에 관여하게 되는 사항, 개인의 사생활을 침해할 우려가 있는 사항, 다른 기관에서 감사하였거나 감사 중인 사항(다른 기관에서 감사한 사항이라도 새로운 사항이 발견되거나 중요 사항이 감사에서 누락된 경우와 주민소송의 대상이 되는 경우에는 그러하지 아니함), 동일한 사항에 대하여 소송이 진행 중이거나 그 판결이 확정된 사항은 주민감사청구의 대상에서 제외한다. 주민감사청구제는 주민들의 직접적인 감사청구를 보장함으로써 지방행정에 대한 주민불편과 불만사항의 반영을 통해 주민위주의 개혁을 추진할 수 있고, 공직자의 행정에 대한 책임성을 확보하고 주민의 권익을 최대한 보호할 수 있다는 점에서 의의가 있다. 그러나 감사청구를 위한 주민의 수를 너무 높게 잡아 제도의 실효성이 의문시된다는 비판도 받고 있다.

(2) 주민소송제

주민소송제는 주민감사청구제를 보완하기 위한 제도이다. 주민은 공금의 지출에 관한 사항, 재산의 취득·관리·처분에 관한 사항, 해당 지방자치단체를 당사자로 하는 매매·임차·도급 계약이나 그 밖의 계약의 체결·이행에 관한 사항 또는 지방세·사용료·수수료·과태료 등 공금의 부과·징수를 게을리한 사항에 대하여 감사를 청구할 수 있고, 그와 관련하여 위법한 행위나 업무를 게을리 한 사실에 대하여 해당 지방자치단체의 장(해당 사항의 사무처리에 관한 권한을 소속 기관의 장에게 위임한 경우에는 그 소속 기관의 장을 말함)을 상대방으로 하여 소송을 제기할 수 있다. 즉 주민소송은 주무부장관이나 시·도지사가 감사청구를 수리한 날부터 60일(제16조제3항 단서에 따라 감사기간이 연장된 경우에는 연장기간이 끝난 날을 말한다)이 지나도 감사를 끝내지 아니한 경우, 감사결과 또는 조치요구에 불복하는 경우, 주무부장관이나 시·도지사의 조치요구를 지방자치단체의 장이 이행하지 아니한 경우, 지방자치단체의 장의 이행 조치에 불복하는 경우 제기할 수 있다. 주민소송은 해당 60일이 끝난 날로부터, 해당 감사결과나 조치요구내용에 대한 통지를 받은 날로부터, 해당 조치를 요구할 때에 지정한 처리기간이 끝난 날로부터, 그리고 해당 이행 조치결과에 대한 통지를 받은 날로부터 90일 이내에 제기하여야 한다.

(3) 주민옴부즈만제도

주민옴부즈만제도는 우리나라의 일부 자치단체에서만 실시되는 주민참여프로그램이다. 부천시의 경우 전국 지방자치단체로는 처음으로 주민의 권리와 이익을 보호하고 시정을 민주적으로 통제하기 위하여 옴부즈만제도를 설치·운영하고 있다. 옴부즈만제도는 행정기관의 위법하거나 부당한 행정처분에 대해 전문적인 지식과 행정경험 그리고 덕망을 지닌 민간인 옴부즈만이 판단하여 간편하고 신속한 절차에 의해서 위법·부당한 처분을 시정할 것을 해당부서에 권고함으로써 주민의 이익과 권리를 간편하게 보호하는 제도이다. 그러나 전직공무원을 민간옴부즈만으로 임명하였다는 점, 옴부즈만의 독립성이 부족하다는 점, 그리고 옴부즈만의 부서와 다른 실국간의 인사교류를 허용하고 있다는 점이 개선과제로 부각되고 있다.

(4) 주민참여예산제

주민참여예산제도는 지방자치단체의 집행부가 독점적으로 행사해오던 예산편성권을 지역주민들이 참여하여 함께 결정하는 제도이다. 예산편성 과정에 해당 지역주민들의 직접참여를 보장하는 제도로서 예산결정에 대한 주민들의 실질적 영향력을 증대시킬 수 있다는 의미를 갖는다. 주민참여예산제를 통해 예산규모와 내역의 투명한 공개, 예산의 우선순위 결정, 실현 가능한 예산안의 편성 등을 확보할 수 있다. 즉 예산편성과정에 주민참여를 확대함으로써 지방재정 운영의 투명성과 공정성 및 효율성을 제고하고, 궁극적으로 재정민주주의의 이념을 구현하는네 목적이 있다. 주민참여예산제의 도입근거는 지방재정법에 있다. 지방재정법 제39조(지방예산편성과정에 주민참여)는 지방자치단체의 장은 대통령령이 정하는 바에 따라 지방예산편성과정에 주민이 참여할 수 있는 절차를 마련하여 시행할 수 있다고 규정하고 있다. 주민참여예산제는 주민의 적극적인 참여를 유도할 수 있지만 지방의회의 예산심의기능을 약화시킬 수 있다는 점에서 대의민주주의와의 상충문제가 대두될 수 있다. 따라서 주민과의 합의를 통한 예산편성이라고 하더라도 지방의회의 예산심의에 있어서 탄력적인 조정이 가능하도록 운영의 묘를 살려야 할 것이다.

보충 4-1 주민소환제 운용사례: 가짜서명

제주도와 하남시는 무효서명을 뺀 청구인 수가 정족수를 넘어 투표를 실시했으나 투표자 수 미달로 부결됐다. 2008년 9월 이전 시흥시장에 대한 소환 투표 청구에서는 25%의 서명이 무효처리돼 아예 투표를 하지 못했다. 지난해 해군기지 건설에 동의한 김태환 제주도지사에 대한 주민소환 투표 청구 서명부의 33.6%가 서명 조작 등으로 무효판정을 받았다. 중앙선거관리위원회가 심사한 결과 2007년 김황식 하남시장, 2008년 이연수 전 시흥시장에 대한 주민소환 투표 청구 서명부의 각각 42.4%, 25%가 가짜였다. 시민단체 나라사랑실천운동본부가 정보공개 청구를 통해 밝혀낸 사실이다. 주민소환을 추진한 세력이 주민의 이름과 주민등록번호를 도용하고 서명까지 위조한 것이다. 제주도와 하남시의 경우 주민소환의 명분이 떳떳하지 못했고 수단도 불순했던 것이다. 선관위는 법률에 따라 가짜 서명에 대해 무효조치를 하는 것으로 할 일을 다했다고 생각하는 모양인데 안이한 대응이다. 타인의 이름과 주민등록번호를 도용하고 서명을 위조한 것이 주민등록법 위반 또는 사문서 위조에 해당하는지 따져

봐야 한다.

제주도에선 해군기지반대대책위를 비롯한 주민소환운동을 벌인 시민단체에 의심의 눈길이 가고 있다. 하남시도 소환운동을 추진한 시민단체가 조직적으로 개입했을 가능성이 높다. 명단과 서명을 도용당한 사람에게 이런 사실을 알려 줄 필요가 있다. 비리 무자격 지자체장을 소환하기 위해 제정된 주민소환제는 당초 취지와 달리 지역이기주의의 수단으로 이용되면서 자치단체장의 손발을 묶는 족쇄가 되고 있다. 주민투표로 인한 행정공백, 예산낭비, 주민분열 같은 폐해가 한두 가지가 아니다. 민주주의의 절차를 훼손하고 풀뿌리 민주주의를 혼란에 빠뜨리는 짓이다. 국회는 주민투표법을 개정해 가짜서명 행위에 대한 처벌조항을 마련해야 한다. (동아일보, 2010.5.7)

3. 주민권력적 참여

(1) 주민소환제

주민소환제는 주민들이 지방자치단체의 행정처분이나 결정에 심각한 문제점이 있다고 판단할 경우, 단체장과 지방의원을 소환하여 해직할 수 있게 하는 제도이다. 일정한 절차를 거쳐 해당 단체장이나 지방의회 의원을 불러 문제 사안에 대한 설명을 들은 뒤 투표를 통해 단체장과 지방의원을 제재할 수 있다. 지방자치법 제20조는 주민은 그 지방자치단체의 장 및 지방의회의원(비례대표 지방의회의원은 제외한다)을 소환할 권리를 가지며, 주민소환의 투표 청구권자 · 청구요건 · 절차 및 효력 등에 관하여는 따로 법률로 정하도록 규정하고 있다. 정치인에 대한 가장 확실하고 직접적인 통제수단으로 지방자치단체장들의 독단적인 행정운영과 비리 등 지방자치제도의 폐단을 막기 위한 것이 목적이다. 일정수 또는 일정 비율의 선거인이 청원하면 선출직 공직자에 대해 임기 전에 투표를 다시 실시하고, 투표에 지면 공직을 떠나게 할 수 있는 제도이다. 미국에서는 지방의원 · 교육위원 · 단체장 등 지방공직자에게 광범위하게 적용된다.

우리나라에서는 2006년 5월 24일 주민소환에 관한 법률이 제정되어 2007년 7월부터 시행되었으며, 이 법에 따라 지방자치단체장과 투표로 선출된 지방의회 의원을 소환할 수 있다. 특별시장·광역시장·도지사는 해당 지방자치단체의 주민소환투표 청구권자 총수의 10% 이상의 서명을 받아야 하고, 시장·군수와 자치구의 구청장은 15% 이상, 지역선거구 시·도의회 의원 및 자치구·시·군의회 의원은 20% 이상의 서명을 받아 관할 선거관리 위원회에 청구할 수 있다. 주민소환 투표가 실시되어 해당 지방자치단체 유권자 총수의 3분의 1 이상이 투표하고, 유효투표 총수의 과반수가 찬성하면 해직이 확정된다. 그러나 주민소환투표의 청구에는 일정한 제한이 따른다. 선출직 지방공직자의 임기개시일부터 1년이 경과하지 아니한 때, 선출직 지방공직자의 임기만료일부터 1년 미만일 때, 그리고 해당 선출직 지방공직자에 대한 주민소환투표를 실시한 날부터 1년 이내인 때는 주민소환청구가 금지된다. 주민소환의 정치적 악용을 방지하여 지방행정을 안정화하기 위한 조치이다.

(2) 주민투표제

주민투표제는 지방자치단체의 주요 정책사안에 대하여 직접 주민표결(referandum)로서 결정하는 제도이다. 지방세 인상과 같이 지역주민에게 부담을 초래하는 정책이나 행정구역의 통폐합과 같은 쟁점에 대하여 주민의 투표로서 결정하는 것이다. 미국의 경우에도 조세인상 등에 대하여, 그리고 일본의 경우 원전발전소나 핵폐기물처리장의 입지나 시정촌합병에 대하여 주민투표로서 결정하고 있다. 우리나라의 경우 지방자치법 제14조에 지방자치단체의 장은 주민에게 과도한 부담을 주거나 중대한 영향을 미치는 지방자치단체의 주요 결정사항 등에 대하여 주민투표에 부칠 수 있다고 규정하고 있고, 주민투표의 대상·발의자·발의요건, 그 밖에 투표절차 등에 관한 사항은 따로 법률로 정하도록 하고 있다. 주민투표법에 의하면 주민투표권자는 19세 이상의 주민으로서 지방자치단체의 관할 구역에 주민등록이 되어 있는 사람, 재외동포의 출입국과 법적 지위에 관한 법률에 따라 국내거소신고가 되어 있는 재외국민 그리고 출입국관리 관계 법령에 따라 대한민국에 계속 거주할 수 있는 자격(체류자격변경허가 또는 체류기간연장허가를 통하여 계속 거주할 수 있는 경우를 포함)을 갖춘 외국인으로서 지방자치단체의 조례로 정한 사람이 된다.

주민투표의 대상은 주민에게 과도한 부담을 주거나 중대한 영향을 미치는 지방자치단체의 주요 결정사항으로서 그 지방자치단체의 조례로 정하는 사항이다. 다만, 법령에 위반되거나 재판중인 사항, 국가 또는 다른 지방자치단체의 권한 또는 사무에 속하는 사항, 지방자치단체의 예산·회계·계약 및 재산관리에 관한 사항과 지방세·사용료·수수료·분담금 등 각종 공과금의 부과 또는 감면에 관한 사항, 행정기구의 설치·변경에 관한 사항과 공무원의 인사·정원 등 신분과 보수에 관한 사항, 다른 법률에 의하여 주민대표가 직접 의사결정주체로서 참여할 수 있는 공공시설의 설치에 관한 사항(지방의회가 주민투표의 실시를 청구하는 경우에는 그러하지 아니함), 동일한 사항(그 사항과 취지가 동일한 경우를 포함)에 대하여 주민투표가 실시된 후 2년이 경과되지 아니한 사항은 주민투표 대상에서 제외된다.

보충 4-2 주민투표제 운용사례: 투표의 효력

주민투표는 유권자의 1/3 이상 투표참여에 투표자의 과반수를 얻어야 유효하지만 행정구역개편에 대한 주민투표는 예외에 속한다. 대표적인 사례가 제주도 단층제 개편에 대한 주민투표결과이다. 제주도는 2005년 자치2계층제 유지(점진안)와 4개 시군 폐지를 통한 단층제안(혁신안)을 두고 주민투표를 실시하였다. 투표결과 도 전체적으로 시·군을 폐지하고 도중심의 광역자치를 내용으로 한 혁신안이 57%의 찬성을 얻었다. 그러나 지역별로는 다소 차이를 보여 제주시와 북군에서는 혁신안 지지율이 각각 64.5%와 57.2%로 과반수를 확보한 반면 서귀포시와 남군은 점진안 지지율이 각각 55.3%와 54%로 높게 나타나는 상반된 결과를 보였다. 이에 대해 서귀포시 등에서는 헌법재판소에 권한쟁의를 신청하였다. 헌법재판소는 제주도 행정구조개편 주민투표에 따른 권한쟁의심판 사건에 각하 결정을 내렸다. 재판부가 8대 1로 제주도와 행정자치부의 손을 들어주었다. 각하 이유를 보면, 일부 지역에서 과반수 지지를 얻지 못하였지만 전체적으로 과반수를 얻었기 때문에 문제가 없다. 왜냐하면 4개 시군폐지에 대한 투표가 아니라 시군의 폐지를 통한 새로운 광역자치단체의 설치에 대한 지지이기 때문이다. 더욱이 행정구역계편은 법률에 의해 추진되는 사항으로서 그에 대한 주민투표결과도 참고사항에 불과하고, 이를 반영할 것인지 여부는 전적으로 입법형성권자인 국회의 재량적 판단에 속하는 사항이기 때문에 주민투표 결과 과반수를 얻지 못해도 법률상 문제는 없다는 것이다.

국가정책에 대해서도 주민투표를 붙일 수 있다. 중앙행정기관의 장은 지방자치단체의 폐치(廢置)·분합(分合) 또는 구역변경, 주요시설의 설치 등 국가정책의 수립에 관하여 주민의 의견을 듣기 위하여 필요하다고 인정하는 때에는 주민투표의 실시구역을 정하여 관계 지방자치단체의 장에게 주민투표의 실시를 요구할 수 있다. 이 경우 중앙행정기관의 장은 미리 행정안전부장관과 협의해야 한다. 지방자치단체의 장은 주민투표의 실시를 요구받은 때에는 지체 없이 이를 공표해야 하며, 공표일부터 30일 이내에 그 지방의회의 의견을 들어야 한다. 지방자치단체의 장은 주민 또는 지방의회의 청구에 의하거나 직권에 의하여 주민투표를 실시할 수 있다. 지방의회는 재적의원 과반수의 출석과 출석의원 3분의 2 이상의 찬성으로 그 지방자치단체의 장에게 주민투표의 실시를 청구할 수 있다. 지방자치단체의 장은 직권에 의하여 주민투표를 실시하고자 하는 때에는 그 지방의회 재적의원 과반수의 출석과 출석의원 과반수의 동의를 얻어야 한다.

(3) 주민발의제

주민이 지방자치단체의 조례제정을 발의하는 제도이다. 이 제도는 2000년 지방자치법의 개정에 의해 조례 제개정 청구권이라는 이름으로 도입되었고, 2009년 일부 개정되었다. 이 제도에 따르면, 시·도와 인구 50만 이상 대도시에서는 19세 이상 주민 총수의 100분의 1 이상 70분의 1 이하, 시·군 및 자치구에서는 19세 이상 주민 총수의 50분의 1 이상 20분의 1 이하의 범위에서 지방자치단체의 조례로 정하는 주민 수 이상의 연서로 해당 지방자치단체의 장에게 조례를 제정하거나 개정하거나 폐지할 것을 청구할 수 있다. 다만 조례 제개정 청구의 대상은 제한되어 있다. 즉 법령을 위반하는 사항, 지방세·사용료·수수료·부담금의 부과·징수 또는 감면에 관한 사항,

행정기구를 설치하거나 변경하는 것에 관한 사항이나 공공시설의 설치를 반대하는 사항 등은 제외되어 있다.

청구절차를 보면, 19세 이상의 주민이 조례를 제정하거나 개정하거나 폐지할 것을 청구하려면 청구인의 대표자를 선정하여 청구인명부에 적어야 하며, 청구인의 대표자는 조례의 제정안·개정안 및 폐지안을 작성하여 제출해야 한다. 지방자치단체의 장은 청구를 받은 날부터 5일 이내에 그 내용을 공표해야 하며, 청구를 공표한 날부터 10일간 청구인명부나 그 사본을 공개된 장소에 갖추어두어 열람할 수 있도록 해야 한다. 청구인명부의 서명에 관하여 이의가 있는 자는 열람기간에 해당 지방자치단체의 장에게 이의를 신청할 수 있다.

조례 제개정 청구와 관련하여 청구할 수 있는 주민수가 논란이 될 수 있다. 주민수를 너무 적게 하면 주민의 대표성 문제와 더불어 제한적 이해관계에 의해 조례 제개정을 청구함으로써 자치단체의 불필요한 부담을 초래할 수 있다. 반대로 주민수를 너무 많게 하면 주민발의를 위축시킬 수 있다. 우리나라에서 19세 이상 인구의 1%를 하한선으로 정하고 있는데, 인구 50만명 이상의 대도시에서는 5만명의 연서가 별로 부담되지 않겠지만 시도의 경우 인구 20만−100만명 이상의 연서가 필요하여 실질적 청구권의 확보가 곤란하다는 비판이 제기될 수 있다.

제 4 절 주민참여의 확대방안

1. 실질적 주민참여수단의 확대

주민참여를 확대하기 위해서는 우선적으로 참여수단과 통로를 다각화하고 실질적인 참여가 이루어지도록 하는 것이 중요하다. 행정에 대한 주민의 접근성을 넓히고 제시된 의견이 정책에 반영되도록 하여 자신감과 효능감을 높여 주어야 한다.

첫째, 실질적 주민참여수단을 확대해야 한다. 이를 위해 주민옴부즈만, 주민감사청구, 주민소송제 등 주민이 행정을 감시하고 견제할 수 있는 참여제도를 확대하고 활성화해야 한다. 또한 주민발의제, 주민투표제, 주민소환제 등 주민들이 직접 참여하여 정책을 발의하거나 결정함으로써 주민이 권력을 행사하도록 해야 한다. 주민투표 및 주민소환의 발의에 필요한 주민수, 서명, 소명기회 등에 대한 구체적인 검토를 통해 직접민주주의적 참여가 촉진되도록 해야 할 것이다. 그리고 숙의민주주의적 참여수단으로 강조되는 공론조사, 주민배심원제, 특히 최근 지자체를 중심으로 도입되고 있는 주민참여예산제의 확대를 통해 주민들에게 충분하고 이성적인 토론의 기회를 제공하도록 해야 할 것이다.

둘째, 자원봉사단체를 활용하여 주민들이 공공서비스를 생산하는 데 참여하도록 해야 한다. 정부와 주민이 협력하여 서비스를 생산하는 공동생산(co-production)방식은 행정에 대한 주민의 이해를 높일 수 있을 뿐만 아니라 서비스비용의 절감이라는 능률적인 측면, 소비자가 직접 생산을 담당하는 형평적인 측면에서 의미를 찾을 수 있다(윤주명, 1992). 이를 통하여 행정에 대한 신뢰감을 높이고 주민참여의 효능감을 제고하여 주민의 공공의식과 참여의식을 높이는 데 기여할 수 있을 것이다. 공동생산 방식의 주민참여를 장려하기 위해서는 먼저 공동생산이 가능한 서비스를 선별해야 한다. 주민의 생활과 밀접하게 관련되어 있으면서 인간적인 서비스, 즉 교육이나 복지서비스 등이 비교적 유리하다(Whitaker, 1980; 김정훈, 1993). 그 다음 주민이 서비스의 생산과정에 직접 참여할 수 있는 능력(전문성이나 시간 등)을 지니고 있는가에 대한 검토가 요구된다. 주민들의 자발적인 참여를 유도하기 위해서는 공동생산 초기에는 지역내 기존 주민단체, 종교단체, 학교 등과 연결하여 참여자원을 확보할 필요가 있다. 그리고 정부의 유도전략이 필요하다. 이를 위해 주민참여에 따른 일종의 보상이 필요하다. 이러한 보상은 지역주민들에 대한 경제적 보상에 한정하지 말고 충분한 심리적·감정적 보상을 통해 주민들의 만족감이나 성취감을 제고하도록 해야 할 것이다.

셋째, 주민평가제도를 적극적으로 활용해야 한다. 지방자치단체의 업적에 대한 주민들의 평가란 결국 정기적인 선거과정에서 투표를 통해 이루어질 수밖에 없다. 그러나 이러한 정기적인 선거를 통한 주민들의 참여와 평가는 그 효과 측면에서 시간적으로 제한될 수밖에 없으므로 지역주민들이 주기적으로 지방행정과 특정 시책에 대해 의견을 제시하도록 하는 것은 의미 있는 일이다. 따라서 지방자치단체는 제공하는 행정서비스가 효과적, 능률적, 경제적인지를 검토 및 평가하고 주민에게 공개해야 하며 이에 대한 주민들의 정기적인 평가를 받을 필요가 있다. 이러한 평가를 통하여 지방자치단체가 과연 행정수요에 대응하여 적절한 행정서비스를 제공하고 있는지, 투입된 재원과 인력에 비해 어느 정도 성과를 달성하고 있는지에 대해 주민들이 평가주체의 일원으로 참여함으로써 지역과 주민에 대한 지방정부의 책임성을 증대시킬 수 있다. 주민평가제는 주민들이 직접 평가작업에 참여하는 방안과 평가적 설문조사를 통해 의견을 제시하는 방법이 있다. 먼저 주민들이 평가반원이나 모니터 요원으로 직접 평가작업에 참여하는 방안이 있는데, 지방자치단체에서 공정한 평가를 담당할 주민평가반원을 모집한 뒤 지방자치단체가 수행하는 주요 업무별로 몇개 그룹으로 분류하여 주요 시책에 대해 직접 평가하는 것이다. 그러나 이와 같은 방법은 지역주민들의 전문성 결여와 공정성 문제를 야기할 수 있다. 따라서 각 지방정부가 수행하는 자체 평가과정에 주민들의 의견을 효과적으로 투입하기 위해서는 주민과의 면접이나 설문조사 등을 통하여 주민들의 평가의견이 간접적으로 반영되게 하는 방안이 바람직하다.

2. 전자적 주민참여 확대

정보지식화가 급진전되면서 주민참여분야에서도 첨단정보통신수단을 통한 참여수단이 광범위하게 도입되고 있다. 직접방문 또는 투표를 통하여 주민의 의사와 선호를 파악하거나 주민의 표결에 의하여 주요 정책을 결정하던 전통적인 방식에서 탈피하여 전화, 방송, 인터넷 등 정보통신수단을 통하여 투표하고, 주민의 의견과 요구를 수렴하는 방식이 확산되고 있다. 이렇게 첨단정보통신수단을 이용하여 주민투표를 실시하고 그에 따라 정책을 결정하는 방식은 전자민주주의(tele-democracy)로 명명될 수 있으며, 인터넷 등 사이버

수단을 통하여 정책을 결정한다는 점에서 사이버민주주의(cyber-democracy)로 불리고 있다.

전자적 주민참여수단에는 첫째, 방송을 통해 정책현안을 토론하면서 전화를 통해 질의와 응답을 유도하는 방법이 있다. 전화와 텔레비전이 결합된 전화대담프로그램(televised call-in formats)으로서 우리나라에서 간헐적으로 사용하고 있는 선거관련 방송(후보자토론회 등)이나 정책진단관련 프로그램이 이에 해당된다. 이러한 참여수단은 일방적인 전달이 아니라 먼 거리에서 단시간 내에 상호간의 의사소통과 토론이 가능하다는 장점이 있다. 이 방식의 경우 메시지는 방송국, 유선, 그리고 폐쇄회로를 통해 전송되며, 그러한 메시지에 대한 주민의 응답은 다양한 방식으로 전달될 수 있도록 하고 있다. 질문을 하거나 코멘트를 할 수도 있고(이 경우 선택형 질문항목 중에서 선택하도록 함), 전화다이얼을 이용하여 몇 가지 대안 중에서 투표할 수도 있다. 우리나라의 경우 쌍방향 유선방송(interactive CATV)이나 위성방송이 크게 발전할 것으로 기대되는데, 이러한 방송통신매체를 적절히 활용할 경우 전자적 주민참여가 활성화될 수 있을 것이다(Arterton, 1987: 38-43). 무엇보다도 정책관련 정보와 그에 대한 쟁점을 이해하면서 동시에 그에 대한 의견과 반응을 제시할 수 있다는 점에서 정부와 주민의 대화를 촉진하는 장점을 기대할 수 있다.

둘째, 우편물을 이용한 투표방법(mail back ballots)이다. 이 방법은 특별히 인쇄된 투표용지를 우편으로 배달하여 주민들의 의견을 제시하도록 하는 방법인데, 주로 지방지의 호외란에 인쇄된 투표용지를 배포함으로써 이루어진다. 그 밖에 공공건물, 은행 등에 비치되어 통행인들이 이용하도록 하고 있으며, 드물게는 무작위로 추출된 주민들을 대상으로 배포되기도 한다. 투표용지의 회수를 촉진하기 위한 노력이 오랜 기간 다양한 매체를 통해 이루어진다. 라디오와 텔레비전의 공익광고, 설명용 팸플릿의 작성과 배포, 눈길을 사로잡는 게시판에의 게시, 대중교통수단에의 광고 등이 포함된다. 이러한 방법들은 학교재정확보전략, 대중교통확대 등 주로 단일의 정책이슈에 대한 일회적 조사의 성격을 띠고 있는 것이 특징이다. 우리나라의 경우 주민의견조사가 일부 이루어지고 있지만, 주로 전화설문조사가 많고 다양한 홍보수단이 동원되지 않는 문제를 드러내고 있다. 따라서 지방지, 공공건물, 백화점 등 많은 사람들이 이용하는 시설에 투표용지를 비치해야 할 것이다. 또한 공영방송의 경우 공익광고시간을 늘려 투표용지의 회수를 위한 광고를 확대하며, 그 밖에 게시판광고, 지하철이나 버스 등을 이용한 광고 등을 활성화할 필요가 있다. 더 나아가 인터넷 등 통신망을 통하여 주민들의 의견을 조사하는 텔레의견조사(telesurvey) 역시 활발하게 전개할 필요가 있다.

셋째, 휴대전화 또는 스마트폰 등을 이용한 주민참여수단이다. 트위터(twitter)를 통하여 먼 거리에 있는 사람들끼리 정치적 의견을 교환하며 토론을 벌일 수 있다. 이러한 수단은 어떤 사람이 다른 사람의 의견을 미리 파악할 수 있고, 코멘트를 할 수 있다는 장점이 있다. 따라서 공직자와 주민들간의 대화는 물론 주민들간의 토론을 촉진할 수도 있을 것이다.

3. 주민참여기반의 확대

주민참여기반을 확대하기 위해서는 첫째, 주민교육을 강화해야 한다. 주민참여의 확대를 위해서는 보다 직접적으로 주민의 의식을 제고하고 주민에게 참여에 관한 지식을 제공하는 주민교육도 실시해야 한다. 주민교육은 정규교육을 통해서도 강화되지만 주민강좌, 개방학교, 언론매체 등을 통한 사회교육, 행정 및 의정활동에 대한 적극적인 홍보, 주민조직의 육성, 여론의 수집 및 성실한 반영 등을 통하여 이루어질 수 있고(이승종, 1997: 153), 특히 인터넷 등 사이버수단을 통하여 효과적으로 이루어질 수 있다. 주민교육은 바람직한 주민의 양성을 목적으로 교육의 목표, 내용, 방법, 평가의 측면에서 주된 관심을 지니고 있다(조영달, 1994: 30). 이러한 주민교육은 지역공동체에 대한 관심과 참여의식 등을 포함한다. 주민교육은 지역의 다양한 주제에 대한 교육을 통하여 공동체의 구성원으로서의 소속감을 가질 수 있도록 유도해야 한다. 아울러 지역문제에 대한 관심과 참여는 주민으로서의 기본적인 의무임을 강조할 필요가 있을 것이다. 이러한 주민교육은 지방정부가 주도하기보다는 민간단체나 지역내의 학교 또는 기업 등과 연계하여 이루어질 필요가 있다. 특히 지역에 위치하고 있는 대학교나 고등학교 등은 주민교육의 중요한 매개체 역할을 수행할 수 있을 것이다(조영달, 1994). 즉 지역대학과 연계하여 지역문제에 대한 다양한 연구와 교육이 이루어질 수 있으며, 아울러 지역 내의 각급 학교는 지역 공동체운동의 거점공간으로 활용될 수 있다. 또한 실질적으로 주민참여에서 소외되었던 계층에 대한 인터넷 교육 등이 강조되고 있는 추세(Rimmerman, 1997)를 반영하여 지역문제에 대해 무관심하고 참여에서 소외되기 쉬운 여성, 청소년, 장애인, 노인 등 사회적 불이익계층(underclass)의 관심을 제고하기 위한 교육 역시 강화되어야 한다.

둘째, 자생적 주민조직의 활성화이다. 지역단위에서 파편화된 주민들을 적극적으로 참여시키고 정치세력화하는 데는 상당한 한계가 있을 것이므로, 자발적이고 적극적인 참여를 유도하기 위해서는 자생적인 주민조직을 활성화해야 한다. 자생조직은 주민들의 일반적인 이익을 옹호하기 위하여 자연발생적으로 조직된 주민집단이라고 할 수 있는데, 우리나라의 경우 몇몇 조직(부천시 의정지기단)을 제외하고는 활성화되지 못하고 있는 실정이다(유재원, 1995). 이러한 주민조직들은 주민들의 참여의식과 자치역량 제고에 기여하며, 적극적인 참여와 주민교육적인 측면에서 효과적이다. 주민조직을 활성화하기 위해서는 각종 위원회의 위원을 주민조직이 추천하게 하는 방안, 주민조직의 자문을 제도화하는 방안, 서비스의 전달을 주민조직에 이전하는 방안 등을 검토해야 할 것이다.

셋째, 주민홍보 및 정보공개의 확대이다. 지방수준에서 주민참여와 관련된 가장 큰 문제점 중 하나는 주민홍보와 정보공개의 불충분이다. 주민참여에 있어서 가장 기본적인 사항은 자치단체의 정책과 행정에 관한 정보를 주민들에게 이해하기 쉽고 관심유발적인 방식으로 전달하는 것이다. 일본의 경우 주민홍보에 상당한 인력과 조직을 할애하고 있으며, 최근 들어 주민의 소리실, 광청부서 등과 같이 주민의 소리를 수렴하기 위한 부서를 강화하여 홍보와 광청을 연계시키고 있는 추세에 있다. 주민홍보와 정보공개를 위해서는 자치단체 소식지를 적극 활용할 필요가 있다. 주민들을 대상으로 조사한 결과 시도정 뉴스 또는 시군정 소식지를 통해 가장 많은 정보를 획득한다는 의견이었고, 그 다음 유선방송을 통한 홍보인 것으로 나타났다(하혜수·양기용, 1998). 일부 자치단체에서 홍보지와 유선방송 VTR을 제작하고 있지만 아직도 제한된 발행횟수와 발행부수 그리고 제한된 방영으로 소기의 성과를 거두지 못하는 것으로 나타났다. 따라서 일본 등에서 보는 바와 같이 홍보지의 발행횟수와 부수를 늘리고, 특히 지역주민수와 동일한 부수를 확보할 필요가 있다. 주민의 알권리와 정보욕구를 충족시키기 위해서는 홍보지의 질적인 측면에도 신경을 써야 하는데, 주요 정책과 예결산 내역 그리고 지방의원의 보수 등 매우 구체적인 내용을 담아야 한다. 유선방송의 경우에도 보다 다양하고 흥미유발적인 제작기법을 동원해야 한다. 지금과 같이 단체장의 행사참석과 활동내용을 위주로 꾸밀 경우 주민들의 관심도는 떨어질 것이고 홍보수단으로서의 가치를 상실할 것이다.

참고문헌

김정훈. (1993). 서울시 쓰레기 관리체계에서의 협동생산 –공공서비스 생산자로서의 시민참여를 중심으로–. 「한국행정학보」. 27(4): 1159–1184.

문태현. (2010). 심의민주주의적 정책결정의 논리와 한계. 한국정책학회 하계학술대회 논문집.

유재원. (1995). 「지방자치의 정착을 위한 주민참여의 활성화 방안」. 한국행정연구원.

윤주명. (1992). 도시 공공서비스 공급에 대한 공생산이론적 접근. 노정현 외 편저. 「지방자치시대의 도시행정」. 서울: 나남.

이승종. (1997). 「민주정치와 시민참여」. 서울: 도서출판 삼영.

조영달. (1994). 세계화와 한국사회 공동체의 과제. 시민교육 학술세미나자료집.

하혜수 · 양기용. (1998). 민선단체장 이후 주민참여제도의 운영실태분석. 「한국지방자치학회보」. 10(2): 73–90.

Hirschman, A. O. (1970). *Exit, Voice and Loyalty*. Cambridge, M.A.: Harvard Univ. Press.

Mayer, Margit. (1994). Post–Fordist City Politics. In Ash Amin(ed.). *Post–Fordism: A Reader*. Oxford: Blackwell.

Arterton, F. C. (1987). *Teledemocracy: Can Technology Protect Democracy?*. London: Sage Library of Social Research.

Cunningham, J. V. (1972). Citizen Participation in Public Affairs. *Public Administration Review*. 32(Special Issue): 589–602.

Hart, David K. (1984). The Virtuous Citizen, the Honorable Bureaucrat, and "Public" Administration. *Public Administration Review*. 44(March): 111–120.

Irland, Lloyd C. (1975). Citizen Participation –A Tool for Conflict Management On the Public Land. *Public Administration Review*. 35(3): 263–269.

Onibokun, A. G. and M. Curry. (1976). An Ideology of Citizen Participation: The Metropolitan Seattle Transit Case Study. *Public Administration Review*. 36(3): 269–277.

Rimmerman, Craig. (1997), *The New Citizenship*, Oxford: Westview Press.

Rosener, J. B. (1978). Citizen Participation: Can We Measure Its Effectiveness?.

Public Administration Review. 38(5): 457–462.

Schumacher, E. F. (1973). *Small is Beautiful. A Study of Economics as if People Mattered*. London, UK: Blond and Briggs.

Van Meter, E. C. (1975). Citizen Participation in The Policy Management Process. *Public Administration Review*. 35(Special Issue): 804–812.

Whitaker, Gordon P. (1980). Coproduction: Citizen Participation in Service Delivery. *Public Administration Review*. 40(3): 240–246.

CHAPTER 05

중앙-지방정부 관계

제 1 절 정부간 관계의 이론
제 2 절 중앙-지방정부 관계의 실제
제 3 절 중앙-지방정부간 사무배분

제 5 장 중앙-지방정부 관계

중앙집권적인 체제하에서는 중앙정부와 지방정부간의 관계가 일방적이고 종속적인 상태에 매여 있는 경우가 일반적이었으나, 현대 분권적 민주사회에서는 양자간의 관계가 점차 상호의존적이고 협력적인 관계로 전환되고 있다. 본 장에서는 정부간 관계(IGR)를 설명하는 다양한 이론모형을 토대로 중앙정부와 지방정부간 관계의 실제를 살펴본다. 전통적인 중앙-지방 관계가 중앙정부의 통제와 국가 감독에 치중하였다면, 민주적 거버넌스 시대에는 새로운 네트워크의 구축을 통해 중앙과 지방이 공동으로 문제를 해결하기 위해 협력하는 과정을 중시한다. 이와 함께 중앙과 지방간의 합리적인 사무배분을 위해 사무배분의 원칙을 알아보고 이에 기반하여 현재 우리나라 사무배분 체계의 개선방안을 제시한다.

제 1 절 정부간 관계의 이론

1. 정부간 관계의 의미

정부간 관계는 중앙정부와 지방정부, 또는 주정부나 지방정부와 지방정부간에 존재하는 상호작용의 관계를 의미한다. 정부간 관계(IGR: Inter-Governmental Relations)라는 용어는 스나이더(Snider)가 1937년 미국정치학회보에서 최초로 사용한 이래, 1960년대 들어서면서 법률 등에 공식적인 개념으로 등장하기 시작하였다(Wright, 1988). 연방제 국가인 미국은 건국 초부터 연방정부와 주정부의 상호관계를 중심으로 연방주의(federalism)라는 측면에서 정부간 관계를 논의하였지만, 1930년대 이후부터는 정부간 관계론이라는 개념으로 재정비되었다. 초기의 연방주의에 입각한 정부간 관계가 주로 연방과 주(state)의 관계로 한정하여 정치체제의 공식적·법적 구조의 틀 속에서 파악하였다면, 1960년대에는 정부간 관계의 모든 유형과 다양한 수준의 정부 사이에 발생하는 행위 및 상호작용의 형태로 정부간 관계를 설명하고 있다(Anderson, 1960).

1970년대에는 정치적 측면에서 논의되어 온 정부간 관계의 개념을 정부간 정책 및 프로그램 관리와 문제해결 차원을 강조하는 정부간 관리(Inter-governmental Management)라는 새로운 시각이 제시되었다. 정부간 관리는 정부간 시스템, 구조, 정책, 프로그램 등이 주 연구대상이며, 정부간의 문제해결, 네트워크, 거래와 협상 등을 강조한다는 측면에서 계층제하의 정책조정과 권한 배분에 초점을 두었던 종전의 정부간 관계와 구별된다(Wright, 1988).

이같은 정부간 관계에 대한 관심이 커지면서 그동안 다양한 차원에서 연구가 이루어져 왔다. 중앙정부와 지방정부간의 사무 및 권한 배분이나 재정적 관계에 관한 연구가 상당부분을 차지해 왔다. 또 정부간 상호작용 및 갈등에 관한 연구와 이론적 차원에서 정부간 관계의 성격을 규명하고자 하는 연구도 활발하게 진행되어 왔다.

2. 우리나라의 정부간 관계

정부간 관계는 연방제(federal system)와 단방제(unitary system) 국가에서 상이하게 나타나며 어느 체제를 선택하는가에 따라서 실질적인 내용이 달라진다. 두 제도 사이에는 전국적 정부(national government) 아래에 있는 하위정부(sub-national government)의 구성이 상당히 다르기 때문에 지방정부의 위상과 역할도 달라지게 된다. 연방제는 기본적으로 주정부와 같은 준주권적인 정체(政體)를 인정하기 때문에 국가형성의 초기에는 연방과 지방정부간의 관계가 상당히 먼 것이 특징이다.

우리나라의 광역자치단체와 기초자치단체간의 관계는 연방국가에서 주정부와 지방정부간 관계와 전혀 다른 성격을 지닌다. 연방국가의 경우 주정부의 수평적 연합체로서 연방정부가 존재하는 반면, 지방정부는 대부분 주정부에 의해 설치되었기 때문에 주정부의 수직적 영향력 아래에 있다. 연방제 국가에서 지방정부와 주정부간에 과세권이나 그밖의 사안에 대한 분쟁이 발생하였을 경우 궁극적인 권한은 주정부에 있다는 미국 자치헌장(Home Rule Charter)의 해석도 이 같은 역사를 반영한 것이라 할 수 있다.

이에 비해 우리나라의 광역자치단체와 기초자치단체는 법적으로 대등한 관계를 갖고 단지 계층에 따라 수행하는 기능이 다를 뿐이다. 물론 광역자치단체가 기초자치단체에 대하여 행사하는 권한은 광역자치단체의 고유권한으로부터 비롯된 것이 아니라 중앙정부에 의하여 부여된 권한이라는 점에서 연방제 국가와 차이가 있다. 우리나라도 민선체제 출범 이전에는 중앙정부와 지방정부가 완전한 상하관계로서 지방정부는 독자성을 부여받지 못하였다. 그러나 1995년 민선체제의 출범과 함께 일방주의적인 정부간 관계는 점차 상호의존적이고 수평적인 관계로 전환되어가고 있다.

3. 정부간 관계의 이론모형

정부간 관계(IGR)는 단방제 국가인지 연방제 국가인지에 따라 기본적인 차이가 있고, 단방제 국가일 경우에도 국가별로 상당한 차이가 존재한다. 심지어 한 국가 내에서도 각 지방정부의 정치적·재정적·행정적 측면, 그리고 전문성 및 인적자원의 측면 등에 따라 상이한 관계를 형성하게 된다. 본서에서는 연방제 국가의 정부간 관계를 라이트(Wright, 1978)의 세 가지 모형을 중심으로 설명하고, 단방제 국가의 모형으로는 로우즈(Rhodes, 1983), 엘코크(Elcock, 1994), 윌슨과 게임(Wilson & Game), 무라마쯔미찌오(村松岐夫) 등이 제시한 모형을 살펴본다.

(1) 연방제 국가의 모형

연방제 국가의 정부간 관계모형으로 라이트(Wright)는 미국의 연방정부, 주정부, 지방정부간의 상호관계를 분리권위모형(seperated-authority model),

내포권위모형(inclusive-authority model), 중첩권위모형(overlapping-authority model)으로 분류하였다. 중앙정부와 지방정부의 관계를 권력관계 및 기능적 상호의존관계를 기준으로 분류한 라이트의 모형은 기본적으로 미국에 있어서의 정부간 관계를 반영하고 있으나, 연방제의 형태를 취하고 있는 다른 국가의 정부간 관계를 설명하는데도 유용하게 활용되고 있다.

1) 분리권위모형

분리권위모형은 연방정부와 주정부가 동등한 권한을 가지고 있고, 지방정부는 주정부에 귀속되어 있는 모형이다.[1] 주정부의 자치권은 고유의 권리로서 연방정부에 의해 축소되거나 침해될 수 없으며, 기능적으로도 상호 독립적이다(Wright, 2007: 72-76). 또한 연방정부와 주정부는 독자적인 사무영역과 처리권능을 지니고 있기 때문에 상호협력하거나 서로 의존할 필요가 없게 된다. 정부간 관계라는 개념 자체가 성립되기 힘든 유형으로 미국 건국 이후 오랫동안 지속되었던 '이원 연방제(dual federalism)'의 상황을 잘 대변하고 있는 모형이라고 할 수 있다. 이 모형에서 연방정부와 주정부의 관계는 각기 주권을 가진 독립된 존재이지만, 주정부와 지방정부의 관계는 주정부의 절대적 우위를 판결한 딜론의 원칙(Dillon's Rule)을 반영하여 종속적 관계로 있는 모형이다.[2]

---

1) 라이트(Wright)는 그의 저서(*Understanding Intergovernmental Relations*) 1978년 초판에는 연방정부와 주정부가 독립적 관계인 이 모형을 분리권위 모형(separated authority model)으로 표현했으나, 1988년 제3판에서는 조정권위 모형(coordinate authority model)으로 이름을 바꾸었다. 라이트는 이 모형의 특징이 각 정부간의 독립성을 존중하고, 정부간 의사불일치를 조정하는 것이 일반적인 현상이라는 측면에서 모형의 명칭을 조정권위모형으로 변경하였으나 본서에서는 이해의 편의를 돕기 위해 당초의 명칭대로 사용한다.

2) 딜론의 원칙(Dillon's Rule)은 미국의 주정부와 지방정부간의 권력관계를 설정한 것으로, 핵심적인 내용은 지방정부의 권력은 주(州)헌법으로부터 나온다는 것을 선언한 것이다. 이 원칙은 1868년 미국 아이오와 주법원의 딜론(John F. Dillon) 판사에 의해 정립된 것으로 그 내용은 다음과 같다. ① 지방자치의 관습적 권리(common-law right)는 인정되지 않는다. ② 지방정부는 주정부의 창조물(creature of the state)이며, 지방정부의 창조와 폐지는 주정부의 재량권이다. ③ 지방정부의 권력은 부여받은 범위 내에서 행사한다(powers expressly granted). ④ 지방정부는 주 입법부의 의지를 실천하는 단순한 대리인(mere tenants at the will of the legislature)이다.

2) 내포권위모형

내포권위모형은 주정부가 연방정부에 종속되고, 지방정부는 주정부에 종속되는 유형이다. 이러한 모형에서의 정부간 관계는 수직적 지배 관계가 특징이다. 중앙정부에 대한 지방정부의 위상은 일방적인 의존관계이기 때문에 연방정부는 주정부와 지방정부를 마치 연방정부의 단순한 집행기관으로 인식한다. <그림 5-1>에서 보는 것처럼 내포권위모형은 연방정부와 주정부, 그리고 지방정부가 큰 원과 작은 원의 동심원을 그리고 있는 상태이다. 연방이 사실상 하나의 국가가 되어 있고, 주정부가 연방정부와 동등한 지위를 가지는 것이 아니라 연방정부 아래 놓인 정부가 되어 있다. 미국의 정부간 관계가 실제로 이러한 상태에 있느냐에 대해서는 논란이 있을 수 있으나, 연방정부의 권한강화를 우려하는 보수주의자들은 미국 연방제의 모습이 내포권위모형에 속해 있다며 비판해 왔다.

3) 중첩권위모형

중첩권위모형은 내포권위모형과 분리권위모형의 중간적 형태로서 연방·주·지방정부가 독자성과 자율성을 존중하면서 상호의존적인 관계를 보여준다. 이 모형에서는 연방정부가 수립한 정책을 주정부나 지방정부가 집행할 경우 상호간에 긴밀한 협력과 의존이 필요하다는 것을 의미한다. 연방정부와 주정부, 그리고 지방정부가 모두 제한된 권한을 가지고 있으며, 어느 한 정부가 배타적인 권한을 행사하는 영역은 그리 많지 않다고 전제한다. 따라서 공적 기능과 권한은 분산되어 있으며, 많은 부분에 있어 세 정부가 동시에 관여하는 일이 벌어진다. 그리고 이러한 체제 아래 세 정부는 때로 경쟁하고 협력하는 관계를 맺으며, 그 과정에서 합의를 이루고 협력체제를 구축하기 위한 협상과 협의가 계속된다고 본다. 따라서 중첩권위모형은 민간부문의 역량증대와 지방정부의 위상 제고로 인해 현대 민주사회에서 주로 나타나는 정부간 관계유형이라고 할 수 있다.

그림 5-1 **라이트의 정부간 관계모형**

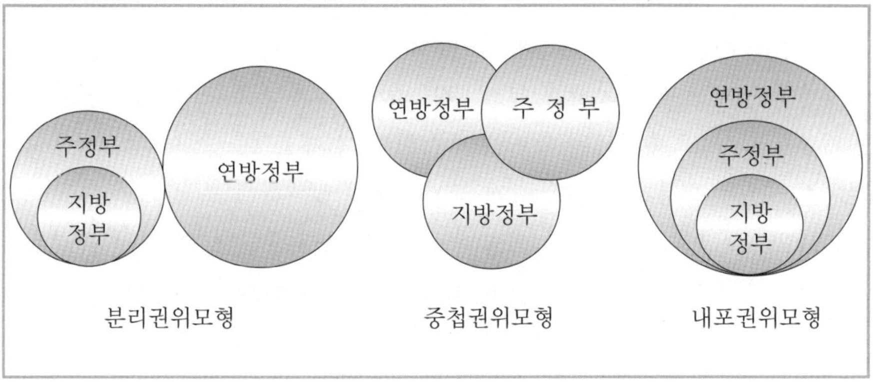

(2) 단방제 국가의 모형

단방제 국가의 정부간 관계모형에 대해 엘코크(Elcock, 1994)는 대리인모형(agency model), 동반자모형(partnership model), 지배인모형(stewardship model) 등 세 가지 모형을 제시하고 있고, 윌슨과 게임(Wilson & Game, 1998)도 이와 유사하게 대리인모형, 권력의존모형(power-dependence model), 지배인모형으로 설명하고 있다. 엘코크(Elcock)나 윌슨과 게임(Wilson & Game)이 제시한 대리인모형은 기본적으로 지방정부를 중앙정부에 종속된 대리인(agent)으로 보는 것이며, 동반자모형 또는 권력의존모형은 중앙정부와 지방정부를 동반자적이고 평등한 파트너 관계로 인식하는 것이다. 지배인모형은 지방정부가 중앙정부의 통제하에 놓여 있기는 하지만, 어느 정도 상대적 자율성을 가지고 있다고 보는 모형이다.

로우즈(Rhodes, 1983)는 영국과 같은 단방제 국가를 전제로 중앙정부와 지방정부간의 관계를 설명하면서 전통적 시각에서 대리인모형(agent model)과 동반자모형(partnership model)을 이념모형으로 보고, 여기에 중간적 성격의 상호의존모형(interdependent model)을 제시하였다. 단방제 국가의 정부간 관계 모형은 전통적 시각인 대리인모형 및 동반자모형과 제3의 모델로 제시되고 있는 상호의존모형을 살펴보고 일본의 무라마쯔미찌오(村松岐夫)가 제시한 수평적 정치경쟁모형에 대해 알아본다.

1) 대리인모형

대리인모형은 지방정부가 중앙정부의 대리인의 역할에 그치고 있음을 부각시킴으로써 지방정부에 대한 중앙의 통제를 강조하는 모형이다. 즉 중앙정부가 업무의 추진과 재원이전과정, 인사운용과정 등에서 지방정부를 하위기관으로 보고 통제하는 측면을 중시한다. 실제로 대리인모형이 적용되는 지방정부는 중앙정부의 감독 아래 국가정책을 집행하게 되어 자원이나 능력의 면에서 그 영향력이 매우 미미하며, 재정적으로도 충분한 기반을 갖추지 못하여 중앙정부에 의존하게 된다. 따라서 대리인모형은 지방정부의 자율성과 재량권의 중요성을 간과하는 모형이라고 볼 수 있다.

2) 동반자모형

동반자모형은 지방정부가 국가로부터 위임받은 사항을 수행하기도 하지만 고유한 권능도 적지 않게 가지고 있으며, 양자간의 관계를 규정하는 데는 지방정부의 의지가 중요한 요소라고 본다. 즉 이 모형은 중앙과 지방이 때로는 갈등관계에 놓이기도 하지만 일반적으로는 중앙과 지방이 상호 협력적이고 국정의 파트너로서 동등한 권한과 의무를 지는 관계를 맺고 있다고 인식하는 모형이다. 이는 재정적 관계는 물론이고 주요한 정책을 펼치는 데 있어서도 상호 협력하여야 하는 점을 부각시키는 이론으로, 중앙정부의 통제나 강제가 존재하더라도 이를 수용할 것인지의 여부는 지방자치단체의 의지에 따라 결정된다고 보는 것이다. 그러나 중앙정부와 지방정부가 파트너십을 형성한다고 하더라도 현실적으로는 양자간의 권력이나 자원의 측면에서 불평등한 파트너십(unequal partnership)이 발생할 가능성 또한 배제할 수 없다.

3) 상호의존모형

앞서 언급한 대리인모형은 전통적 견해이고 동반자모형은 이에 대한 비판적 견해로 볼 수 있지만, 두 모형 모두 현실을 체계적으로 파악하지 못한 측면이 많다. 대리인모형은 지나치게 제도적 관점에 집착하고 있고, 동반자모형은 현실의 정부간 영향력 관계를 외면하고 다차원적이지 못하다는 결함을 가지고 있다. 현실적으로 중앙정부가 행사하는 통제력은 부처마다, 사안마다 현저하게 다르기 때문이다.

이러한 기존의 두 가지 모형에 대한 반성과 함께 현실의 설명가능성을 높이기 위하여 등장한 모델이 상호의존모형이다. 상호의존모형은 중앙정부와 지방정부의 양자가 서로 의존하고 있는 네트워크로 연결된 상호작용의 관계(networks of reciprocal relationship)에 초점을 맞춘다. 상호의존모형에서는 중앙과 지방이 법적 권한, 재정적 자원, 정보와 전문성, 존립의 정당성과 시민의 동의 등의 측면에서 상호의존적인 양상을 보이게 될 것이고, 이러한 요소들끼리도 서로 영향을 주고받는 일종의 교환관계를 맺고 있다고 본다.

4) 무라마쯔미찌오의 정치경쟁모형

무라마쯔미찌오(1988)는 일본의 중앙과 지방의 관계를 수직적 행정통제모형과 수평적 정치경쟁모형으로 구분하고 있다. 수직적 행정통제모형은 1940년대와 1950년대에 형성된 모형으로 국가의 기관위임사무가 많고, 보조금에 의한 중앙정부의 통제력이 강하며, 인사행정에서의 낙하산 인사가 이루어지는 현상을 보여 준다. 이에 비해 수평적 정치경쟁모형은 중앙과 지방관계의 전체를 정치로 매개된 상호의존관계로 보는 모형이다. 즉 수직적 행정통제모형으로 설명할 수 없는 정치과정에서의 중앙과 지방의 교섭 부분이 확대되고 있으며, 이러한 것들이 중앙과 지방의 통합의 틀을 구성하고 있다는 것이다.

수평적 정치경쟁모형은 영국에서 형성된 동반자모형과는 상이한 면이 있지만 기본적으로 수평적 관계를 강조하고 있다는 점에서 공통점이 있다. 이 모형은 정치적 측면을 부각시킨 모형으로, 해당 지역출신 국회의원과 직접선거에 의해 선출된 지방정부의 수장의 적극적인 중앙정부 접촉활동을 강조하는 모형이다. 특히 이 모형은 지방의 정치행위자(political actor)들이 상호경쟁하고 있는 것을 묘사함으로써 지역개발정책, 환경정책, 복지정책 등의 분야에서 혁신지자체 정치행위자들의 활발한 로비활동은 물론이고 그렇지 않은 지방에의 적극적 활동까지 포착할 수 있게 되었다는 점이 가장 큰 공헌으로 볼 수 있다.

제2절 중앙-지방정부 관계의 실제

1. 전통적 중앙-지방정부 관계

(1) 중앙의 통제와 국가감독

중앙과 지방의 관계는 상호 독립적인 상태를 바람직한 것으로 선호하는 경향이 있으나, 실제로 중앙과 지방, 광역과 기초간의 관계가 분절적인 경우 국민에 대한 공공서비스의 효율적인 제공이 어려워진다. 각 계층의 정부간에는 협조하여야 할 필요성이 존재하고 양자는 유기적인 관계를 맺는 것이 가장 바람직하다고 볼 수 있다. 또한 기초와 광역, 지방과 중앙정부의 업무 중에는 통일된 방향으로 조정을 시도하여야 할 업무가 적지 않는데, 이러한 이유로 인해 중앙의 지방에 대한 통제와 감독이 필요하게 된다.

중앙정부의 통제는 일반적으로 국가의 지방정부에 대한 통제를 의미하며, 때로는 기초정부에 대한 광역정부의 통제도 포함한다. 지방정부의 관할구역은 국가의 한 부분이기 때문에 전체와의 조화를 고려하는 통제의 과정이 필요하다. 특히 국민에 대한 서비스 제공과 같이 최소한 유지되어야 할 기준이나 법률의 공통적인 적용이 필수적인 분야에서는 중앙의 통제가 불가피하다. 그러나 이러한 경우에도 국가의 감독은 합법적 방법에 의해서만 이루어져야 할 것이다.

중앙의 통제수단에는 구체적으로 사무의 감독, 지도, 조정과 같은 교정적 방법에서부터 교섭이나 협상과 같은 수평적인 방법, 원조나 지원과 같은 적극적 수단까지 모두 포함될 수 있다. 이러한 다양한 수단은 법적 권능과 행정적 역량 면에서 우월한 지위에 있는 중앙의 지방에 대한 통제라는 관점에서라기보다는 공공사무의 배분과정에서 소홀하기 쉬운 협력체제의 구축이나 국민복지를 증진시키기 위한 과정에서 필요한 협력과 조정이라는 공동의 노력의 관점에 입각하여 활용되어야 할 것이다.

세계 각국도 사회적 추세나 정권의 성격 등 자국의 특수성에 따라서 중앙정부의 지방에 대한 통제수단을 다양하게 활용하고 있다. 복지국가의 구현을 위한 국가적 최저수준(national minimum standards)의 유지 필요성의 대두와 함께 현대 행정의 재정규모가 커지고 기술수준이 높아짐에 따라서 지방정부에 대한 중앙의 개입과 통제도 늘어나게 되었다. 형평성을 중시하는 복지행정에서 시민의 최소한의 생존권적 복지를 실현하기 위해서는 전국적 기준이 필요하고 이를 통일시키기 위한 중앙정부의 개입도 자연히 늘어나게 된다.

또한 새로운 업무의 발생, 첨단기술의 필요, 위기의 도래 등과 같은 상황에서 규모가 작고 역량도 부족한 지방정부는 중앙정부에 대한 의존이 심화될 수밖에 없고 이는 자연히 중앙정부의 개입을 야기한다. 교통통신의 발달과 지구화의 전개도 국지적인 사무의 전국화와 국제화를 초래하여 중앙과 지방의 협력을 요구하게 된다. 대도시의 성장으로 대규모 교통계획과 환경문제, 수자원 개발, 지역발전계획의 수립과 같은 영역에서 광역행정의 필요성이 대두되는 현상도 중앙의 개입을 불러오게 된다. 그러나 통제의 본질이 일방적이거나 권위주의적인 것이 아니고 협력을 전제로 하면서 진행되는 것이 또 다른 특징이다(이달곤, 2004: 359-361).

(2) 중앙통제의 방식

중앙통제는 법률의 형식으로 행사되는 입법적 통제, 법원판결을 통한 사법적 통제 그리고 행정관리제도를 통해서 이루어지는 행정적 통제로 구분할 수 있다.

1) 입법적 통제

입법적 통제는 지방이 헌법과 입법기관이 제정한 법률에 의하여 부여된 권한만 행사할 수 있도록 하는 방법이다. 지방자치법이나 자치헌장 그리고 자치관련 개별 법률을 통한 통제가 보편적이다. 미국은 주정부에서 부여한 자치헌장(Charter)을 통해 주로 통제하고 있고, 프랑스·독일·일본·한국 등은 의회에서 정한 자치법을 통해 통제하고 있다. 영국은 지방자치의 공통적 사항을 국회 차원에서 규정한 지방자치법(Local Government Act) 외에 지역

특성을 반영한 다양한 지방법(Local Act)과 자체적으로 정립한 헌장이 별도로 존재하는 것이 특징이다. 이러한 입법적 통제는 행위의 법적 근거와 구체적 내용을 규정함으로써 지방정부의 활동을 원천적으로 통제하는 데 의의가 있으나 환경 변화에 신속히 대응하지 못하는 한계를 가지고 있다.

특히 우리나라는 지방정부에 대한 중앙정부의 입법적 통제가 매우 강하게 나타났다. 그동안 지방자치단체의 자율성을 강하게 제약한 것은 지방자치법에 관한 임시조치법이었으며, 이것은 1961년에 제정되어 1988년까지 약 30년 가까이 지방정부를 통제하는 중앙정부의 강력한 수단으로 작용해 왔다. 현행 지방자치법을 통한 입법적 통제도 지방정부 조례 제정의 권한을 '법령의 범위 안'으로 규정함으로써 지방정부의 권능을 크게 제약하는 요인이 되고 있다. 그 밖에 지방세법 등 자치관련 법률의 규정이 지방정부의 지위를 약화시키는 방향으로 규정되어 있는가 하면, 각종 개별법의 제정을 통해 여러 분야의 사무를 중앙정부의 사무로 설정한 후 기관위임사무로 활용하고 있다는 점에서 지방정부에 대한 중앙정부의 입법적 통제가 매우 강한 편이라고 할 수 있다.

2) 사법적 통제

사법적 통제는 사법부에 의해 이루어지는 지방정부에 대한 중앙정부의 통제로서 법률의 제정이나 집행과정에서 초래되는 위법·부당한 사실의 발생이 먼저 전제된다. 즉 지방정부의 조례제정 행위의 합법성과 정당성 그리고 법령 및 조례의 집행 과정에서 발생되는 절차 및 내용의 합법성과 정당성이 사법적 통제의 대상이다. 다시 말해, 법원이 구체적인 법률쟁송이 있는 경우에 당사자로부터 쟁송제기를 전제로 하여 무엇이 법의 내용인가를 판단하는 사후적 통제방법이라고 할 수 있다. 영국의 '월권소장'제도나 미국의 '딜론의 원칙'과 같은 것도 사법적 통제의 산물이다.[3] 지방자치단체가 국회

---

3) 월권소장(a writ of ultra vires)제도는 지방정부는 공공법인으로서 그 존재가 완전히 법률에 의하여 규정되므로 지방정부가 행하는 어떠한 활동도 의회에서 만든 법률에 저촉되어서는 안된다는 것이다. 만약 지방정부가 이러한 법률의 한계를 벗어나는 행위를 할 경우 개인이나 집단의 신청에 의해 법원이 발부한 월권소장에 의해 해당 행위를 중단시킬 수 있다는 영국의 법규범이다.

에서 법률로 규정된 권한을 남용하여 행사한 경우 그 행위는 무효로 간주되는데, 이 원칙은 바로 지방정부에 대한 사법통제의 기본방향을 의미한다. 우리나라에서도 헌법 제107조 제2항은 "명령·규칙 또는 처분이 헌법이나 법률에 위반하는 여부가 재판의 전제가 된 경우에는 대법원은 이를 최종적으로 심사할 권한을 가진다"라는 규정을 둠으로써 사법통제의 헌법적 근거를 마련하고 있다.

이러한 사법적 통제는 수속 및 절차가 복잡할 뿐만 아니라 과중한 경비부담을 주며, 구제 기간이 장시간 소요되고, 지방정부의 적극적 행정행위를 유도하는 것이 아니라 단순히 행위의 효력을 무효화하거나 취소·정지하는 등의 사후적이고 소극적인 행위를 할 수밖에 없는 한계를 지닌다.

3) 행정적 통제

행정적 통제는 중앙정부에 의한 지방정부의 통제를 가리키는데, 이는 고도로 복잡하고 전문화된 행정을 수행하는 과정에서 분리할 수 없을 정도로 밀접하게 나타나는 중앙정부와 하위정부간의 관계를 관리하는 방법이다. 현행 지방자치법에 규정된 지방정부에 대한 중앙정부의 행정적 통제수단은 지방자치단체의 사무에 대한 지도와 지원(제166조), 국가위임사무 처리에 대한 지도·감독(제167조), 국가위임사무의 직무 태만에 대한 직무이행명령과 대집행(제170조), 자치단체의 위법·부당한 명령·처분의 시정 및 취소·정지(제169조), 법령 위반의 자치사무에 대한 감사(제171조), 지방의회 의결의 재의요구(제172조), 지방자치단체조합의 지도·감독(제163조), 지방자치단체조합의 규약 변경 및 해산(제164조) 등이 있다.

이 밖에 분야별로는 지방정부 인사기준의 설정, 국가공무원의 지방정부 배치 등 인사에 관한 중앙통제 그리고 지방정부의 대한 보조금의 지급이나 기채 승인 및 예산과정의 개입 등을 통한 재정통제가 있다. 특히 법적 근거가 없는 보고제도, 예규 및 통첩 등이 아직도 활용되고 있다는 점에서 우리나라는 행정적 통제가 비교적 강한 국가에 속한다고 할 수 있다. 서유럽의 중앙정부에서는 지방자치단체에 대하여 입법적·사법적 통제와 감독을 하고 있는 반면에 우리나라는 여전히 행정적 통제와 감독을 견지하고 있다는 사실은 중앙정부가 지방자치단체를 독립적인 법인격으로서 대등한 관계를 형성하기 보다는 상하계층적인 관계로 인식하고 있다는 것을 반증하고 있다.

2. 중앙통제의 한계와 지방정부의 대응

(1) 중앙통제의 제약

중앙통제는 지방정부의 자치권의 영역과 상충되기 때문에 중앙통제가 필요한 경우에도 신중하게 행사하여야 한다. 또한 중앙통제는 지방자치에 대한 법적 유보나 침해와 같이 지방자치의 본질적 내용을 손상시켜서는 안 된다. 우리 헌법은 제117조 제1항에서 지방자치단체의 존립을 보장하고 지방자치단체의 업무를 포괄적으로 규정함으로써 단방제국가의 대통령제하에서 2계층에 걸친 지방자치단체의 자치권을 규정하고 있다. 이는 국가권력을 입법·행정·사법에 분립 존치시키는 수평적인 권력분립원칙과 더불어 중앙정부－광역자치단체－기초자치단체간의 수직적인 권력분산을 지향하는 것으로 볼 수 있다. 그러나 헌법 제117조 제1항 후단과 제2항 그리고 제118조 제2항에서는 자치권의 구체적인 내용이 법률에 의하여 유보될 수 있음을 밝히고 있는데, 이러한 자치권 제약에 있어서는 세 가지 원칙이 준수되어야 한다(이달곤, 2004: 363－366).

첫째, 비례의 원칙으로, 자치권을 제약하는 경우에는 입법 목적에 적합한 최소한에 머물러야 하며, 달성하고자 하는 공익과 자치권의 제약으로부터 오는 손실 사이에는 적절한 비례관계가 있어야 한다. 통제수단의 선택에 있어서도 될 수 있는 한 최소한의 침해 원칙이 지켜져야 한다. 둘째, 지방정부의 위법한 업무처리가 국가의 감독권 발동요건을 충족시키는 경우에도 자치권을 존중하는 방향으로 개입하여야 한다. 우리나라 지방자치법은 감독청의 재량에 따라서 감독권 행사 여부를 판단하는 감독편의주의를 채택하고 있어 자치권 확대의 가능성을 열어두고 있다. 셋째, 지방정부에 대한 호의적 행위의 원칙으로 정부계층간의 수직적 권력분립 원리를 구현하기 위해서 '의심스러울 때는 지방자치단체의 이익을 존중하는 방향으로 해석하는' 원칙이다. 이와 관련하여 독일에서는 국가가 지방정부에 대한 통제권을 행사할 때 지방정부의 특수성이 국가행정의 통일성, 획일성, 일반성의 기준에 의하여 침해되지 않는 범위 내에서는 지방정부에 대하여 우호적으로 해석하여야 한다는 판례가 있다.

(2) 지방정부의 대응수단

지방정부는 적법하지 않는 국가의 개입이 있는 경우에는 이를 방어할 수 있는 권리를 가지고 있어야 자치권의 보유와 행사가 가능해진다. 따라서 국가의 개입으로부터 자치권을 회복하기 위해서는 쟁송이 불가피하다. 국가의 위법·부당한 감독이나 통제에 대해 지방자치단체가 권리구제 수단으로 이용할 수 있는 쟁송으로는 행정소송과 헌법상의 권한쟁의심판이 있다.

행정소송은 행정소송법 제4조에 의거하여 행정기관은 감독청의 행정행위에 하자가 있을 경우 무효확인 소송이나 취소·정지 소송을 제기할 수 있다. 또 헌법 제111조 제1항 제4호 및 헌법재판소법 제2조 제4호는 국가기관과 지방자치단체간의 권한쟁의에 대한 심판을 헌법소송사항으로 규정하고 있다. 국가의 지방자치단체에 대한 감독처분으로 인한 분쟁은 감독기관인 국가기관과 지방자치단체간의 권한에 관한 분쟁이므로 헌법재판소의 권한쟁의심판의 대상이 된다.

사법적 해결 외에 중앙-지방 분쟁조정기구인 '행정협의조정위원회'를 통한 조정을 시도할 수 있다. 행정협의조정위원회의 주요 기능은 중앙행정기관의 장과 지방자치단체의 장이 사무를 처리할 때 의견을 달리할 경우 이에 대한 협의 및 조정을 수행한다. 협의조정 절차는 당사자의 일방(중앙행정기관의 장 또는 지방자치단체의 장) 또는 쌍방의 서면 신청이 있을 경우 실무위원회의 사전심의를 거쳐 본 위원회의 심의·조정이 이루어지면 결정된 사항을 통보함으로써 협의·조정 결정사항을 이행하게 된다.[4] 행정협의조정위원회는 당사자의 서면신청으로 조정절차가 시작되지만, 위원회의 독자적인 판단에 따른 직권상정을 규정하지 않고, 전통적인 화해 및 조정 절차를 활용

---

4) 행정협의조정위원회는 2000년 5월 13일 구성되어, 2010년까지 12건의 분쟁사안을 접수하여 조정 9건, 각하 2건, 진행 중 1건의 실적을 보이고 있다.

하고 있다. 또한 위원회의 결정사항에 대해 중앙행정기관의 장과 당해 지방자치단체장은 이행의무를 지지만, 불이행시 강제수단이 없다는 점이 한계라고 할 수 있다.

3. 중앙-지방정부 관계의 변화

(1) 상호의존적 · 협력적 관계로 전환

정부간 관계론에 관한 기존의 논의는 대체로 정부간 분쟁과 갈등관계에 초점이 맞추어져 왔으나 터너(Turner, 1990)와 짐머만(Zimmerman, 1998) 등은 정부간 관계가 미래지향적인 협력관계로 귀결될 수 있다고 주장한다. 정부간 관계는 권력적 차원에서 기본적으로 상호의존성을 띠고 있기 때문에 특정 문제나 이슈에서 상호관계가 형성되어 교환과 협상의 과정을 거쳐 협력적인 모습으로 전개된다고 보는 것이다. 특히 중앙정부와 지방정부간에 협력에 대한 인식이 높거나 갈등의 소지가 통제 가능한 범주 내에서 전개되면, 집단간 상호작용 게임과 거버넌스 원리를 통한 특정의 문제해결과 협력관계 구축, 협력관계 강화의 순서로 발전할 수 있다(Rhodes, 1986).

라이트(Wright, 1988)가 정부간 관계의 이상적인 모형으로 제시한 중첩권위모형도 집권과 분권의 적절한 조화 속에서 각 정부 주체간의 상호의존 내지는 협력을 강조한 모형이라고 할 수 있다. 이 모형에서 발견할 수 있는 것은 정부간 관계가 중앙과 지방간에 완전히 분리되어도 안되며, 반대로 완전히 권력의존적인 형태도 바람직하지 않다는 것이다. 따라서 다양한 수준의 정부의 실체를 상호 인정할 필요가 있으며, 그 속에서 협력과 경쟁, 상호의존 및 협상관계를 유지해 나가야 함을 인식할 수 있다.

최근에 논의되고 있는 정부간 관계의 이론모형은 기본적으로 정부간 협력관계의 형성을 추구하는 것이 특징인데, 특히 하위수준 정부의 능력을 신장하기 위한 다양한 지원을 통해 궁극적으로 대응하고 협력적인 관계를 형성하기 위해 노력한다는 점이다. 또한 이와같은 협력관계를 통해 정부간 관계에서 나타나는 제반 갈등에 대해 공동으로 대응함으로써 갈등의 해결과 함께 정부간 협력을 도모할 수 있다는 것이다. 이러한 범주에 속하는 논의로는 Zimmerman(1998)의 정부간 관계모형과 Ellison(1998)의 창도적 연합모형(Advocacy Coalition Framework), Turner(1990)의 정부간 파트너십 모형(Inter-governmental Partnership Frameworkl) 등을 들 수 있다.

이러한 논의는 과거의 중앙집권적 정부간 관계에서는 일방적, 수직적 통제관리로 처리했던 행정이 이제는 더 이상 가능하지도 않고 효과적이지도 못하기 때문에 정부간 상호의존적, 수평적 협력관계야말로 새로운 행정환경의 변화에 능동적으로 대처하는 데 필요하다는 사실을 역설하고 있다.

(2) 중앙-지방정부간 거버넌스의 구축

최근 정부간 관계는 권력의 상호의존성, 문제해결에서 시장원리에 위한 거래와 조정, 문제해결의 네트워크 구성과 작동 등의 차원에서 볼 때 거버넌스(governance) 이론으로 접근하고 있다(강용기, 2004). 거버넌스 연구의 본질 중 하나인 지배구조에 있어 의사결정이 일방적 권력관계가 아닌 참여주체간의 상호의존과 협력관계를 강조하는 차원에서 중앙정부와 지방정부의 관계를 거버넌스 이론으로 설명한다. 정부간 관계를 파악하는 데 있어서 거버넌스의 개념은 정부의 역할, 정부운영의 체제, 그리고 사회문제의 해결방식에 있어서 새로운 변화를 의미하고 있다.

행정학에서 거버넌스의 개념이 중요한 이유는 좁은 의미의 정부와는 달리 통치과정에 관련된 제도의 범주와 이들의 관계를 포용하고 있기 때문이다(Pierre & Peters, 2000). 정책결정에 여러 수준의 정부, 시민단체, 민간부문 등의 다양한 참여자들과 정책적 협력의 필요성이 증대하고 있고, 공공의사결정은 다양한 수준의 정책네트워크 내에 있는 여러 행위주체들 사이의 상호관계 속에서 발생하고 있기 때문이다(한승준, 2006: 256-257). 따라서 정부간 관계에서 거버넌스는 중앙정부와 지방정부가 갖는 공통의 문제를 해결하기 위해 참여자들이 기존의 계층제를 벗어나 문제해결에 필요한 각종 자원을 활용하여 상호의존적으로 문제를 해결하는 새로운 네트워크 체계라 할 수 있다. 정부간 거버넌스의 참여자는 직접적인 이해당사자인 중앙정부와 지방정부뿐만 아니라 정부의 정책과정에 참여하고 영향을 미치는 시장(기업), 시민사회(NGO) 등을 망라하고 있다.

거버넌스는 중앙정부의 통제방식의 변화를 가져오게 된다. 이는 직접적 통제에서 수평적 협조관계로 전환된다는 의미이다. 조정과 협력을 핵심으로 하는 간접관리의 개념으로 설명할 수 있다. 대리인모형에서 지방정부는 중앙의 일선기관으로 간주되며, 중앙정부의 직접관리(direct management)의 대상이다. 이는 단일체 조직에서 상하의 권위관계를 엄격하게 유지하면서 중앙정부가 지시와 통제(2C: Command and Control)로 지방정부를 관리하는 방식이다. 그러나 지방자치가 실시되고 지방분권이 강화되면서 전통적인 직접관리보다는 간접관리(indirect management)로 전환된다(이달곤, 2004: 374). 간접관리는 권한과 자원(authority and resource)이 공유되고 있는 상태에서 고객인 국민에 대한 책임을 회피할 수 없는 여러 행정주체들이 어느 정도 독립적인 관계를 이루어 협업을 하는 경우에 필요한 관리방식이다. 간접관리의 내용은 다양하지만 기본적으로 민주적인 참여, 조정, 협상에 기초하고 있다. 주요 수단으로는 모니터링(monitoring)과 과정평가, 다양한 계약방식의 도입, 공익증진을 위한 조정과 협상, 다른 조직에 대한 인적·물적·기술적·정보지원 등이 있다. 또한 이러한 수단을 관리함에 있어서도 원활한 수평적 의사전달(Communication), 마음을 열고 해법을 찾는 융화(Conciliation), 상호 양보하는 타협(Compromise), 적극적 조정과 협조(Coordination or Cooperation)와 같은 연성관리(soft management: 4C)가 활용된다. 간접관리는 특히 중앙과 지방의 입장이 대립하는 경우, 양자 관계를 영합(zero-sum) 게임으로 보지 않고 창의적인 관계나 정책대안을 개발함으로써 윈-윈(win-win) 관계로 인식하는 것이 중요하다.

제 3 절 중앙–지방정부간 사무배분

1. 사무배분의 의미

사무배분은 공공사무를 적합성을 기준으로 분류하여 중앙정부와 지방정부에 역할과 권한을 부여하는 것을 말한다. 중앙정부와 지방정부간의 사무배분에는 사무권한의 재배분과 함께 권한의 지방이양이라는 측면을 동시에 내포하고 있다. 실질적 의미에서 지방자치는 자치권 행사의 대상이 되는 사무 또는 기능의 범위와 내용 그리고 그러한 사무를 처리할 수 있는 지방정부의 행·재정적 능력의 문제가 함께 고려되어야 한다. 중앙정부와 지방정부 간에, 또는 광역지방자치단체와 기초지방자치단체 간에 이루어지는 일과 책임과 권한의 배분은 자치권의 실질적 내용을 이루는 부분이기 때문에 중요한 의미를 지니고 있다.

사무배분에는 정치·경제이념에서부터 지방정부 공무원의 행정적 능력에 이르기까지 많은 변수가 작용한다. 세계 경제의 흐름이나 기술의 발전, 국가의 경제발전 수준, 그리고 배분대상 기능이나 사무의 정치경제적 성격 등도 관련이 있다. 사무배분은 합리성이나 효율성의 수준을 넘어 이해관계와 정치적 역학관계가 개입하는 가치와 판단의 문제로서 매우 동태적으로 전개되는 것이 특징적이다. 따라서 경제적 합리성만을 따져서 사무가 배분되는 것이 아니라 이해관계자들의 힘의 관계나 사회전체의 정치경제구조도 작용한다(김병준, 2009: 357–359).

중요한 사무 하나가 지방정부로 이양된다는 사실은 그 사무와 관련된 권력과 권한의 이동을 의미함과 동시에 그 사무를 둘러싼 이해관계 세력간의 상호작용의 장(場)이 이동하는 것을 의미하므로 매우 복잡하게 전개된다. 이러한 장(場)의 이동은 그 사무를 둘러싸고 벌어지는 참여자간의 상호작용 패턴과 힘의 관계는 물론 참여자까지 바꾸어 놓을 수 있다. 다시 말해 중앙정부와 지방정부간의 사무배분과 재배분의 과정은 합리적인 원칙과 기준에 의한 기술적·분석적 과정보다 이해당사자간의 정치적 상호작용에 따라 결정되기도 한다(정정화, 2003). 특히 교육과 경찰, 도시계획과 토지이용 등과 같이 이해관계가 강한 사무일수록 배분과정에 정치적 역학관계가 강하게 작용한다.

2. 사무배분의 원칙

사무배분의 원칙은 사무배분에 적용되는 일반적 규칙으로서 사무배분의 기본정신과 방향을 담고 있다. 우리나라 지방자치법과 지방분권촉진에 관한 특별법은 사무배분의 원칙으로 비경합의 원칙, 보충성의 원칙, 효율성의 원칙, 포괄성의 원칙, 충분재정의 원칙 등을 제시하고 있다(김병준, 2009: 377-380). 첫째, 비경합의 원칙은 '시·도와 시·군 및 자치구는 사무를 처리할 때 서로 경합하지 아니하도록 하여야 한다'는 지방자치법 제10조 제3항의 원칙을 말한다. 또 지방분권촉진에 관한 특별법 제6조 제1항은 '국가는 지방자치단체가 행정을 종합적·자율적으로 수행할 수 있도록 국가와 지방자치단체간 또는 지방자치단체 상호간의 사무를 주민의 편익증진, 집행의 효과 등을 고려하여 서로 중복되지 아니하도록 배분하여야 한다'는 중복금지의 원칙을 천명하고 있다. 이는 사무의 귀속과 권한, 책임의 소재 등을 명확히하고 중복행정을 피하기 위한 것이다.

둘째, 보충성의 원칙은 기초지방정부가 할 수 있는 일을 상급정부가 관여해서는 안된다는 것으로 기초정부 우선의 원칙을 말한다. 사무배분에 있어 기초자치단체가 우선적으로 처리하고 그러하지 못한 사무는 상위자치단체나 국가가 단계적으로 보충하는 방법으로 이루어져야 한다는 것이다. 지방자치법 제10조 제3항 후반부에 '사무가 서로 경합하면 시·군 및 자치구에서 먼저 처리한다'고 천명하고 있다. '지방분권촉진에 관한 특별법' 제6조 제2항도 지역주민생활과 밀접한 관련이 있는 사무는 원칙적으로 기초자치단체인 시·군·구가 처리하도록 명시하고 있다.

셋째, 효율성의 원칙은 보충성의 원칙을 받아들인다 해도 사무에 따라서는 보다 넓은 지역을 담당하는 광역지방정부나 중앙정부가 처리하는 것이

훨씬 효율적일 수 있다는 것이다. 지방자치법 제10조는 광역적 성격을 지닌 사무와 시·도 단위로 동일한 기준에 따라 처리되어야 할 사무, 그리고 시·군 및 자치구가 독자적으로 처리하기에 부적당한 사무 등은 광역지방정부에 배분하도록 규정하고 있다.

넷째, 포괄성의 원칙은 사무배분에 있어 동종의 업무나 상호 밀접하게 연관된 업무는 같이 배분해 주어야 한다는 원칙이다. 이 원칙은 지방정부가 배분받은 사무에 대해 배타적인(exclusive) 권한을 행사할 수 있도록 해야 한다는 내용도 담고 있다. 지방분권촉진에 관한 특별법 제6조 제3항은 '국가가 지방자치단체에 사무를 배분하거나 지방자치단체가 사무를 다른 지방자치단체에 재배분하는 때에는 사무를 배분 또는 재배분을 맡은 지방자치단체가 그 사무를 자기의 책임하에 종합적으로 처리할 수 있도록 관련 사무를 포괄적으로 배분하여야 한다'고 규정하고 있다. 이 법 제10조 제2항에서도 '국가는 권한 및 사무를 지방자치단체에 포괄적, 일괄적으로 이양하기 위하여 필요한 법적 조치를 마련하여야 한다'고 천명하고 있다.

다섯째, 충분재정의 원칙은 지방정부가 그 사무를 처리하는 데 필요한 재원이나 재정적 능력을 가질 수 있도록 해주어야 한다는 원칙으로 지방분권촉진에 관한 특별법에 명시되어 있다. 이 법 제10조 제3항은 '국가는 지방자치단체에 이양한 사무가 원활히 처리될 수 있도록 행정적·재정적 지원을 병행하여야 한다'고 밝히고 있다.

3. 지방정부의 사무구분

(1) 위임사무: 기관위임사무와 단체위임사무

우리나라 지방정부의 사무는 크게 자치사무와 위임사무로 구분된다. 위임사무는 중앙정부가 지방정부에 위임하여 처리하는 사무를 말하는데, 위임의 양과 방식은 중앙정부와 지방정부가 어떤 법적·제도적 관계에 놓여 있는가에 따라, 또 어떤 관계의 역사를 지녀왔느냐에 따라 큰 차이를 보이고 있다. 우리나라와 같이 지방정부가 중앙정부의 지역단위 종합행정기관으로서의 지위를 함께 지니고 있는 경우, 중앙정부는 상당한 사무를 지방정부를 통해 처리하게 된다. 그러나 미국이나 영국과 같이 지방정부가 지방정부로서의 지위만을 지니는 경우, 중앙정부는 그 사무를 되도록 스스로 처리하게 된다. 지역단위에서의 상시적 활동이 꼭 필요한 때는 지방정부에 위임하기보다는 그 소속의 일선 지방행정기관을 두어 처리하는 경향을 보인다.

위임사무는 다시 기관위임사무와 단체위임사무로 나누어진다. 전자는 중앙정부가 사무를 지방정부의 집행기관장에게 위임하여 처리하게 하는 방식이며, 후자는 사무를 지방정부 그 자체 즉, 법인격을 지닌 단체 그 자체에 위임하는 방식이다. 기관위임사무는 주로 지방적 이해관계보다는 국가적 차원의 이해관계가 크게 걸려 있는 사무들이 그 대상이 된다. 따라서 기관위임사무는 국가적 사무의 성격을 가지며, 사무를 수임한 지방자치단체의 장은 사무를 위임한 국가 또는 상급지방자치단체의 하부행정기관의 지위에서 위임사무를 처리하게 된다. 기관위임사무는 집행기관장에게 위임되기 때문에 집행기관장이나 그 소속기관이 아니면 이에 대한 권한행사를 할 수 없다. 지방의회는 대체로 이러한 사무의 처리로부터 배제되어, 조례제정권을 행사할 수 없고, 행정감사 등에 있어서도 제한을 받는다.

단체위임사무는 보건소의 운영이나 시·군의 재해구호사업 등과 같이 지방적 이해관계와 국가적 차원의 이해관계가 같이 걸린 사무들이 많다. 자연히 처리비용도 원칙적으로 중앙정부와 지방정부가 같이 부담하게 된다. 단체위임사무는 기관위임사무에 비해 자치적 처리영역이 보다 넓은 편이다. 일단 위임되고 난 다음에는 자치사무와 마찬가지로 취급되기도 한다. 집행기관장이 아닌 지방정부 그 자체에 위임된 만큼 지방의회 역시 그 처리과정에 관여할 수 있는 권한을 지닌다.

위임사무가 단체위임사무냐, 기관위임사무냐에 따라 자치권의 내용이 달라질 수 있고, 중앙정부와 지방정부 사이의 경비부담 주체도 달라질 수 있다. 조례제정권을 포함한 지방의회의 역할도 다르기 때문에 위임사무의 구분이 필요하지만 현실적으로는 두 사무를 명확하게 구분하기 어렵다.

(2) 자치사무

자치사무는 지방정부 고유의 사무로 지방적 이해관계가 큰 사무들이 주류를 이루고 있으며, 처리에 따른 비용은 원칙적으로 지방정부가 부담하게 된다. 중앙정부의 통제도 기관위임사무와 달리 최소화된다. 중앙정부는 원칙적으로 지방정부가 법령을 위반했느냐 등을 사전통제하지 않으며, 사무가 처리되는 과정이나 사후에 위법한 행위가 발견되면 이를 바로잡는 교정적 통제를 주로 한다.

자치사무와 위임사무 간에도 구분이 명확하지 않으나 대개 자치사무가 50~60%, 기관위임사무가 30~40%, 그리고 단체위임사무가 10% 정도를 차지하는 것으로 보고 있다. 도시지역의 지방정부는 자치사무의 영역이 좀더 넓은 반면, 농촌지역 지방정부는 위임사무의 비중이 상대적으로 더 큰 것으로 알려지고 있다. 사무의 비중이 어떠한가에 대해서는 정확한 실태가 파악되지 않고 있으나 대개 위임사무, 특히 기관위임사무의 영역이 크다는 점이다. 이로 인해 지방의회와 집행기관장 사이에, 또 중앙정부와 지방정부간에 갈등이 발생하는 경우가 적지 않다.

표 5-1 지방자치단체의 사무유형 비교

사무유형	자치사무 (고유사무)	단체위임사무	기관위임사무
사무의 성질	자치단체의 권한과 책임하에 이루어지는 고유사무	법령으로 자치단체에 개별적으로 위임된 사무, 국가적 이해와 지방적 이해가 동시에 걸린 사무	법령으로 자치단체 장에게 처리를 위임한 사무, 지방적 이해가 없고 전국적 통일이 필요한 사무
형식	조례·규칙	조례	규칙
지방의회 관여	완전 관여	부분적 관여	제한적 관여(국회가 직접 감사하기로 한 사무 외에 가능)
경비 부담	자체재원	일부 또는 전액 국가보조	전액 국비부담
국가 감독	최소한의 국가감독	제한된 범위내의 국가감독	강력한 국가감독

4. 사무배분의 문제점과 개선방안

(1) 기관위임사무의 자치사무로 전환

기관위임사무는 지방자치단체장에게 위임된 사무로서 지방자치단체장은 그 사무의 처리에 있어서 중앙행정기관장의 일선기관으로서의 지위를 가진다. 따라서 지방자치단체장은 중앙행정기관장의 전적인 통제 및 감독하에 놓이게 된다. 이러한 단체장의 이중적 지위는 자치권을 갖는 지방자치단체의 수반인 단체장의 성격과 일치하지 않으며, 지방자치단체 사무 가운데 이러한 사무가 차지하는 비중이 높은 현실에서는 지방자치단체의 자율성이 크게 저하된다. 특히 현행 지방자치법상 지방에 대한 국가관여의 제도적 장치를 볼 때 기관위임사무에 대해서는 매우 폭넓은 국가관여를 인정하고 있다(홍준현, 2010: 53-55). 따라서, 기관위임사무의 지방이양은 지방사무에 대한 국가통제 범위의 축소를 가져오고, 권한 및 책임의 귀속주체를 변경함으로써 지방자치단체의 자율권을 확대하며, 업무수행에 필요한 경비부담의 주체를 명확히 함으로써 중앙정부와 지방자치단체간 갈등의 소지를 제거할 수 있다.

기관위임사무가 지닌 이같은 특성을 감안하여 '지방분권촉진에 관한 특별법' 제10조 제1항에서는 "국가사무 또는 시·도의 사무로서 시·도 또는 시·군·구의 장에게 위임된 사무는 원칙적으로 폐지하고 자치사무와 국가사무로 이원화하여야 한다"고 규정함으로써 우리나라도 기관위임사무를 폐지하고 자치사무와 국가사무로 이원화하는 방향으로 추진되고 있다.

그러나 2009년 지방분권촉진위원회에서 지방자치단체로 이양이 결정된 59개 기관위임사무에 대한 실태조사 결과에 의하면(홍준현, 2010: 73), 일괄이양대상으로 결정된 기관위임사무는 극히 일부를 제외하고는 과태료 부과, 허가, 지정 및 해제 등의 사무로 사업비가 수반되지 않는 사무로 나타났다. 또 일괄이양 대상인 기관위임사무 수행에 소요되는 총 경비의 61%가 인건비로 나타나 기관위임사무의 지방이양이 지방자치단체의 자치권을 신장시키지 못하는 것으로 분석되었다. 이와 함께 일부 기관위임사무의 경우 단순히 기능 차원이 아니라 기관 차원의 이양이 발생할 경우에는 관련된 국가의 직접

수행사무가 부가적으로 지방자치단체로 이양되어야 하는데도 지방자치단체에 새로운 기구의 신설과 같은 인력증원이 이루어지지 않고 있는 것으로 밝혀져 이에 대한 개선이 요구되고 있다.

보충 5-1 일본의 사무구분 체계

현행 우리나라 '지방분권촉진에 관한 특별법' 제10조 제1항에서 규정한 기관위임사무의 폐지는 일본의 새로운 사무배분체계와 유사한 점이 많다. 일본은 1999년 후반부터 지방자치법을 개정하여 종전의 기관위임사무를 폐지하고 이를 자치사무화하였으며, 자치사무화할 수 없는 사무에 대해서는 법정수탁사무라는 새로운 사무배분체계를 정립하였다.

일본의 사무구분을 살펴보면, '법률 또는 정령에 근거가 있는 자치사무'와 '법률 또는 정령에 근거가 없는 자치사무'로 나눠진다. 일본은 이 구분에 따라서 법정수탁사무와 그 이외의 사무로 이분하고, 법정수탁사무 이외의 것은 모두 자치사무화하였다. 그 결과 자치사무의 구분과 범위가 더 명료해져 용이하게 사무배분을 추진할 수 있었고, 국가와 지방자치단체간 관계에서 새로운 규칙의 제정, 새로운 국가의 관여방식 체계화, 규제의 재검토 등이 추진되었다. 이와 함께 종전의 기관위임사무(561항목)를 폐지하고 이를 자치사무(60%)와 법정수탁사무(40%)로 재분류하였다. 특히, 복지, 교육, 토지이용 등 자주적인 기능들은 자치사무화하였다. 나머지 법정수탁사무는 국가위임사무(제1호)로 국가가 본래 완수해야 할 사무로서 법률 또는 정령에 근거하여 도도부현, 시정촌 또는 특별구가 처리하도록 규정한 사무를 말한다. 또 다른 법정수탁사무의 유형은 광역사무의 기초위임사무(제2호)로 도도부현이 본래 완수해야 하나 법률 또는 정령에 근거하여 시정촌 또는 특별구가 처리하도록 규정한 사무로 제한하고 있다(안영훈, 2009).

(2) 불명확한 사무구분의 정비

현행 지방자치법은 행정사무를 국가사무, 자치사무, 기관위임사무, 단체위임사무로 구분하고 있으나 실제로 특정사무가 다른 사무와 깊은 관련속에 있기 때문에 독자적으로 실무에서 어떤 종류의 사무인지를 구분하기가 쉽지 않다. 이로 인해 정부간 책임의식의 부재, 사무성질에 따른 법령 제·개정의 미비, 구별기준의 모호로 인한 갈등과 비효율 그리고 공동사무의 책임성·효율성 저하 등의 문제점이 야기되고 있다. 특히 사무구분이 모호함으로 인해 사무이양과 관련하여 지방자치단체의 국정감사 거부, 경비부담 요구와 같은 논란들이 발생하고 있다. 또한 국가사무의 지방자치단체로의 위임에 따른 국가위임사무 수행의 과다, 국가관여 범위의 불명확함에 의한 지방자치단체의 자치권 침해가 빈번하게 지적되고 있어 사무구분체계를 정비할 필요가 있다.

(3) 중복적인 사무배분의 개선

사무구분의 불명확과 아울러 각급 정부간에 동일한 사무를 중복 배분하여 국가, 광역단체, 기초단체가 동시에 같은 내용을 수행하는 공동사무의 경우가 많다. 국가와 지방자치단체가 동시에 수행하는 공동사무는 국가의 협력이 필요한 경우 내지 양자가 공동으로 이해를 가지는 경우에 활용되고 있지만, 법적인 근거도 없이 행정지침으로 사무를 규정하고 있으므로 실제 사무수행에 여러 가지 혼란을 야기하고 있다.

국가와 지방의 공동사무가 증가하는 이유는 현대 행정의 특성상 이해관계가 국가와 지방자치단체 모두에게 있어서 상호 협력하여 처리하는 사무가 많아지기 때문이지만, 공동사무는 국가가 재정분담 노력없이 지방에 대한 감독을 강화시키는 경향이 높으며, 중앙정부 기능의 지방이양 회피수단으로 전락할 수 있다. 공동사무는 중복행정 또는 책임회피의 우려가 있고, 명확한 사무구분으로 책임성과 효율성을 제고할 수 있으므로 가급적 축소하는 것이 바람직할 것이다.

(4) 사무이양에 따른 재정지원의 강화

사무구분 체계에서 가장 큰 문제점은 기관위임사무의 경우 경비부담은 지방재정법에 따라 국가가 전액 부담하도록 되어 있으나 실제로 국가가 전액부담하는 경우는 거의 희박하다. 지방자치단체의 실정을 고려하지 않은 국가사무의 위임 경향이 지방의 재정부담을 가중시키고 있으며, 특히 재정자립도가 낮은 지방의 경우 위임사무에 소요되는 경비부담으로 지방의 고유 사무처리에 지장을 받고 있는 실정이다.

이러한 결과는 지방자치단체가 수행하는 사무의 재원조달방법이 그 사무의 성질에 따라 결정되어야 한다는 기본 원칙이 지켜지지 않고 있음을 말해준다. 따라서 기관위임사무가 자치사무로 전환된 이후에 업무의 효과적인 수행을 위해 국가는 지방자치단체에 기존의 기관위임사무 처리에 수반되는 인력과 비용의 규모와 이를 보전하기 위한 방법을 강구해야 한다.

참고문헌

강용기. (2004). 정부간 관계의 거버넌스: 전라북도의 지자체간 상호관계를 중심으로. 「한국지방자치학회보」. 16(2): 5-19.

강재호 외. (2004). 「중앙-지방간 협력관계 증진방안 연구」. 서울: 대통령자문 정책기획위원회.

김병준. (2009). 「지방자치론」. 서울: 법문사.

김현조. (2009). 「지방자치론」. 서울: 대영문화사.

안영훈. (2009). 우리나라 사무구분 체계 개선방안 연구. 「지방정부연구」, 13(1): 149-171.

이기우 · 홍준현 · 권영주 · 이종원. (2004). 지방자치단체 수행사무 구분체계의 개편 방향. 「한국공공관리학회보」, 18(1): 53-80.

이달곤. (2004). 「지방정부론」. 서울: 박영사.

이승종 · 서재호. (2009). 「지방행정체제개편론」. 서울: 법문사.

임승빈. (2009). 「지방자치론」. 제3판. 서울: 법문사.

정정화. (2003). 환경규제권한 배분의 정치과정: 오염물질 배출업소 규제권한의 시 · 도 위임과정 비교분석. 「한국지방자치학회보」. 15(1).

한승준. (2006). 지방정부간 관계의 거버넌스 구축에 관한 연구: 수도권교통조합을 중심으로. 「한국행정학보」, 40(4): 253-276.

홍준현. (2010). 기관위임사무 지방이양의 실태 및 시사점: 소요 인력 및 비용 추계를 중심으로. 「지방정부연구」, 14(3): 51-79.

村松岐夫. (1988). 「地方自治」. 東京: 東京大學出版部.

Anderson, W. (1960). *Intergovernmental Relations in Review.* Minneapolis University of Minnesota Press.

Chandler, J. A. (2001). *Local Government Today*(3rd ed.). Manchester University Press.

Ellison, B. A. (1998). Intergovernmental Relations and the Advocacy Coalition Framework: The Operation of Federalism in Denver Water Politics. *The Journal of Federalism*, 28(4).

Humes, Samuel, and Eileen Martin. (1969). *The Structure of Local Government.* The Hague: International Union of Local Authorities.

Kooiman, J. (1994). *Modern Governance, New Government-Society Interactions.*

London: Sage Publications.

Rhodes, R. A. W. (1979). "Research into Central-Local Relations in Britain." In Social Science Research Council, *Central-Local Government Relation-ships.*

______. (1986). "Power Dependence Theories of Central-Local Relations: a Critical Assessment," In M. J. Goldsmith(ed.). *New Research in Central-Local Relations.* Aldershot: Gower Publishing Company Limited.

______. (1997). *Understanding Governance: Policy Network, Governance, Reflexity and Accountablity.* Bristrol, PA: Open University Press.

Turner, R. S. (1990). International Growth Management: A Partnership Framework for State-Local Relations. *The Journal of Federalism*, 20(2).

Wilson, D. & Game, C. (1998). *Local Government in the United Kingdom.* England, U. K.: Macmillan Press Ltd.

Wright, D. S. (2007). "Models of National, State, and Local Relationships." In Laurence O'toole Jr.(ed.). *American Intergovernmental Relations: Foundations, Perspectives, and Issues*(4th ed.). Washington D.C.: CQ Press.

______. (1988). *Understanding Intergovernmental Relations.* Pacific Grove, California: Brooks/Cole Publishing Company.

Zimmerman, J. F. (1995). *State-Local Relations.* Westport, Connecticut: Praeger Publishers.

______. (1998). Interstate Cooperation: The Role of the State Attorneys General, *The Journal of Federalism*, 28(1).

CHAPTER 06

지방자치단체의 계층과 구역

제 6 장 지방자치단체의 계층과 구역

지방자치단체는 일정한 지리적 공간을 관할구역으로 하여 계층을 이루고 있다. 지방자치단체는 대개 광역적 사무를 처리하는 광역자치단체와 주민의 삶에 접근한 행정서비스를 제공하는 업무를 주로 하는 기초자치단체로 구분되는데, 이들 지방자치단체가 일정한 층계를 유지하고 있는 것을 자치계층이라고 한다. 프랑스, 이탈리아, 태국 등지의 지방자치단체는 3개의 자치계층을 이루고 있는가 하면, 일본, 한국 등 대부분의 국가는 2층제로 되어 있고, 뉴질랜드와 같이 단일계층으로 이루어지는 나라도 있다. 지방자치단체의 구역은 지방자치단체의 자치권이 미치는 지리적 영역으로 다양한 기준에 의해 설정되고 조정되기도 한다.

제 1 절 자치계층구조

1. 자치계층과 행정계층

지방자치단체가 성립되기 위해서는 서비스가 미치는 일정한 관할구역을 가져야 하고, 그러한 관할구역은 원칙적으로 중첩되지 않아야 한다. 이러한 원칙은 동일한 계층에 있는 지방자치단체간 관계에 한정되는 것이고, 수직적 관계에 있는 지방자치단체간에는 해당되지 않는다. 우리의 광역지방자치단체인 시 · 도의 관할구역은 기초자치단체인 시 · 군 · 구의 관할구역을 포함하고 있어 중첩되고 있다. 이처럼 지방자치단체간 수직적 계층을 자치계층

그림 6-1 우리나라의 자치계층과 행정계층

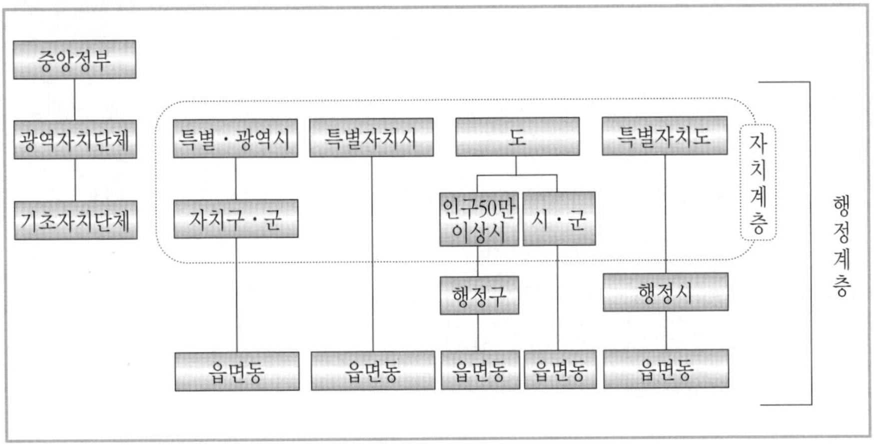

이라고 한다. 다시 말해 자치계층은 자치권을 가진 지방자치단체간의 수직적 구조를 의미한다. 우리나라의 경우 자치권을 가진 지방자치단체는 제주도와 세종시를 제외하고는 광역자치단체인 시·도와 기초자치단체인 시·군·구로 구성되어 있으므로 자치2계층으로 구성되어 있다.

이러한 자치계층은 행정계층과 구분되는 개념이다. 자치계층이 지방자치단체간 수직적 구조를 의미하는 데 반해 행정계층은 행정기관간 수직적 구조를 의미한다. 행정기관에는 자치권이 없는 일반행정기관과 더불어 자치권을 가진 지방자치단체도 포함된다. 지방자치단체도 행정기능을 수행하기 때문이다. 이렇게 본다면 행정계층은 광역자치단체인 시·도, 기초자치단체인 시군구, 행정시, 행정구, 읍면동 등을 포함하는 보다 복잡한 구조의 특징을 보인다. 행정계층은 중앙집권 국가에서 전국을 효율적으로 통치하려는 차원에서 편의상 분할한 것이고, 자치계층은 주민(지역)공동체의 정책결정 및 집행의 단위이다(이달곤, 1995). 전자는 행정적 효율성을 중심으로 하는 개념이고, 후자는 정치적인 민주성을 중심으로 하는 개념이다. 행정계층은 중앙집권의 논리에 의하여 결정되며 지방자치가 이루어지기 이전에도 존재한다.

이러한 자치계층과 행정계층의 개념을 적용하면, [그림 6-1]에서 보는 바와 같이 우리나라는 자치2층제를 기조로 하면서 일부 지역에서만 단층제를 채택하고 있다. 특별·광역시는 자치구·군을 두고 있고, 도는 시·군을 두는 자치2층제를 채택하고 있다. 그에 반해 제주특별자치도는 기초자치단체를 갖지 않고 행정시와 읍면동만 갖는 단층제를 유지하고 있고, 2012년에 출범한 세종특별자치시도 읍면동만 있는 단층제를 채택하고 있다. 그에 반해 행정계층은 지역별로 다양하다. 특별시·광역시는 자치구·군과 읍면동으로 이루어진 행정3층제를 유지하고, 세종특별자치시는 읍면동으로 구성되는 행정2층제를 채택하고 있으며, 제주특별자치도는 행정시와 읍면동으로 이루어진 행정3층제를 유지하고 있다. 도의 경우 인구 50만명 이상의 대도시와 일반시·군이 다르다. 인구 50만명 이상 대도시는 도－시－행정구－읍면동으로 구성되는 행정4층제를 유지하고 있고, 일반시·군은 도－시·군－읍면동의 행정3층제를 유지하고 있다.

2. 단층제와 중층제

(1) 자치계층구조의 의의

지방자치단체와 중앙정부는 기능적 측면에서는 수평적 협력관계나 상호의존관계를 유지할 수 있지만 구조적 측면에서는 계층적 상하관계에 있다. 이러한 관계는 지방자치단체간 수직적 관계에도 적용될 수 있다. 광역자치단체나 기초자치단체가 그 나름의 자치권에 기초하여 독립성을 유지하고 있지만 구조적 측면에서는 상하관계를 유지하고 있다. 물론 중앙과 지방자치단체간의 관계나 광역과 기초자치단체간 관계는 기능적 측면에서도 결정적일 때는 상하관계에 놓이기도 한다. 지방자치단체간 수직적 구조인 자치계층은 하나일 수도 있고, 둘 이상일 수도 있다. 자치계층이 하나만 존재하는 형태를 단층제(single－tier system)라 부르고, 둘 이상의 자치계층이 존재하는 형태를 중층제(multi－tier system)라고 한다.

자치계층은 기업이나 정부 내에 존재하는 일반조직의 계층(hierarchy)과는 다른 특징을 가진다. 일반 조직에 있어서의 계층은 조직전체의 목표를 달성하기 위한 효과적인 분업과 통솔 수단으로서의 의미를 지니고 있다. 즉,

조직이 크고 일이 복잡한 경우 한 사람의 지도자 또는 지도부가 모든 조직 구성원을 통솔하는 일이 불가능하기 때문에 이를 해결하기 위한 방법으로 계층을 두게 된다. 계층을 두면 분업화에 따른 장점을 취할 수 있고, 전문화가 가능해지기도 하고, 인간이 지닐 수밖에 없는 제한된 통솔 범위(span of control)의 문제를 극복할 수도 있다. 그러나 자치계층은 중앙정부나 상급지방자치단체의 정책의지와 목표를 실현하기 위한 하부기관이 아니며, 그 수단은 더욱 아니다. 독자적으로 자기 목표를 설정할 수 있는 자치권을 지니고 있으며, 지역사회와 지역주민이라는 독자적 자치기반을 지니고 있다. 자연히 중앙정부나 상급지방자치단체와 대립하고 반목할 수 있으며, 경우에 따라서는 심한 갈등을 빚을 수도 있다.

지방자치단체에 자치권을 부여하는 것은 일면 이러한 대립과 갈등이 일어날 수 있음을 전제로 한다. 그리고 이러한 대립과 갈등이 세계관과 이해관계에 따라 달라지므로 때로 국가발전에 도움이 될 수 있다는 인식을 전제로 한다. 대립과 갈등이 해소되는 과정에서 국가발전을 가로막고 있는 잘못된 제도와 관행이 고쳐질 수도 있고, 중앙정부와 지방자치단체간의 건설적 경쟁구도가 자리잡을 수 있기 때문이다. 지방자치단체의 계층을 일반조직의 계층과 혼동하여 자치계층간에 일어나는 대립과 갈등을 반드시 부정적인 현상으로 판단할 필요가 없다(김병준, 2009: 173-174). 물론 과도하면 국가의 통일성에 문제가 된다. 영국의 계층구조개혁 초기에 제기된 문제 중 하나는 단층제로 전환된 후 광역과 기초자치단체간 수직적 경쟁이 감소하였다는 것이었다. 이처럼 주민들이 광역자치단체의 역할과 기초자치단체의 역할을 구분할 수 있을 정도로 자치의식이 성숙하면, 자치계층은 지방자치단체간 수평적 경쟁에 더하여 수직적 경쟁을 촉진시킬 수도 있다.

(2) 단층제와 중층제의 장단점

단층제와 중층제의 장단점을 일률적으로 논하기 어렵다. 국가의 역사와 정치·경제적 상황과 중앙-지방정부 관계 등에 따라 달라질 수 있기 때문이다. 그러나 다른 상황적 요인이 동일하다는 전제하에 일반론적 관점에서 단층제와 중층제의 장단점을 정리하면 다음과 같다.

1) 단층제의 장단점

자치계층이 하나인 단층제의 장점은 다음 세 가지로 요약할 수 있다.

첫째, 행정의 효율성 제고에 기여할 수 있다. 행정의 효율성은 다양한 측면에서 측정할 수 있지만 행정기구와 인력의 절감, 행정감독과 통제에 따른 부작용 그리고 행정지연 등의 측면에서 단층제가 유리하다는 것이다. 복지업무와 같이 국민에게 베푸는 시책은 광역과 기초에서 중복적으로 추진되기도 하는데 이렇게 정확한 기능구분 없이 중복으로 수행하는 문제를 방지할 수 있다. 단층제는 중층제에 비해 어느 하나의 계층에서 유지되는 행정기구와 인력을 절감할 수 있고, 국가 또는 상급자치단체의 행정감독과 통제비용을 줄일 수 있다. 국가의 정책이 주민에게 연결되는 의사결정단계를 줄이고 반대로 주민의 요구가 국가의 정책에 연결되는 단계를 축소할 수 있다는 점에서 행정의 지연을 줄일 수 있다.

둘째, 단층제는 행정의 대응성과 고객지향성을 실현하는 데 기여한다. 국가의 정책을 주민들에게 연결되는 단계와 통로를 줄여 신속성과 정보의 왜곡을 줄일 수 있다. 반대로 주민의 의사가 국가의 정책에 반영되는 과정에서 왜곡과 지연을 줄일 수 있다. 다시 말해 정책의 전달 또는 주민의 의사의 반영에 있어서 하나의 단계를 줄임으로써 주민의 요구를 보다 신속하고 명확하게 파악하여 주민의 요구에 부응하는 정책의 추진을 통해 행정의 대응성 제고와 이를 통한 고객지향적 행정을 구현하는 데 기여한다는 것이다.

셋째, 단층제는 행정의 책임성을 명확히 할 수 있다. 단층제는 관할구역의 중첩을 허용하지 않아 하나의 지방자치단체가 해당 관할구역에 대하여 전적으로 책임을 지게 된다. 대개 시·도와 시·군·구의 자치2층제하에서는 기업유치 등 잘한 일에 대해서는 서로 공을 다투면서도 수질오염 등 잘못된 일에 대해서는 책임을 전가하는 일이 일어난다. 근본적인 원인이 관할구역이 중첩될 뿐만 아니라 기능배분에 있어서도 일부 중복이 이루어지기 때문이다. 그러나 단층제하에서는 이러한 문제가 일어날 가능성이 거의 없다. 관할구역과 기능배분상의 중첩이 없으므로 해당 관할구역 내에서 일어나는 문제에 대해서는 하나의 지방자치단체가 책임을 지게 된다.

그에 반해 단층제의 단점은 다음 세 가지로 요약된다.

첫째, 광역행정과 정책조정이 어려울 수 있다. 하나의 자치계층만 존재할 경우 주민의 생활과 관련된 기초적 수요에 대한 대응성은 증대될 수 있지만 여러 지방자치단체에 걸치는 광역적 행정수요에 대한 대응이 곤란할 수 있다. 또한 지방자치단체간 정책갈등과 분쟁에 대한 조정이 곤란할 수 있다.

둘째, 지방자치단체간 수직적 협력과 경쟁을 저해할 수 있다. 단층제하에서는 기초지방정부의 능력을 초과하는 대규모 사업을 추진하기 어렵다. 광역자치단체와 기초자치단체가 협력하여 외자유치나 엑스포 개최를 성사시키는 경우가 있는데 단층제에서는 어렵게 된다. 또한 중층제하에서는 광역자치단체와 기초자치단체간에 비용과 성과를 높고 선의의 경쟁을 벌이는 일도 가능하지만 단층제하에서는 이러한 수직적 경쟁은 기대하기 어렵다.

셋째, 지방분권을 저해하거나 중앙집권화에 기여할 수 있다. 광대한 관할구역과 강화된 자치역량을 갖춘 중간자치단체의 부재로 인해 중앙정부의 권한이양을 지연시킬 수 있다. 또한 단층제하에서는 다수의 소규모 자치단체가 존재하게 되므로 하나의 지방자치단체가 처리하기 어려운 대규모 사업과 여러 지방자치단체에 걸친 광역사무에 대해서는 지방자치단체간 협력기구를 만들어 처리하거나 중앙정부에서 직접 처리하게 된다. 자연히 지방자치단체에서 중앙정부로 권한이 역이양되는 신중앙집권화가 초래될 수 있다. 우리나라에서 도폐지 단층제 대안이 검토될 때도 이러한 신중앙집권화 우려에 대한 문제가 제기된 바 있다.

2) 중층제의 장단점

중층제는 중앙정부와 기초자치단체 사이에 광역적 관할구역을 관장하는 지방자치단체를 두는 구조이다. 기본적으로 중층제의 장점은 단층제의 단점에 해당되고, 중층제의 단점은 단층제의 단점에 해당된다. 따라서 중층제의 장단점에 대해서는 간단히 살펴보고자 한다. 먼저 중층제의 장점은 다음의 세가지로 요약된다.

첫째, 여러 지방자치단체에 걸치는 광역행정수요에 대한 대응이 용이하고, 지방자치단체간 정책갈등과 분쟁의 조정이 유리하다.

둘째, 지방자치단체간 수직적 협력을 강화하여 기초자치단체가 수행하기 어려운 대규모 사업을 추진할 수 있다. 아울러 행정의 혁신과 정책성과를 놓고 광역과 기초자치단체간 수직적 경쟁을 촉진할 수 있다.

셋째, 광역자치단체의 존재를 통해 지방분권을 촉진하고, 중앙정부의 불필요한 통제를 예방할 수 있다. 특히 지방자치단체의 권한이 중앙정부로 역이양되는 신중앙집권화를 예방할 수 있다.

중층제의 단점을 간단히 살펴보면 다음과 같다.

첫째, 행정의 비효율성과 낭비를 초래할 수 있다. 둘 이상의 지방자치단체에서 유사중복 기구와 인력을 유지하고, 정책추진과 주민의사 반영에 있어서 너무 많은 단계를 거치게 되며, 행정감독과 통제에 따른 비효율성이 증대될 수 있다.

둘째, 상대적으로 많은 수의 의사결정단계와 업무처리절차로 인해 주민의 의사가 왜곡될 수 있고, 정책추진의 신속성과 정확성을 감소시킬 수 있다.

셋째, 상급자치단체와 가초자치단체간 관할구역과 기능의 중복으로 인해 책임전가 또는 회피의 가능성이 높아진다.

3. 주요 선진국의 자치계층구조

(1) 미국의 자치계층구조

연방제를 채택하고 있는 미국은 기본적으로 주정부(state government) 관할하에 카운티(county)를 두고, 카운티(county) 아래에 도시화의 정도와 규모 등 지역적 특성을 고려하여 타운(town), 타운십(township), 시티(city), 빌리지(village) 등을 둔 자치2층제를 취하고 있다. 광역지방정부인 카운티(county)는 50개 주에 걸쳐 3,000여 개 정도가 된다. 일부 주에서는 카운티 대신 버러(borough)나 패리쉬(parish)라 부르고 있는데 이는 영국에서 전래된 명칭이다.

기초자치단체는 타운십(township)과 뮤니시팔리티(municipality)의 두 가지 유형이 있다. 타운십은 원래 광역지방정부인 카운티를 구성하는 지리적 영역의 하나를 의미하는데, 타운십의 영역을 관장하는 정부가 있을 때 이를 타운십 정부(township government)로 부른다. 타운십 제도는 주로 뉴잉글랜드 지역을 중심으로 한 북동부지역과 북중부 일대에서 많이 운영되고 있다. 그러나 뉴잉글랜드를 포함한 일부 지역에서는 타운십을 뮤니시팔리티의 한 형태인 타운(town)으로 부르기도 한다. 뮤니시팔리티(municipality)는 카운티나 타운십 내의 특정지역이 인구집중 등으로 성장하여 자치권을 갖게 된 기초자치단체를 의미하는데 인구규모나 밀도, 그리고 그 지역의 역사와 관행에 따라 시티, 타운, 빌리지 등으로 불린다.

미국의 자치계층은 기본적으로 2계층제를 유지하지만 카운티와 시티가 결합된 통합시(consolidated cities)와 카운티에 소속되지 않은 독립시(independent cities)도 있다. 이들 지역은 단층제로 전환되었다고 할 수 있다. 뉴욕(New York) 주의 뉴욕시(City of New York)의 경우 5개의 버러(borough; Manhattan, Queens, Bronx, Staten Island, Brooklyn)로 구성되어 있는데 버러가 5개의 카운티와 병존하고 있다. 뉴욕시의 버러(borough)는 자치헌장이 없고 시헌장의 규정을 적용받기 때문에 자치정부로 보기 어렵지만, 버러의 의회의원을 해당 버러지역의 주민이 직접 선출한 시의회 의원이 겸직하고 버러의 장(Borough President)을 지역주민이 직접 선출하기 때문에 지방자치단체의 성격을 많이 가지고 있다. 이 밖에 미국에서는 주정부가 직접 관할하는 1만 3,500여 개의 학교구와 소방, 하천 등의 분야에서 3만 5,000여 개의 특별구가 설치되어 있는 것도 특징이다.

그림 6-2 미국의 자치계층구조

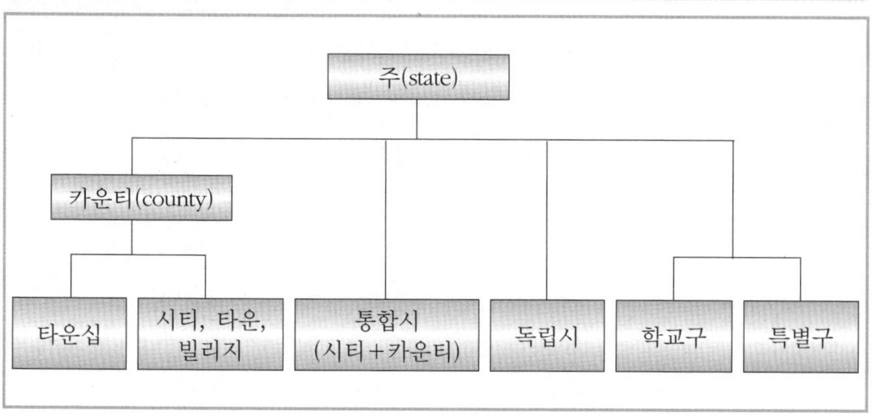

(2) 영국의 자치계층구조

우리나라의 자치계층구조 개혁에서 가장 많이 인용 또는 참조되고 있는 영국의 자치계층구조는 오랜 역사적 과정을 거쳐 형성되었다. 1990년대 초반까지 영국은 런던버러와 잉글랜드 도시지역 그리고 북아일랜드에서만 단층자치단체가 도입됨으로써 여전히 혼재된 시스템을 유지하고 있었다. 런던과 대도시지역을 제외하고는 2층제가 유지되고 있었다. 이러한 시스템은 1990년대 중반 이후 더 많은 단층자치단체가 출현함에 따라 커다란 변화를 겪게 되었다(Wilson, 2005: 158).

이러한 점에서 영국의 자치계층제는 단층제와 중층제가 혼재된 구조이다. 먼저 가장 중요한 지역이라 할 수 있는 잉글랜드(England)를 보면 기본적으로 6개의 대도시 카운티(metropolitan county)와 46개의 통합시(unitary authority) 그리고 34개의 비대도시 카운티(non-metropolitan county)가 있다. 이에 더해 2000년 새로이 설립된 광역런던시(GLA: Greater London Authority)는 수도로서의 특별한 의미와 지위를 가지고 있으며, 그 안에 32개의 버러(borough)와 하나의 시티(city), 즉 런던시(City of London)를 둔 자치 2층제로 구성되어 있다.

대도시 카운티는 광역런던시 이외의 6개 대도시 지역에 존재하며 그 아래에 대도시 디스트릭트(metropolitan district)라 불리는 기초자치단체를 두고 있다. 언뜻 보아도 자치 2층 구조를 이루고 있는 것처럼 보이지만 실제에 있어 대도시 디스트릭트만이 지방자치단체로 기능하는 단층제이다. 1986년 광역런던시(GLC)를 비롯한 대도시 지방정부를 해체하는 과정에서 대도시 카운티가 지방자치단체로서의 지위를 상실했기 때문이다. 비대도시 카운티는 중층제로 운영되고 있다. 즉 카운티 아래 여러 개의 비대도시 디스트릭트가 기초지방정부로 운영되는 자치 2층의 구조를 이루고 있다. 그러나 1996년 이래 이러한 자치 2층의 구조를 통합하여 단층화하는 작업이 진행되어 왔다. 통합시(unitary authority)는 이러한 개편작업의 결과로 탄생했다.

웨일즈(Wales)와 북아일랜드(Northern Island) 지역은 모두 단층제를 운영하고 있다. 웨일즈는 1996년까지 7개의 카운티 아래 37개의 디스트릭트를 가지고 있었으나 1994년 마련된 개편안에 의해 1996년부터 웨일즈는 22개의 통합시(unitary authority)로 개편하였다. 북아일랜드도 1973년 개편 때까지는 자치2층제를 유지했으나 그 이후부터는 단층제인 26개의 디스트릭트로 개편하였다.

스코틀랜드 지역은 특수한 자치계층구조를 가지고 있다. 스코틀랜드는 웨일즈와 더불어 단층자치단체 설치와 거의 동시적으로 광역적 관할구역을 갖는 지역정부를 창설하려는 노력이 추진되었다(Lancaster & Roberts, 2004: 371－378; Coxall, et.al, 2003: 303). 스코틀랜드는 1997년의 주민표결에 의해 새로운 지역의회(Scottish Parliament)를 설치하였는데, 스코틀랜드의회는 주민에 의해 직선되는 의원으로 구성되고, 집행부의 구성과 더불어 제한된 범위이지만 조세권(조세변경권)도 보유하고 있다. 또한 영국의회로부터 이양받은 권한범위 내에서 스코틀랜드 지역문제에 대한 입법을 제정할 수 있다. 따라서 스코틀랜드는 엄밀히 말해 단층제가 아니라 지역정부－통합시의 자치2층제를 유지하고 있다고 볼 수 있다.

영국의 자치계층 구조에서 특이한 사항은 주민직선의 의회를 운영하는 준지방자치단체(sub－principal authority)의 존재이다. 영국 국교의 교구제도에 기원을 둔 자치행정조직으로 소도읍(town)이나 농촌지역을 중심으로 잉글랜

그림 6-3 영국의 자치계층구조

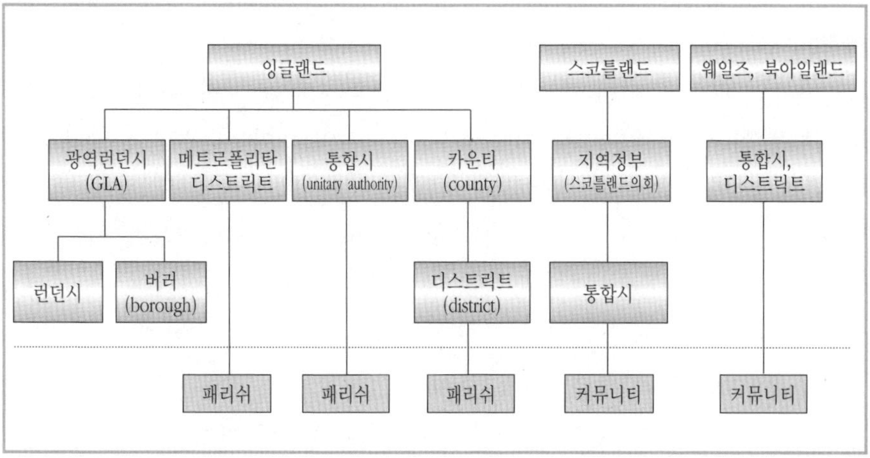

드에는 약 1만개 정도의 패리쉬(parish)가 운영되고 있고, 웨일즈와 스코틀랜드에는 900~1,200개 커뮤니티(community)가 구성되어 있다.

(3) 프랑스의 자치계층구조

프랑스의 자치계층은 가장 상위의 레지옹(region), 그 아래에 광역정부인 데파르뜨망(département), 그리고 기초정부인 꼬뮨(commune)의 3계층으로 이루어져 있다. 지방자치의 기본단위인 꼬뮨의 인구는 수십만명을 넘는 도시형도 있지만 대부분은 1,000명 이하의 소규모를 유지하고 있다. 프랑스 전역에 이러한 꼬뮨은 3만 6,500개에 달한다.

우리나라의 도에 해당하는 데파르뜨망은 본토에 96개가 설치되어 있는데 1982년 지방분권법이 시행되기 전까지는 중앙정부가 임명한 지사(préfet)가 행정권을 장악하였다. 그러나 1982년 이후 데파르뜨망 의회와 의회가 선출한 의회 의장(president)이 지방행정을 담당하고 있다. 레지옹은 1955년 설립되어 광역단위의 지역개발계획을 주로 다루어 왔으나 1982년 지방분권법으로 법인격을 부여받은 광역정부가 되었다. 레지옹은 해외에 있는 4개를 포함해 26개이며 레지옹 의회가 선출한 의장(president)이 레지옹을 대표한다. 이들 자치계층 외에 군(郡) 또는 구(區)의 의미를 갖는 아롱디스망(arrondisse-ment)과 선거구인 캉통(Canton)이 있다. 아롱디스망의 장은 국가공무원으로 임명되며 지방의회가 구성되지 않은 행정기관이다. 캉통은 데파르뜨망 의회 의원을 선출하기 위한 선거구로서 하나의 캉통에서 1인의 데파르뜨망 의원을 뽑는다.

수도인 파리(Paris)는 데파르뜨망과 꼬뮨의 지위를 동시에 지니고 있어 2계층제로 이루어져 있다. 특이한 것은 다른 지역의 아롱디스망과 달리 파리의 아롱디스망은 주민이 선출하는 의원들로 구성되는 지방의회를 운영하고 있으며, 그 장(長)도 지방의회가 선출함으로써 사실상 지방정부의 역할을 수행하고 있다는 점이다. 그러나 파리시의 아롱디스망은 법인격을 갖지 않기 때문에 지방자치단체에 준하는 지위를 갖는데 불과하며, 자치계층에 속하지 않는다. 파리와 함께 리용과 마르세이유도 이러한 특별한 지위를 부여받고 있다. 따라서 프랑스 대도시는 레지옹-데파르뜨망의 자치 2층제로 구성되

그림 6-4 프랑스의 자치계층구조

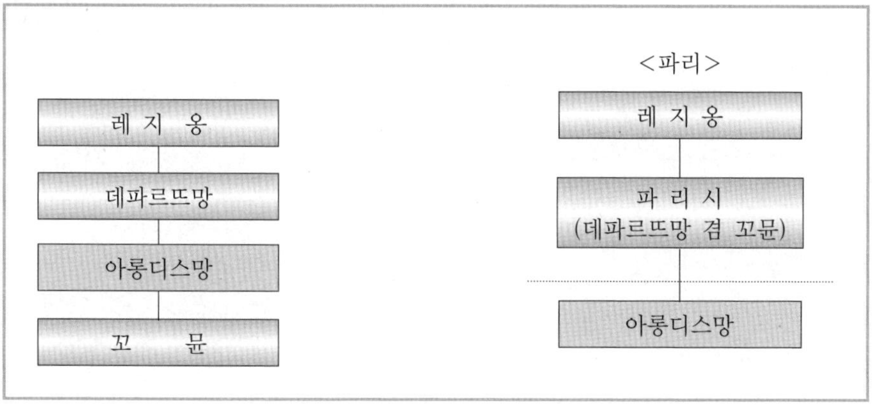

어 있다.

(4) 독일의 자치계층구조

연방국가로서 독일은 16개의 주(Land)로 구성되어 있다. 주(州) 정부는 헌법에 명시된 연방정부의 행정사무를 제외한 모든 사무를 관장한다. 주정부 산하에 우리나라의 광역자치단체에 해당하는 크라이스(kreis) 또는 도시형 크라이스(stadtkreis)가 있고, 그 아래에 기초지방정부인 게마인데(gemeinde)가 있다. 그러나 독일의 자치계층은 주(州)에 따라 다소 다른 모습을 보이고 있다.

첫째, 주(州)이면서 지방정부이기도 한 베를린(Berlin), 함부르크(Hamburg), 브레멘(Bremen) 등 3개 대도시는 단층제의 형태를 취하고 있다. 그러나 실제 운영에 있어서는 구(區)라 할 수 있는 베지르케(bezirke)를 두고 있는 특수한 구조를 갖는다. 베지르케는 법률적으로 독자적인 자치권을 가진 지방정부는 아니지만 제한된 범위에서 자치권을 가지고 있고, 주민에 의해 선출된 의원(bezirksamtsleiter)으로 구성되는 의회를 운영하고 있다. 베지르케의 장(bezirksburgermeister)은 베지르케 의회에서 선출된 뒤 주의회의 임명절차를 거치고 있다. 그러나 베지르케 역시 프랑스의 아롱디스망처럼 법인격을 가지고 있지 않으므로 지방자치단체에 준하는 지위를 갖는데 불과하며, 자치

그림 6-5 **독일의 자치계층구조**

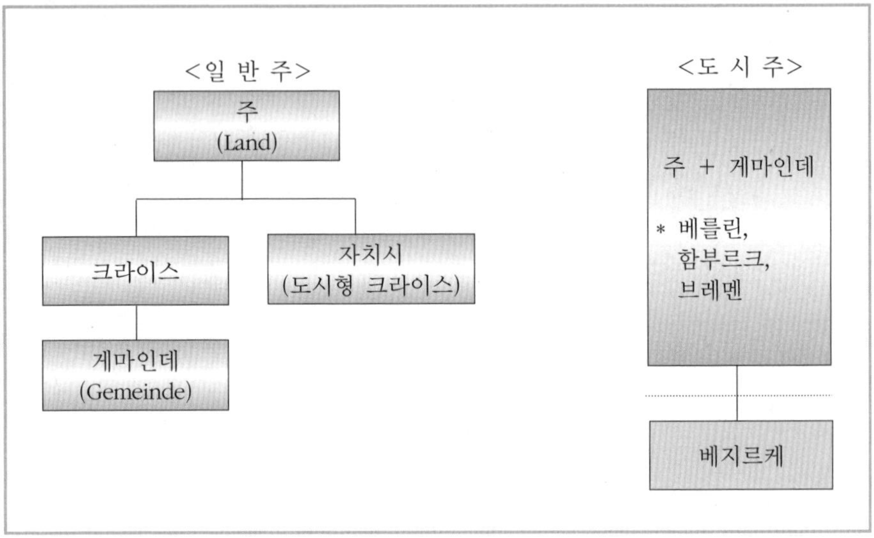

계층제에 포함시키기 어렵다.

둘째, 베를린 등 3개의 도시주(city-state)를 제외한 나머지 13개 주(州)의 경우 단층제와 중층제가 혼용되고 있다. 농촌지역에서는 기초지방정부인 게마인데(gemeinde)와 광역지방정부인 크라이스(kreis)가 2계층제로 자리잡고 있다. 주(州)에 따라서는 크라이스와 게마인데 사이에 엠트(amter)로 불리는 지역 사무소를 두기도 하는데, 이는 크라이스의 사무소일 뿐 지방정부는 아니다. 농촌지역과 달리 도시지역은 주로 단층제가 운용되고 있다. 즉 크라이스에 속하지 않는 자치시(kreisfreie stadte)들이 주(州)정부 아래 단층을 이루고 있다. 영국의 단층자치단체와 같은 형태로 일부 주(州)에서는 이를 도시형 크라이스(stadtkreis)라 부르기도 한다. 규모가 큰 일부 주(州)는 단층의 도시정부나 농촌지역의 크라이스 사이에 주정부 사무소인 광역행정청(regierungsbezirke)을 두고 있는 경우도 있다.

(5) 일본의 자치계층구조

일본의 자치계층은 우리나라와 마찬가지로 광역자치단체인 도·도·

부・현(都・道・府・縣)과 기초자치단체인 시・정・촌(市・町・村)의 2계층으로 되어 있다. 광역사무를 처리하는 도・도・부・현은 1도(東京都), 1도(北海道), 2부(府), 43현(縣) 등 모두 47개로 구성되어 있다. 도・도・부・현에는 주민이 선출한 의원으로 구성되는 지방의회가 있으며, 집행기관의 장(長)으로 역시 주민에 의해 선출되는 지사(知事)가 있다.

도・도・부・현 아래 기초지방정부인 시・정・촌(市・町・村)은 권한과 기능에 있어 큰 차이가 없고, 인구규모에 따라 큰 것은 시(市), 작은 것은 촌(村)으로 분류된다. 시는 인구규모에 따라 지정시(50만명 이상), 중핵시(30만명), 특례시(20만명) 제도를 도입하고 있는데, 이를 자치단체는 광역자치단체인 도・도・부・현이 갖는 권한의 일부를 이양받아 처리하고 있다. 지정시에는 구(區)를 설치할 수 있으나 자치단체가 아닌 행정기관으로 지방의회가 설치되지 않으며 그 장(長)도 지정시의 시장이 임명한다.

수도인 도쿄도에는 37개의 시・정・촌과 함께 도심지역에는 23개의 특별구를 두고 있다. 특별구는 인구가 고도로 밀집된 대도시 행정의 일체성과 통일성을 확보하기 위해 설치된다. 특별구의 구청장과 구의원은 일반적인 기초자치단체인 시・정・촌과 마찬가지로 주민의 직접선거에 의하여 선출된다.

그림 6-6 일본의 자치계층구조

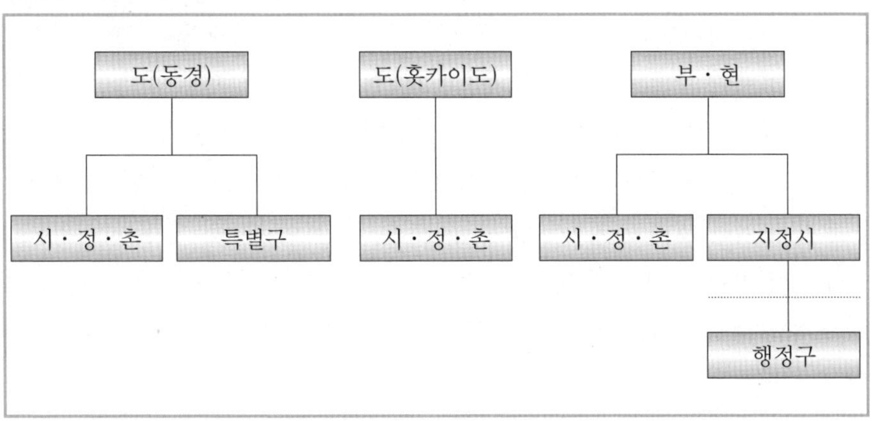

제2절 지방자치단체의 구역

1. 자치구역의 의미

지방자치단체의 구역은 지방자치단체의 자치권과 행정권이 미치는 지리적 영역을 의미한다. 지리적 경계로서의 구역이 가지는 의미는 매우 중요하다. 첫째, 지방자치단체의 권리와 책임을 규정짓는다. 구역은 지방행정서비스가 미치는 한계를 의미하며 비용부담과 서비스수혜의 범위를 의미한다. 지방자치단체는 관할구역 내에 거주하는 사람들을 대상으로 서비스를 제공하며, 그에 수반되는 비용을 조달하기 위해 세금도 구역 내에 거주하는 사람들에게 부과한다. 이러한 특성은 지방자치단체의 칸막이 행정을 조장하여 자원의 효율적 배분을 저해하기도 하고, 특정 지방자치단체의 의도하지 않은 행위로 인해 인근 지방자치단체 주민에게 나쁜 영향을 미치는 외부효과를 초래하기도 한다. 둘째, 지방자치단체의 구역은 주민의 공동체의식과 정체성에 영향을 미친다. 주민들은 자신이 대표자를 선출하고, 서비스를 받고 세금을 내는 자치단체의 구역에 대하여 애착심을 갖고 귀속감을 갖는다. 이를 벗어난 다른 지역의 사람들에 대해 배타성을 갖기도 한다. 셋째, 선거구역으로서의 의미를 갖는다. 일정한 구역에 거주하는 사람들은 해당 지역의 대표를 선출할 수 있는 권리를 가진다. 이들 구역 밖에 있는 사람들은 원칙적으로 해당 지역의 대표를 선출할 수 있는 이중적 권리를 가지지 못한다.

구역은 또한 지방자치단체의 자립과 자치역량을 포함하게 된다. 구역의 면적과 넓이만 넓다고 자치역량이 높아지는 것은 아니지만 인구와 지역산업 등의 조건이 동일하다면 지역의 넓이가 넓을수록 자치역량이 높으며, 그에 따라 중앙정부의 권한이양이나 지방자치단체의 자율성 그리고 지역주민에 대한 서비스수준이 높아질 수 있다. 우리의 경우 기초자치단체보다는 광역자치단체에 보다 많은 권한을 부여하고 있고, 선진국의 경우에도 보다 광대한 관할구역을 관장하는 광역정부(스코틀랜드, 레지옹 등)의 창설을 통해 지방분권을 강화하고 있는 것도 이러한 이유라고 할 수 있다.

2. 지방자치단체 구역설정의 기준

지방자치단체의 구역은 산이나 강과 같은 자연적 경계에 의해 설정되거나 생활권을 중심으로 형성된 경우도 있는데, 어느 정도의 규모가 자치단체의 구역으로 적정한가에 대해 이론적으로 상당한 논의가 진행되어 왔다. 국가의 공간체계적 관점에서 도시생성의 기준점을 중심으로 적정규모를 제시한 중심지이론(central place theory), 효율성의 극대화 수준에서 결정해야 한다는 최소비용이론, 티보우가설(Tiebout hypothesis) 등이 대표적인 이론들이다. 최근에는 교통통신의 발달과 세계화와 같은 국제환경의 변화, 자치단체가 처리하는 사무의 성격, 그리고 국가적 차원에서의 계층구조 등에 따라 구역설정의 기준이 달라지고 있다.

자치단체의 구역설정 기준에 대해서는 오래전부터 여러 연구자들에 의해 다양하게 제시되었다. 밀스포우(Arthur Millspaugh)는 근대국가의 구역설정 사례에 대한 실증분석을 토대로 ① 주민의 공동생활권과 일치해야 하고, ② 행정의 경제성과 능률성을 확보할 수 있어야 하며, ③ 자주적 재원조달 능력이 있어야 하고, ④ 주민이 쉽게 접근할 수 있는 규모여야 한다고 설명했다(Millspaugh, 1936). 훼슬러(James Fesler)는 구역을 조정할 때 고려해야 할 기준으로 ① 자연지리적 조건과 교통통신의 발달 수준, ② 행정 능률성, ③ 재원조달 능력, ④ 주민의 행정통제가능성을 제시하였다(Fesler, 1949). 이 밖에 스미스(Smith, 1985)도 유사한 기준으로 ① 행정능률, ② 공동체 의식, ③ 주민참여를 제시하였다.

이들의 견해를 종합해보면 구역 설정의 기준은 자연조건 및 교통통신의 발달을 고려하되, 자주 재원을 확보해 행정을 능률적으로 수행할 수 있어야 하며 동시에 주민의 참여를 고양할 수 있는 규모여야 한다는 것이다. 그러나 이러한 기준은 지나치게 일반적이라는 한계를 내포하고 있다. 행정적 효율성과 능률성을 기준으로 구역을 설정할 경우 그 범위가 매우 추상적이어서 명확한 잣대가 되기 어렵다. 또한 광역자치단체와 기초자치단체의 설정기준이 혼재된 경우도 있다. 주민참여 기준은 기초자치단체에는 어울리는 기준이지만 광역자치단체에는 적용하기 어려운 기준이다. 아울러 환경변화를 반영하지 못한 측면도 있다. 도시간의 글로벌 연계가 강화되고 있는 세계화 시대에서는 국가경쟁력을 제고하기 위해서 광역자치단체 또는 지역정부의 구역설정기준으로 국제경쟁력이 강조되기도 한다. 다음에서는 지방자치단체의 구역개편에서 강조되는 기준을 중심으로 살펴보기로 한다(하혜수 · 김영기, 2006).

(1) 규모의 경제 기준

지방자치단체의 구역개편을 정당화하는 중요한 논거 중 하나는 공공서비스의 산출규모를 증대시킴에 따라 서비스 처리에 소요되는 평균비용이 줄어드는 규모의 경제(economies of scale)이다. 이러한 기준을 구역설정에 적용하면, 소규모 관할구역의 통합에 의해 달성된 규모의 경제효과는 더 넓은 지역에 걸친 행정, 운송, 조정에 필요한 추가적 비용을 상쇄하고도 남는다는 것이다(Soul & Dollery, 2000: 14). 1960년대까지만 해도 도시의 적정규모를 모색하는데 많은 관심을 기울였으나, 최근 들어 적정규모의 도출이 어려워지면서 관심이 덜한 상태이다. 따라서 구역개편에 있어서도 규모의 경제기준을 우선적인 논거로 삼기는 어려울 것이다. 실제로도 규모, 성장, 인구감소가 핵심적 고려사항이지만 적정 인구수준에 근거하여 구역의 경계를 설정한 경우는 별로 없다. 그러나 지방정부의 최적규모를 도출하기는 어렵지만 대규모 구역이 보다 정교한 행정구조를 가져오고, 규모의 증대에 따라 1인당 행정비용을 줄일 수 있다. 일정 인구규모로의 통합을 통해 특화된 시설(specialised facilities)과 전문인력을 확보할 수 있고, 이를 통해 시설의 이용률을 높이고 비용-효과적 역할을 기대할 수 있다. 또한 통합을 통한 공공조직의 축소, 지방의원과 행정공무원의 감축, 중복 공공기관의 이용률 제고 등에 따른 행정비용을 줄이는 등 행정의 효율성을 확보할 수도 있을 것이다.

(2) 민주적 대표성과 정치참여

정치적 측면에서는 시민의 대표성 확보 문제, 시민의 직접적 참여와 통제의 문제 등이 핵심적인 사항이다. 선거구와 자치구역이 반드시 일치될 필요는 없고 다수의 자치단체로 구성된 선거구를 유지할 수도 있지만, 자치구역과 선거구가 일치되면 지방의 정책이 국가의 정책으로 효과적으로 투입될 수 있는 연결고리가 강화되고 지역의 이익이 국가정책에 반영될 수 있을 것이다. 민주적 대표성 확보와 관련해서는 두 가지 쟁점이 제기될 수 있다.

첫째, 인구의 지역간 편차를 어느 정도까지 인정할 것인가 하는 점이다. 투표가치의 형평성을 유지하는 것, 다시 말해 대표성에서의 불평등을 어느 정도까지 허용할 것인가 하는 문제는 최근 선거구 조정과 관련하여 핵심적인 관심사로 부각되고 있다. 우리나라의 경우 선거구간 인구편차의 허용기준은 2001년 헌법재판소가 판시한 3 대 1의 비율을 채택하고 있지만, 최근 1 인 1표의 원칙과 투표가치의 등가성 등을 이유로 2대 1 미만이어야 한다는 주장이 제기되고 있다. 선진국의 경우 선거구간 인구편차를 10% 내외에서 결정하고 있다.

둘째, 어느 규모의 지방정부에서 시민의 참여와 통제 그리고 적절한 책임성을 확보할 수 있는가 하는 문제이다. 민주성과 관련하여 정부규모가 작을수록 시민들의 접근성과 참여 가능성이 증대된다는 주장이 있는가 하면, 규모가 클수록 더 많은 권력과 권한을 가지고 정책에 대한 통제력을 높일 수 있다는 반대의 주장도 있다(Keating, 1995). 민주적 대표성과 정치참여의 기준에서 볼 때, 구역의 규모가 작을수록 주민의 접근성과 정치참여는 제고되는데 반해 규모가 크고 역량 있는 지방정부일수록 주민의사의 정책화능력과 책임성은 제고되기 때문에 구역의 규모를 기준으로 일률적으로 말하기 어렵다. 다만 지방정부간 인구편차는 크지 않을 필요가 있다.

(3) 주민의 생활권과 재정적 등가성

지방정부의 관할구역과 주민들의 생활권을 일치시키는 것은 구역개편에 있어서 주요한 기준이 될 수 있다. 주민들의 생활권에 대한 중시는 주민들의 편의와 정체성을 고려하는 것이며, 서비스공급 측면에서 재정적 등가성(fiscal equivalence)을 확보하여 외부효과를 내부화시키는 것이다. 재정적 등가성을 확보하기 위해서는 외부효과를 내재화시킬 수 있을 만큼 구역이 확장되어야 하는데, 재정적 등가원칙이 구역의 확대일변도를 의미하지는 않는다. 외부효과의 내재화는 재화의 편익이 미치는 범위를 하나의 구역으로 묶을 것을 요청하기 때문에 재화에 따른 다양하고 중첩적인 구역이 요청된다(안성민, 1997: 160-161). 더욱이 정보화, 네트워크화, 세계화시대에 있어서 생활권의 범위가 점점 확대되고 있고, 서비스의 종류에 따라 편익의 범위가 상이하여 구역의 개편을 통하여 재정적 등가성을 온전히 확보하기는 어려운 상황이다. 따라서 주민의 생활권과 재정적 등가성 기준의 경우 엄격한 적용은 어렵지만, 구역이 주민의 생활권과 불일치하여 발생하는 주민의 불편해소와 외부효과의 내재화를 위해 현재의 규모보다 다소 확대된 구역을 설정하도록 만들 것이다.

(4) 공동체의식과 주민들의 소망

주민들의 공동체의식도 구역개편에 있어서 고려되어야 할 요인이지만 우선순위가 높지는 않다. 지방정부의 경계를 설정하는 핵심적 이유는 행정적·법률적 목적과 공공의 편의를 위하여 지방정부의 기능을 가장 효과적이고 효율적이며 경제적으로 수행할 수 있는 편리한 구역을 만들기 위한 것이다(Soul & Dollery, 2000: 7). 행정적·정치적 관할권이라는 더 큰 도시환경(larger urban milieu) 내에 규모가 작은 별개의 하위권역을 포함한다면 공동체는 상실되지 않을 것이다. 따라서 지역의 공동체와 구역은 일치될 수 없고, 온전히 일치시키려는 생각은 잘못된 것이다. 이러한 점에서 구역개편에 있어서 공동체의식보다는 주민들의 소망(wishes of the people)이 중시되어야 할 것이다. 그러나 주민의 소망성 기준은 지방정부의 경계 또는 규모를 결정하는데 있어서 최우선의 중요성을 가져서는 안된다. 특정 집단의 욕구에 부합하는 지방자치단체의 경계설정은 바람직하지 않기 때문에 지역전체의 사회적·경제적 복리에 미치는 전반적 효과를 생각해야 한다. 다만 주민들의 선택과 투표에 의하지 않고는 구역의 통합이 어려운 현실에서 주민의 소망은 적지 않은 영향을 미치게 될 것이다.

(5) 재정적 자립성

구역의 설정에 있어서 재정적 자립성(financial viability)은 매우 중요한 요인으로 간주된다. 재정적 자립성은 순수하게 자주재원의 조달비율이라는 좁은 의미로 사용되지 않는다. 전체 세수입에서 자체수입(지방세와 세외수입)이 차지하는 비율을 의미하는 재정자립도도 매우 중요하지만, 그에 못지않게 재정수입의 전체규모, 재정지출의 규모, 그리고 지역경제의 수준 등 재정능력의 정도도 매우 중요할 것이다. 지방자치단체는 지역경제의 발전과 지역총생산 등 지역의 조세기초가 튼튼해야만 재정역량(fiscal capacity)이 제고될 수 있기 때문이다.

구역의 통합은 지방정부간 재정격차를 해소하고, 상호의존성에 대응할 수 있으며, 납세자에 대한 편익제공의 측면뿐만 아니라 직접적인 생존이라는 측면에서 자치단체의 시장적 이점(market advantage)을 강화하기 위한 수단이 된다. 지방자치단체간의 통합은 재정규모의 전체 수준을 증대시킬 수 있고, 특히 재정력이 높은 자치단체와 낮은 자치단체를 통합할 경우 재정능력과 지역경제수준을 형평화할 수 있다. 최근 수도권과 비수도권간, 권역내의 지역간 격차가 심화되고 있어 재정력의 형평화 기준은 매우 중요한 의미를 갖는다.

지금까지 살펴본 지방자치단체의 구역설정기준은 광역자치단체와 기초자치단체에 따라 적용 여부와 우선순위가 달라질 수 있을 것이다. 광역자치단체의 경우 규모의 경제와 재정적 자립성 기준이 상대적으로 중요한 반면 기초자치단체의 경우 주민의 생활권과 공동체의식 등이 보다 중요하게 고려되어야 할 것이다. 또한 구역개편의 목적이나 지향점에 따라 이러한 기준들이 선별적으로 적용될 수 있을 것이다. 예컨대, 국제적 경쟁단위를 만들기 위한 목적에서 구역개편을 추진한다면 규모의 경제나 재정적 자립 기준 등이 보다 중요할 것이고, 풀뿌리 주민자치를 위한 구역설정에 목적이 있다면 주민의 생활권, 공동체의식, 주민참여 등의 기준이 강조되어야 할 것이다.

제3절 우리나라의 자치계층과 구역

1. 우리나라의 자치계층

우리나라의 자치계층을 살펴보기 위해서는 일제시대 이후부터 전개된 지방행정체제 개편과정을 고찰할 필요가 있다. 우리나라에 있어서 지방자치단체에게 법인격을 부여한 것은 1914년부터라고 할 수 있다. 1914년 부(府)에게 법인격을 부여함으로써 최초의 자치단체가 도입되었다. 1917년에는 도부자치뿐만 아니라 면(面)에게 일정한 공공사무처리권을 부여하면서 읍면자치제를 도입하였다. 1931년 도의회를 설치하고 읍면에게 법인격을 부여하여 형식적이나마 자치제를 도입하게 되었다(이종열 · 이재호, 2002).

직선 단체장과 지방의원의 선출을 통한 본격적인 지방자치제는 1949년부터 시작되었다고 할 수 있다. 1949년 지방자치법이 제정되면서 특별시 · 도, 시읍면 등 2개 계층에서 주민직선에 의한 단체장과 지방의회가 구성되었다. 서울시는 단층구조로 기초자치단체를 두지 않았으나 서울 이외의 도는 도시지역에는 시를, 농촌지역에는 읍 · 면을 기초자치단체로 운영하였다. 읍 · 면에는 도와 읍 · 면 사이에 종합지방행정기관인 군이 있어 행정계층으로는 3층의 구조를 형성하고 있었다.

1950년 한국전쟁으로 자치제가 중단되고, 1956년 시읍면장의 임명이 이루어지기도 하였지만 1959년 다시 시장 · 읍면장이 직선되면서 특별시 · 도－시읍면의 자치 2층제가 유지되었다. 이후 이러한 골격이 유지되다가 1961년 재정력의 취약, 주민의 자치의식 부족, 소구역 자치에 따른 폐해와 비효율을 이유로 읍면자치가 폐지되고 군자치제로 전환되었다. 이로서 농촌지역의 지방자치단체 계층은 도에서 군으로 이어지는 2층 구도가 되고, 읍 · 면은 군의 하급행정기관으로 전환되었다. 1988년부터는 서울특별시와 부산 · 대구직할시 내의 하급종합행정기관인 구를 지방자치단체로 인정하게 되어 특별시 · 직할시－자치구의 2층 구도가 자리잡게 되었다. 그러나 당시에는 지방의회도 구성되지 않고, 구청장도 시장이 임명하는 체제여서 구는 실질적으로 자치단체로 기능하지 못하였다. 자치구제는 1988년 지방자치제의 재실시가 추진되는 과정에서 정치적인 고려에 의해 만들어졌다는 주장도 있다.[1)]

이러한 2층제 구조는 2006년 7월 제주특별자치도가 출범하면서 변화되기 시작하였다. 제주특별자치도는 기초자치단체로서의 지위를 지녔던 4개의 시·군(제주시, 서귀포시, 북제주군, 남제주군)을 2개의 행정시(제주시, 서귀포시)로 전환하면서 단층제로 전환되었다. 이들 행정시에서는 지방의회가 구성되지 않으며, 시장 또한 제주특별도지사에 의해 임명되었다. 또한 2012년 지방자치단체로 설치된 세종특별자치시는 관할하에 읍면동만 두는 단층제로 출범하였다. 그에 따라 우리나라는 자치2층제를 기조로 하면서 일부 제한된 지역에 단층제를 허용하는 혼재된 형태를 가지고 있다.

2. 우리나라 지방자치단체의 구역

우리나라의 지방자치제는 1961년 5.16에 의해 1992년 지방의회가 구성될 때까지 30여 년간 중단되었지만 구역개편은 계속되었다. 1963년부터 1992년 사이에는 도에서 직할시가 분리되거나 군에서 시가 분리(읍의 시 승격)되는 일이 반복되었다. 1963년 부산직할시 승격, 1973년 서울특별시의 구설치, 1980－1981년 대구직할시와 인천직할시의 승격 및 읍의 시승격, 1986년 광주직할시의 승격 및 읍의 시승격이 이루어졌고, 1988년 지방자치제의 부활(1992년 지방의원선거)을 앞두고 추진한 지방자치법 개정에서 서울특별시의 정치적 영향력 증대를 우려하여 특별시·광역시에 자치구를 설치하였고, 1989년에는 대전직할시의 승격과 12개 시의 설치가 이루어졌다.

1995년 민선단체장 선출을 앞두고 인구 5만명 이상의 읍을 시로 승격하던 기존의 구역개편 논리는 시－군의 구역을 통합하는 논리로 전환되었다.

1) 대도시의 자치구는 시·군과는 달리 독자적인 자치조직체로서 역사성을 갖지 못할 뿐만 아니라 구민들간에 소속감이나 공동체의식도 형성되어 있지 못하였지만 서울시와 광역시가 갖게 될 정치적 위상과 영향력에 대한 우려에 따라 권력분산효과 차원에서 자치구를 만들었다는 것이다(조정찬, 2001).

1995년 자치단체의 재정역량 강화 등을 위해 시－군의 통합이 대대적으로 추진되어 40개 통합시가 창설되었고, 1996년 이후부터는 읍의 시승격보다는 읍을 포함한 군지역 전체를 시로 승격하는 도농복합형태의 시를 설치하기에 이르렀다. 이러한 점에서 1990년대 지방자치제 재실시 이후에는 1997년 울산광역시의 승격이 이루어지기도 하였지만 3여(여수시－여천시－여천군)의 통합과 2010년 창원－마산－진해시의 통합에서 보는 바와 같이 시－군의 통합에 중점이 두어졌다고 할 수 있다.

특징적인 사례 중 하나는 제주특별자치도의 사례이다. 제주특별자치도는 기존의 4개 시군(제주시, 서귀포시, 남제주군, 북제주군)을 통합하여 2개의 행정시를 만들고, 도와 시군을 통합하여 단층제로 전환하였다. 또다른 사례는 지금까지 형식적인 제도로 남아 있던 자치단체간 협력기구의 설치이다. 2002년 경제자유구역청의 설치와 2009년 광역경제권 추진기구의 설치 등은 자치단체간 통합이 아닌 협력에 의한 문제해결이라는 점에서 새로운 방식으로의 전환가능성을 보여주고 있다.

참고문헌

김병준. (2009). 「지방자치론」. 서울: 법문사.

안성민. (1997). 지방행정구역의 적정규모에 관한 논의: 행정의 민주성과 효율성의 문제. 「행정과 정책」. 3: 155-178.

안영훈. (2005). 정치권의 자치계층제 개편에 관한 허와 실. 서울행정학회 2005년도 춘계학술대회 발표논문집.

이달곤. (2004). 「지방정부론」. 서울: 박영사.

이종열 · 이재호. (2002). 한국의 중앙과 지방간 관계의 역사적 변천에 관한 연구. 「한국행정논집」. 14(4): 845-865.

조정찬.(2001). 자치구제도에 관한 고찰. http://www.moleg.go.kr/mlawinfo/omonthlaw/htms/0006/nondan2.html.

최영출 · 최외출. (2005). 영국의 단층자치단체 개혁 사례와 정책적 시사점. 「지방행정연구」. 19(3): 153-184.

하혜수. (2005). 영국 단층제개혁의 시사점과 우리나라 개혁추진시 고려요인에 관한 연구. 「지방정책연구」. 3(1): 31-53.

하혜수 · 김영기. (2006). 지방행정구역과 자치계층구조 개혁의 지향점과 기준에 관한 연구 -경남지역에의 적용-. 「한국행정논집」. 18(1): 1-28.

Allonso, W. (1975). The Economics of Urban Size. In Friedman, J. and W. Allonso(eds.), *Regional Policy: Readings in Theory and Applications*. Cambridge, M. A.: The MIT Press.

Bish. Robert L. (2001). Local Government Amalgamations: Discredited Nineteenth-Century Ideals Alive in the Twenty-First. *The Urban Papers*. 150(March).

Boyne, G. (1992). Local Government Structure and Performance: Lessons from America. *Public Administration*. 71(2): 337-357.

Coxall, Bill, Lynton Robins & Robert Leach. (2003). *Contemporary British Politics*. Fourth Edition. Hampshire: Palgrave.

Dollery, Brain & Neil Marshall, eds. (1997). *Australian Local Government: Reform and Renewal*. South Melbourne: Macmillan Education Australian PTY LTD.

Fesler, James W. (1964). *Area and Administration*. Alabama: University of Alabama Press.

Fisher, Ronald C. (1988). *State and Local Pubic Finance.* Glenview, Ⅲ: Scott, Foreman and Company.

Jones, Bryan D. (1983). *Governing Urban America: A Policy Focus.* Canada: Little, Brown.

Keating, Michael. (1995). Size, Efficiency and Democracy: Consolidation, Fragmentation and Public Choice. In David Judge, et.al. *Theories of Urban Politics.* London: SAGE Publication.

Lancaster, Steve and David Roberts, eds. (2004). *British Politics in Focus as Level.* Lancs: Causeway Press.

Maxey, Chester C. (1992). The Political Integration of Metropolitan Communities. *National Municipal Review.* 11(August): 229-253.

Millspaugh, Arthur C. (1936). *Local Democracy and Crime Control.* Washington D.C.: Brookings Inc.

Olsen, Mancur. (1969). The Principle of Fiscal Equivalence: The Division of Responsibilities among Different Level of Government. *American Economic Review.* 59(May): 479-487.

Soul, Stephen and Brian Dollery. (2000). An Analysis of the Criteria Used by Australian Local Government Amalgamation Inquiries between 1960 and 1992. *Regional Policy and Practice.* 9(2): 41-52.

Wilson, David. (2005). The United Kingdom: An Increasingly Differentiated Politics? B. Denters & L. E. Rose, eds. *Comparing Local Governance: Trends and Developments.* Hampshire: Palgrave.

CHAPTER

07

지방선거

제 7 장 지방선거

지방선거는 지역주민들이 지역의 대표자를 선출하는 제도로서, 지방자치에 있어서 지역주민의 정치적 의사가 표출되는 기본적인 과정이다. 이 과정에는 지방정부 구성의 정당성 확보라는 지방선거의 기본적인 의미가 내포되어 있다. 따라서 지역주민의 관심도와 참여가 대단히 중요한 요소이다. 이 장에서는 이러한 인식에 기초하여 지방선거제도의 기본 프레임과 우리나라 지방선거제도의 주요 내용들을 검토하고, 개선방향을 모색한다.

제 1 절 지방선거의 의의

1. 지방선거의 의미

선거는 대의제 정치에서 선출직 공직자를 뽑는 행위 또는 절차를 의미한다. 보다 일반적으로는 조직 또는 집단의 대표를 뽑는 행위로 볼 수 있으며, 공공부문뿐만 아니라 민간부문에서도 빈번하게 활용되는 방법이다. 민주주의의 관점에서 볼 때, 선거는 기본적으로 일정 연령 이상의 모든 국민들에게 참여하는 기회를 공정하게 부여한다는 점에서 민주주의의 기본요소로 이해할 수 있다. 지방선거는 지역의 선거권자가 지방자치단체를 구성하고 운영할 대표자를 뽑는 행위 또는 절차를 의미한다고 할 수 있다.

특히 지방자치는 지역과 관련된 주요 의사결정과정에 주민들이 직·간접적으로 참여하는 것을 전제로 하고 있다는 점을 고려하면, 지방선거는 지방자치의 본질적 요소라고 할 수 있다.

최근 지방정부의 중요성이 증가함에 따라 주민의 대표자를 어떻게 선출할 것인가가 중요한 문제로 떠오르고 있다. 이것은 지방자치 과정에서 지방정부의 기관구성에 주민의 의사를 보다 적정하게 반영할 수 있는 선거제도의 설계문제라고 할 수 있다. 지방의회가 추구하는 기본이념이 대표성과 정당성에 있다는 점을 고려할 때, 단체장과 지방의원을 선출하는 지방선거는 지방자치단체 기관구성의 출발점이 된다.

2. 지방선거의 기능과 핵심가치

지방선거의 가장 기본적이고 중요한 기능은 대표선출 기능이다. 그러나 실제 선거에서는 주민의 표를 얻기 위한 다양한 활동이 이루어지는데, 이 과정에서 대표선출이라는 기본적인 기능 이외에 부가적인 다양한 기능을 수행하게 된다.

지방선거는 대표자의 권력과 권한에 대한 지역주민의 동의를 확보하는 의미를 갖고 있다는 점에서 기본적으로 지방정부에 정통성을 부여하는 기능을 수행한다. 그리고 지방선거 과정에서는 다양한 정책대안들이 개발되고, 이러한 대안들에 대하여 주민들이 선택할 수 있는 기회가 주어지므로 지방선거는 정책의 개발기능도 수행한다. 나아가 지방선거 과정에서는 지역의 현안들에 대한 활발한 논의를 통하여 선거 입후보자와 지역주민들의 정책에 대한 이해도 높아지므로, 지방선거는 정치적 교육 기능도 수행한다고 할 수 있다. 주민간에는 상호학습의 기회가 되기도 한다. 주민들은 지방선거를 통하여 기존 정부의 운영 및 업적을 평가하므로, 지방선거는 주요한 지방정부의 책임성 확보수단이 된다. 따라서 지방선거는 지방정부의 책임성 확보기능도 수행한다(김영기, 1999: 김병준, 2009).

이러한 지방선거의 기능들을 고려할 때, 지방선거제도가 적정하게 구축되어 있는가 여부는 기본적으로 지방선거가 대표성과 책임성 그리고 공정성을 얼마나 확보하고 있는가 여부에 달려 있다고 할 수 있다. 이것은 보다 구체적으로 어떠한 방식으로 대표자를 선출하는 것이 유권자의 의사를 상대적으로 잘 반영할 수 있는가 그리고 그 절차는 공정하게 구성되어 있는가가 지방선거의 핵심가치가 되고 있음을 의미한다.

3. 지방선거의 종류

선거는 선거 원칙에 따라 보통선거－제한선거, 직접선거－간접선거, 비밀선거－공개선거 등으로 나눌 수 있으며, 선거 목적에 따라 총선거, 재선거, 보궐선거 등으로 구분할 수도 있다. 그러나 이러한 선거의 종류는 일반적으로 모든 선거에 적용되는 원칙이라 할 수 있으며, 지방선거를 대상과 절차에 따라 분류해 보면 다음과 같다.

먼저 지방선거는 선거 대상에 따라서 다양한 형태의 선거가 나타날 수 있다. 지방의회 의원 선거와 자치단체장 선거 등이 일반적인 형태라고 할 수 있다. 다만, 지방자치단체의 선거직 공직자가 많은 나라의 경우에는 그 종류가 상당히 늘어날 수 있다. 우리나라의 경우에는 지방자치제 부활 이후 지방의회 의원과 지방자치단체장이 지방선거의 대상이 되었으나, 이후 교육자치 실시로 교육감 및 교육의원도 지방선거의 대상이 되고 있다.

국가에 따라 선출되는 공직자의 임기를 다양하게 규정한 경우도 있으나 우리나라의 경우 모두 4년으로 통일되어 있다. 선거절차에 따라 지방선거는 직접선거와 간접선거로 나눌 수 있다. 직접선거란 유권자가 직접 투표로서 공직자를 결정하는 것이며, 간접선거는 유권자가 뽑은 대표에 의하여 공직담당자를 선출하는 경우이다. 내각책임제와 기관통합형체제를 가진 곳에서는 간접선거로 단체장을 뽑는 경우가 많다. 우리나라의 지방선거는 직접선거에 의하여 이루어진다. 한편 선거의 실시 시기에 따라 모든 종류의 공직자 선거를 동시에 실시하는 동시선거와 따로 실시하는 개별선거로 나눌 수 있는데. 우리나라는 1995년 이후 동시선거 형태를 유지하고 있다. 물론 결원이 생기는 경우 보궐선거가 실시된다.

제2절 지방선거제도

1. 지방선거의 방식

지방선거의 방식은 주로 주민대표인 지방의회 의원선출 방법을 중심으로 논의되고 있는데, 주요 쟁점은 다음과 같은 세 가지로 집약될 수 있다. 첫째, 선거구의 규모에 관한 것으로, 선거구 획정시 소선거구, 중·대선거구 중에서 어느 선거구를 채택할 것인지에 관한 것이다. 둘째, 선출방식에 관한 것으로, 지방의회를 주민들의 직접선거만으로 구성할 것인지, 직능대표제 또는 비례대표제를 가미할 것인지 여부에 관한 것이다. 셋째, 의원을 개선(改選)하는 방법에 관한 것으로, 지방의회를 개선할 때 의원 전원을 교체할 것인지 아니면 그 중의 일부만을 차례로 교체할 것인지에 관한 것이다.[1)]

(1) 선 거 구

지방의원 선거구를 소선거구, 중·대선거구 중에서 어느 것으로 선택하느냐 하는 것은 국가마다 다르다. 대부분의 국가는 중앙정부 선출직의 선거구나 지방의원 선거구를 주민수의 변화와 같은 정치·사회적 환경변화에 부응하여 꾸준히 개선하여 가고 있다. 일반적으로 한 가지 선거구를 원칙으로 하고 다른 규모의 선거구를 보완적으로 사용하는 혼용제를 많이 활용한다.

1인 1구 소선거구제(single-member district)는 다양한 당파적 이해나 사회·경제적 이해관계를 반영할 수 있다는 장점을 가지고 있다. 1인 1구제하에서는 각 정당은 후보 추천에 있어서 지역적 측면에서나 사회·경제적 측면에서 적합한 인사들을 고려할 것이다. 개별 지역구 차원에서 보면 소지역의 이익을 충실하게 대변할 사람이 투표과정에서 선출될 것이므로 전체적으로 보면 다양한 배경을 가진 의원집단이 형성될 수 있는 소지가 크다. 이러한 다양성을 존중하는 1인 1구제는 유권자의 대표 선택 부담을 경감시켜 준

1) 이하의 내용은 이달곤(2004: 247−249)의 내용을 보완하여 재정리한 것임.

다. 많은 사람들로부터 다수의 사람을 선택하는 데 필요한 정보보다는 소수의 후보자 중에서 한 사람의 후보자에 대한 정보를 확보하는 것이 용이하기 때문이다. 따라서 후보의 난립이 줄어들 것이고, 선거의 관리와 불법선거 단속이 용이하다는 장점이 있다(Jewell, 1970: 105−112). 그리고 궁극적으로 양대 정당의 등장을 용이하게 하여 정국을 안정시키고, 선거절차의 운영상 보궐선거, 재선거 실시 등을 보다 용이하게 할 수 있다는 장점도 지니고 있다.

그러나 후보의 선택범위가 줄어들고, 직능이나 전문성보다는 지역연고를 중시하는 경향이 생길 수 있다. 아울러 당선 이후 활동과정에서도 지역적 이해에 치중할 가능성이 높으며, 전문성을 축적하려는 동기는 상대적으로 줄어들 가능성이 있다.

1선거구에서 2명 이상을 선출하는 중・대선거구제는[2] 소선거구제에 비하여 특정 지역보다는 상대적으로 지역사회 전체의 이익을 잘 반영할 수 있고, 아울러 지역 연고를 가진 인사보다는 능력 있는 인사 및 새로운 인사가 당선될 가능성이 높을 수 있다. 아울러 소선거구제보다 사표(死票)를 줄일 수 있다는 점도 장점으로 제시될 수 있다. 주민 입장에서 후보자에 대한 정보를 얻기가 상대적으로 어려우며, 아울러 풀뿌리 민주주의의 기반이 될 수 있는 주민과 대표와의 관계가 멀어질 수 있다는 단점도 나타날 수 있다.

중・대선거구제는 한 선거구에서 2인 이상을 선출하기 때문에 다양한 기표방식이 존재할 수 있으며, 이 중 어떠한 제도를 택하는가에 따라서 많은 차이가 있다. 일반적으로 제한연기기표제・단기기표제의 경우는 소수파가 유리한 반면에, 완전연기기표제의 경우는 다수파가 유리하다.[3]

우리나라의 경우 광역의회의 지역구 선거는 기본적으로 기초자치단체를 둘로 분할하여 선거구를 획정하고, 각 선거구별로 1명의 의원을 선출하는

---

2) 다만, 선거구의 개념에 대해서는 다양한 논의가 있으며, 1인의 당선인의 경우 소선거구, 2인 이상의 당선인의 경우 중선거구, 당선인 수에 관계없이 지방정부 구역 전체를 단위로 하는 선거구를 대선거구제로 보는 견해도 있으나(김병준, 2009: 281), 이하에서는 일반적인 선거구 분류방식에 따라 1선거구에서 1인의 당선인을 선출하는 경우를 소선거구제, 2인 이상의 당선인을 선출하는 경우를 중・대선거구제로 유형화하기로 한다.

3) 완전연기기표제(完全連記記票制)는 대표의 정수만큼 기표하게 하는 방식을 의미하며, 제한연기기표제(制限連記記票制)는 대표정수의 일부만 기표하게 할 수 있도록 하는 방식을 의미한다. 그리고 1인만을 기표하게 하는 방식을 단기기표제(單記記票制)라 한다.

소선거구제를 채택하고 있다. 다만, 하나의 기초자치단체 구역 내에 2개의 국회의원 선거구가 있는 경우에는 국회의원 선거구를 둘로 분할하여 광역의회 의원선거구를 획정한다(공직선거법 26조 1항). 한편 기초의회 지역구 선거의 경우에는 한 선거구에서 2인 내지 4인을 선출하는 선거구제를 운영하고 있다(공직선거법 26조 2항).

(2) 주민직선제와 비례대표제

지방의회는 지역주민의 대표기관이므로 그 지역주민의 직접 선거로 구성하는 것이 바람직하다. 지방자치를 실시하고 있는 대부분의 국가에서도 이 원칙을 근간으로 하고 있으며, 다만, 국가별로 직능대표제 또는 비례대표제를 가미하는 경우가 나타나고 있다.

비례대표제는 정당의 존재를 기초로 하여 당선기준표에 초과한 표를 일정한 방식으로 이양하여 정당이 정한 후보자에게 이전하는 방식으로, 사표를 줄이고 소수대표를 보장할 수 있다. 동시에 득표수와 당선자 수의 비례관계를 합리적으로 달성할 수 있고, 정당을 발전시키는 등의 장점이 있는 것으로 알려져 있다. 따라서 이 방법은 각계의 전문가나 여성 등의 진출을 가능하게 하고 동시에 소수 정당의 의회진출을 보장할 수 있다.

반면에 단점으로는 군소 정당 난립으로 인한 정국의 불안정과 정당간부의 후보자 지정과정에서의 폐해 가능성 등이 논의된다. 이 제도의 대표적인 방법으로는 단기이양식과 명부식이 있다. 단기이양식은 유권자의 선택에 중점을 두고, 명부식은 정당 중심의 선거에 중점을 둔다.[4)]

지방의원의 경우 그 직무가 생활과 직결된 것으로 전문성 못지않게 봉사적 자세가 중요하며 실제 운용에 있어서도 중앙의 정치적인 배려가 작용하는 등의 특징이 있다. 특히 지방의회의원의 일부를 직능대표로 선출하는 경우에는, 첫째, 지방의회가 인기위주로 운영되지 않을 수 있고, 둘째, 지방

---

4) 단기이양식(單記移讓式)은 각 후보가 법정 당선 표준 득표수의 초과분을 지정된 차순위의 입후보자에게 이양하는 것으로, 유권자의 정당지지도 보다는 각 후보자에 대한 선택의 자유에 중점을 둔다. 명부식(名簿式) 비례대표제는 유권자가 각 후보에 투표하는 것이 아니고 특정 정당에 투표를 하고, 정당이 제출한 명부에 따라 의석을 배분하는 것이다.

의회와 단체장간의 대립과 반목을 줄일 수 있으며, 셋째, 지방의회의 안건심의를 전문화 · 내실화할 수 있고, 넷째, 의회의 운영과정에 사상 및 계급, 사회적 약자 등의 문제에 균형을 취할 수 있고, 마지막으로, 의회 내에서 지연 · 학연 · 혈연 등에 의한 파벌을 완화시킬 수 있다는 등의 장점을 기대할 수 있다.

그러나 직능대표제를 가미하면 농업 · 공업 · 상업 · 서비스업 등의 직업단위로 의원정수를 책정해야 하는데, 대부분의 경우, 농민단체, 변호사회, 약사회, 노동단체, 환경단체, 경영자단체, 의사회, 교육자단체 등이 선거모체가 된다. 따라서 직능들을 합리적으로 구분하여 의원직을 배분하기가 쉽지 않다. 의안심의나 조례제정 과정에서 공익이나 주민의 일반의사보다는 특수이익이나 부분적 의사를 옹호하게 되는 단점도 나타날 것이다. 특히 일부 이익단체의 의사를 대변하는 기관으로 전락하는 경우 내부 갈등은 물론이고 공익의 신장에도 지장을 초래한다. 오히려 직업간, 계층간 갈등이 의회활동과정에서 증폭될 가능성도 없지 않다.

우리나라의 경우에는 주민직선을 원칙으로 하되, 일정한 범위 내에서 비례대표제가 도입되어 있다. 직능대표제는 제도적으로 도입하고 있지 않으나, 비례대표 선정시에 직능을 고려한다면, 비례대표제의 운영을 통하여 직능대표제의 기능을 동시에 수행할 수 있는 길은 열려 있다고 할 수 있다. 우리나라의 비례대표 지방의회 의원 정수는 기초 및 광역의회 모두 지역구 의회의원 정수의 100분의 10이며, 특히 광역의회의 경우에는 최소 3인을 비례대표로 선출한다(공직선거법 22조 4항, 23조 3항).

(3) 전원교체 선거와 일부교체 선거

지방의회의 의원은 선거에 의하여 일시에 전원 교체할 수도 있고, 또 의원정수의 1/3 혹은 1/2씩 차례로 선거에 의하여 일부분씩 교체할 수도 있다. 영국, 프랑스, 미국의 일부 시와 카운티에서는 일부 교체선거를 채택하고 있는 반면에, 우리나라에서는 전원교체 선거를 채택하고 있고, 지방의원도 이러한 방식을 따르고 있다.

의원 전원을 일시에 교체하면, 첫째, 일정 임기 동안의 업적에 대한 주민들의 심판을 받기 쉽고, 둘째, 민의의 소재와 향방을 파악하기 쉬우며, 셋째, 임기가 끝날 때마다 한 번씩 선거를 실시하므로 선거비용을 절감할 수 있다는 장점이 있다. 그리고 다른 선거직의 선거일정과 조정하는 것이 용이하다. 반면에 의원들의 임기를 중첩시켜 일부씩을 교체하면, 첫째, 의회의 업무에서 지속성과 안정성을 확보할 수 있고, 둘째, 지방선거의 과열을 줄이고, 셋째, 지방선거에 정당참여를 허용하는 경우에는 양당제의 정립에 유리하다는 장점을 갖는다.

2. 지방선거와 정당공천제

(1) 찬 반 론

정당공천제는 정당이 그 소속 당원을 각급 공직선거에 후보자로 추천하는 제도를 의미한다. 지방선거에 정당공천을 허용할 것인가의 문제에 대해서는 지속적으로 다양한 논의가 있어 왔고, 각국 및 우리나라의 제도상으로도 변화를 겪고 있다. 이러한 상황은 지방선거에 대한 정당의 참여문제가 어느 한쪽의 논리를 일방적으로 포섭하기 어려운 문제이며, 각국의 상황에 따라 적절하게 적용되어야 할 문제라는 점을 암시하고 있다. 특히 우리나라에서는 선거에 있어서 정당공천의 부작용이 지속적으로 제기됨에 따라 지방선거에 이를 허용할 것인가에 대한 논의가 계속되고 있다.

지방선거에 있어서 정당공천제를 찬성하는 측에서는 우선 가치배분을 결정하는 지방정치의 규범적 속성상 정치적 영향과정이 필수적이라는 점을 강조한다. 이러한 주장은 지방정부가 하는 일에도 정당의 정치적 노선이나 이념적 성향에 의해 상이하게 결정될 수 있는 사안들이 적지 않다는 점을 지적한다. 그리고 정당을 매개로 중앙과 지방간의 원활한 협력을 도모할 수 있고, 지역연고 중심의 인사보다는 참신한 정치 신인의 등장이 가능하다는 점도 정당공천제의 장점으로 논의되고 있다. 정당의 참여는 투표율을 높이고, 결과적으로 지방정부의 정당성과 대표성을 높이는 데 기여할 수 있다는 것이다.

이외에 정당공천제가 이루어질 경우 주민이 후보자 선택을 보다 용이하게 할 수 있다는 점도 장점으로 부각되고 있다(우성호 · 이환범, 2010: 63). 이러한 용이한 후보 선택의 문제는 정보비용(information cost)의 문제와 관련된다. 즉 후보가 모두 무소속으로 출마할 경우 후보를 알기 위해서는 더 많은 노력을 기울여야 하는데, 이 과정에서 저소득 · 저교육 계층의 관심과 참여가 줄어들게 되고, 결국 선거 결과 구성되는 지방정부는 유산층이나 지식계층의 의사를 보다 충실히 반영하는 체제편향(system bias)을 보이게 될 가능성이 있다는 것이다(김병준, 2009: 290－291). 또한 우리나라의 과거 사례에서 볼 수 있듯이 형식상 정당을 배제하더라도, 정당은 비공식적인 행위를 통하여 선거에 관여할 수 있다는 점도 정당공천을 찬성하는 논거가 되기도 한다(한국지방자치학회, 2008: 284－285).

정당공천제를 반대하는 측의 논거도 다양하게 제시되고 있다. 우선 지방선거에 있어서 정당공천제를 반대하는 측에서는 지방정부가 하는 일은 지역개발문제나 행정관리의 문제 등 대부분 실용성이 강조되는 일로서 본질상 정치적으로 처리될 일이 아니라는 점을 강조한다(김병준, 2009: 289). 그러나 정당공천제가 허용될 경우 지역의 문제가 전국적인 이해관계에 따라 영향을 받게 되고, 중앙정치에 예속될 수 있다는 점을 경고한다. 그리고 정당이 참여하게 되면, 정당을 매개로 공천비리 등의 부패 문제가 발생할 수 있고, 결과적으로 상대적으로 질이 낮은 인사가 당선될 가능성이 높아질 수 있다는 것이다(우성호 · 이환범, 2010: 63).

한편으로는 우리나라의 고질적인 지역주의 투표 성향이 정당공천제의 중요한 반대논거로 제기되기도 한다. 지방선거에 정당이 개입하면, 지역감정이나 지역중심주의가 부각될 수 있고, 결과적으로 지역분할구도의 고착화를 강화시키고, 국정의 통합성 유지를 어렵게 할 수 있다는 것이다(한국지방자치학회, 2008: 281－282). 지역의 공적사안에 대해 관심을 가지는 지역사회 단체활동이 활성화 되면서 정당공천의 필요성이 줄어들고 있는 것도 현실이다. 최근 서울시에서 나타난 바 있는 무상급식 논쟁은 기본적으로 상이한 정당이 의회와 집행부를 분점함으로써 나타나는 현상으로서 지방선거뿐만 아니라 선거 이후에도 정당공천제가 집행부와 의회의 갈등을 유발하여 부정적인 파급효과를 가질 수 있음을 보여주고 있는 사례이기도 하다. 특히 중앙정치의 분리정부(divided government)가 지방자치단체의 집행부와 의회간에 정당대립으로 등장하는 경우 수행하는 업무는 비정치적인 것인데도 불구하고 과도하게 정치화되어 주민의 복리와는 동떨어진 '자치'가 될 가능성도 있다.

(2) 우리나라의 정당공천제

우리나라는 후술하는 바와 같이 정당공천제와 관련하여 짧은 기간 동안 수차례의 제도변화를 겪어 왔으며, 2006년 지방선거부터 광역-기초의회 의원 및 광역-기초자치단체장 선거 모두에 정당 참여가 허용되는 제도를 유지하고 있다. 특히 이러한 제도의 변화과정에서 여야간의 대립으로 정국의 긴장이 고조되는 등 많은 부작용을 야기한 바 있다. 다만, 모든 지방선거에 정당공천이 허용되는 현 제도에 대해서는 여전히 정당공천을 배제해야 한다는 주장이 강하게 제기되고 있다. 앞에서 제시한 여러 가지 논거들이 모두 일면 타당성을 가지고 있는 것으로 판단되나, 이러한 제도를 운영하는 데 있어서는 지방자치의 역사가 상대적으로 짧은 한국적 상황을 충분히 고려할 필요가 있을 것으로 판단된다.

그리고 정치사회의 개선이 다른 분야에 대해 상대적으로 뒤처지면서 국민의 불만이 정당에 집중되어 정당공천에 비판적인 현실도 감지된다. 여전히 시급한 과제가 되고 있는 분권화에 의한 자치권의 확대라는 관점을 고려할 때, 정당공천제는 지역의 자율성을 침해할 가능성이 있고, 오랫동안 지속되어 온 지역주의를 완화하는 데에도 장애가 될 수 있으므로, 최소한 기초의회 및 기초자치단체장 선거에 대해서는 단기적으로 정당공천을 배제하는 방향으로 지방선거제도를 운영하는 것을 고려해 볼 필요가 있다는 주장이 설득력을 얻고 있다.

아울러 찬반론의 중간 선상에서 정당공천 없이 후보자가 지지 정당을 자유롭게 표현할 수 있도록 하는 정당표방제 주장에 대해서도 귀 기울여 볼 필요가 있다.[5] 그리고 정당참여 여부에 대한 합의 도출이 어려울 경우 현재

5) 정당표방제는 후보자가 정당의 공천을 받지 않고, 후보자가 자유롭게 자신이 지지하는 정당을 선택해 정치노선을 지역민들에게 알리는 제도이다. 반드시 지지정당과 협의할

와 같이 중앙에서 일률적으로 허용 여부를 결정하지 않고, 미국과 같이 정당공천제의 허용 여부를 자치단체가 자율적으로 결정하는 것도 하나의 대안이 될 수 있다(이승종, 2003: 146-156).

3. 지방선거와 선거공영제

(1) 선거공영제의 의의

선거운동과 관련하여 논의되어야 하는 것이 선거비용이다. 선거비용은 많이 소요될 경우 재력이 약한 자는 선거에 입후보하기 어려운 문제가 발생하고, 선거와 관련된 비리문제가 불거지기 쉬우며, 과도하게 규제할 경우 관련 활동이 위축되어 후보자와 유권자간의 정보전달이 원활하지 못하는 문제가 발생한다(김병준, 2009: 296). 따라서 각 국에서는 선거비용과 관련된 다양한 규제를 실시하고 있으며, 이와 관련하여 선거공영제와 관련된 다양한 논의가 이루어지고 있다.

선거공영제란 선거운동의 자유방임으로 인하여 야기되는 폐단을 방지하기 위하여 국가나 지방자치단체가 선거운동을 관리하거나 선거운동에 소요되는 비용의 일부 또는 전부를 부담하는 제도를 뜻한다. 선거공영제의 운영은 후보자간 선거운동 기회의 형평을 기하고 선거비용을 절감하며, 나아가 공명선거를 실현하려는 법적 장치로 이해할 수 있다. 이것은 구체적으로 선거에 있어서 기회균등의 원리가 경제적 재원의 불평등한 배분에 의하여 자금력이 약한 후보자의 피선거권이 제약되는 것을 방지하는 역할을 수행한다(황아란, 2005: 275-276).

(2) 우리나라의 선거공영제

우리나라의 경우 현행 헌법은 제116조 제1항에 '선거운동은 각급 선거관리위원회의 관리하에 법률이 정하는 범위 안에서 하되 균등한 기회가 보장되어야 한다'라고 규정되어 있으며, 제2항에 '선거에 관한 경비는 법률이 정

필요도 없다.

하는 경우를 제외하고는 정당 또는 후보자에게 부담시킬 수 없다'라고 규정하여 선거공영제를 선거의 기본원칙으로 하고 있다. 이에 따라 공직선거법에서 선거비용의 개념과 산정방식을 상세하게 규정하고 있으며(공직선거법 119조, 120조, 121조 참조), 선거비용제한액을 공고하고(공직선거법 122조) 정치자금법에서 후원금 및 회계보고에 대한 규제를 강화하는 등 비교적 엄격한 규제를 하고 있다.

그리고 한편으로는 비용보전제도를 마련하여, 지역구 지방의회의원선거 및 지방자치단체의 장선거의 경우 첫째, 후보자가 당선되거나 사망한 경우 또는 후보자의 득표수가 유효투표총수의 100분의 15 이상인 경우 후보자가 지출한 선거비용의 전액을 보전하고, 둘째, 후보자의 득표수가 유효투표총수의 100분의 10 이상 100분의 15 미만인 경우 후보자가 지출한 선거비용의 100분의 50에 해당하는 금액을 보전해 주고 있으며, 셋째, 비례대표 지방의회의원 선거 후보자명부에 올라 있는 후보자 중 당선인이 있는 경우에도 당해 정당이 지출한 선거비용의 전액을 보전해 주고 있다.

영국의 경우 후보자가 선거인에게 보내는 선거운동용 홍보물(1인당 1통)의 우편료를 면제해 주고 있으며, 선거운동을 위한 집회를 개최할 때에 공립학교등 공공시설을 무료로 사용할 수 있도록 지원하고 있다. 그리고 미국의 경우 몬타나주 등 일부 주에서는 당의 강령·후보자의 경력·사진 등을 게재한 선거공보를 주정부에서 발행해 주는 정도이며 공영제적 요소가 약한 편이다. 프랑스는 투표용지와 선거선전문서를 선거인에게 송부해 주고 있으며, 유효투표의 5% 이상 득표한 후보자에 한하여 투표용지·포스터 및 선거선전문서의 용지대금·인쇄비 등을 국고에서 부담해 주고 있다. 일본은 선거용 엽서·포스터·선거공보 발행비용을 국가가 부담하고, 후보자는 신문광고와 정견·경력방송을 무료로 이용할 수 있으며, 선거운동용 자동차 사용비용 등 선거운동비용의 일정액을 국고에서 부담해 주고 있다.

이러한 제도는 선거의 기능을 활성화하기 위한 조치로 판단된다. 그러나 우리나라의 선거공영제는 과거에 비하여 확대하고 있는 것으로서, 위의 주요 국가의 사례에서 보듯이 공영제가 타 국가보다 광범위하게 이루어지고 있는 것으로 평가할 수 있다. 선거공영제가 지나치게 확대될 경우 후보자가 부담하는 비용의 감소로 지나치게 많은 사람이 후보자로 나설 가능성이 있으며, 또한 국민의 부담률을 높일 수 있다는 점을 고려할 필요가 있다.

보충 7-1 선거공영제로 100억원대 흑자 내는 정당들

6·2지방선거 때 한나라당은 선거비용으로 80억여 원을 지출하고 정부로부터 선거보조금과 선거비용 보전 등으로 235억여 원을 받아 결과적으로 155억여 원의 흑자를 냈다. 민주당도 76억여 원을 쓰고 177억여 원을 받았으니 101억여 원이나 '남는 장사'를 했다. 국민의 세금이 정당의 불로소득으로 흘러들어가는 꼴이다. 탄탄한 기업들에서도 순익 100억원을 만들기가 쉽지 않다. 정당들이 선거 한 번에 100억원이 넘는 흑자를 내는 비결은 선거공영제에 있다.

정부는 선거 때가 되면 각 정당에 국회의원 의석 수 등에 따라 선거보조금을 지급한다. 비례대표, 여성, 장애인 후보자 추천 보조금도 별도로 준다. 지방선거 단체장 후보자와 총선 낙선자들도 선거기간에 후원금을 모아 선거를 치를 수 있지만, 선거 후 그 후원금 액수만큼 정부가 보전해주는 돈은 후보자가 아닌 정당 금고로 들어간다. 국회의원의 경우에는 후원금도 받고 보전금도 함께 챙긴다. 후원금에 대해선 아예 국가에서 비용 보전을 해주지 않도록 하는 것이 합리적이다. 국회가 제도를 이상하게 만들어 정당들의 돈벌이만 시켜주고 있다.

헌법에 근거한 선거공영제는 제3공화국 때 처음 도입된 이후 점차 확대됐다. 선거의 공정성을 확보해 부정을 차단하고 돈 없는 사람도 정치를 할 수 있도록 선거운동의 기회균등을 보장하기 위한 제도다. 국가는 정당과 후보자에 대한 선거비용 보전 외에 선거관리를 위해서도 수천억 원씩의 비용을 쓴다. 영국은 1종류의 선거홍보물 발송, 선거집회를 위한 시설물 이용, 정당의 선거방송만 국가가 지원한다. 미국도 극히 일부 주에서만 제한적인 선거공영제를 실시하고 있다. 독일 프랑스 일본 같은 나라들도 선거비용의 일부만 국가에서 부담한다. 우리의 선거공영제가 외국에 비하면 과도한 편이다.

주요 정당들은 선거와는 무관하게 매 분기 수십억 원씩의 국고보조금도 받는다. 한국처럼 '정당 하기 좋은 나라'는 세계 어디에도 없을 것이다. 그나마 정치라도 잘해준다면 좋겠다. 돈을 적게 들이는 선진국에 비하면 우리의 정치 수준과 생산성은 한참 뒤진다. 전형적인 '고비용 저효율' 정치구조요, 선거구조다. 이런 왜곡을 조장하는 선거공영제를 대폭 수술해야 옳다. 기본적으로 돈이 적게 드는 쪽으로 선거방식을 뜯어고칠 필요가 있다.

(동아일보 2010.09.16)

제 3 절 우리나라의 지방선거 절차

우리나라의 지방선거는 1988년 제정된 지방의회의원선거법과 1990년에 제정된 지방자치단체장선거법에 근거하여 개별적으로 실시되어 오다가, 1995년에 제정된 공직선거및선거부정방지법에 따라 통합되어 선거제도가 규정되어 있으며, 이러한 방향성은 동법을 개정하여 2005년 다시 만들어진 공직선거법에서도 유지되고 있다.

지방선거의 주요 절차를 법령의 내용을 중심으로 개괄하면 다음과 같다.

1. 선 거 일

우리나라의 모든 선거일은 1994년에 제정된 공직선거법 제34조에 규정되어 있는데, 이 규정에 따르면, 지방의회의원 및 지방자치단체의 장의 선거는 '그 임기만료일전 30일 이후 첫번째 수요일'이다. 이처럼 선거일을 법률에 의하여 명확히 규정하고 있는 것은 예측가능성 제고를 통하여 선거일과 관련하여 발생할 수 있는 불필요한 갈등을 해소하고, 아울러 합리적인 선거행정을 도모하기 위함이다.

2. 후보 등록

후보 등록은 등록을 위한 추천과 기탁금 납부, 후보자 등록으로 이루어진다.

(1) 후보자 추천

후보자 등록을 위한 추천은 정당 추천과 선거권자 추천으로 나눌 수 있다. 전자는 정당이 추천의 주체가 되는 것을 규정하는 것이고, 후자는 개인이 선거에 입후보하는 것이므로 일정한 주민의 지지·추천을 규정하는 것이다.

먼저 정당에 의한 후보자 추천의 경우 정당은 선거에 있어 선거구별로 선거할 정수범위 안에서 그 소속당원을 후보자로 추천할 수 있으며, 비례대표 의원의 경우에는 정수 범위를 초과하여 후보자를 추천할 수 있다(공직선거법 47조 1항). 그리고 2005년부터는 여성의 적극적인 정계 진출을 유도하기 위하여 비례대표 지방의회의원선거에 후보자를 추천하는 때에는 후보자 중 100분의 50 이상을 여성으로 추천하되, 후보자명부 순위의 매 홀수에는 여성을 추천하도록 하였으며, 임기만료에 따른 지역구 지방의회의원선거에 후보자를 추천하는 때에는 각각 전국 지역구총수의 100분의 30 이상을 여성으로 추천하도록 노력하여야 한다는 규정을 신설하였다(공직선거법 47조 3항, 47조 4항). 아울러 2010년에는 여성의 지역별 편중을 방지하기 위하여 임기만료에 따른 지역구 지방의회의원선거에 후보자를 추천하는 때에는 지역구시·도의원선거 또는 지역구자치구·시·군의원선거 중 어느 하나의 선거에 국회의원지역구마다 1명 이상을 여성으로 추천하도록 하였다(공직선거법 47조 5항).

한편 무소속 후보자인 경우는 선거권자 추천을 받아야 하는데, 기초자치단체장의 경우에는 300인 이상 500인 이하, 광역의회 의원선거의 경우에는 100인 이상 200인 이하, 광역자치단체장 선거의 경우에는 당해 시·도안의 3분의 1 이상의 자치구·시·군에 나누어 하나의 자치구·시·군에 주민등록이 되어 있는 선거권자의 수를 50인 이상으로 한 1천인 이상 2천인 이하, 기초의회 선거의 경우 50인 이상 100인 이하(다만, 인구 1천인 미만의 선거구에 있어서는 30인 이상 50인 이하)의 서명에 의한 추천을 받아야 한다(공직선거법 48조). 다만, 무소속 후보자의 경우 일정 수 이상 선거권자의 추천을 받도록 하고 있는 것은 후보자의 난립을 방지하는 데 기본 목적이 있으나, 추천인 수를 지나치게 많게 규정할 경우 무소속 입후보자에게 불리하게 작용할 수 있으므로 신중한 고려가 필요하다.

(2) 기탁금 납부

후보자로 등록하기 위해서는 후보가 되려는 의지를 일정한 금액으로 표현하여 관할선거관리위원회에 납부하여야 하는데, 그 금액은 광역의회 의원선거는 300만원, 광역자치단체장 선거는 5천만원, 기초의회 의원선거는 200만원, 기초자치단체장 선거는 1천만원이다(공직선거법 57조). 이 기탁금은 지역구 지방의회의원 선거 및 지방자치단체의 장 선거의 경우 후보자가 당선되거나 사망한 경우와 유효투표총수의 100분의 15 이상을 득표한 경우에는 기탁금 전액을, 그리고 후보자가 유효투표총수의 100분의 10 이상 100분의 15 미만을 득표한 경우에는 기탁금의 100분의 50에 해당하는 금액을 반환한다. 비례대표 지방의회 의원선거의 경우 당해 후보자명부에 올라 있는 후보자중 당선인이 있는 때에는 기탁금 전액을 반환한다.

기탁금 제도도 역시 후보자의 난립을 방지하는 데 기본 목적이 있으나, 기탁금 액수를 지나치게 다액으로 규정할 경우 재력이 약한 후보자에게 불리하게 작용할 수 있으므로 신중한 고려가 필요하다. 하지만 현재의 액수에 대해서는 큰 논란이 없다.

(3) 후보자 등록

지방자치단체의 의회의원 및 장의 선거에 있어서는 선거일전 15일부터 2일간 관할선거구선거관리위원회에 서면으로 신청하여야 한다. 이때 추천장과 피선거권에 관련된 서류, 공직자윤리법에 의한 등록대상 재산신고서, 등록재산의 공개확인 서류 등을 제출하고 기탁금을 납부하여야 한다(공직선거법 49조). 다만, 이와 관련하여 특정 직위에 있는 자가 그 직을 유지하면서 지방자치단체의 의회의원 및 장의 선거에 출마하는 것에 대해서는 일정한 제한을 가하고 있다.[6)]

---

6) ⅰ)「국가공무원법」 제2조(공무원의 구분)에 규정된 국가공무원과「지방공무원법」 제2조(공무원의 구분)에 규정된 지방공무원, ⅱ) 각급선거관리위원회위원 또는 교육위원회

3. 선거인명부 작성

구청장 · 시장 · 군수는 지방자치단체의 의회의원 및 장의 선거의 경우 선거일 전 19일 현재 관할 구역에 주민등록 또는 국내거소신고가 되어 있는 선거권자를 투표구별로 조사하여 5일 이내에 선거인명부를 작성하여야 한다(공직선거법 37조 1항). 이렇게 작성된 선거인 명부는 선거인에게 공람시키는 절차를 거쳐야 하는데, 구 · 시 · 군의 장은 선거인명부작성기간 만료일의 다음 날부터 3일간 장소를 정하여 선거인명부를 열람할 수 있도록 하여야 하며, 이 경우 해당 구 · 시 · 군이 개설 · 운영하는 인터넷 홈페이지에서 선거권자가 선거인명부를 열람할 수 있도록 기술적 조치를 하여야 한다(공직선거법 40조 1항).

작성된 선거인 명부에 대하여 이의가 있는 자는 구술 또는 서면으로 구 · 시 · 군의 장에게 이의신청을 할 수 있으며, 구 · 시 · 군의 장은 이의신청에 대한 일차적인 결정권을 갖는다. 그리고 구 · 시 · 군의 장 결정에 불복할 경우 관할구 · 시 · 군선거관리위원회에 서면으로 불복신청을 할 수 있는 절차가 마련되어 있다(공직선거법 41조, 42조).

의 교육위원, iii) 다른 법령의 규정에 의하여 공무원의 신분을 가진 자, iv) 「공공기관의 운영에 관한 법률」 제4조제1항제3호에 해당하는 기관 중 정부가 100분의 50 이상의 지분을 가지고 있는 기관(한국은행 포함)의 상근 임원, v) 「농업협동조합법」 · 「수산업협동조합법」 · 「산림조합법」 · 「엽연초생산협동조합법」에 의하여 설립된 조합의 상근 임원과 이들 조합의 중앙회장, vi) 「지방공기업법」 제2조(적용범위)에 규정된 지방공사와 지방공단의 상근 임원, vii) 「정당법」 제22조제1항제2호의 규정에 의하여 정당의 당원이 될 수 없는 사립학교교원, viii) 대통령령으로 정하는 언론인, ix) 특별법에 의하여 설립된 국민운동단체로서 국가 또는 지방자치단체의 출연 또는 보조를 받는 단체(바르게살기운동협의회 · 새마을운동협의회 · 한국자유총연맹을 말하며, 시 · 도조직 및 구 · 시 · 군조직을 포함함)의 대표자로서 선거에 입후보하려는 자는 선거일 전 90일까지 그 직을 그만두어야 한다. 다만, 지방의회의원선거와 지방자치단체의 장의 선거에 있어서 당해 지방의회의원이나 자치단체장이 그 직을 가지고 입후보하는 것은 가능하다(공직선거법 53조 1항).

4. 선거운동

선거운동은 선거의 기능을 가늠할 수 있는 중요한 활동이지만, 잘못 행해질 경우 왜곡된 정보가 전달되어 지역주민을 잘못된 방향으로 유도할 수도 있다는 점에서, 대부분의 국가에서는 이와 관련된 다양한 규제를 시행하고 있다. 선거운동의 범위를 제한하는 방식은 크게 선거운동의 범위를 정해놓고 이 범위 내에서의 활동만 허용하는 선별허용방식과, 이와는 반대로 허용되지 않는 선거운동을 정한 후 그 외의 모든 활동을 선별금지 방식으로 분류할 수 있다. 우리나라는 1995년 지방선거전까지 선별허용 방식을 채택하여 왔으나, 지나치게 엄격한 제한으로 선거운동이 음성화되거나 오히려 탈법화되는 등 적절하게 이루어지지 못하고 있다는 지적에 따라 1995년 공직선거및선거부정방지법 제정 이후 선별금지방식으로 전환하였다.

선거운동은 후보자등록마감일의 다음날부터 선거일 전일까지에 한하여 이를 할 수 있다(공직선거법, 59조 1항). 따라서 선거운동기간은 후보자 등록신청을 개시한 때부터 선거일까지를 의미하는 선거기간과는 다른 개념이다. 선거운동의 종류로는 선전 벽보, 선거 공보, 책자형 소형 인쇄물, 표찰과 수기, 신문 광고, 방송 연설, 경력 방송, 합동연설회, 정당·후보자 등에 의한 연설회, 공개 장소에서의 연설과 대담, 각종 후보자 초청 대담 및 토론회, 정보통신망, 인터넷 등을 통한 광고 등 매우 다양하다(공직선거법 64조-82조의 7). 우리나라는 앞에서 설명한 바와 같이 특정한 방식에 의한 선거방식을 공직선거법으로 제한하고 있기 때문에 창의적인 활동을 개척할 여지도 많다.[7]

7) 공직선거법 84조(무소속후보자의 정당표방제한), 85조(지위를 이용한 선거운동금지), 86조(공무원 등의 선거에 영향을 미치는 행위금지), 87조(단체의 선거운동 금지), 88조(타후보자를 위한 선거운동금지), 89조(유사기관의 설치금지), 90조(시설물설치 등의 금지), 91조(확성장치와 자동차 등의 사용제한), 92조(영화 등을 이용한 선거운동금지), 93조(탈법방법에 의한 문서·도화의 배부·게시 등 금지), 94조(방송·신문 등에 의한 광고의 금지), 95조(신문·잡지 등의 통상방법외의 배부금지), 96조(허위논평·보도의 금지), 97조(방송·신문의 불법이용을 위한 행위 등의 제한), 98조(선거운동을 위한 방송이용의 제한), 99조(구내방송 등에 의한 선거운동금지), 100조(녹음기 등의 사용금지), 101조(타연설회 등의 금지), 102조(야간연설 등의 제한), 103조(각종집회 등의 제한), 105조(행렬 등의 금지), 106조(호별방문의 제한), 107조(서명·날인운동의 금지), 108조

그러나 선거운동에 대한 규제가 선별허용방식에서 선별금지 방식으로 선회하고 있음에도 불구하고, 금지되는 선거운동의 범위가 여전히 지나치게 광범위하다는 지적이 제기되고 있다. 선거는 민주정치의 기본 틀인 참여를 보장하는 핵심적 수단이며, 선거운동이 선거의 결과를 가늠하는 것이라는 점을 고려하면, 선거운동은 현재의 규제 내용보다는 자유롭게 할 필요가 있을 것으로 판단된다.

보충 7-2 선거법 위반: 당선무효 규정

선거법(공직선거 및 선거부정방지법)에 따라 대통령선거 · 국회의원선거 · 지방의회의원 및 지방자치단체의 장의 선거에서 당선무효가 되는 경우는 다음과 같다.

○ 선거비용의 초과지출 : 선거법에 따른 법정선거비용 제한액의 0.5% 이상을 초과지출한 이유로 선거사무장 또는 선거사무소의 회계책임자가 징역형의 선고를 받거나 300만원 이상의 벌금형을 받는 경우

○ 선거비용 수입 · 지출보고서 관련 행위: 당선인의 회계책임자가 선거비용 수입과 지출보고서를 선거관리위원회 미제출, 허위기재나 영수증 기타 증빙서류의 허위기재 등 죄를 범해 징역형 또는 300만원 이상의 벌금형을 선고받는 경우

○ 당선인의 선거범죄: 당선인이 당해 선거에 있어 선거법을 위반하여 징역 또는 100만원 이상의 벌금형의 선고를 받는 경우

○ 선거사무장 등의 선거범죄: 선거사무장 · 선거사무소의 회계책임자 또는 후보자의 직계존 · 비속 및 배우자가 당해 선거에 있어서 기부행위 위반 또는 정치자금법 위반으로 징역 또는 300만원 이상의 벌금형을 받는 경우

※ 당선무효 결정이 나면 향후 5년(벌금형) 또는 10년(징역형) 동안 피선거권이 박탈된다.

(여론조사의 결과공표금지 등), 108조의2(정책 · 공약에 관한 비교평가결과의 공표제한 등), 109조(서신 · 전보 등에 의한 선거운동의 금지), 113조(후보자 등의 기부행위제한), 제114조(정당 및 후보자의 가족 등의 기부행위제한), 115조(제삼자의 기부행위제한) 등이 그것이다.

5. 투표와 당선자 결정

위와 같은 모든 절차가 진행된 이후 최종적으로 선거일에 투표가 이루어지고, 이후 구·시·군 선거관리위원회 단위로 개표가 실시되며(공직선거법 제172조), 개표 결과 선거구선거관리위원회가 유효투표의 다수를 얻은 자를 당선인으로 결정하고, 다만, 최고득표자가 2인 이상인 때에는 연장자를 당선인으로 결정한다(공직선거법 190조 1항, 191조 1항).

다만, 당해 선거구의 후보자가 없는 때, 당선인이 없거나 지역구자치구·시·군의원선거에 있어 당선인이 당해 선거구에서 선거할 지방의회의원 정수에 달하지 아니한 때, 선거의 전부무효의 판결 또는 결정이 있는 때, 당선인이 임기 개시 전에 사퇴하거나 사망한 때, 당선인이 임기개시 전에 피선거권 상실 등의 사유로 당선의 효력이 상실되거나 무효로 된 때, 선거비용의 초과지출로 인한 당선무효 내지 선거사무장 등의 선거범죄로 인한 당선무효 등의 규정에 의하여 당선이 무효로 된 때에는 재선거를 실시한다(공직선거법 195조 1항).

제4절 우리나라 지방선거의 실제와 전망

1. 개 요

건국 이래 우리나라는 총 9차례의 지방선거가 실시되었으며, 이 중 지방자치가 부활한 1990년대 이후 현재까지 6번의 지방선거가 실시되었다. 1952년에 지방선거가 도입되었고, 같은 해에 시·읍·면 의회 의원 선거와 시·도 의회 의원선거, 그리고 1956년에 시·읍·면의 장 선거가 실시되었다. 그리고 1960년에도 지방선거가 실시되었으나, 이후 정치적 격변기를 거치면서 지방자치가 중단되었고, 따라서 30여 년 동안 지방선거가 이루어지지 않았다.

지방자치제 부활 이후 처음 실시된 지방선거는 자치단체장을 제외한 기초의회 의원과 광역의회 의원의 선출을 위한 것으로, 제2공화국까지 이루어진 1, 2, 3대 지방선거를 이어 공식 명칭을 '제4대 지방선거'로 사용하였으나, 1995년 자치단체장 선거와 지방의회 의원 선거가 동시에 실시되면서, 공식 명칭이 '전국동시지방선거'로 개칭되었다.

최근에는 2006년 '교육자치에 관한 법률' 개정에 따라 교육감과 교육의원에 대한 선거도 지방자치단체장 및 지방의회 의원 선거와 동시에 실시되고 있다. 이 때문에 교육관련 선출직의 경우 정당공천제가 아님에도 불구하고 선거기호를 정당과 혼돈하는 경우가 적지않게 발생한다.

2. 지방선거 관련 주요 제도의 변화과정과 전망

1990년대 지방자치제 부활 이후 실시된 지방선거에 대하여 법적 근거와, 주요 제도 변화로서 전술한 선거구와 정당공천제, 비례대표제의 변화과정, 그리고 각 선거의 투표율을 요약하여 제시하면 다음과 같다. 큰 변화가 전개되었다기보다는 현실 변화를 수용한 점진적 변화가 일어났다고 볼 수 있다.

우리나라의 지방선거는 1988년 제정된 지방의회의원선거법에 의하여 지방자치 부활 후 최초의 지방의원 선거가 실시되었으며, 이후 1995년에 제정된 공직선거 및 선거부정방지법을 거쳐 2005년에 다시 만들어진 공직선거법이 지방선거의 근거법이 되고 있다.

특히 2005년 공직선거법 이후 실시된 2006년 지방선거부터 지방선거 관련 제도는 큰 변화를 겪고 있다. 우선 선거권의 행사 연령이 20세에서 19세로 낮아졌고, 예비후보자 제도가 도입되었으며, 지방의회 의원의 신분이 무보수 명예직에서 유급직으로 변화되었다. 그리고 기초의회 의원 선거의 경우 특히 큰 변화를 겪고 있는데, 선거구를 소선거구에서 중대선거구로 전환하고, 정당공천제와 비례대표제를 새롭게 도입하였다.

우선 선거구와 관련하여 우리나라는 2002년까지 광역의회 의원과 기초의회 의원 선거에 공통적으로 소선거제를 적용하여 왔으나, 고질적인 지역주의를 타파하기 위하여 2006년부터는 기초의회 의원 선거의 경우 1선거구에서 2-4인을 선출하는 중대선거구제를 적용하고 있다. 다만 교육의원의

표 7-1 우리나라의 지방선거 실시 현황 및 중 제도 변화

연도	선거명	근거법	대상	선거구		정당공천제				비례대표제		투표율 (%)
				기초 의원	광역 의원	기초 의원	광역 의원	기초 단체장	광역 단체장	기초 의원	광역 의원	
1991	제4대 지방의원 선거*	지방의회의원선거법 (국회의원선거법 준용)	기초의원 광역의원	소	소	×	○	--	--	×	×	55.0
1995	제1회 지방의원/단체장 전국동시지방선거	공직선거 및 선거부정방지법	기초의원 기초자치단체장 광역의원 광역자치단체장	소	소	×	○	○	○	×	○	68.4
1998	제2회 지방의원/단체장 전국동시지방선거	공직선거 및 선거부정방지법	기초의원 기초자치단체장 광역의원 광역자치단체장	소	소	×	○	○	○	×	○	52.7
2002	제3회 지방의원/단체장 전국동시지방선거	공직선거 및 선거부정방지법	기초의원 기초자치단체장 광역의원 광역자치단체장	소	소	×	○	○	○	×	○	48.9
2006	제4회 지방의원/단체장 전국동시지방선거	공직선거법	기초의원 기초자치단체장 광역의원 광역자치단체장	중대***	소	○	○	○	○	○	○	51.7
2010	제5회 지방의원/단체장/교육감/교육위원 전국동시지방선거**	공직선거법	기초의원 기초자치단체장 광역의원 광역자치단체장 교육의원 교육감	중대	소	○	○	○	○	○	○	54.5

* 제2공화국까지의 1, 2, 3대 지방선거를 이어 공식 명칭을 제4대 지방선거로 사용

** 교육감, 교육의원까지 동시에 선거가 이루어짐. 교육감, 교육의원 선거에 대해서는 정당공천제가 허용되지 않았으며, 교육의원의 경우 소선구제 적용

*** 1선거구에서 2인 이상 선출하는 경우를 의미함

경우에는 2010년 선거부터 기존의 중대선거구 형태에서 소선거구제로 전환되었다.

지방선거와 관련된 주요 제도로서 제1, 2 공화국 시절 잠시 실시되었던 지방선거에서 전면적으로 허용되었던 정당공천제는 30년만에 부활된 이후 변천을 거듭해 왔다. 1991년 지방선거에서는 광역의회 의원 선거에서만 정당공천이 허용되고, 기초의회 의원선거에서는 정당공천이 배제되었다. 1995년 지방선거에서는 기초의회 의원선거에만 정당공천이 배제되고, 그 이외의 광역의회 의원 및 기초자치단체장과 광역자치단체장 선거에 모두 정당의 공천이 허용된 바 있다. 그리고 2005년 공직선거법이 개정되어 기초의회 의원선거에까지 정당공천이 허용되면서, 2006년 지방선거부터 광역－기초의회 의원 및 광역－기초자치단체장 선거 모두에 정당 공천이 허용되는 제도를 유지하고 있다. 다만 정당공천제는 현재에도 지속적으로 허용 여부에 대한 논란이 제기되고 있음은 전술한 바와 같다. 교육감 및 교육의원의 경우에는 현재 정당공천제가 허용되고 있지 않다.

비례대표제는 1995년의 제1회 전국지방동시선거부터 광역의회 의원에 한해 도입되었으나, 공직선거법 개정으로 2006년 제3회 전국지방동시선거부터 광역의회 의원과 기초의회 의원 선거 모두에 적용되고 있다. 다양한 이해관계를 기초자치단체의 의정활동에도 반영할 수 있다는 논리에서 채택된 제도이다.

특히 우리나라의 경우에는 지방선거와 관련하여 정치적 측면에서 고질적인 지역주의와 중앙정치의 예속화 경향 문제가 지속적으로 제기되고 있다. 그리고 이러한 행태는 지방선거에 대한 무관심으로 연결되는 악순환을 야기하고 있다. 이와 관련하여 주요하게 논의될 필요가 있는 것이 지방선거의 투표율이다. 우리나라 지방선거의 투표율은 위 표에서 보는 바와 같이 1998년의 68.4%를 제외하면, 모두 50% 내외를 유지하고 있다. 이러한 투표율은 역대 대통령 선거율이 평균 80%를 상회하고, 국회의원 선거율도 60%를 상회한다는 점을 고려하면, 지방선거에 대한 국민들의 관심이 상대적으로 낮음을 보여주고 있다. 특히 공통적으로 대도시일수록 투표율이 낮으며, 20대와 30대 등 젊은 연령층으로 갈수록 투표율이 낮아지는 경향을 보이고 있다.

위와 같은 부정적인 현상들은 지방선거제도의 법·제도적 측면만의 문제로 설명하기는 어렵고, 지역주민의 의식과 정치문화가 복합적으로 작용하여 나타난 결과로 볼 수 있다. 따라서 제도 개선만으로 이러한 문제를 해결하기에는 한계가 있을 것으로 보인다. 그러나 지방선거의 핵심가치인 대표성 제고를 위하여 지방의회 의원 선거의 경우 비례대표제 의석의 비율을 상향조정한다든가, 책임성 확보를 위하여 기초자치단체장 및 기초의회 의원의 경우 정당공천제를 배제하는 등의 대안에 대해서는 신중하게 고려해 볼 필요가 있다. 그리고 지방의회/단체장의 동시지방선거는 선거관리의 효율성 측면에서 장점이 있으나, 한편으로는 상대적으로 기초자치단체장과 기초의회 의원 선거에 대한 관심을 저하시킬 수 있다는 측면에서 광역자치단체 선거와 기초자치단체 선거를 분리하여 실시하는 방안도 고려해 볼 필요가 있다.

한편 낮은 투표율은 기본적으로는 모든 선거가 민주주의 체계의 존립기반이 된다는 점을 고려하면, 대의민주주주의의 정당성을 흔들 수 있는 있는 위협요소가 될 수 있음을 의미한다. 따라서 이에 대한 대안 마련이 시급한 것으로 보인다. 이러한 문제점을 완화하기 위해서는 우선 대의민주주의를 보완할 수 있는 직접민주제적인 주민참여제도를 강화해야 할 것으로 판단된다. 그리고 기본적으로는 투표율을 제고할 수 있는 다양한 대안들이 모색되어야 할 것이다. 이와 관련하여 일부 국가에서 투표율을 제고하기 위하여 제도화하고 있는 '의무투표제도'도 투표율을 제고하기 위한 직접적인 대안으로서 장기적으로 고려할 필요가 있을 것으로 판단된다.[8] 하지만 무엇보다 자신의 지역문제에 대한 관심증대와 공동체에 대한 적극적인 참여문화가 뿌리내려야 할 것이다.

---

8) 의무투표제에 대한 자세한 내용은 이준한(2007) 참조.

참고문헌

김병준. (2009). 「지방자치론」. 서울: 법문사.

김영기. (1999). 「지방자치제의 이해」. 서울: 대영문화사.

우성호 · 이환범. (2010) 기초의회 정당공천제 실태분석 및 개선방안에 관한 연구. 「한국지방자치학회보」. 22(3): 57－82.

이달곤. (2004). 「지방정부론」. 서울: 박영사.

이승종. (2003). 「지방자치론 －정치와 정책－」. 서울: 박영사.

이준한. (2007). 의무투표제에 대한 고찰. 「21세기정치학회보」. 17(1): 1－20

조창현. (2005). 「지방자치론」. 서울: 박영사.

한국지방자치학회. (2008) 「지방의회의 이해」. 서울: 박영사.

황아란. (2005). 민선자치 10년의 지방선거: 평가와 전망. 「한국정당학회보」. 4(2): 271－305.

황아란. (2002). 지역주의와 지방자치: 기초자치단체장의 정당공천. 「한국행정학보」. 36(2): 219－143.

Grazia, Alfred De. (1995). *Public and Republic*. New York: Alfred A. Knopf.

Hedge, David M. (1998). *Governance and the Changing American States*. Boulder, Colorado: Westview Press. Inc.

Jewell, Malcolm E. (1970). How Many Members?. In Joseph F. Zimmerman(ed.), *Subnational Politics*(2nd ed.). New York: Holt, Rinehart and Winston, Inc.

CHAPTER 08

지방의회

제 8 장 지방의회

우리나라는 제헌 헌법 이후 지금까지 헌법에 지방자치에 대한 별도의 장을 두고 관련규정을 제시해 왔다. 그러나 1952년에 처음 구성된 지방의회는 1961년 5.16 이후 해산되어 1992년 재구성되기까지 30여 년의 공백기를 가졌다. 이 기간 동안 우리나라는 지방의회가 실제로는 없었고, 다만 유명무실한 지방자치가 규정상으로만 존재해 왔을 뿐이다. 이 장에서는 지방의회가 민주적 의사결정구조를 구현하는 중심기구로서 지방자치제도의 핵심을 이루는 기관이라는 인식하에 지방의회의 기본가치와 권한 및 조직·운영체계를 고찰하고, 마지막으로 지방의회의 구성원으로서 지방의회 의원의 지위와 역할에 대하여 논의한다.[1)]

제 1 절 지방의회의 가치와 지위

1. 지방의회의 개념과 기본 가치: 대표성과 정당성

지방의회는 주민으로부터 선출된 의원으로 구성되어, 지방자치단체의 의사를 결정하고 그 집행기관을 감시하는 합의제 의결기관으로서의 성격을 지닌다. 따라서 지방의회가 이러한 기능을 적절하게 수행하기 위해서는 일정한 요건이 요구되는데, 지방의회 의원 중 주민직선의 의원이 다수를 차지

1) 이하의 내용은 이달곤(2004: 225-270)의 내용을 기초로 최근의 쟁점사항을 보완하여 재정리한 것임.

해야 하고, 조례제정권과 예산심의권 등의 본질적 권한을 행사해야 하며, 단순한 회의체가 아닌 법인격체로서 그 행위가 대외적 효력을 가져야 한다는 것 등이 그것이다(김동훈, 2002). 특히 지방의회의 본질적인 구성요소는 주민에 의하여 선출된 의원이다. 지방의회에 대한 가장 보편적인 관념을 대표성이라고 한다면, 그 대표성이 인정되고 보장될 수 있는 제도적인 근거는 무엇보다도 지방의회가 주민에 의해 선출된다는 것이다. 지방의회의 역할은 기본적으로 자치단체의 의사를 결정하고, 집행기관을 감시하는 것이다.

선출된 의원은 유권자가 지방정부에게 요구하고 싶은 내용을 대변하고, 이를 정책에 반영하여 주민의 기대를 충족시키고자 한다. 각기 다른 주민들의 이해를 반영하고 조정하는 것이 의회의 중요한 역할이다. 따라서 의회를 구성하여 유권자가 바라는 바를 지방정부의 운영과정에 반영하려는 노력을 '대표성'이라 할 수 있는데, 이것이 지방의회의 성격을 규명하는 데 가장 기본적이고 중요한 요소가 된다.

대표성은 지배자와 피지배자간에 존재하는 주요 사항에 대한 합의로서 하나의 사회적 의사소통 절차(a process of social communication)라고 할 수 있다(Grazia, 1995: 5). 따라서 대표성은 선출직으로 구성된 기관의 존립을 위한 핵심적 요건이다. 지방자치제가 직접 민주적 요소를 강조하고 있지만, 의회의 대표성은 의회활동을 정당화하는 핵심적인 개념이 되고 있다. 물론 지방정치에서 제안제도, 주민투표 그리고 주민소환과 같은 직접 민주주의 제도가 활용되는 경우도 적지 않다. 그러나 현대 민주주의 국가에서 주민과 지방정부 사이에서 진행되는 지방의회의 다양한 활동은 대단히 중요하며, 따라서 의회가 활성화되지 않은 지방자치는 정당성을 확보하기 어렵다.

주민들의 입장은 서로 상충되기도 하고 때로는 경쟁적이기도 하지만, 이들의 입장은 어느 정도 공동의 목적 위에 존재하고 공통의 영역이 있기 마련이며, 이 공유되는 이익이 클수록 사회적 합의의 가능성도 증대된다. 물론 경우에 따라서는 개인의 이해관계와 공동체의 이해관계가 상반되는 경우도 나타날 수 있는데, 이러한 경우 대표성은 이질적인 이해관계를 조화하고 융화시키는 데 중요한 기능을 수행하게 된다. 현대 민주주의의 성공 여부는 대표과정을 통하여 이질적인 것을 화해시키고, 갈등을 통합하는 역량에 달려 있다.

한편 지방의회의 다양한 활동이 주민들의 지지를 확보하기 위해서는 의회가 행사하는 결정권을 비롯한 각종 권한은 정당성이 있다는 인식이 선행되어야 한다. 의회의 정당성은 주민의 지지에서 확인되는 것이며, 의회는 전술한 대표성을 갖고 있기 때문에 기본적인 정책방향을 정할 수 있는 권능을 가진다. 즉 기본적인 정책결정은 의회의 책임이자 권리이다. 만약 의회가 아닌 다른 기구에서 기본정책을 결정한다면 그것은 의회의 권한을 침해하는 것이 되고, 대표성이 불충분하므로 정당성을 확보하는 데 어려움이 생긴다.

이러한 논의는 현대적 입법기능인 법률의 정당화기능과 선포기능을 의회가 확보하고 있다는 논리적 근거가 된다. 다만, 최근에는 정당성에 근거한 이러한 의회의 기본 권능에 대한 변화 경향이 나타나고 있다. 현대사회의 공공문제들은 적극적인 정책적 대응을 요하는 것이 특징이다. 그런데 개인적 자유와 의사를 존중하는 합의제 기구인 의회에서는 적절한 조사와 합의에 대한 절차가 지연될 수밖에 없고, 아울러 선거로 선출되는 인사의 전문성에는 한계가 있기 때문에 의회가 적극적 정책기능을 수행하기는 용이하지 않다. 따라서 집행부의 권능과 기능이 커지고 있으며, 이에 대한 반작용으로 의회는 집행부에 대한 견제기능과 조사권을 강화하는 경향이 늘어나고 있다.

2. 지방의회의 지위: 최고의사결정기관

지방의회는 지방의 대표들로 구성되는 합의제 정책결정기구로서 지방자치의 핵심기관이다. 따라서 지방의회는 단순한 집행기구와의 관계에서가 아니라 민주주의 체제라는 보다 넓은 틀 안에서 이해되어야 한다. 즉, 주민, 다양한 민주주의 제도, 집행기구 등과의 다면적 관계에서 지방의회의 위치, 역할, 기능 그리고 활동이 설정되어야 한다. 정치체제가 권위적인 결정을 가능하게 하는 구조와 과정이라고 볼 때, 지방의회는 지역 내에서 발생하는 문제를 권위적으로 결정하는 의사결정 구조의 중심에 위치하고 있다.

엄격한 법적 기준과 전문성에 의하여 구성되는 집행부에 비하여, 지방의회는 주민들 중에서 대표자를 선정하여 구성되는 합의제 기관이기 때문에 민주주의가 공고화되지 못한 상황에서는 그 발전이 더딜 수밖에 없다. 그럼에도 불구하고 지방의회는 지방정부의 구조나 그 기능의 범위와는 관계없이 지방정부의 최고의사결정기관으로 자리매김할 수 있다. 우리나라 헌법도 이 점을 선언하고 있다. 이러한 점에서 볼 때 이 기관의 적절한 역할 수행이 지방자치의 발전에 결정적인 영향을 미친다.

특히 지방의회는 지방자치가 발전되는 과정에서 핵심적인 역할을 수행하여 왔는데, 특히 지역주민과 지방정부를 연결시키는 매개체로서의 역할이 중시되고 있다. 이 점은 지방자치가 직접민주주의적 성격이 강하고, 국회와는 달리 지방의회는 주민들과 일차적인 관계를 형성하고 있기 때문이다. 지방분권화가 추진되는 과정에서도 지방의회는 중요한 역할을 할 것으로 기대된다. 지방정부 집행부의 업무는 기본적으로 행정적 일체성이 강조되는 반면, 의회의 업무인 주민의사의 대표기능이나 집행기관에 대한 감시기능은 지역의 특성이 강하게 반영되기 때문이다.

최근 행정의 전문화와 다기화로 인하여 주민대표에 의한 합의적 기구의 위치가 상대적으로 약화되는 경향이 나타나고 있다. 그러나 한편으로는 각종 이해관계의 조정과 타협이 민주주의의 공고화와 효과적인 행정과정에 중요한 과제로 등장하고 있기 때문에 합의형 기관의 중요성은 더욱 강조될 필요가 있으며, 이 점에서 지방의회의 역할은 여전히 중요하다.

제 2 절 지방의회의 기능과 권한

1. 기 능

지방의회는 매우 다양한 기능을 수행한다. 특히 정치발전을 통한 민주화가 성숙될 경우 지방의회는 생활정치를 제도화하는 데 결정적인 역할을 수행하게 된다. 국회는 전통적으로 체제유지기능, 대표기능 그리고 정책결정기능을 가지는 것으로 논의되고 있는데(Mezey, 1979: 3–7), 지방의회도 그 성격과 범위가 상이하기는 하나, 기본적으로 위의 세 가지 기능을 가지는 것으로 볼 수 있다.

(1) 체제유지기능

지방의회의 체제유지기능은 지방민주주의(local democracy)의 이념을 실현하는 규범과 제도를 유지하는 것에서 찾을 수 있다. 의회는 지방자치라는 민주주의의 기초 이념을 체화하고 이를 구체적인 삶의 현장에서 구현하는 생활정치의 장으로서 의미를 가지는 것이다. 현실적으로 지방의회가 없는 현대 민주주의는 존재하지 않는다. 그 관행과 제도적 모습은 매우 다양하지만 기본적으로 지방의회가 지방 민주주의의 중심에 서 있고 의회의 활동을 통하여 민주주의의 의미가 확산되는 것이다.

이러한 체제유지기능은 의회를 통하여 주민의 요구가 반영되고, 이것이 의회의 활동을 거치면서 하나의 성과로 전환되는 정치체제적 관점에서 이해될 수 있다. 하나의 하위체제인 정치체제가 환경을 이루는 상위체제 속에서 존속하고 발전하기 위해서는 환경과 부단한 생산적 관계를 유지하여야 함은 물론이고 하나의 통합적 체제로서 투입과 전환 그리고 산출과 환류기능을 유기적으로 수행하여야 한다. 의회는 바로 이러한 민주적 정치시스템의 기능을 수행하는 데 중심에 서 있는 것이다.

(2) 대표기능

지방선거에는 다양한 개인과 정파가 참여하게 되고, 지방의회는 이들 중에서 주민들이 유효하게 선출한 의원들로 구성된다. 따라서 의회는 민주적 대표성을 가진다. 주민의 대표기관이기 때문에 대표성에 기초하여 활동의 정당성을 확보하고 권한을 행사할 수 있다.

주민의 의사를 대표하여 이를 지방정부의 의사결정과정에 반영하는 기능은 어떤 개인이나 집단의 대리인으로서의 기능이 아니고 주민 전체의 일반의지(general will)를 의회활동과정에 반영한다는 간접민주주의의 원리를 의미하는 것이다. 따라서 그 범위는 대단히 포괄적이며 의회는 주민과의 관계에서는 물론이고 넓게는 중앙정치권이나 중앙정부와의 관계에서, 좁게는 집행부와의 관계에서 이러한 기능을 수행한다. 의회의 대표기능은 의회의 권한과 의무를 규정하는 데도 중요한 원리가 된다.

(3) 의결기능

지방의회기능의 생성과정에 초점을 둔 것이 대표기능이라면 그 활동에 초점을 맞춘 것으로서 가장 중요한 것은 의결기능이다. 이 기능은 조례의 제정과 개정권한을 가지는 입법기능과 집행기능을 감시·감독하는 통제기능으로 세분할 수 있다. 의결기능이 없는 대표기능은 그 의미가 반감되며, 따라서 지방의회의 의결기능은 국회의 정책결정기능과 같이 매우 중요한 기능이라고 할 수 있다.

지방정부의 운영에 근간이 되는 입법을 할 수 있는 권한이 의회에 속한다는 것은 바로 의회가 기본적 사항을 결정하는 중요한 기구임을 의미하는 것이다. 이러한 기본적 범주 아래서 집행부의 업무가 처리될 수 있다. 그리고 의결기구와 집행기구가 분립된 기관분립형 지방정부에서 지방의회는 집행부에 대해서 행정의 조사와 감독활동을 펴는데 이것도 의결기능의 보유를 전제로 가능한 것이다. 의결기구와 집행기구가 통합된 기관통합형 지방정부에서도 기능상 의결기능이 의회에 있고 이를 집행하는 것은 관료들로 구성된 집행부에 있다.

2. 권 한

지방의회의 기능이 의회가 민주주의 제도로서 가지는 역할 측면에서 파악된 것이라면, 지방의회의 권한은 지방의회라는 회의체로서 갖는 정당한 권력을 의미하며, 좁은 의미로는 보통 본회의가 회기 중에 갖는 권한을 지칭한다. 물론 본회의에서의 결의를 통하여 위원회에 그 권한의 행사를 위임할 수는 있지만, 의장이나 의원 개인에게는 그 권한의 위임이 불가능하다. 따라서 의회의 권한과 개별 의원의 권한은 본질적인 차이가 있다.

지방의회가 어느 정도의 권한을 가지는가 여부는 기본적으로 민주주의의 발전단계와 깊은 관계를 갖는다. 국회의 영향력이 민주주의 제도의 발달

정도에 따라 달라지는 것과 같다. 지방민주주의의 발달은 자연히 주민의 대표자인 의원의 영향력을 증대시키고 이것이 제도적으로는 의회의 권한강화로 나타날 것이기 때문이다.

(1) 주요 의사결정권: 발의권 및 의결권

전술한 바와 같이 의결기능은 지방의회가 수행하는 기능의 핵심적이 부분이며, 이 기능이 제도화된 것이 발의권과 의결권이다. 이러한 발의권과 의결권은 지방정부의 업무수행 범위와 밀접하게 관련되어 있다. 각국은 지방자치제의 발전과정에서 서로 다른 방법으로 지방정부의 사무를 규정하고 있으며 그 폭과 내용도 다르다. 사무의 범주를 정하는 방법도 제5장에서 설명한 바와 같이 다양하다. 우리나라에서는 지방자치법에 사무의 범위를 정하고 있는데, 지방의회의 발의권과 의결권은 이러한 범주 내에서 그 권한을 행사할 수 있다.

지방자치법 제66조 1항에서는 '지방의회에서 의결할 의안은 지방자치단체의 장이나 재적의원 5분의 1 이상 또는 의원 10명 이상의 연서로 발의한다'라고 규정하여 지방의회의 발의권을 규정한다. 그리고 동법 제39조에서 의결권의 범위를 정하고 있는데,[2] 그 내용은 자치입법에 관한 사항, 넓은 의미의 재정운용에 관한 사항 그리고 기타 청원이나 법령사항 등이다.

지방의회의 의결권의 범위는 점차 변화되고 있다. 특히 현행 지방자치법은 제39조 제2항에서 '지방자치단체는 제1항의 사항 외에 조례로 정하는 바에 따라 지방의회에서 의결되어야 할 사항을 따로 정할 수 있다'라고 규정하여 의결권의 범위가 확대될 가능성을 보여주고 있다. 따라서 지역주민의 의

---

2) 제39조(지방의회의 의결사항) ① 지방의회는 다음 사항을 의결한다.
1. 조례의 제정·개정 및 폐지, 2. 예산의 심의·확정, 3. 결산의 승인, 4. 법령에 규정된 것을 제외한 사용료·수수료·분담금·지방세 또는 가입금의 부과와 징수, 5. 기금의 설치·운용, 6. 대통령령으로 정하는 중요 재산의 취득·처분, 7. 대통령령으로 정하는 공공시설의 설치·처분, 8. 법령과 조례에 규정된 것을 제외한 예산 외의 의무부담이나 권리의 포기, 9. 청원의 수리와 처리, 10. 외국 지방자치단체와의 교류협력에 관한 사항, 11. 그 밖에 법령에 따라 그 권한에 속하는 사항
② 지방자치단체는 제1항의 사항 외에 조례로 정하는 바에 따라 지방의회에서 의결되어야 할 사항을 따로 정할 수 있다.

사를 정책과정에 반영하는 것이 지방의회의 핵심적인 책무라는 점을 고려할 때 법령에 의하여 규정되지 않은 사항이라도 주민의 대표기관으로서, 그리고 최고의사결정기관으로서 의결권의 범위를 확대하려는 노력을 강화할 필요가 있다.

(2) 조례제 · 개정권

지방의회의 의결권 중 가장 기본적인 것은 조례제정 및 개정권이다. 우리나라 지방자치법 제22조는 지방자치단체가 법령의 범위 안에서 그 사무에 관하여 조례를 제정할 수 있음을 규정하고 있고, 이 경우 조례제정 및 개정의 의결권은 지방의회에서 가진다. 원칙적으로 조례로서 규정할 수 있는 사항은 법령의 범위 안에서 지방자치단체의 권한에 속하는 일체의 사무를 포함한다.

그러나 지방의회의 조례제 · 개정권에는 기본적으로 상위법률에 의한 제약이 따른다. 즉 지방자치의 상위법률들에는 지방의회의 권한을 제약하는 취지의 규정이 다수 포함되어 있다. 우리나라는 헌법 제117조 제1항에서, '지방자치단체는 … (생략) …, 법령의 범위 안에서 자치에 대한 규정을 제정할 수 있다'라고 규정하여 자치입법권을 보장하고 있다. 조례는 헌법을 비롯한 각종 국가의 법령과 함께 국법질서의 일부를 구성하고 있으므로 법령과 모순되어서는 안 된다. 조례가 규정하는 사항은 일부 지역에서만 효력을 발생하는 것이므로 주민의 복리와 권리를 신장하지 않는 문제에 대해서는 전국적으로 일반적 차원에서 규정한 사항을 벗어나서는 안 될 것이다. 하지만 법령의 "범위 안"이기 때문에 조례제정권이 제약되고 있다는 주장도 있다. 법률에 위반되지 않는 어떠한 사항도 조례로 제정할 수 있다고 한다면 지방의회의 권능은 훨씬 확장될 것이다. 아울러 조례는 전술한 바와 같이 자치단체의 법규이기 때문에 조례제정권의 범위는 자연히 자치사무와 단체위임사무에 국한되고, 자치단체장이 국가의 일반행정기관의 지위에서 집행하는 기관위임사무에는 적용되지 않는다고 보아야 할 것이다.

(3) 예산 심의 · 확정권

조례제 · 개정권과 더불어 지방의회 권한의 핵심을 이루는 것이 예산 심의 · 확정권이다. 이 권한은 주민의 대표자인 지방의회가 자유로운 판단과 결정에 의하여 지방자치단체가 필요로 하는 재원의 확보 및 사용 근거를 마련하는 권한이라는 점에서 지방자치의 실질을 보장하기 위한 핵심적인 권한으로 평가할 수 있다.[3]

우리나라의 지방자치법은 예산안의 편성권은 지방자치단체장에게 속하도록 하고 있으나(지방자치법 제127조 제1항), 그 의결권은 지방의회가 행사하도록 하고 있다(동법 제127조 제2항). 그리고 지방자치단체의 장이 예산안을 편성하여 제출한 후 부득이한 사유로 그 내용의 일부를 수정하기 위해서는 수정예산안을 지방의회에 다시 제출하여 지방의회의 의결을 받도록 규정하고 있다(동법 제127조 제4항).

전통적으로 지방의회의 가장 큰 권한은 역시 재정에 관한 권한이나, 현실적으로는 지방정부의 재정에 관해서 지방의회가 실질적으로 관여할 수 있는 권한이 명시적 혹은 암묵적으로 제약을 받고 있다. 원래 집행부는 예산안의 작성을, 의회는 예산의 심의 · 의결을 하는 것으로 기능을 분담하였으나, 예산의 심의와 의결이 실질적으로 수행되지 못하고 있는 경우가 적지 않다. 예산심의과정은 물론이고 결산과정에서도 전문성의 부족과 정치적 고려로 인해 적절한 수준의 통제를 하지 못하고 있다.

또한 우리나라에서는 세입부문, 특히 지방세의 세목 설치 및 세율 결정에 있어서 지방정부의 권한이 미흡하여 예산에 대한 지방의회의 권한이 매우 축소되어 있다. 지방의회의 입장에서는 지방세법에 규정된 사항을 넘어서는 권한을 행사할 수 없고, 일정규모 이상의 부채를 비롯한 기채에 대해서도 행정안전부 장관의 승인을 얻은 후 지방의회의 승인을 얻어야 하는 등 지방의회의 권한이 제약되어 있다.

---

3) 다만, 최근에는 지방자치단체별로 주민참여예산제도의 도입이 이루어지고 있어 예산과정 및 예산심의권과 관련된 변화가능성이 나타나고 있다. 주민참여예산제도에 대한 자세한 내용은 전주상(2008) 참조.

(4) 행정사무 감사권 및 조사권

지방의회는 집행부의 행정과정과 결과에 대해 관여할 수 있는 권한을 갖는다. 조례의 제정범위를 넓히고 재정운용에 대한 상세한 재정의결권을 가지고 있지만, 복잡한 행정을 효과적으로 감시하고 견제하기에는 불충분하여, 집행부의 행정과정을 의회가 감시·견제할 수 있는 다양한 방안을 도입하고 있다.

이 권한은 지방정부의 구조에 따라서 상이하게 행사된다. 여기서는 주로 우리나라에서 취하고 있는 기관대립형을 전제로 설명하기로 한다. 집행부에 대한 관여 권한은 포괄적인 것으로, 행정사무의 조사나 감사와 같은 감독권한, 서류와 보고를 요구하는 권한, 집행부의 업무에 대한 의견제시 권한 등이 광범위하게 포함되는데, 그 핵심은 행정사무 감사권 및 조사권이라고 할 수 있다.

행정사무 감사권은 집행부의 행정결과에 대하여 총괄적으로 감독하는 권한이다. 감사의 대상은 포괄적이며 업무처리의 적법성과 효과성을 따지는 것이다. 때로는 효율성과 공평성의 측면에서 비판을 제기하기도 하지만 기본적으로는 적법성이 중요한 기준이 된다. 그리고 감사결과에 따라 시정을 요구할 수 있고 시정요구사항에 대하여 해당기관은 지체 없이 이를 처리하고 그 결과를 보고하여야 한다.

특히 우리나라의 경우 행정감사권의 범위가 자치단체의 사무, 즉 자체사무와 단체위임사무에 국한되어 있어 국가 및 상급지방자치단체의 위임사무에 대해서는 감사를 수행할 수 없는 한계를 가지고 있었으나, 1994년 지방자치법의 개정으로 기관위임사무에 대해서도 국회와 상급지방정부 의회가 직접 감사하기로 한 사무 외에는 그 감사를 각각 해당 지방의회가 할 수 있도록 하여(지방자치법 41조 3항) 감사대상 사무의 범위가 확대되었다.

한편 행정사무 조사권은 감사권과는 달리 본 회의에서 의결된 특정사안에 한하여 업무가 적법하고 적절하게 처리되었는가를 조사하는 권한이다. 통상적으로 비리, 비효율, 독단적 업무처리 그리고 공직자의 윤리성 등이 조사 대상이 된다. 조사권은 지역주민의 일반적 기대에 부합하지 못한 업무처리를 견제하는 역할을 하고 예산집행의 효율성과 형평성을 높이는 데 기여하는 장점이 있는 반면에, 잦은 조사로 인하여 행정을 지체시키고 관료들이 민감하게 반응하는 등의 문제를 초래하기도 한다. 조사 대상사무는 감사권과 달리 여전히 지방자치단체의 사무, 즉 자치사무와 단체위임사무로 제한되고 있다.

(5) 청원관련 권한

지방의회에는 주민의 청원을 듣고 적절한 조치를 취하는 청원수리권과 처리권이 있다. 이 권한은 우리나라의 헌법과 청원법에서도 보장되어 있다. 지방의회는 주민의 대의기관으로서 주민이 지방정부의 업무에 관련하여 제기하는 이의나 불만사항뿐만이 아니라 희망사항을 수리할 수 있다. 지방의회는 그 사항이 의회의 사무에 속한 것일 때는 자체 심사·처리하고, 단체장의 권한에 속한 사항에 대해서는 단체장에게 이양하고 그 처리 상황을 보고받을 권한이 있다(지방자치법 75조 및 76조).

청원은 주민이 지방정부의 업무와 관련하여 불만과 이의 그리고 희망과 기대를 제기하는 것으로 지방정부는 여기에 구속되는 것은 아니다. 그러나 청원은 주민으로서 가지는 일종의 기본권이기 때문에 지방의회로서는 청원이 합법적 절차를 밟아 제기되는 경우 이를 수리해야 할 의무를 지게 된다. 아울러 청원의 경우 주민생활과 직결된 것이 많고, 장기간 방치될 경우 지방정부에 대한 불만이 고조될 가능성이 높기 때문에 청원에 대한 적절한 처리는 행정의 효능감을 높이고 지역사회의 통합을 이루는 주요 통로이다. 이 권한은 지방의회의 의결기능을 보완하는 역할을 수행한다고 할 수 있다.

(6) 기타 권한

지방의회는 위와 같은 권한 이외에 의견제출권, 동의권 등을 가지고 있다.

첫째, 의견제출권은 특정한 사안에 대해서 지방의회가 자신의 의견을 제시할 수 있는 권한을 의미한다. 우리나라에서는 두 가지 형태의 의견제출권이 존재한다. 첫 번째 유형은 자치사무나 단체위임사무의 처리과정에서 집행부의 장이나 보조기관으로부터 업무처리 내용을 청취하고 의회의 의견을 제출하는 것이다. 두 번째 유형은 지방의 이익에 직결되는 사항이 생겼을 때 지방정부의 외부 관련 기관에 대해 주민의 대표기관으로서 의견을 제시하는 것이다. 그 범위는 소위 결의문부터 특정한 법률의 규정사항에 이르기까지 다양한 형태를 갖는다. 예를 들면, 지방자치법에서 구역과 명칭을 변경시킬 때에는 지방의회의 의견을 반드시 듣도록 하고 있는데(지방자치법 4조 2항), 이러한 경우 의견제출권은 특정한 사안이 합법성을 가지기 위한 절차적 필수사항이 된다. 이렇게 지방의회의 의견을 듣도록 하는 것은 대표기관인 의사결정과정에서 의회의 참여를 보장하고 의견제시과정에서 관련 주민들의 이해관계가 적절히 조정되기를 기대하기 때문이다. 그러나 지방의회의 의견은 구속력을 갖지 않고, 참고사항에 그친다는 한계를 갖는다.

둘째, 동의권은 특정한 업무를 단체장이 처리하고자 할 때 개별법규의 규정에 의하여 의회의 동의가 필수적으로 요구되는 경우 이를 행사하는 권한이다. 이러한 동의권은 수동적인 권한이지만 행정행위를 정당화시키는 데 요구되는 필수적인 권한이다. 일반적으로 기관대립형을 취하고 있는 국가의 경우 행정업무의 집행권은 단체장에게 귀속시키지만, 중요한 결과를 초래하는 일정 사안에 대해서는 지방의회의 참여와 동의를 받도록 법으로 규정하고 있다. 외국에서는 단체장이 행사하는 주요 인사의 임명권에 대해서 의회가 동의권을 가지는 경우도 있다.

3. 권한의 범위와 제한

지방의회가 주민의 대의기관임에도 불구하고 그 권한의 행사에 있어서는 다양한 제한을 받고 있다. 기본적으로 집행부의 집행권에 대한 구체적인 사항을 의회가 사전에 침해하는 것은 인정되지 않는다. 집행과정에는 일선 관료들의 재량권이 필수적인데 이를 제약하는 기능을 의회가 가지는 경우 주민의 복리증진에 오히려 장애가 될 수 있다. 특히 최근에는 행정체제의 문제해결능력과 성과 제고를 위하여 정책집행기관의 변화대응능력이 강조되고 있다. 이러한 과정에서 외부의 기관에 의한 통제는 물론이고 내부의 통제가 지나치게 강화될 경우, 정책의 성과를 극대화하기 어렵다. 문제가 발생되고 있는 현장에 신축적으로 대응하기 위해 재량권을 높여야 할 필요가 있는 것이다(Elmore, 1982: 19－21).

지방의회가 어느 정도 권한을 가지는가는 기본적으로 민주주의와 지방자치제의 발전수준과 관련이 깊다. 이것은 국회의 영향력이 민주주의의 발전정도나 정체에 따라서 달라지는 것과 유사하다. 지방의회의 권한에 영향을 미치는 변수로는, 자치권의 범위, 계층구조, 지방정부의 기관구성형태, 집행기관의 기관구성방식 등을 들 수 있다.

자치권의 범위에 대해서는 오랜 기간 동안 형성된 원칙을 가지고 있는 나라도 있고 성문법으로 이를 규정하는 나라도 있다. 우리나라는 지방자치관련법 그리고 개별법에서 다양한 방법으로 지방의회의 권한을 규정하고 있다. 따라서 우리나라에서는 구체적으로 관련 법규의 규정에 의하여 지방의회의 권한이 제약을 받고 있다. 전술한 조례 및 예산 관련 권한에 대한 제약이외에 중요한 것을 보면 다음과 같다.

(1) 국가의 지도 · 감독

국가의 지도 · 감독이라는 관점에서도 지방의회의 권한이 제약되는 경우가 있다. 지방자치법은 '지방자치단체의 사무에 관한 그 장의 명령이나 처분이 법령에 위반되거나 현저히 부당하여 공익을 해친다고 인정되면 시 · 도에 대하여는 주무부장관이, 시 · 군 및 자치구에 대하여는 시 · 도지사가 기간을 정하여 서면으로 시정할 것을 명하고, 그 기간에 이행하지 아니하면 이를 취소하거나 정지할 수 있다. 이 경우 자치사무에 관한 명령이나 처분에 대하여는 법령을 위반하는 것에 한한다'(지방자치법 169조 1항)라고 규정하고 있다.

이러한 규정은 지방정부가 내부적 역학관계로 인하여 제대로 운영되지 않을 경우를 대비하여 외부통제를 가능하게 하고 있는 것으로 판단된다. 아울러 이러한 명령에 대하여 자치단체장이 대법원에 소를 제기할 수 있는 이의신청절차를 규정하고 있기도 하다(동법 169조 2항). 그러나 자치기관의 의결에 대해서 주무장관이나 시 · 도지사로 하여금 위법성이나 공익성을 판단하게 하고 있다는 점에서 지방의회의 권한이 심각하게 제약을 받는다고 볼 수 있다. 따라서 이러한 권한은 신중하게 행사되지 않으면 지방의회의 자율권을 침해할 소지가 크다. 따라서 내부기관들이 먼저 문제를 해소하도록 하는 것이 필요하고 외부기관이 개입하는 경우에도 감독의 필요성과 자치권 간의 비례성의 원칙[4]을 살려서 자치권과 자율권의 신장에 제약을 가해서는 안 될 것이다.

(2) 자치단체장의 재의요구권 및 선결처분권

우리나라는 기본적으로 강시장-의회형의 구조를 택하고 있다. 지방자치단체장이 해당 지방자치단체를 대표하며, 실질적으로도 대규모의 관료제를 이끌고 적지 않은 재량권을 행사한다. 따라서 현실적으로 지방의회는 단체장과의 관계에서 권한의 제약을 받을 수 있다. 이는 입법기관과 집행기관 상호간에 견제와 균형이 집행기관 우위를 전제로 유지될 수 있음을 의미한다.

대표적인 법적 규정들을 보면 다음과 같다. 첫째, 지방자치법에서는 지방자치단체의 장은 지방의회의 의결이 '월권이거나 법령에 위반되거나 공익을 현저히 해친다고 인정되는 경우'(107조 1항), '지방의회의 의결이 예산상 집행할 수 없는 경비를 포함하고 있다고 인정되는 경우'(108조 1항), 그리고 '의무부담 경비 및 재해복구 경비 등을 줄이는 의결을 한 때'(108조 2항) 재의를 요구할 수 있다.

둘째, 지방자치법 제109조 제1항에는 '지방자치단체의 장은 지방의회가 성립되지 아니한 때와 지방의회의 의결사항 중 주민의 생명과 재산보호를 위하여 긴급하게 필요한 사항으로서 지방의회를 소집할 시간적 여유가 없거나 지방의회에서 의결이 지체되어 의결되지 아니할 때에는 선결처분을 할 수 있다'라고 규정하고 있다. 이러한 선결처분을 한 경우 지체 없이 지방의회에 보고하여 승인을 받아야 하고(동법 109조 2항), 현실적으로는 선결처분을 할 경우 단체장이 의회의 의장이나 관련 상임위원장들과 사전 협의하여 선결처분을 할 수도 있지만, 시기나 내용 면에서 지방의회의 권한을 제한하게 될 것이다.

---

4) 비례성의 원칙은 헌법원리로서 기본권과 같은 권리를 제한할 때도 일정한 한계를 지켜야 한다는 원칙이다. 국가작용의 목적이 정당하고 수단과 방법이 적정한 경우에도 최소한의 피해를 두어야 하며 공익과 사익 사이의 균형이 맞아야 한다는 원칙을 의미한다.

제3절 지방의회의 조직과 운영

1. 지방의회의 규모

(1) 지방의회 규모의 고려요인

지방의회는 주민의 정치적 이해를 집적하고, 갈등을 다양한 절차에 의하여 해결하는 장이기 때문에 지방의회의 규모, 즉 의원의 수가 현실적으로 중요성을 갖는다. 그것은 본질적으로 지역사회 이해관계의 이질성이나 복잡도와 관련을 맺는다. 지방의회의 규모는 주민과 지역의 다양성을 고려하고 의사운영의 효과성을 도모할 수 있는 크기로 결정되어야 한다. 또한 일관된 토론을 위해서는 일정규모 이상이 되어서도 곤란하다.[5] 최근 변화 경향이 나타나고 있으나, 전통적으로 영국은 상대적으로 의원의 수가 많은 대의회제를 채택하고 있고, 미국은 의원 정수가 상대적으로 적은 소의회제를 채택하는 경향이 있는 것으로 알려져 있다.

지방의원 수가 많은 대의회제를 채택하는 이유는 선거에 의하여 선출되는 주민대표, 즉 지방의원의 수가 많을수록, 주민의 참여 기회가 확대되고, 통제도 효과적으로 이루어질 수 있다는 판단에 근거하고 있다. 그러나 너무 큰 규모의 의회운영은 조직과 절차의 복잡성이 야기되고, 경우에 따라서는 특수 이익을 대변할 가능성을 높이기도 한다. 즉 조직 및 절차적 복잡성이 높아지면, 의회의 활동은 일반 주민들의 요구에 대한 대응성이 낮아질 수 있고, 더 특수하고 협소한 이익과 결탁할 가능성이 높아질 수 있다는 것이다.

물론 주민의 사회·경제적 배경이 다양하거나 지역의 구조가 복잡한 곳에서 대표성을 확보하기 위해서는 소수집단도 대표자를 낼 수 있을 정도의 큰 규모가 요청된다. 그러나 지방의회의 규모가 커지면 대표성을 효과적으

5) 지방의회 의원의 수가 50명 이상이면 토론할 수 있는 규모의 정도를 넘어선다는 주장도 제기되고 있다(Lorch, 1992: 154).

로 확보하는 데 혼선을 줄 수도 있다. 그리고 실제 규모가 큰 지방의회는 지도자 몇 사람이 의회전체를 사실상 장악하는 과두제 지배의 철칙(iron law of oligarchy)이 적용되어 영향력 있는 소수의 무대가 될 가능성이 존재한다. 의회의 규모가 너무 크거나 너무 작은 경우 회의진행이 어려워져서 실질적인 대변기능이 약화될 수도 있다.

전통적으로 지방의회의 규모 문제는 지방의회 운영의 민주성과 효율성 가치의 선택문제에 귀착한다고 보는 시각이 강하였다. 그러나 소의회제의 채택이 주민의 민주적 통제를 소홀히 하는 것으로 보기 어려운 측면도 존재한다. 미국의 경우 소의회제를 채택하면서도 유급직 소수의 의원들에게 명확하게 책임을 부여하고 있다는 점에서, 주민의 민주적 통제를 중요시하고 있다. 따라서 최근에는 이를 가치판단의 문제라기보다는 자치단체의 규모에 의해 영향을 받는 문제로 바라보는 시각이 강하다. 각국에서 상임위원회가 활성화되고 있다는 점은 위원회를 적절하게 구성하여 활용함으로써 지방의회의 규모 조정을 어느 정도 가능하게 할 수 있다는 점을 뒷받침한다.

(2) 우리나라의 지방의회 규모

우리나라의 광역의회 의원 정수는 그 관할구역안의 자치구·시·군 수의 2배수로 규정되어 있으며(공직선거법 22조 1항), 최소 의원 정수는 19명이다(동법 22조 3항). 한편 기초의회 의원 수에 대해서는 광역자치단체별로 기초의회의원 총 정원수가 정해져 있으며, 기초의회별 의원 총수는 광역자치단체별 총정수 범위 내에서 선거구획정위원회의 규정에 따른 당해 광역자치단체의 자치구·시·군의원선거구획정위원회가 자치구·시·군의 인구와 지역대표성을 고려하여 중앙선거관리위원회규칙이 정하는 기준에 따라 정하도록 규정되어 있다(동법 23조 1항). 그리고 기초의회 의원의 최소정수는 7인이다(공직선거법 23조 2항).

위와 같이 한국의 지방의회 규모는 행정구역의 수를 고려하여 하한을 두고 획일적으로 정하여져 있고, 아울러 광역과 기초의원 그리고 국회의원과의 투표수의 비중을 고려하고 있다. 그러나 지방의회 규모의 설정에 있어서는 보다 다양한 요인이 고려되어야 한다. 기본적으로 대의회는 시민사회의 연결과 행정의 종합성을 중시하는 데 비하여, 소의회는 전문성을 보다 중요시한다고 할 수 있다. 그리고 지방의회와 단체장 간의 관계도 지방의회의 규모 설정에 있어서 중요한 요인이 된다. 외국의 예를 보면, 대의회의 경우 문제제기가 의원들의 주요 책무라면, 소의회의 경우 의원들이 문제제기뿐만 아니라 문제해결의 상당부분을 담당하고 있기 때문이다.

따라서 지방의회의 규모 설정을 우리나라와 같이 획일적으로 정하는 것은 개선할 필요가 있으며, 전술한 바와 같이 여러 요인과 지역의 규모 및 사회경제적 특성, 상임위원회의 활용가능성 등을 고려하여 지역별로 차별화할 필요가 있다. 장기적으로는 지방의회의 규모를 결정할 때, 지방정부의 의견을 반영할 수 있는 제도적 장치가 필요할 것으로 판단되며, 과도기적으로는 일반 군의회를 도시 지역 자치단체 의회와 차별화한다든가, 제주특별자치도 의회를 타 광역의회와 차별화하는 등의 개선 가능성을 모색할 필요가 있다.

2. 지방의회의 조직

지방의회의 조직은 국가마다 다르기도 하고 일부 국가에서는 지방마다 다르다. 대체로 국회에 비하여 제도화가 덜 이루어진 것이 특징이다. 국회에 비하면 재직하는 의원의 선수(選數)가 적고, 따라서 의장단의 리더십이 취약한 것이 특징이다. 그리고 상임위원회를 비롯한 각종 내부 기구들의 역할분담이 전문화되어 있지 못하고 과거의 업적이 미진한 것도 특징이다. 지방의회의 내부에는 의장단, 위원회, 사무기구와 같은 조직을 설치하는 것이 일반적이다.

(1) 의 장 단

일반적으로 회의체에는 의장과 의장의 보좌기구가 있다. 주로 지방의회의 의장과 부의장을 의장단이라고 하고 상임위원회가 있는 경우 위원장이 따로 있게 된다. 의장단의 선출방법도 다양하다. 크게는 지방정부의 구조에 영향을 받는데 세 가지로 나누어 볼 수 있다. 첫째, 의원 선거시 의장을 주민이 직접 선출하는 방법, 둘째, 의회에서 무기명투표로 선출하는 방법, 셋째, 주민이 직접 선출한 단체장이 의장을 겸하는 방법 등이다. 의장이 주민에 의하여 직접 선출되는 지방정부에서는 의회의 의장도 상당한 권위를 가지게 되는데, 미국의 일부 시에서 이러한 방식이 활용되고 있다. 우리나라와 일본에서는 두 번째 방법을 택하고 있고, 독일의 일부 기초지방정부인 게마인데(Gemeinde), 미국·캐나다의 일부 시, 프랑스의 기초지방정부에서는 세 번째 방법을 택하고 있다.

부의장은 다른 기관의 부기관장과 같이 의장의 직무를 보좌하는데, 의장이 유고되어 궐위될 때 그 직무를 대행한다. 즉 의장이 의장의 기능을 못할 때 이를 대신하는 대위기관(代位機關)이다. 따라서 대행기간 중에 긴급한 상황이 아닌 경우 일상적인 운영 업무 이외의 새로운 업무는 차기 의장이 주도하도록 하는 것이 바람직하다. 부의장제를 두는 나라도 있고, 두지 않고 필요시 임시의장을 두는 나라도 있다. 의장단의 임기는 의원의 임기와 같은 국가도 있고 의원임기의 1/2 또는 1/4 등으로 하는 국가도 있다.

우리나라의 지방의회에서 의장은 상징적으로나 실질적으로 의회를 대표하고 의사를 정리하며 의회 내의 질서를 유지하고 의회사무를 감독한다(지방자치법 제49조). 즉 외부적으로 회의체인 의회의 대표가 되는 의회대표권을 가지고, 동시에 의회의 토의 사항인 의사(議事)를 다루는데 주도적인 역할을 하는 의사정리권을 가진다. 또한 회의장 내의 질서를 유지하는 질서유지권과 의회 내의 사무를 감독하는 사무감독권을 가진다. 또한 의장은 위원회에 출석하여 발언할 수 있다(동법 제50조). 물론 의장의 대표권은 지방정부를 대표하는 단체장의 대표권과는 다른 지방정부 내부에 한정된 대표권으로 이해하여야 한다.

의장단에 대한 불신임제도를 인정할 것인가, 인정하지 않을 것인가 하는 문제는 의장단의 선임방법에 따라 달라진다. 주민직선으로 의장을 선출하는 경우에는 원칙적으로 불신임의결제도를 둘 수 없다. 다만 의장은 범법행위로 인하여 기소되면 그 직에서 해임되며, 형사소추가 미결중인 때에는 일정기간 정직될 수 있다. 지방의회에서 의장을 선출하거나 지방의회에서 선출된 시장이 의장직을 겸하는 경우에는 의장의 임기 전 해임을 인정하는 국가도 있고, 의장단의 불신임제도를 인정하지 않는 국가도 있다(정세욱, 2000:

555-556).

(2) 위 원 회

의회의 내부구조는 다양하여 일률적으로 유형화하기는 어렵지만, 보통 집권적인 유형과 분권적인 유형으로 나누어 볼 수 있다. 기구상으로는 어느 정도 위원회를 두어서 업무를 분장시키는가에 따라서 집권적인지 분권적인지가 구분될 것이다. 정책형성과 같은 전문적인 검토가 필요한 분야나 정치적인 타협이 요구되는 일을 모두가 참여하고 공개되는 전체회의에서 다루기는 적절하지 않다. 따라서 다양한 이유로 위원회의 구성 필요성이 제기될 수 있으며, 위원회가 늘어나면 의사결정구조의 분권화가 진행된다.

위원회의 종류는 상설하여 한정된 업무를 관장하는 상임위원회와 특정한 안건을 일시적으로 심사·처리하기 위한 특별위원회가 있다. 위원회의 위원은 보통 의회에서 선임한다. 위원회의 기능은 기초의회와 광역의회에 따라 약간의 차이가 있을 수 있다. 대체로 기초의회의 경우에는 주민생활과 관련이 있는 행정기능을 처리하기 위한 위원회를 설치하고, 광역의회의 경우에는 광역자치단체의 기능에 결부되는 사항과 기초자치단체의 보완적 기능을 심의하기 위한 위원회를 설치하는 경향이 있다. 지방의회의 제도화가 진척된 선진국의 사례를 보면 상임위원회가 의회 심의의 실질적인 역할을 수행하고 있다. 그럼에도 불구하고 국회에 비하여 지방의회 의원들의 전문화가 덜 되어 있고, 위원회의 심의가 심층적으로 이루어지지 못하고 있다.

상임위원회의 수는 국가에 따라 다르다. 다만 너무 많으면 의결 및 심의의 효율성이 떨어지고, 너무 적으면 전문적이고 체계적인 검토가 어려워진다. 위원회를 규정하는 방식에는 법률로 규정하는 방식, 인구에 따라 설치할 수 있는 상임위원회의 수를 법규로서 정해 놓고 조례로 설치하도록 하는 방식, 자치헌장으로 규정하는 방식 등이 있다. 유럽에서는 지방의회에 위원회를 설치하지 않거나 설치하더라도 1개만을 설치하는 국가가 많지만, 미국의 경우는 지방의회 의원 수에 비해 위원회를 다수 설치하는 경향이 있다. 이러한 현상은 전술한 바와 같이 상임위원회를 적절하게 구성하여 활용함으로써 지방의회의 규모가 조정될 수 있다는 논의와 맥을 같이 한다. 그리고 영국의 지방의회와 같이 의원 1인이 복수상임위에서 활동할 수 있는 국가도 있고 일본과 같이 그렇지 않은 국가도 있다.

상임위원회의 설치와 같은 의회의 내부 구조와 운영에 대해서는 가능하면 지방의회의 자율에 맡기는 것이 자치정신에 부합한다. 따라서 상위법규로서 규정하기보다는 융통성을 발휘하게 하는 것이 바람직하다. 아울러 집행부의 조직화 원리에 따르기보다는 주민의 복리향상과 지역경제의 활력 등과 관련된 핵심영역을 중심으로 위원회를 설치하고, 한 의원이 수개의 위원회에서 활동할 수 있도록 하는 것이 정보의 유통이나 분야 간의 연계를 강화하는 데 도움이 된다. 우리나라의 경우 과거에는 지방의회 정원이 13인 이상인 경우에만 상임위원회를 설치할 수 있도록 제한을 두었으나, 2006년 지방자치법 개정으로 상임위원회의 설치에 관한 사항을 지방자치단체의 조례로 정할 수 있게 함으로써 소규모 지방의회의 경우에도 상임위원회를 설치할 수 있게 되었다(지방자치법 56조 1항).

어느 국가든 상임위원회 이외에 특별위원회를 두는 것이 보통이다. 한국에서는 특별위원회도 조례에 의하여 설치되는데(동법 56조 1항 및 2항), 특별위원회는 문제의 성격과 중요성으로 보아 기존의 위원회에서 전문적으로 다루기가 어렵다고 판단될 때, 안건의 소관이 분명하지 않을 때, 복수의 상임위에 속할 때 구성할 수 있다. 특별위원회는 원칙적으로 당해 회기 내에 활동을 마쳐야 한다.

(3) 지원기구: 사무조직

의회와 같은 합의제기관에는 보통 그 운영을 지원하기 위한 지원조직이 있다. 지방의회는 그 자체의 규모와 업무가 한정적이기 때문에 지원조직의 규모도 적을 수밖에 없다. 지원조직의 충원은 의회의 역사와 더불어 변천하고 있는데 그 규모의 한계로 인하여 여러 가지 어려움을 겪고 있다. 집행부의 한 부서로서 의회사무국 역할을 하는 국가도 있고, 의회에 속하지만 집행부와 밀접하게 관련되어 의회를 지원하는 유형의 국가도 있다. 규모가 큰 지방정부에는 위원회에도 지원인력이 있다. 공직의 임용에 실적제가 확립된 나라에서는 엽관제의 병폐를 우려하여 이러한 조직에도 비관료의 진입을 어렵게 하고 있다.

지원조직의 기능은 첫째, 행정적인 지원, 둘째, 조례제정과 관련된 법률적 전문성 확보, 셋째, 예산과 행정에 대한 연구·분석기능으로 나누어 볼 수 있다. 행정적인 지원기능 수행을 위하여 공직자로 구성된 의회지원조직이 있기 마련인데, 우리나라의 의회사무처나 사무국이 여기에 해당한다. 경우에 따라서는 이 조직의 성격과 구성원의 인사에 대한 문제를 두고 의회지도부와 집행부 간에 마찰이 생길 수 있다.

조례제정과 관련된 법률적 문제를 지원하는 데는 관련 전문지식뿐만 아니라 다년간의 경력이 필요하다. 작은 지방의회에서 수준 높은 전문가를 전업직으로 충원하는 데는 어려움이 많으므로 각국은 다양한 방안을 모색하고 있다. 지방정부를 지원하는 광역행정기구에서 법률전문가를 고용하여 지원하는 경우도 있고, 각 의회별로 수시로 외부 법률전문가를 계약을 통하여 자문받을 수 있도록 하기도 한다.

예산분석이나 행정문제의 분석을 돕는 전문가 지원체제도 비슷한 방식을 활용하고 있다. 지방정부의 규모가 상대적으로 크고 도시화된 지역의 경우 지방행정은 상당한 전문성을 요구한다. 이는 지방정부가 세계화의 진전으로 국제적 기능을 추가하면서 그 범위가 크게 확장되고 있기 때문이다. 지원조직에 전문성을 지닌 인력을 배치하는 것은 부주의나 전문성의 부족을 보완하여 지방의회가 제정하는 조례나 의결사항의 현실적합도를 높이기 위한 것이다. 아울러 객관적이고 전문적인 판단을 거치게 함으로써, 의원들이 이익단체의 로비에 부당하게 넘어가는 일을 막고, 민감한 사안의 해석을 관료들에게 의존함으로써 생기는 중립성과 객관성의 훼손을 개선하는 데도 도움이 된다.

우리나라의 경우 광역의회에는 조례로 정하는 바에 따라 사무처를 둘 수 있으며(지방자치법 90조 1항), 기초의회에는 조례로 정하는 바에 따라 사무국 또는 사무과를 둘 수 있다. 그리고 지방의회에 두는 사무직원의 정수는 조례로 정하며(동법 91조 1항), 사무직원은 지방의회 의장의 추천에 따라 그 지방자치단체의 장이 임명한다. 지방의회 사무직원 인사권의 소속에 대해서 대립되는 견해가 있다. 현행 단체장의 인사권에 대해서 의회 의장에게 인사권을 넘겨야 한다는 주장이 바로 그것이다. 그러나 사무직원 중 별정직 · 기능직 · 계약직 공무원에 대한 임용권은 지방자치단체의 장이 지방의회 사무처장 · 사무국장 · 사무과장에게 위임하도록 하고 있다(동법 91조 2항). 2006년 지방자치법 개정 전에는 별정직 · 기능직 · 계약직 공무원의 임용권까지 자치단체장이 직접 행사하도록 되어 있었으나, 이를 사무기구의 장에 위임하도록 한 것은 지방의회 의장이 사무기구의 장에 대한 지휘권을 행사한다는 점을 고려할 때, 지방의회 의장의 지위를 강화하기 위한 조치로 해석할 수 있다.

보충 8-1 지방의회 인사권 독립

지난 4월 개정된 지방자치법은 지방의회의 사무직원 중 별정직 · 기능직 · 계약직 공무원에 대한 임용권을 지방의회 사무기구의 장에게 위임하고 있으나, 이들에 대한 보수 · 복무 · 신분보장 · 징계 등은 여전히 지방공무원법을 적용하도록 함으로써 의회사무직원의 실질적인 인사권은 단체장의 인사권 영역에 그대로 머물고 있다.

여기에 사무기구의 장, 담당관, 담당 등 단체장의 압력통로역할을 할 수밖에 없는 실권부서의 간부직원과 담당관 및 담당실 직원, 일반직 전문위원, 일반직 위원회 직원 등 대다수 사무직원 역시 여전히 단체장이 인사권을 행사하고 있어 인사권독립의 실효성은 전혀 기대할 수 없는 실정이다.

특히 의회 사무처장이 임용하도록 되어 있는 별정직과 계약직 직원은 광역의회의 경우 전국적으로 84명(2006년 6월 30일 현재)에 불과하며, 속기사, 전기, 영사, 난방, 교환, 운전, 위생, 방호, 사무보조 등 기능직 직원의 경우엔 단체장에 임명권이 있든 그 단체장의 부하공무원인 사무기구의 장에 임명권이 있든 의원의 직접적인 의정활동과는 하등의 관련성이 없다는 데 문제의 소지가 있다.

더욱 문제가 되는 것은 의정활동의 직접보좌인력인 시도의회 전문위원의 경우 총 93명(2006년 6월 30일 현재) 중 시도의회 사무처장이 임용하는 별정직은 32%인 30명에 불과하고, 68%에 이르는 일반직 전문위원 63명은 여전히 단체장이 임명하고 있어 전문위원에 관한 한 단체장의 인사권 장악에 의한 폐해는 조금도 개선될 여지가 없다.

이같은 문제점을 근본적으로 개선하기 위해 지방공무원에 의회직렬을 신설, 지방의회 의장이 인사권을 행사하게 함으로써 지방의회의 사무직원들이 집행기관을 의식하지 않고 집행부에 대한 견제기능을 제대로 수행할 수 있도록 하는 것이 바람직하다는 것이 지방의회의 생각이다.

집행부에서 제기하는 의회직렬 신설에 따른 인사정체 등은 의회사무기구의 장, 전문위원, 담당관 및 담당 등을 개방형 위주로 임용하고 전문위원의 복수직급화, 담당관 및 담당 등에 대한 전문위원 임용상의 특전을 부여하면 충분히 해소될 수 있다는 게 전문가들의 견해다.

(대구신문, 2006.10.26)

3. 지방의회의 운영

(1) 지방의회의 운영원리

1) 지방의회의 자율성

지방의회는 그 역할을 올바르게 수행하고 활동의 자유를 보장하기 위해서 다양한 장치를 마련하고 있다. 특히 집행부의 장이나 특수이익으로부터 영향을 받지 않고 독립성을 확보하기 위해서는 적절한 제도화를 모색해야 한다. 이를 위하여 지방의회의 의사결정 능력을 향상시키고 운영과정의 자율성과 독자성을 증대시키는 일이 중요하다.

지방의회가 법령의 범위 안에서 합리적으로 운영되기 위해서는 그 의결기능이 외부의 간섭을 받지 않고 자율성이 최대한 확보되어야 한다. 원 구성은 물론이고, 의사진행 등의 의정활동에 있어서도 자율성은 존중되어야 한다. 또한 본회의나 상임 및 특별위원회의 의사절차, 선출, 결정 등은 물론이고 개회, 휴회, 폐회, 질의, 청원 등의 절차도 의원만이 발의하고 의원만이 결정한다. 아울러 지방의회에 제출된 민원처리 등 의회사무의 독자성도 인정되어야 한다.

의회기능의 자율성을 확보하기 위해 무엇보다도 주목해야 할 것은 지방의회의 운영주체가 되는 의원에 관한 사항이다. 국회의원의 경우 헌법과 법률 그리고 관행이 정립되어 있는 편이고, 특히 불체포특권과 면책특권이 인정되고 있으나, 지방의회 의원의 경우 이러한 특권은 존재하지 않는다. 다만 지방의원을 체포 또는 구금한 경우 그 사실을 지방의회 의장에게 통지하도록 수사기관의 장에게 의무를 부여하고 있으며(지방자치법 37조 1항), 의원의 징계와 사직·퇴직 및 자격심사에 관해서 지방자치법과 지방의회의 회의규칙에 상세히 규정하여 지방의원의 활동을 보장하고 있다.

2) 견제와 균형

지방의회에 제출되는 대부분의 안건은 집행기관의 사무와 관련되어 있다. 물론 의결권과 의견제출권을 확장하여 집행부의 사무범위를 벗어나는 사항에 대해서도 관심을 가질 수 있지만, 지방의회의 활동은 어디까지나 집행부의 존재를 전제로 진행되는 것이 현실이다. 특히 행정감시권이나 청원권의 경우는 집행부의 활동에 대한 견제라는 점에서 더욱 그러하다. 따라서 의회와 집행부간에는 일방적인 독자성의 추구나 비판기능만이 필요한 것이 아니고 견제와 균형의 원리에 부합하는 생산적 비판과 견제 그리고 효과적인 지방정부를 위한 협조적 기능이 동시에 복합적으로 요구된다고 볼 수 있다. 이러한 기능적 성격이 의회의 운영과정에서 나타나야 하는데, 경우에 따라 기관간의 파트너십을 통한 협조적인 측면이 강조되는 경우도 있고, 감독과 비판이라는 견제와 균형 측면이 강조되기도 한다.

지방의회의 의결권이 스스로 권위를 가지려면 지방정부의 집행기관을 대상으로 하되, 앞에서 언급한 바와 같이 집행의 구체적인 내용에 대해서는 간섭하지 않아야 한다. 집행기관에 대하여 지방의회가 개별적인 처분이나 구체적인 집행방식을 강요하는 의결은 바람직하지 않다. 의견제출권은 의결권과는 달리 다양한 사항에 대해서 주민의 대표기관으로서의 견해를 밝히는 것이므로 그 범위가 넓고 집행부를 견제하기 위해서도 광범위하게 활용될 수 있을 것이다. 행정감시권의 행사는 유효적절하게 활용되어야 하지만 기본적으로는 주민의 복리를 증진시키는 공동의 목적과 의무를 두 기관이 공유하고 있다는 보다 높은 차원의 이해 속에서 활용되어야 할 것이다. 특히 우리나라의 지방의회는 대단히 폭넓은 감사권을 가지고 있고 집행부는 다단계의 감사로 효율적인 업무처리에 장애를 받고 있는 현실을 고려할 때, 감사권의 행사에 있어서도 통제위주보다는 공동문제 해결의 자세가 필요한 경우가 적지 않다.

(2) 회의 운영

1) 회의 운영 원칙

가. 의사결정의 3원칙

지방의회가 어떤 결정을 내리려고 할 때는 다음의 세 가지 기본요건이 충족되어야 한다. 첫째, 의사정족수가 확보되어야 회의가 가능하다. 의사정족수는 회의를 열어 의회의 의사를 결정하는 데 필요한 최소한의 출석의원을 말한다. 이 정족수는 회의개회의 요건인 동시에 회의계속의 요건이다. 우리나라 지방의회의 의사정족수는 재적의원 3분의 1 이상으로 규정되어 있다(지방자치법 63조 1항). 둘째, 과반수의결의 원칙이 적용된다. 이 원칙은 민주정치의 기본원리인 다수결의 원리에 기반을 두고 있다. 셋째, 현상유지의 원칙이 적용된다. 통상 과반수의결의 원칙이 적용되지만 의장을 포함한 출석의원의 찬성과 반대가 동수인 경우에는 부결된 것으로 간주한다(동법 64조 2항).

나. 회의공개 및 계속의 원칙

지방의회의 회의는 공개를 원칙으로 한다. 다만 의원 3인 이상의 발의로 출석의원 3분의 2 이상의 찬성이 있거나 의장이 사회의 안녕과 질서를 유지하기 위하여 필요하다고 인정하는 경우에는 공개하지 아니할 수 있다(지방자치법 65조). 회의를 공개하는 이유는 지방의회가 주민의 대표기관이기 때문이며, 주민의 의사가 어떻게 의회에 반영되고 있는가를 알려줌과 동시에 의회운영이 공정하게 이루어지도록 주민이 감시할 수 있는 방안을 마련하고자 함이다. 이러한 공개주의는 참여유도적 지방거버넌스를 구축하는 출발점이 되기도 한다.

그리고 회기계속의 원칙이 적용된다. 회기계속의 원칙은 한 회기 중에 의결되지 못한 안건도 폐기되지 않고 다음 회기에서 계속하여 심의할 수 있다는 것을 의미한다. 다만 의회의 임기가 만료되는 경우에는 해당되지 않는다(동법 67조).

다. 일사부재의의 원칙

일사부재의의 원칙이란 의회에서 일단 부결 혹은 의결된 의안은 동일 회기중에 다시 발의·심의·의결하지 못한다는 원칙을 의미한다(지방자치법 68조). 이 원칙은 의회의 결정이 있는 이상 의회의 의사로 확정된 것이므로 이미 결정된 의안에 대해서 동일 회기중에 거듭 발의하게 되면 회의의 원활한 운영에 방해가 되기 때문이다. 그러나 도중에 철회된 경우, 회기가 바뀐 경우 등의 경우에는 일사부재의의 원칙의 적용을 받지 않는다. 또한 특별한 부의 요건을 만족할 때나 단체장이 재의를 요구한 때는 일사부재의 원칙에 대한 예외가 인정된다.

라. 의원평등과 제척의 원칙

의원평등의 원칙이란 의회의 구성원으로서 의원은 법률상 완전히 평등하며 대등하다는 것을 의미한다. 의원은 소속, 선수, 성별 등에 관계없이 부여된 발언권, 표결권, 선거권 등의 권한을 평등하게 행사할 수 있다. 그러나 의장이나 의원은 본인 또는 직계존비속과 직접 이해관계가 있는 안건에 관하여는 의회의 동의를 받고 출석·발언할 수는 있지만 그 의사결정에 참여하지 못하는 제척의 원칙을 적용받는다(지방자치법 70조).

마. 위원회심사독립의 원칙

상임위원회나 특별위원회는 본회의의 하부기관이면서 예비적 심사기관으로서 본회의와 밀접한 관계가 있다. 그렇지만 회부된 안건을 심사함에 있어서는 전적으로 독립된 입장에서 독립된 견해를 갖고 심사하며 본회의로부터 어떠한 간섭이나 제약을 받지 않는다.

2) 회의의 소집과 회기

가. 회의의 소집

지방의회의 소집제도는 국가에 따라 그리고 지방정부에 따라 다르다. 우리나라에서는 지방의회 소집은 의장이 하되, 다만 총선거 후 최초로 소집되는 임시회는 의장이 아직 선출되지 않았으므로 지방의회의 사무처장·사무국장·사무과장이 지방의회의원 임기 개시일로부터 25일 이내에 소집하도록 되어 있다(지방자치법 45조 1항). 정기회는 법령에 정한 기일에, 임시회는 자치단체의 장 또는 재적의원 3분의 1 이상의 요구가 있을 때 의장이 소집하도록 하고 있다(동법 45조 2항).

나. 정례회와 임시회

지방의회는 매년 2회 정례회를 개최하며(지방자치법 44조 1항), 관련 사항은 해당 자치단체의 조례로 정한다(동법 44조 2항). 임시회는 필요가 있을 때 특정한 안건에 한하여 이를 공고하고 이 안건을 심의하기 위하여 소집되는 의회를 말한다. 임시회는 지방자치단체의 장이나 재적의원 3분의 1 이상의 요구가 있을 때 의장이 15일 이내에 소집한다(지방자치법 45조 2항). 임시회에서 다루는 안건은 공고된 것에 한하는 것이 원칙이지만, 긴급 안건이 공고기간중이나 회의중 발생한 경우에는 공고되지 아니한 안건도 다룰 수 있다(동법 45조 3항). 지방자치단체장이 의회에 부의할 안건은 이를 미리 공고해야 한다(동법 46조).

다. 회기와 의사일정

회기란 법적으로 의회가 활동할 수 있는 기간을 말하며 지방의회의 의결로 정한다(지방자치법 47조 1항). 이때 의장은 의회운영위원회와 협의하여 이를 참고해야 하는데, 회기는 집회한 날로부터 기산한다. 그러나 회의에 부의된 안건이 모두 처리되었을 때에는 회기중에도 의결로서 폐회할 수 있다.

정례회와 임시회 모두 과거에는 한정된 기간 내에서만 개회하도록 제한되어 있었다. 즉 광역의회의 회의일 수는 120일, 기초의회 회의일 수는 80일로 제한되어 있었으며, 이에 부가하여 정례회는 광역의회의 경우 40일, 기초의회의 경우 35일로 제한되었고, 임시회도 각각 15일로 제한되어 있었다. 그러나 2006년 지방자치법 개정으로 회기에 관한 모든 제한을 철폐하여 회기운영에 관한 사항을 조례로 정하여 운영할 수 있도록 하였다. 지방의회가 다루고 있는 문제들이 복잡하고 전문적으로 변하고 있기 때문에 회기의 제약을 철폐하여 심층적인 논의를 보장할 필요성이 있다는 주장에 따른 것이다.

제 4 절 지방의회 의원의 지위와 역할

1. 지방의원의 역할

현대 민주주의는 이익단체의 활동이 강화되면서 일반 국민이나 주민의 주권 행사가 여러 가지 면에서 제약을 받고 있다. 국민의 주권행사가 반으로 줄었다는 절반의 주권적 인민(semi sovereign people)이 되었다는 비판이 있다. 특히 정치과정에서 개별 주권자로서의 개인이 목소리를 낼 수 있는 가능성이 점점 낮아지고 있다. 이러한 상황에서 직접민주주의적 성격을 담고 있는 지방자치제도가 발전하면, 주민의 권리보호와 이익대표기능을 강화할 가능성이 높아진다.

지방의회 의원은 국회의원과 함께 주민의 이익대표체계에서 주요한 행위자로서의 역할을 수행한다. 특히 지방의원은 주민의 대표자로서 주민의 생활과 밀접한 문제를 해결하고 일부 주민의 이익을 전체 주민의 이익과 통합시키면서 지역의 이익을 국가발전의 틀 속에서 구현하는 역할을 수행한다. 주민의 대표자로서의 역할에는 자연히 지역 대변자의 역할이 수반된다. 지역의 일부 집단의 이익을 대변하기도 하고 다른 지역이나 국가에 대해서 당해 지역의 입장을 대변하기도 한다. 지방의회 의원은 국회의원에 비하여 직능을 대변하는 직능대표제적 기능은 그리 크지 않지만, 비례대표제 등을 통하여 직능대표가 지방의회에 진출하는 경우 특정 직능의 이익을 대변하기도 한다.

지방의원의 본질적 지위는 주민의 대표자와 대변자로서의 역할에서 나오는 것으로 지방정부의 주요 의사결정을 수행하는 지위를 가진다. 그리고 결정된 정책들이 어떻게 집행되고 있는가를 꾸준히 감시하고 감독하는 역할도 수행한다. 이러한 역할과 더불어 지역사회의 리더로서 지역사회의 갈등을 해소하고 통합을 모색하여야 한다. 지역에 존재하는 여러 가지 하위집단 간의 이해대립은 물론이고 거기서 제기되는 갈등을 한 차원 높게 지역의 이익이라는 관점에서 융화적으로 해결하는 데 기여하여야 한다.

2. 지방의원의 권리와 의무

(1) 권 리

지방의원은 회의체로서의 의회와는 달리 지방정부의 최고의사결정기구인 지방의회의 구성원으로서의 권리와 의무를 가진다. 지방의원은 국회의원에게 부여된 불체포특권(헌법 제44조)이나 면책특권과 같은 특권(헌법 제45조)을 가지지는 않는다. 그것은 지방의원은 삼권이 분립된 구조에서 국정을 다루는 국회의원과 그 여건과 업무가 다르기 때문이다.

우리나라의 지방자치법에 나타난 지방의원의 권리와 의무를 살펴보면 다음과 같다. 먼저, 회의 출석 및 발언권, 의안제출권, 동의제출권, 표결권, 발의권, 행정조사발의권 등 회의가 열려 지방정부의 주요 업무를 다루는 과정에서 결정에 참여하는 권한을 가진다. 그리고 회의가 열려져 있지 않을 경우, 임시회 소집요구권, 회의의 재개요구권 등을 가진다. 또한 주민으로부터 제기되는 청원을 소개할 수 있는 권한이 있다. 의원 상호간의 관계 속에서 발생되는 권한도 있는데, 의장・부의장에 대한 불신임발의권, 모욕을 가한 의원에 대한 징계요구권, 의원의 자격심사청구권 등이 그것이다. 그리고 의원 개인은 직무와 관련된 상해・사망 등의 경우에 보상을 받을 수 있고 의정활동에 수반되는 활동보조비를 받을 수 있는 권리가 있다.

(2) 의 무

지방의원에게는 지역사회의 리더로서의 도덕성과 대표자로서의 자질이 요구된다. 지방민주주의를 공고화시키는 주요 행위자로서 그리고 지방행정과정을 주시하는 감독자로서 일정 수준의 전문성도 요구된다고 볼 수 있다. 의원의 역할을 제대로 수행하기 위해서는 수준 높은 도덕성을 반드시 갖추어야 한다. 이해관계가 복잡한 지역문제를 민주적으로 해결하기 위해서는 봉사정신과 더불어 지역사회의 앞날을 내다볼 수 있는 자질도 필요하다.

이와 같은 일반적 요구조건 외에 가장 먼저 요청되는 의무가 의회의 운영과 관련된 것이다. 회의 출석의무, 규율의 준수의무, 상임위 겸임의무, 징계 복종의무, 재산신고의무 등이 그것이다. 그리고 공인으로서의 의원직을 유지하는 데 있어서는 겸직금지의무, 영리목적 거래행위 등의 금지의무, 공익우선의무, 청렴·품위유지의무, 지위남용 금지의무 등이 있다(지방자치법 35조 및 36조).

3. 지방의원의 임기와 연임제한

(1) 지방의원의 임기

지방의원의 임기를 2년 정도 단기로 하는 나라도 있고 5년 이상 장기로 하는 나라도 있다. 우리나라는 4년을 택하고 있는데(지방자치법 32조), 국회나 대통령 임기를 고려하여 결정된 것으로 볼 수 있다. 지방선거를 국회의원선거와 엇갈리게 하고 있어 국정의 중간평가와 같은 기능도 하고 있다. 이러한 경우 지방선거가 지방 이슈를 중심으로 전개되기보다는 국정의 주요 이슈가 표면에 등장하여 지방정치가 실종되는 문제가 있다. 그러나 한편에서는 지방문제를 포함한 국정전반에 대하여 보다 짧은 주기로 평가받는다는 장점도 있다.

그리고 명문화된 것은 아니지만 의원이 몇 번째 당선되어 봉사하고 있는가 하는 선수(選數)가 의회운영과정에서 중요한 기준이 된다. 선임제(seniority)가 너무 엄격하게 지켜지는 경우 새로운 기풍과 사고의 주입이 늦어질 수 있지만, 위원회 배정이나 역할배분에 있어서 갈등을 해소할 수 있는 기준이 된다. 그리고 지방의원으로서 의정활동을 하는 데 필요한 전문성을 향상하고 대 집행부와의 관계에서 효과적인 견제를 하는 데도 다선 의원이 많아야 할 필요가 있다. 다만 한 의원이 해당 지역구를 장기간 독점하는 것은 문제가 될 수 있다.

(2) 연임제한

의원의 연임임기를 제한할 것인가, 아니면 무제한으로 허용할 것인가에 대해서 다양한 논의가 이루어지고 있다. 주민들이 의원들의 활동에 불만을 표시하면서 연임기간을 제한하려고 시도하기도 하는데, 미국의 주의회의 경우 의회의 효과성과 대응성이 낮아지면서 이러한 경향이 강하게 생겨나고 있다(Hedge, 1998: 127－132).

현실적으로 지방선거에 대한 낮은 관심과 새로운 인물이 부각될 수 있는 기회가 많지 않기 때문에 현직의원이 선거에서 재선출될 확률이 높다고 볼 수 있다. 최근에는 전 세계적으로 현직의원이 자발적으로 선거를 포기하는 사례가 많지 않고, 계속 출마하는 경향을 보이고 있다.

이 문제는 의회라는 제도적 관점에서 논의될 필요가 있다. 의회를 전업의원의 수, 보좌기구의 규모, 보수나 수당의 고저 등을 기준으로 몇 가지 유형으로 나누어 볼 수 있다. 전업의원이 많고, 보좌진도 많으며, 높은 보수를 받는 유형을 전문의회(professional council)라고 하고 그 반대를 주민의회(citizen council) 그리고 그 중간 형태를 혼합형(hybrid)이라고 부를 수 있을 것이다(Gary Moncrief et. al., 1992: 37－47). 전문의회의 경우 많은 의원들이 계속적으로 의원직을 보유하고자 하기 때문에 연임을 제한하게 되면 의회의 구성과 활동에 적지 않은 변화가 생기게 된다. 그러나 주민의회의 경우 상대적으로 많은 사람들이 자발적으로 의회를 떠나고 있어 연임제한으로 인해 큰 변화가 오지는 않을 것이다.

일반적으로 의원의 이직률이 높아지면 의회운영이 자연히 아마추어리즘에 빠지게 되어 전문적인 심의를 진행하기가 어려워질 것이다. 그리고 초선의원들의 비중이 늘어나면 자연히 선수가 높은 의원이나 오랫동안 의회에 근무한 직원에게 힘이 실리게 되어 의회 내의 민주주의가 도전받게 된다. 임기를 제약하여 재직률을 낮추면 의원을 직업적으로 수행하는 직업적 의원이 줄어들 것이고, 따라서 의회 전문주의의 수준이 낮아질 가능성은 분명히 높아진다. 전문직업인으로서의 의원의 출현도 어려워질 것이다. 그리고 리더십의 축적은 물론 전문성의 축적도 어렵게 될 것이다.

다만 너무 오래 의원직을 유지하게 되면 자연히 개혁성향과 진취성이 퇴색되므로 일정한 제약을 두어야 하겠지만, 전세계적으로 국회의원과 비교할 때 지방의원은 이직률이 높고 선수(選數)가 적은 것으로 나타나고 있으며, 그에 따라 의회의 각종 제도를 정착시키는 데 어려움이 제기되고 있다는 점도 고려해야 할 것이다. 아울러 우리나라의 경우 기본적으로 강시장-의회형의 형태를 취하고 있기 때문에 자치단체장의 연임제한의 필요성이 인정되고, 자치단체장의 연임을 3기로 제한하고 있으나(지방자치법 제95조), 지방의회 의원의 경우 이러한 필요성은 상대적으로 적다고 볼 수 있다.

4. 지방의회 의원의 보수: 유급제 논의

지방의회에 진출하려는 사람들은 매우 다양한 동기를 가지고 있다. 지방의원의 의회진출 동기로는 지방의원직에 부여되는 명예와 명성, 다음 정치적 직위로 나아가기 위한 발판, 순순한 봉사, 보수 등과 같은 요인들이 복합적으로 작용할 것이다.

현대 사회에서 역사적으로 유행하였던 "유력자의 무보수 지역봉사"의 의미는 상당히 퇴색된 것이 분명하다. 공직에 임하는 동기가 금전에 있지 않다고 하더라도 일정 수준의 경비와 활동비 그리고 추가적 보상이 필요한 경우가 많다. 유능한 사람은 그에 상응하는 보수를 요구하는 것이 현실이다. 어떤 활동에도 경제적 기회비용이 따르기 마련이고, 이러한 이유로 각국에서는 지역사회 대표자로서의 지방의원에 대하여 다양한 금전적 보상을 제도화하고 있다.

우리나라의 경우에는 과거에 지방의회 의원은 '명예직'으로 규정되어 있었다. 그러나 2003년 지방자치법 개정으로 이 부분이 삭제됨으로써 금전적 보상을 받을 수 있게 되었다. 현재의 지방자치법은 보수에 관한 명문규정을 두고 있지 않으나, 이와 유사한 비용지급 규정을 두고 있다. 즉 지방의회의원에게 의정자료를 수집하고 연구하거나 이를 위한 보조활동에 사용되는 비용을 보전하기 위하여 매월 의정활동비를 지급하게 하고 있으며, 공무로 여행할 때 여비를 지급하고, 아울러 직무활동에 대하여 매월 월정수당을 지급하도록 하고 있다(지방자치법 33조 1항). 그리고 지급기준은 대통령령으로 정하는 범위에서 해당 지방자치단체의 의정비심의위원회에서 결정하는 금액 이내로 하여 지방자치단체의 조례로 정하도록 하고 있다(동법 33조 2항).

지방의회 의원에 대한 이러한 금전적 지원의 증가는 지방의회 의원을 사실상의 유급직으로 전환시키고 있고, 지방재정에 대한 부담 증가와 봉사 제도를 바탕으로 한 지방의회 제도의 가치 훼손이라는 측면에서 우려가 제기되고 있기도 한다. 그러나 다른 한편으로는 지역상공인이 과다 대표되고 있는 지방의회 구조를 교정하여 대표성을 제고하는데 기여할 수 있고, 아울러 전문인들의 지방의회 진출을 촉진하여 지방의회의 전문성을 제고할 수 있고, 나아가 의정활동을 보다 충실하게 수행할 수 있는 계기를 제공하는 등 긍정적인 효과도 기대할 수 있다(김병준, 2009: 493).

지방의원 유급제에 대한 보상의 효과에 대해서는 외국에서도 다양한 논의가 존재한다. 보상이 적절하지 못함으로써 부조리에 연루되는 경우가 늘어난다는 의견이 있는가 하면, 그러한 결과는 사회적 분위기의 변화에서 나온 것으로 반드시 보상과 직결된 것은 아니라는 주장도 제기되고 있다. 그리고 의원의 활동에 대한 보상이 높아야 유능한 사람들이 의원직에 진출할 것이라는 주장에 대해서도, 미국에서는 보상을 높인다고 의원의 자질이 높아지고, 특수이익에서 자유로워지며, 의원직에 충실하게 더 오래 봉사하는 것은 아니라는 연구결과가 제시되고 있다. 보상을 높이면 후보자 수가 늘어나는 경향이 있지만 이것이 충원절차에 영향을 미쳐서 의원의 구성이 달라진다고 보기는 어렵다는 것이다. 실제로 의원의 교육, 직업배경과 보수와의 관계에서 유의미한 관계를 찾아보기 어렵다는 주장이 많다(Adrian, 1976: 293-294).

이러한 점들을 고려할 때, 우리나라의 관련 제도 변화 이후의 의원 행태 및 의정활동 변화 등에 대한 지속적인 연구와 더불어 지방의회 의원에 대한 보상의 긍정적 효과를 극대화할 수 있는 다양한 후속 대안 개발 노력이 이루어져야 할 것이다.

보충 8-2

광역자치단체 의정비 비교(2007-2008)

단위(만원)

자치단체	'07 의정비	'08 의정비	인상률(%)	재정자립도
경기	5,421	7,252	34	66.5
서울	6,804	6,804	0	88.7
부산	5,637	6,077	8	60.8
인천	5,100	5,951	17	67.7
울산	4,523	5,538	22	63.0
대전	4,908	5,508	12	67.4
대구	5,040	5,400	7	61.9
경북	4,248	4,970	17	21.9
경남	4,246	4,920	16	30.5
전북	4,068	4,920	21	18.4
전남	3,960	4,748	20	10.6
강원	4,215	4,666	11	24.2
충북	3,996	4,632	16	27.1
제주	4,138	4,556	10	26.3
충남	4,410	4,475	1	30.4
광주	4,213	4,291	2	50.1
평균	4,683	5,294	13	44.7

기초자치단체 유형별 의정비 비교(2007-2008)

단위(만원)

자치단체	'07 의정비	'08 의정비	인상률(%)	재정자립도
시 평균(75)	2,922	3,911	36	35.6
군 평균(86)	2,459	3,501	43	16.3
자치구 평균(69)	3,064	4,163	35	34.3

자료: http://www.pska21.or.kr에서 발췌하여 구성

참고문헌

김동훈. (2002). 「지방의회론」. 서울: 박영사.

김병준. (2009). 「지방자치론」. 서울: 법문사.

문재우. (2007). 「지방의회행정론」. 서울: 대영문화사

안영훈. (2007). 「지방의회 운영체제 다양화 방안에 관한 연구」. 한국지방행정연구원

이달곤. (2004). 「지방정부론」. 서울: 박영사

전주상. (2008). 예산과정상의 주민참여제도에 관한 연구. 「한국정당학회보」. 7(2): 189-216

정세욱. (2000). 「지방자치학」. 서울: 법문사.

조창현. (2005). 「지방자치론」. 서울: 박영사.

한국지방자치학회. (2008) 「지방의회의 이해」. 서울: 박영사

Adrian, Charles R. (1976). *State and Local Governments.* New York: McGraw-Hill Book Company.

Elmore, Richard F. (1982). Backward Mapping: Implementation Research and Policy Decisions. In Walter Williams, and et. al. (eds.), *Studying Implementation: Methodological and Administrative Issues.* Chatham, N. J.: Chatham House.

Grazia, Alfred De. (1995). *Public and Republic.* New York: Alfred A. Knopf.

Hedge, David M. (1998). *Governance and the Changing American States.* Boulder, Colorado: Westview Press. Inc.

Lorch, Robert S. (1992). *State and Local Politics.* New Jersey: Englewood Cliffs.

Mezey, Michael L. (1979). *Comparative Legislative.* Durham: Duke University Press.

Moncrief, Gary F. (1992). *Changing Patterns in State Legislative Careers.* Ann Arbor: University of Michigan Press.

CHAPTER 09

자치단체장과 집행기관

제 1 절 지방정부의 구성과 집행기관
제 2 절 자치단체장의 지위와 권한
제 3 절 자치단체장의 리더십
제 4 절 집행기관

제 9 장 자치단체장과 집행기관

지방자치단체의 기관구성은 기본적으로 의결기능과 집행기능을 어떻게 배치하느냐에 따라 다양한 형태가 존재한다. 어떠한 기관구성 형태를 채택하느냐에 따라 지방자치단체장과 집행기관의 위상과 기능수행 범위가 달라진다. 따라서 이 장에서는 먼저 지방정부 기관구성의 원리를 고찰하고, 이에 따라 집행기능의 범위가 어떻게 변화하는가를 고찰한다. 이를 기초로 지방자치단체장의 지위와 권한 그리고 리더십의 중요성을 논의하고, 마지막으로 일반집행기관을 설명한다.1)

제 1 절 지방정부의 구성과 집행기관

1. 지방정부 기관구성의 원리

지방정부의 유형은 중앙정부의 유형에 비하여 대단히 다양한데, 해당 지방의 역사와 전통에 따라서 구성형태가 달라지기 때문이다. 현대에 이르러 지방자치를 제도화한 나라는 전국적으로 획일적인 지방정부의 유형을 가지고 있는 경우가 많지만, 지방자치의 전통이 오래된 나라의 경우 대체로 지방마다 서로 다른 고유한 지방정부의 유형을 가지고 있다.

특히 미국의 지방정부는 대단히 다양한 형태를 가지고 있는데, 이것은

1) 이하의 내용은 이달곤(2004: 277－305)의 내용을 기초로 재구성하고 최근의 쟁점사항을 보완한 것임.

기본적으로 주정부에 지방정부의 운영형태를 맡긴 헌법 원리에 따른 것으로서, 주정부가 주민들에게 지방정부의 기관구성형태에 대한 폭넓은 선택권을 부여함에 따른 것으로 볼 수 있다.[2)] 그리고 주민의 정부선택권의 범위를 넓히는 것이 공공복리의 증진에 효과적이라는 인식도 작용한 것으로 보인다.

왜 이렇게 다양한 지방정부의 기관구성 유형이 존재하는가? 기관구성 유형에 따라 지방의 문제를 해결하는 방식이 과연 얼마나 차이가 나는가? 이에 대한 답을 얻기 위해서는 우선 제도의 장단점을 이해할 필요가 있다. 그리고 제도를 이해하기 위해서 뿐만 아니라 실천적으로 어떤 유형의 정부를 가지는 것이 주민의 복리를 극대화하는 데 유리한가 하는 처방적 관점에서도 이 문제는 중요하다.

주민의 의사를 효과적으로 반영하는 제도를 발전시키고 그것에 부합하는 기관구성과 참여적 조직관리를 지향하는 것이 민주형 거버넌스라면, 그 반대편에는 엘리트 지도자를 중심으로 지역의 시급한 문제해결에 매달리는 효율형 거버넌스가 존재할 수 있다. 지방정부의 형태와 제도적 배열을 다양하게 함으로써 주민이 자신에게 부합되는 정부유형을 선택할 수 있는 자유도를 높인다는 미국식 논리에 따르면, 획일적인 지방 거버넌스 유형을 선택하고 있는 국가는 그만큼 주민의 복리를 증진시킬 가능성을 배제하고 있는 것이다.

예를 들어, 어떤 신도시에서 도시계획과 토목공사가 가장 시급한 과제인데도 불구하고, 강시장 제도를 기관구성 유형으로 고정하고 정파적 선거를 통하여 시장을 선출하는 것이 과연 적절한 방법인가에 대해서는 의문을 제기할 수 있다. 이 경우 의회가 이질적인 주민의 다양한 의사를 반영하는 역할을 적극적으로 하고, 현안의 신도시 건설문제는 전문가 시장을 영입하여 추진하는 것이 더욱 효과적일 수 있다.

과거 권위주의 정부시대에는 하나의 정해진 지방정부 유형을 국민이 수동적으로 수용하고 그 범위 내에서 민주적이고 효율적인 운영을 기대하였다. 그러나 주민중심의 개혁이 강조되고 있고, 민간 기업적 지방정부운영이

---

2) 미국 지방정부의 자율권과 그 한계에 대해서는 Berman(1993) 참조.

시대의 사조라면 정부의 유형은 강요의 문제가 아니고 선택의 문제로 볼 수 있다. 이러한 관점에서 한 나라의 지방정부 유형으로서 획일형과 다원형 중 어느 것이 더 바람직한가를 판단할 필요가 있다.[3)]

지방자치단체의 집행기관은 합의제 의결기구인 의회에서 결정된 정책을 수행하는 집행부에 해당하는 기구이다. 지방정부의 형태와 구조가 다양하기 때문에 집행기능이 실제 부여되는 집행기관의 위치 역시 매우 다양하다. 일반적으로 기관통합형, 기관대립형 그리고 절충형 구조 등으로 지방정부의 형태와 구조를 나누고 있는데, 이에 따라 집행기관의 역할 역시 차이가 생긴다.

2. 기관구성 유형과 집행기능

일반적으로 지방정부의 유형은 크게 세 가지로 구분된다. 지방정부의 형태는 주민과 정부와의 관계를 어떻게 설정하며, 나아가 지방정부의 내부 기관구성을 어떻게 하는가에 따라 달라진다. 의결기관과 집행기관의 구성형태에 따라서 일원형인 기관통합형, 이원형인 기관대립형, 그리고 이 두 유형의 절충형이 있다. 이 세 가지 유형은 모두 주민과의 관계에서 대표제적 간접민주주의 원리를 반영하고 있다.[4)]

이하에서는 이러한 기관구성 유형의 의미를 고찰하고 이에 따라 집행기능이 어떻게 변화하는가를 살펴보고자 한다.

---

3) 예를 들어, 주민의 의견 수용과 사회적 통합이 급선무인 소규모 지역에서는 주민총회와 같은 유형이 효과적인 거버넌스 유형이 될 수 있고, 필요에 따라 효율적 집행기구를 설계·운영하는 것이 바람직할 수 있다. 미국 소도시의 주민총회(town meeting), 일본 정촌 단위의 의회, 스위스의 꼬뮌의회(asemmblee' communale) 등은 이러한 사회적 수요를 반영하여 생성된 것으로 볼 수 있다.

4) 반면 직접민주주의의 원리를 충실하게 반영하려는 한 형태로서 주민총회형이 존재하는데, 이 유형은 의결기관과 집행기관이 미분리된 채로 운영된다. 주민총회형은 비도시지역의 기초자치단체에서 주로 나타나는 것으로 일정 수의 주민이 직접 참여하여 주요 안건을 결정하고 이를 나누어서 직접 집행하는 유형이다. 고전적인 주민총회제도(popular assembly system)가 발전된 형태이다. 최근에는 인구의 증가와 업무의 복잡화로 인하여 주민들이 참여하여 주민대표를 선출하고, 이들이 투표를 행사하여 대소사를 결정·집행한다. 현재에는 매우 한정된 지역에서 채택되고 있다.

(1) 기관통합형

1) 기관통합형의 운영원리

대부분의 영연방 국가들에서는 주로 기관통합형을 선택하고 있다. 이 경우 집행기관을 별도로 분리해서 생각할 수 없고, 지방의회가 의결기관인 동시에 집행기관이 된다. 주민의 참여 폭이 넓으며 주민자치의 인식이 널리 퍼져 있다. 영국, 호주, 뉴질랜드, 캐나다 등에서 이러한 유형을 취하고 있는데, 이들 나라에서는 중앙정부도 내각제를 선택하고 있다. 그러나 최근 런던광역시(Greater London Authority), 토론토 지역 등에서는 시장을 직선하는 등 새로운 지배구조를 선택하고 있어 집행부의 권위와 역할을 강화하는 경향이

그림 9-1 기관통합형의 지방정부 기관구성 형태

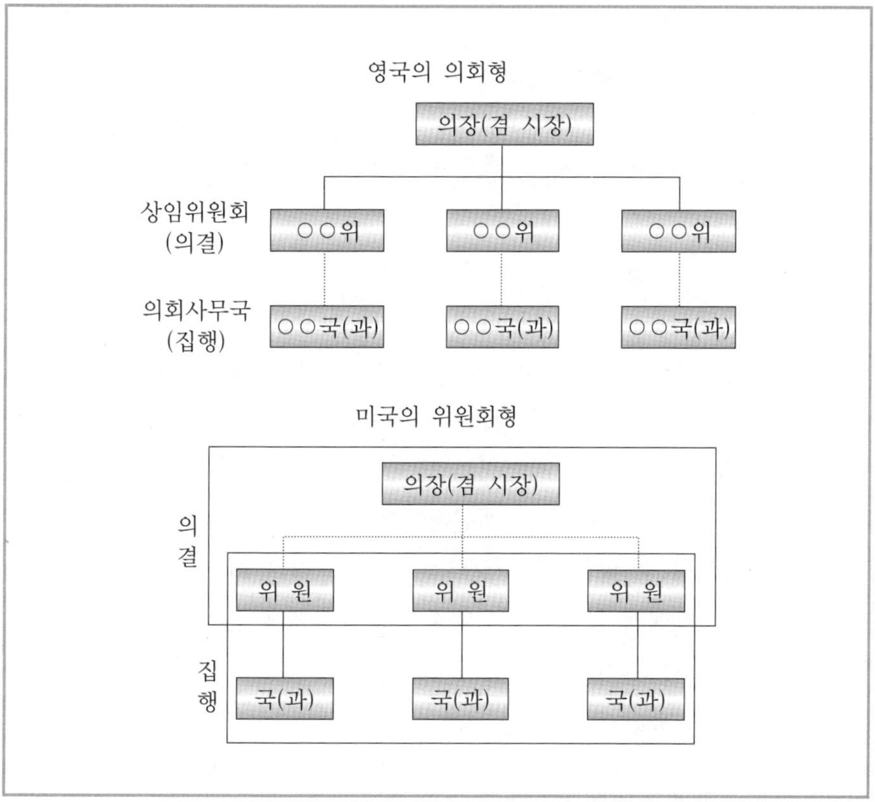

나타나고 있다.

기관통합형은 의결기관과 집행기관의 관계에서 논의되는 가장 고전적인 유형으로서 세부적인 운영형태에 따라 다시 영국식의 의회형과 미국식의 위원회형으로 구분될 수 있는데, 기본적으로 의회에서 집행기관을 하위에 두면서 집행을 책임진다는 점에서 공통점을 갖는다.

[그림 9-1]에서 보는 바와 같이 의회형은 지방의회 의장이 지방정부를 대표하며, 집행기관장이 별도로 존재하지 않는다. 행정은 의회의 분과위원회가 사무국의 각 전담 업무조직과 연계를 맺으면서 추진한다.

한편 위원회형은 이사회와 같이 위원 중 한 사람이 지방정부를 대표하고, 행정은 각 위원들이 시의 집행부를 지휘·감독하고 관리한다. 특히 위원회는 보통 5인 정도의 소규모로 구성되며, 각 위원들이 의결기능과 집행기능을 동시에 수행한다는 특징을 갖는다.

2) 기관통합형의 집행기능

기관통합형의 지방정부 형태에서는 지방의회가 실제 집행기능을 수행하고, 관료기구를 장악하기 때문에 독립적인 집행기관이란 개념상으로 보면 따로 존재할 수 없다. 그러나 기능상으로 보면 의결기능과 집행기능은 구분될 수 있다.

이러한 구조는 의결기구가 민의를 존중하는 데 가장 적합한 제도이므로 주민의사가 일차적으로 반영될 수 있다. 다수의 합의나 심의과정을 거치므로 업무의 처리가 신중할 것이며, 주민의 순응도도 높을 수 있다. 따라서 정치적 이념이나 정당의 정강·정책이 용이하게 집행에 반영될 수 있는 구조를 가지고 있다. 예를 들어 지방정부가 해당 지역사업들을 결정하고 집행하는 데 있어, 사업의 우선순위나 재원배분과정에서 집권당의 이념과 정강 혹은 정책이 반영될 수 있는 여지가 적지 않다. 그러나 이 유형에서는 집행의 책임이 여러 사람에게 분산되므로 최종 행정성과에 대한 책임을 묻는 데 어려움이 있다. 또한 정치수준이 낮은 나라에서는 행정의 정치화가 과도하게 진척될 가능성이 높다.

기본적으로 의원들이 직접 정책의제를 설정하고, 정책을 결정하며, 정책집행의 주요한 기준을 확정하기 때문에 집행을 담당하는 공무원들의 재량의 범위는 대단히 제한적일 수밖에 없다. 어떤 경우는 내각제 국가에서 국회의원이 부처의 장관직을 비롯한 고위직에 수명씩 임명되어 정책을 집행하는 것처럼 지방의원이 집행부서의 고위직에 임명되어 직접 정책을 집행하기도 한다.

기관통합형 구조하에서는 의결기구와 집행기구 간에 갈등이 발생할 소지가 적다. 대부분의 업무가 합의제로 추진되거나 합의기구의 구성원이 각 분야 업무의 집행 책임을 지므로 상대적으로 이견과 오해의 소지는 적은 편이며, 주민에 의하여 선출된 의원이 집행에 관여하므로 주민의 의사를 보다 정확히 반영할 수 있는 장점이 있다. 그리고 집행기구를 간소하게 유지하며, 주민의 행정업무에 대한 참여도가 높다. 적지 않은 행정서비스가 지역주민단체나 비정부단체에 의하여 전달되기도 한다. 그러나 한편으로는 의결기구와 집행기구가 통합되어 있기 때문에 견제와 균형의 원리가 작동하지 않아 권력이 남용될 가능성이 있으며, 주민에 의하여 선출된 의원이 반드시 행정적으로도 유능한 것은 아니기 때문에 행정 수행에 문제를 초래할 가능성도 존재한다. 기관통합형 정부구조는 전반적으로 행정의 전문성이나 효율성보다는 행정의 민주성을 강조하는 경향이 강하다.

(2) 기관대립형

1) 기관대립형의 운영원리

기관대립형 지방정부의 경우, 지방의회와는 독립된 집행기관이 존재하며, 의회와 집행기관의 관계에 따라서 기관의 위상과 권한이 달라진다. 이 유형은 다음 그림에서 보는 바와 같이 의결기관과 집행기관이 분리되기 때문에 상호관계 설정과정에서 견제와 균형의 원리를 구현하기 위한 다양한 법적·제도적 장치들이 등장하게 된다. 두 기관이 권한 면에서 정확한 균형을 이루기는 어려우므로 어느 한쪽의 권한이 상대적으로 강하게 나타난다. 민주성과 효율성을 확보하기 위해서 어떤 권한을 어느 기관이 행사하는가에 따라 제도적 고려가 달라질 수 있다.

대부분의 경우 주민이 의회의원과 집행부의 장을 선거에 의하여 선출하

그림 9-2 **기관대립형의 기관구성형태**

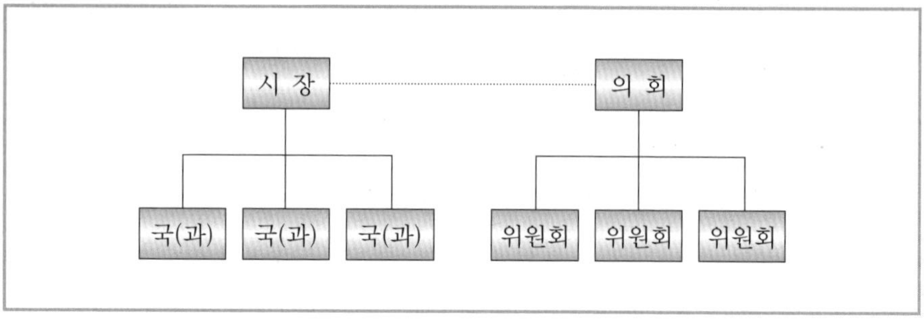

지만 주민발안, 주민소환, 주민투표 등의 직접민주주의 제도들이 도입되기도 한다. 이러한 제도는 중앙정부의 대통령제를 연상시키는 것으로 미국, 프랑스, 한국, 멕시코와 같은 대통령제 국가에서 많이 채택되고 있다. 집권적 전통이 강한 프랑스, 스페인, 이탈리아 등지에서는 집행부 우위의 기관대립주의를 택하고 있다. 일본의 경우 서양제도를 수입하는 과정에서 중앙정부는 내각제를, 지방정부는 기관대립형이라는 혼합 체제를 택하여 지방의 경우 집행기관이 강한 기관대립형을 택하고 있다.

기관대립형은 일반적으로 집행기관 직선형과 간선형으로 분류할 수 있으나, 이들 하위유형은 학자들의 시각에 따라, 그리고 실제 운영의 특수성에 따라 구분이 달라질 수 있다. 기관대립형은 의사결정기능과 집행기능을 분리하여 상호 견제와 균형을 취하도록 설계된 점에서, 권력행사에서 나오는 부정적인 측면을 완화하고 두 기관 사이에서 생기는 갈등을 완화하기 위한 방법을 고안할 필요가 있는 제도이다.

직선형과 간선형의 분류에 있어서 주요한 기준이 되는 것이 집행기관의 선임방식이다. 집행기관이 주민으로부터 어떤 방식으로 정치적 권위를 부여받는가에 따라서 활동의 영향력이 달라지기 때문이다. 직선형의 대표적인 형태가 우리나라와 일본에서 채택하고 있는 강시장－의회(강집행부－약의회)형이다. 지방의회와 집행기관이 주민의 직접선거에 의해 구성되며, 의결기능은 의회에, 집행기능은 시장에게 분리되어 귀속된다. 따라서 직무에 관한 권한과 책임이 분리되고, 집행부는 주민에 대해서 최종 책임을 지게 된다. 직선형은 견제와 균형의 원리에 가장 충실한 형태로서 상대의 독주와 전횡을 방지하기 위해 상호 견제권한을 행사하고, 대립과 혼란이 일어나지 않도록 다양한 장치를 도입한다.

간선형에는 다양한 예가 있으나 기본적으로 약시장－의회형으로 부를 수 있으며, 미국의 일부 시, 프랑스와 독일의 기초자치단체에서 볼 수 있다(정세욱, 2000: 489－491; 김종표, 1996: 113－116). 기본적으로 주민에 의하여 선출된 의회가 시장을 선출하는 방식을 택한다. 물론 시장을 한 사람으로 하지 않고 소수의 위원들로 구성된 집행위원회를 두는 경우도 있다. 이처럼 의회가 집행기관을 구성하는 주체이면서 권한을 가지고 있으므로, 집행기관은 지방의회에 대하여 직접적 책임을 지고 주민에 대하여는 지방의회를 통하여 간접적 책임을 진다.

2) 기관대립형의 집행기능

직선형 강시장제는 집행기관에 집행부 운영의 전권을 부여한다. 그리고 집행부의 기관장은 정치적 역할과 행정적 역할을 동시에 수행한다. 따라서 지역의 정치권력구조에서 단체장이 가장 부각되는 인물이며 영향력도 크게 된다. 특히 최근에는 시장의 정치적 기능이 강하게 요구되는 대도시 지역에서 행정의 안정성과 전문성을 높이기 위하여, 시장을 보좌하는 전문행정인을 수석행정관(CAO: chief administrative officer)으로 두는 체제도 나타나고 있는데, 이러한 형태도 강시장－의회형의 변형으로 볼 수 있다

의결기관과 집행기관의 관계를 보면, 집행기관에게는 거부권 또는 재의요구권, 선결처분권을 부여하고, 의회에게는 심의·의결권, 출석요구권, 조사·감사권을 부여하여 견제와 균형을 취하려고 한다. 그리고 양 기관 사이에 대립과 갈등이 심화되면 집행기관에게는 의회해산권을, 의결기관에는 집행기관에 대한 불신임권을 부여하는 경우도 있다. 정치수준이 낮은 곳에서는 두 기관의 불신과 반목으로 인해 행정이 혼란과 지체에 빠지기도 한다. 또한 행정 및 재정운용 능력이 필수적이므로, 그러하지 못한 구태의연한 정치인이 집행기관장으로 선출되는 경우 지역발전에 장애를 초래할 가능성도 있다.

간선형에서는 의결기관의 의결 및 심의의 범위가 넓어지는 것이 일반적이다. 따라서 예산의 편성과정, 인사권 및 조직권 행사 등에서 의회의 관여 범위가 넓을 수밖에 없다. 주요 사업의 추진에는 의회의 사전 동의가 항상 전제되어 있기 때문에 원활한 수행이 가능하게 된다. 그리고 시장의 의회해산권과 같은 권한은 인정되지 않는다.

(3) 절 충 형

1) 절충형의 운영원리

절충형은 위의 두 가지 유형을 적절히 조합하여 두 유형의 장점을 구현하려는 시도로서 등장하였다. 절충형은 기본적으로 의결기관으로서 지방의회가 있고, 지방의회에 대하여 집행에 책임을 지는 수장이나 이사회가 있는데, 이들 아래에 집행조직이 구성되어 행정업무를 관장한다. 민의의 반영은 원활하지만 집행기관이 이원화되어 행정책임이 분산되는 문제점이 발생하기도 한다.

절충형으로서 우리에게 많은 시사점을 주고 있는 것이 의회－시정관리관(council－manager)형이다. 시정관리관은 다음 그림에서 보는 바와 같이 지방의회가 그 책임 아래 전문행정인을 임명하여 행정을 처리하게 하는 형태이다. 미국의 중소도시에서 빈번하게 나타나고 있는 방식인데, 흔히 집행기

그림 9-3 절충형(시정관리관형)의 기관구성형태

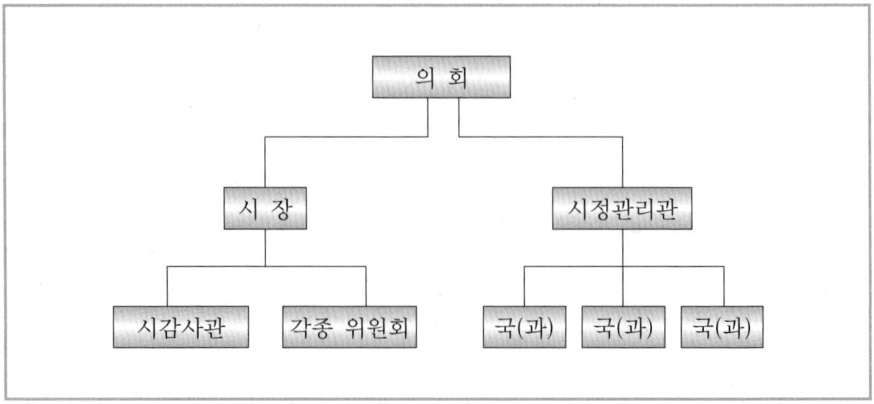

관을 시정관리관(city manager)이라고 부른다. 부정과 부패로부터 탈출하여 행정의 효율성과 전문성을 확보하고, 소위 경영마인드를 행정에 도입하기 위하여 도시개혁(urban reform) 운동의 일환으로 창안되고 확산된 기관구성 유형이다.

이 제도는 유능한 관리자가 행정을 부패한 정치로부터 떼어 내어서 공정하고, 효율적이며, 합리적으로 수행하는 것이 절실했던 미국에서 발전된 제도이다. 시정관리관은 지방의회에 의하여 계약을 통해 임명되고 지방의회에 일차적인 책임을 진다. 정치 · 행정 이원론에 의한 정부구성 방식이라고 할 수 있으며 일종의 전문직인 시정관리관이 인사권과 조직권을 가지고 의회에서 결정된 정책을 효율적으로 수행한다(Stillman, 1974: 6-24).

2) 절충형의 집행기능

절충형의 지방정부 구조는 주로 기관통합형과 대립형의 장점을 살리려는 취지에서 발전되었다. 실제 운용에서는 지방의회와의 대립을 가능한 한 피하고, 지방의회의 직접적 혹은 간접적 동의를 기초로 집행부를 구성하는 것이 일반적이며, 집행적 업무를 처리함에 있어서도 지방의회의 동의가 수시로 필요하다.

그러나 이 제도에 대해서는 본질적으로 전문행정인인 시정관리관의 정치적 리더십 부족으로 시정을 강력하게 추진하기 어렵다는 문제점이 지적되기도 한다(정세욱, 2000: 493). 따라서 전업적으로 관료제를 관리하면서 업무를 추진하는 시정관리관은 자연히 현실정치를 파악하지 않을 수 없고, 따라서 정치적 역할까지 맡는 경우도 적지 않게 된다. 그렇지 않을 경우, 시정관리관이 균형 있고 효과적인 시정을 관리하기 어려운 경우가 나타날 수 있기 때문이다(Torgovnik, 1969). 초기에는 도시계획이나 토목공사 등 기술적 전문성을 가진 관리인을 선호하였으나 최근에는 경영 또는 행정관리 전문가를 선호하는 경우가 많아지고 있다.

제2절 자치단체장의 지위와 권한

1. 의 의

협의의 집행기관은 지방의회에 대응하는 위치를 가진 최고집행기관으로서의 지방자치단체장을 지칭하며, 단체장 1인이 집행기관이 된다. 이에 반해 광의의 집행기관은 집행의 최고기관인 단체장과 이를 보조하는 보조기관 및 하부행정기관 그리고 소속행정기관으로 구성되는 일반집행기관을 포함한다. 이하에서는 협의의 의미로서 자치단체장을 먼저 설명하고, 일반집행기관은 후술하기로 한다.

집행관료제의 수장 자리에는 집행부의 장인 기관장이 존재한다. 그런데 기관장이 주민들로부터 직접 선출되는 경우에는 정치적인 역할이 행정적인 역할에 비하여 적지 않게 되고, 복수로 선출된 의회의원에 비하여 정치적 비중이 자연히 높게 된다. 또한 행정과 재정에 관련된 최종 권한을 수행하기 때문에 실질적 권력을 행사하게 된다. 집행부 우위의 기관대립형의 경우에는 더욱 그러하며, 의회 우위의 기관구성형의 경우에도 집행기관의 장이 지방정부를 대표하는 경우가 많은 이유는 바로 이러한 점 때문이다. 따라서 기관대립형 기관구성 형태를 택하고 있는 경우, 의회와 대립되는 집행기관을 생각할 수 있지만, 통합형 기관구성형태를 취하고 있는 나라에서는 지방의회가 의결기관인 동시에 바로 집행기관이 되어, 지방의회의 장이 집행기관의 장을 겸임한다고 볼 수 있다.

지방자치단체의 장은 주민에 의하여 선출되며 지방정부를 대표한다. 단체장은 지방정부의 설립 목적을 실현하는 최고집행기관으로서 당해 지방정부를 책임지고 해당 지방정부의 모든 행정사무를 통할한다. 즉 대표기능과 통할기능을 수행하는 수장으로서 단체장은 집행기관의 최고정점에 있다. 우리나라의 경우 도지사, 시장, 구청장, 군수 등이 이에 해당하는데, 자치단체장은 임기 4년의 선출직 공무원으로서 3기에 한하여 계속 재임할 수 있다(지방자치법 제95조).

2. 자치단체장의 지위

자치단체장의 지위는 두 가지로 대별된다. 하나는 지방자치단체 대표로서의 지위이고, 다른 하나는 국가의 행정을 일선에서 책임지는 국가기관의 장으로서의 지위이다. 따라서 한 기관이 두 가지의 이중적 지위를 가짐으로써, 기능수행과정에 대립과 갈등이 존재할 수 있다. 그러나 지방자치의 헌법적 취지를 볼 때, 지방자치단체 대표로서의 지위가 본질적이며 고유한 것이고, 국가의 일선기관 혹은 상급자치단체의 하급행정기관으로서의 지위는 부수적인 지위라고 볼 수 있다(최창호, 1995: 481). 일반적으로 단체자치의 전통이 강한 국가에서는 국가기관의 장으로서의 지위가 우월하고, 주민자치의 역사가 오래된 나라에서는 자치기관의 장으로서의 지위가 강하다고 볼 수 있다.

(1) 지방자치단체 대표로서의 지위

지방자치단체의 장은 지방자치단체의 대표로서의 지위를 갖는다. 지방자치단체 대표로서의 지위는 대외적으로는 당해 지방자치단체를 대표하고, 내부적으로는 지방의 고유사무와 단체위임사무를 스스로 처리하는 권한을 가지며 일반집행기관을 관리한다. 기관대립형 구조하에서는 지방의회의 감독과 통제를 받으면서 사무를 처리한다. 강시장－의회형이라고 할 수 있는 우리나라의 자치단체장은 최고집행관으로서 정책집행의 전과정에 걸쳐서 강력한 리더십을 행사한다. 기관통합형 구조하에서는 지방의회 의장은 대부분 상징적인 지위와 역할을 갖고, 실질적 집행권한은 의회의 해당 상임위원회, 의회에서 선출한 위원회, 혹은 의회가 선임한 시정관리관(city manager)이 가지는 것이 보통이다.

지방정부의 집행기관장으로서의 지위에서 업무를 처리하는 경우에도 입법통제, 행정통제 그리고 사법통제와 같은 다양한 통제가 따른다. 다만, 지방행정이 종합행정이고 궁극적으로 주민복리에 직결되는 서비스를 종합적으로 공급하므로 기존의 통제체제가 상정하지 않은 업무가 발생할 수 있고, 동시에 새로운 업무를 추가적으로 창출하여 서비스의 영역을 넓힐 수 있기 때문에 재량의 영역이 그만큼 늘어나면서 통제의 필요성이 줄어드는 경우도 생긴다.

(2) 국가의 집행기관장으로서의 지위

지방자치단체의 장은 당해 지방자치단체의 구역 내에서 국가기관 또는 국가의 일선 대표자로서의 지위를 갖는다. 국가가 특별지방행정기관을 설치하여 직접 처리하는 국가사무를 제외하고, 지방자치단체는 일반적 국가행정사무를 위임받아 처리하기 때문에 그 범위 내에서 국가기관의 지위에 서게 된다. 국가의 특별지방행정기관의 기능 중의 일부와 중앙정부가 위임하여 수행하는 업무의 상당부분은 일반자치단체가 수행할 수 있는 여지가 많은 업무로서 이러한 업무가 일반 지방자치단체로 이양되면 단체장의 지위는 국가기관의 위치에서가 아니고 지방자치단체의 장의 입장에서 업무를 처리하게 된다. 이러한 점에서 볼 때 두 가지 지위는 대단히 상대적이다.

3. 자치단체장의 권한

자치단체장은 그 직을 수행함으로써 다양한 권한을 행사한다. 이러한 권한들은 내용에 따라 아래와 같이 대별할 수 있다.

(1) 통할대표권

법적으로 지방자치단체장은 전술한 바와 같이 지방자치단체를 대표하고 사무를 총괄하는 권한을 가진다(지방자치법 제101조). 대표권은 자치단체의 의사를 대외적으로 표시하는 것이며, 자치단체장의 법적 행위가 바로 지방자치단체를 위해서 효력을 발휘하는 것을 의미한다. 사무통할권은 내부 업무에 대해서 유기적 종합성을 확보하는 통합적 조정권을 가진다는 것이다. 통할기능은 권한임에는 분명하지만 추상적이고, 개괄적인 개념으로서 구체적인 행정적 권한을 지칭하기보다는 기관장의 기본적 지위를 표현하는 개념으로 이해되어야 할 것이다.

(2) 지휘감독권

지방자치단체장은 매우 다양한 지휘감독권을 가진다. 법적 지위에서 보면, 국가행정처리기관으로서의 지휘감독권, 광역자치단체장의 기초자치단체에 대한 지휘감독권, 관할구역 내의 공공단체의 지휘감독권 등으로 나누어 볼 수 있다.

1) 국가행정처리기관으로서의 지휘감독권

자치단체장은 기관위임사무에 대한 지휘감독권과 같이 단체장이 국가로부터 위임된 업무를 처리하는 과정에서 지방의 집행기관에 대하여 필요한 지휘·감독 권한을 갖는다. 그리고 단체위임사무에 대해서도 사실상 단체장이 집행기관으로서 업무처리를 지휘·감독하여야 할 필요가 있다.

2) 광역자치단체장으로서의 지휘감독권

이것은 광역자치단체장이 기초자치단체에 대해서 가지는 권한을 지칭하며, 지방자치단체가 법적으로 수평적이며, 상호 독립적이라는 선언적 규정과는 별도로 국가조직의 한 부분으로서 현실적으로 대국민 행정의 일체성(체계성+일관성)을 확보하기 위해서 필요한 권한이라고 할 수 있다.

광역자치단체장은 관할구역 안의 지방자치단체를 지도하며 지원할 수 있다. 즉 광역자치단체장은 관할구역 안에 있는 시·군·자치구의 사무에 관하여 조언 혹은 권고하거나 지도할 수 있으며, 이를 위하여 필요한 경우에는 자료제출을 요구할 수 있고, 재정과 기술지원을 할 수 있다(지방자치법 제166조 제1항 및 제2항). 또한 시·도 사무가 위임된 경우에는 적법하며 효율적인 수행을 위해 지휘·감독할 수 있도록 하고 있다.

기초자치단체장의 명령 혹은 처분이 위법하거나 현저하게 부당해서 공익을 해친다고 인정될 때에는 광역자치단체장은 기간을 정하여 서면으로 시정을 명하고, 그 기간 내에 이행하지 아니할 때에는 이를 취소하거나 정지할 수 있다(지방자치법 제169조 제1항). 이러한 광역자치단체장의 권한은 잘못 행사되면 지방자치단체의 자율성을 훼손할 수 있으므로 과도하게 행사되어서는 안 된다는 의미에서 '과잉금지원칙'(혹은 비례성원칙)에 따라 필요한 경우 최소한에 그쳐야 할 것이다.

광역자치단체장은 기초자치단체장에 대하여 직무이행명령권을 갖는다. 광역자치단체로부터 기초자치단체장이 사무를 위임받아 처리하는 경우에, 그 위임받은 사무에 대하여 집행이나 관리를 태만하게 처리할 때에는 시·도지사는 기간을 정하여 서면으로 그 이행을 명령할 수 있다. 이 경우 당해 지방자치단체장이 기간 내에 이를 이행하지 아니할 때에는 당해 지방자치단체의 비용부담으로 집행하거나 행정·재정상 필요한 조치를 취할 수 있다(지방자치법 제170조 제1항 및 제2항).

또한 지방자치단체의 통폐합, 분할 혹은 신설시, 광역자치단체장은 기초자치단체장이 공석인 경우, 해당 지방자치단체장이 선출될 때까지 직무대행자를 지정할 수 있는 권한을 가진다(지방자치법 제97조). 이때 직무대행자의 권한은 상당히 제한적으로 해석되어야 한다.

3) 공공단체의 지휘감독권

자치단체장은 관할구역 내의 공공단체를 지휘·감독할 권한을 갖는다. 예를 들면 지방자치단체의 행정협의회나 조합의 설립과 운영에 관한 사항 중 일부, 그리고 분쟁조정위원회의 운영이나 다른 자치단체에 대한 사무의 위탁이 있는 경우에도 일부 사항에 대해서 지휘하고 감독할 수 있는 권한을 갖는다.

(3) 관리 및 집행권

1) 사무관리 및 집행

지방자치단체장은 해당 자치단체의 사무와 법령이 정하는 바에 따라 그 지방자치단체장에게 위임된 사무를 관리하고 집행한다(지방자치법 제103조). 지방자치단체에서 시행하는 국가사무는 법령에 특별한 규정이 없는 한 지방자치단체장에게 위임하여 행하게 한다(동법 제102조). 따라서 지방자치단체장은 위임된 사무를 포함한 지방의 업무를 관리하고 집행할 권한과 책임을 갖는다.

지방자치단체장은 관료제를 통하여 업무를 민주적이며 효율적으로 수행하여야 한다. 지방정부의 업무는 대단히 복잡한 종합행정의 특색을 지닌다. 지방정부가 제공하는 공공재와 공공서비스는 도시계획, 지역경제발전, 사회개발, 환경보존, 상하수도 사업, 도로 및 교통 그리고 복지서비스 등 생활 직결적이며 이질적인 성격이 많다. 또한 정책개발과 형성과정은 물론이고 재량성이 높은 일선관료(street－level bureaucracy)를 통해서 집행을 하는 등 정책수행과정에서도 많은 특수성이 존재한다. 이러한 특징을 가지는 일선종합행정의 최고관리자로서 가지는 권한과 지역행정의 최고책임자로서 가지는 주민에 대한 의무와 법적 책임은 자치단체장으로서 가장 기본적인 것이라고 할 수 있다.

2) 사무의 위임 · 위탁권

지방자치단체장은 조례 또는 규칙이 정하는 바에 의하여 그 권한에 속하는 사무의 일부를 보조기관, 소속 행정기관 또는 하부 행정기관에 위임할 수 있다(지방자치법 제104조 제1항). 위임은 상하관계에서 권한의 일부가 이전되는 것으로, 업무위임 권한을 통하여 자신에게 소속된 관료제를 효과적으로 운영할 수 있다. 그리고 주민의 권리 · 의무와 직접 관련되지 않는 사무를 법인, 단체, 또는 기관이나 개인에게 위탁할 수 있다. 위탁은 위임과는 달리 상하관계로 규정지을 수 없는 조직에게 그 권한의 일부를 이전하는 것이다. 위임이나 위탁을 받은 기관은 자기의 책임으로 업무를 수행하는 것으로서 권한의 대리나 대행과는 법적 성질과 효력이 다르다.

3) 조직권 및 인사권

지방자치단체장은 법적 제약이 있는 경우를 제외하고 지방자치단체의 관련 기관과 시설의 설치를 포함하여 자치단체에 속한 기관의 내부조직을 효율적으로 구성하고 운영할 수 있는 권한을 갖는다. 그리고 소속 직원을 지휘 · 감독하고 법령과 조례 · 규칙이 정하는 바에 의하여 임면 · 교육훈련, 그리고 징계 · 면직 등에 관한 사항을 처리한다(지방자치법 제105조). 단체장의 인사권과 조직권의 행사에 대해서 지방의회의 동의를 받도록 하는 국가도 있지만, 이 두 가지 권한은 지방자치제하에서 자치단체장의 고유한 권한으로 거론된다.

기관·시설의 설치감독권도 넓은 범위의 인사권과 조직권에 포함시킬 수 있다. 즉 단체장은 그 소관 사무를 분장시키기 위하여 필요하다고 인정될 때에는 대통령령 또는 조례가 정하는 바에 의하여 소방기관·교육훈련기관·보건진료기관·시험연구기관 및 중소기업지도관 등을 직속기관으로 설치할 수 있으며, 대통령령이 정하는 바에 의하여 조례로 사업소·출장소 또는 합의제행정기관을 설치할 수 있다. 물론 이에 따르는 인사권도 행사할 수 있다.

4) 규칙제정권

지방자치단체장은 법령 또는 조례가 위임한 범위 안에서 그 권한에 속하는 사무에 관하여 규칙을 제정할 수 있다(지방자치법 제23조). 시·군·자치구의 규칙은 시·도의 조례나 규칙을 위반하지 않아야 한다. 규칙제정권은 의회의 조례제정권과 함께 자치입법권으로서 자치제도의 주요한 구성요소가 된다.

5) 재정관리권

지방자치단체장의 재정에 관한 권한은 어떠한 권한보다 구체적이며 광범위하다. 재정권한으로는 예산편성권과 집행권 그리고 지방채 발행권 등이 있다. 예산의 편성과 집행을 포괄하는 예산권은 지휘·감독권과 관리·집행권의 핵심을 이루는 것으로 어떤 기관구성 유형을 취하는 경우에도 자치단체장의 권한 중에서 가장 영향력이 큰 것이라고 할 수 있다. 재정권한은 지방의회에 의한 변경 여지가 적다는 점도 집행부의 영향력을 강화하는 요인으로 작용한다. 물론 자치단체장도 지방의회와 더불어 재정건전성을 강화하기 위한 노력을 경주하고 책임을 져야 한다.

(4) 대 지방의회 관련 권한

자치단체단체의 업무 수행과정에서 지방자치단체장과 지방의회는 양대 축을 형성하며, 따라서 이 과정에서 자치단체장은 지방의회에 대하여 다양한 권한을 갖게 된다. 특히 우리나라의 경우 전술한 바와 같이 기본적으로 강시장－의회형의 형태를 취하고 있으므로, 자치단체장의 대 의회 관련 권한은 비교적 강한 편이라고 할 수 있다.

이러한 대 의회 관련 권한은 지방의회에 대한 견제라는 관점에서 행사하는 권한이 대부분이며, 재의요구권, 선결처분권 등이 이에 해당되나, 의안 발의권과 의회의 출석 및 의견진술권 등은 견제의 의미와 더불어 지방의회와의 협력적 운영이라는 관점을 동시에 가지고 있는 것으로 해석할 수 있다.

1) 재의요구권

재의요구권은 지방자치단체장이 지방의회의 의결 중 월권, 위법, 부당, 공익위배 등이 인정될 경우 지방의회에 대해 재심의를 요구하는 권한이다. 재의요구는 조례안, 일반안건 의결 그리고 예산안 의결에 대해 행하여진다

첫째, 지방자치단체장은 지방의회에서 의결되어 이송된 조례안에 대해 이의가 있을 때 법정공포일 이전에 이유를 붙여 지방의회로 환부하고 그 재의를 요구할 수 있다. 재의의 요구를 받은 지방의회는 이를 재의에 부쳐야 하며, 재의의 결과가 재적의원 과반수의 출석과 출석의원 3분의 2 이상의 찬성으로 나타나면 그 조례안은 조례로서 확정된다(지방자치법 제26조).

둘째, 일반안건에 있어 지방자치단체장은 지방의회의 의결이 월권 또는 법령에 위반되거나 공익을 현저히 해한다고 인정되는 때에는 이송받은 날로부터 20일 이내에 이유를 붙여 재의를 요구할 수 있다. 지방의회가 할 수 없는 사항을 의결한 경우가 월권에 해당되는데, 집행기관의 재량을 지나치게 제약한 경우도 포함된다(지방자치법 제107조).

셋째, 지방자치단체장은 지방의회의 의결이 예산상 집행할 수 없는 경비가 포함되어 있다고 인정되는 때, 그리고 법령에 의하여 지방자치단체에서 의무적으로 부담해야 할 경비 또는 비상재해로 인한 시설의 응급복구를 위하여 필요한 경비를 삭감하는 의결을 의회가 한 때에는 이유를 붙여 재의를 요구할 수 있다. 이러한 재의 요구 여부는 집행기관의 고유한 판단사항이라고 보아야 할 것이다(지방자치법 제108조).

한편 지방자치단체의 장은 재의결된 사항이 법령에 위반된다고 인정되면 대법원에 소(訴)를 제기할 수 있다. 이 경우 필요하다고 인정되면 그 의

결의 집행을 정지하게 하는 집행정지결정을 신청할 수 있다(동법 제107조 제항 및 제108조 제3항, 제172조 제3항).

이러한 재의요구권은 집행기관이 의회의 의결에 대하여 수정을 요구하는 강력한 대응조치이므로 지방의회와의 관계를 설정하는 데 있어서 중요한 역할을 한다.[5)]

2) 선결처분권

선결처분이란 지방의회의 의결이 필요한 사항인데도 불구하고 특정한 이유로 의결받기 이전에 집행기관이 처분하는 행위를 의미한다. 지방자치단체장은 지방의회의 의결사항 중 주민의 생명과 재산보호를 위하여 긴급하게 필요한 사항으로서, ⅰ) 의회가 성립되지 아니한 때, ⅱ) 의회를 소집할 시간적 여유가 없는 때, ⅲ) 의회에서 의결이 지체되어 의결되지 아니한 때에는 선결처분할 수 있다(지방자치법 제109조 제1항). 다만, 선결처분은 지체 없이 지방의회에 보고하여 승인을 받아야 하며, 지방의회의 승인을 받지 못하면 그 선결처분은 그때부터 효력을 상실한다(동법 제109조 제2항 및 제3항).

한편 예산이 성립되지 아니한 때를 대비한 준예산제도도 선결처분권의 취지와 유사한 성격을 가지고 있다. 즉 지방의회에서 새로운 회계연도가 개시될 때까지 예산안이 의결되지 못한 때에는 지방자치단체장은 그 예산안이 지방의회에서 의결될 때까지, ⅰ) 법령이나 조례에 의하여 설치된 기관 또는 시설의 유지·운영, ⅱ) 법령 또는 조례상 지출의무의 이행, ⅲ) 이미 예산으로 승인된 사업을 계속하기 위한 경비는 전년도 예산에 준하여 집행할 수 있다(지방자치법 제131조).

---

5) 일반적으로 활용되는 거부권에는 조례안 전체를 거부하는 '팩키지 비토'(package veto)와 특정한 내용이나 예산안의 특정 항목에 한정하여 거부를 할 수 있는 '항목별 비토'(line item veto)가 있다. 그리고 일부 미국의 주정부에서는 '감축 비토'(reduction veto)가 있는데 주지사가 주의회의 예산 항목 중에서 프로그램을 거부하는 것이 아니고, 액수만을 줄이기를 바라는 거부권이다. 어떤 주에서는 주지사가 바라는 바를 의회가 수정해 주면 수용하겠다는 의미의 '수정 비토'(amendatory veto)도 활용되고 있다(Hedge, 1998: 88).

3) 지방의회 사무직원의 인사권

지방의회에 소속된 사무직원의 임면권을 현행 지방자치법에서는 지방자치단체장이 갖도록 하고 있다. 지방의회에 두는 사무직원의 정수는 조례로 정하며, 사무직원은 의회의장의 추천에 의하여 자치단체장이 임명한다(지방자치법 제91조 제1항 및 제2항). 이에 대해서는 직원의 의회업무에 대한 숙달과 의회활동에 대한 충실한 태도를 유지하기 위해서 의회가 독자적으로 인사권을 행사하여야 한다는 주장이 제기되고 있기도 한다.

한편 2006년에 개정된 지방자치법에서는 지방자치단체의 장이 사무직원 중 별정직 · 기능직 · 계약직 공무원에 대한 임용권을 지방의회 사무처장 · 사무국장 · 사무과장에게 위임하도록 규정하고 있는데(지방자치법 제91조 제2항 단서), 자치단체장의 의회사무직원에 대한 인사권이 종래에 비하여 다소 축소된 것으로 해석할 수 있다.

4) 기타 권한

회의 소집과 관련하여 임시회의 경우 자치단체장이나 재적의원 3분의 1 이상의 요구가 있을 때 의회의장이 소집하도록 하여(지방자치법 제39조), 자치단체장의 임시회 소집요구권을 인정하고 있다. 이러한 소집요구권은 위원회의 경우에도 인정된다. 즉, 위원회의 개회에 있어서 지방의회가 폐회중일 때에는 본회의의 의결이 있거나 의장이 필요하다고 인정할 때, 자치단체장이나 재적위원 3분의 1 이상의 요구가 있을 때 개회할 수 있다(동법 제61조).

의안 발의와 관련하여서도 자치단체장의 권한이 인정된다. 즉 의회에서 의결할 의안은 자치단체장과 지방의회의원(재적의원 5분의 1 이상 또는 의원 10인 이상의 연서)이 발의할 수 있다(동법 제66조 제1항). 특히 예산안의 경우에는 자치단체장이 편성 · 제출권과 수정예산안의 작성 · 제출권을 갖는다. 그리고 지방자치단체장이 지방의회에 부의할 안건은 그 장이 이를 미리 공고하여야 한다. 의회에서 의결된 (조례)안은 지방자치단체장이 이를 공포하며, 만일 지방자치단체장이 이를 공포하지 않으면 법정기일이 지난 후 지방의회의장이 공포한다(동법 제26조 제6항).

그리고 지방자치단체장은 지방의회나 위원회에 출석하여 행정사무의 처리상황을 보고하거나 의견을 진술하고 질문에 응답할 수 있다(동법 제42조 제1항). 그리고 지방의회나 위원회는 지방자치단체장이나 관계공무원의 출석·답변을 요구할 수 있다. 다만 지방자치단체장은 관계공무원으로 하여금 대신 출석·답변하게 할 수 있다(동법 제42조 제2항).

제3절 자치단체장의 리더십

1. 자치단체장 리더십의 중요성

지방자치단체장은 위에서 고찰한 바와 같이 제한된 범위에서 권한을 행사하지만, 당해 지역 내에서는 인적, 물적, 정보, 인지도 등 많은 정치적 자산을 보유하고 있다. 주민직선으로 선출되었기 때문에 정당성을 확보하고 있다는 점과 임기가 상대적으로 길다는 점은 단체장이 독자적인 영향력을 행사하기에 유리한 여건을 조성하고 있다. 단체장은 지방정부의 대표자로서 지역사회의 변화에 가장 영향력을 크게 미칠 수 있는 행위자 중의 한 사람이다. 특히 강시장형 기관구성 형태를 채택하고 있는 우리나라의 상황에서는 지역의 언론이나 외부 집단들이 단체장의 활동에 관심을 가지지 않을 수 없고, 단체장이 통솔하고 있는 관료제가 지역사회에 미치는 영향력 또한 적지 않기 때문에 단체장의 조직 및 인력관리능력이 더욱 중시된다.[6)]

주민의 다양한 요구, 정치권의 압력, 지역의 취약한 여건, 언론의 비판 등 리더십을 제약하는 요소들도 적지 않으나(이승종, 2002: 285－293), 이러한

6) 과거 전제군주 시대에도 경관(京官)과 외관(外官)을 기능상으로 구별하였다. 경관은 임금을 가까이에서 보좌하는 기능을 수행하는 것으로 보았고, 외관은 임금을 대리하여 지방에 나가서 전권을 행사하는 목민관으로 본 것이다. 외관직인 목민관은 주민의 생활 전면에 걸쳐서 중요한 공공의 문제를 결정하고 집행하기 때문에 단순한 보좌에 머무는 경관직과는 다른 역할을 수행한다. 이러한 점은 다원적 민주주의 시대에도 어느 정도 부합되는 측면이 있다. 중소도시나 농어촌에서는 견제집단이 상대적으로 미발달되었기 때문에 단체장의 권위는 상당한 비중을 가지며, 그 영향력은 관료제를 통하여 지역사회의 많은 부분에까지 미친다.

제약요인들도 리더가 활용하기에 따라서는 영향력을 확대하는 데 기여할 수도 있고, 그가 추구하는 지방의 비전을 실현하는 데 필요한 자원으로 바뀔 수도 있다. 권위주의적 관료문화는 물론이고 강시장형 기관구성이라는 구조적 성격도 단체장의 설득에 더욱 무게를 싣게 된다. 즉 주민들의 다양한 요구를 조정할 수 있는 위치에 있기 때문에 현실의 어려움을 이해시키고, 주민의 적극적 지지를 확보할 수 있는 것이다. 언론에 대해서도 비판적 자세를 비난하기보다는 자신의 의지를 전달시킬 수 있는 데 활용할 수도 있고 지역사회의 분위기를 바꾸는 데 앞장서게 할 수도 있다.

특히 지방정부의 성과는 리더십의 보강을 위한 실질적 자원으로 활용된다. 따라서 주어진 임기 중에 주민이 공감하는 지방정부의 개혁과 성과개선 전략을 마련하여야 한다. 아울러 혁신적 경영개선 노력과 전략적 관리를 정착하는 과정에 대두되는 저항을 효과적으로 극복하고 분절되는 지역사회를 통합으로 이끌어가는 리더십이 매우 중요하다.

2. 자치단체장의 리더십 유형: 리더에 대한 시각

(1) 자 질 론

리더가 어떤 역할을 수행하여야 하는가에 대해서는 매우 다양한 논의가 있기 때문에 이를 간단하게 정리하기는 용이하지 않다. 우리는 흔히 리더라고 하면 규범적 차원에서 바람직한 지도자를 연상하며, 개인적 자질이나 특성을 리더의 핵심요소로 파악한다. 리더의 특성적 접근(trait approach)이 바로 이러한 추세를 반영하는데, 지력, 인내, 상황판단력, 사명감 등과 같은 개인적 특성(personal characteristics)에 기반을 두어서 위대한 지도자가 권력을 획득할 수 있다고 보는 것이다(Hook, 1943). 이와 같은 특성이론(trait theory)에 따른다면 바람직한 단체장이 되기 위해서는 건강과 같은 신체적 특성, 업무에 대한 전문지식과 같은 기술 그리고 대인관계와 같은 인간적 자질 등이 우수해야 한다는 점을 알 수 있다.

(2) 상 황 론

정형화된 역사의 인물론의 한계를 지적하면서 역사란 위대한 인물과 그들의 시대 이상의 의미를 가진다는 상황론(situation theory)이 등장하였다. 이 견해는 지도자의 특성도 중요하지만 지도자가 부각되는 정치적 · 사회적 세력의 소용돌이가 더 중요하다고 주장한다. 유사한 자질을 갖춘 사람이 어떤 상황의 어떤 일에서는 성공적이었지만 다른 일에서는 그러하지 못한 경우도 적지 않다. 일을 해내는 상황의 특성이 성과에 훨씬 더 중요하게 작용하는 경우가 많다는 것이다(Hemphill, 1949; Oppenheimer and Young, 1971: 3-11). 이처럼 상황을 중시하면서 리더를 고찰하면 리더의 행태가 중요해진다. 행태적 접근법(behavioral approach)은 리더의 행태를 고찰하면서 추종자들을 어떻게 효과적으로 동원하는가 하는 것에 관심을 둔다.

(3) 상황적응론

상황이 다르면 요구되는 개인적 자질은 물론이고 행태도 달라진다는 것이 상황적응론(contingency theory)이다. 이 견해는 상황을 고려하면서 자질과 행태를 결합시키는 것이 필요하다는 점을 지적하고, 적합한 리더십 유형은 상황이 요구하는 바에 따라 달라진다고 주장한다. 어떤 경우에는 직무중심의 지시형 리더가 큰 성과를 내는가 하면, 어떤 경우에는 인간관계 중심의 참여형 리더가 더 큰 성과를 내기도 한다. 상황에 따라 구성원의 자율을 최대한 허용하는 방임형(laissez-faire style), 구성원들이 주어진 규정과 절차를 엄격하게 준수하게 하는 통제위주의 권위주의형(authoritarian style), 그리고 규범적인 민주형(democratic style) 등의 유형이 있는데 리더의 선호 유형은 상황에 따라 달라진다(Lippitt and White, 1958).

(4) 교 환 론

상황과 더불어 구성원 또는 추종자와 리더간의 관계에 관심을 집중시킬 수 있다. 이 견해는 리더와 추종자 간에는 일종의 교환이나 거래가 성립한다는 점에 주목한다. 사람들은 영향력을 획득하고 이를 오랫동안 유지하고자 하는데, 이때 상호성에 입각하여 서로에게 가치 있는 것을 주고받아야 한다는 것이다. 리더가 언제나 추종자에게 일방적으로 영향을 미치는 것은 아니고 추종자들의 영향 아래 놓이는 경우도 적지 않다. 거래적 접근(transactional approach)을 기반으로 하는 교환론은 상호작용이론(interaction theory)의 일종으로 볼 수 있다(Gibb, 1969: 210).

이러한 관점에서 보면, 단체장이 행사하는 영향력도 구성원의 기대에 부합하는 일을 함으로써 효과를 발휘할 수 있는 것이다. 단체장도 구성원들에게 불확실성을 줄여 주고, 행동의 기반을 주선하는 대가로 지위와 영향력을 얻는 것이다. 리더는 혼자서 일을 하는 것이 아니며, 추종자 없는 리더는 존재하지 않는다. 또 리더는 공동체나 조직의 문제를 해결하는 데 있어서 사람을 동원하는 기능(mobilization)을 효과적으로 수행해야 한다. 여기서 동원이란 사람을 동기화하고, 조직화하며, 방향성을 설정해 주고, 어떤 문제에 관심을 집중하게 해주는 과정이다. 이러한 동원 과정에서 조정과 타협능력을 발휘하여 일반인이나 전문가들을 포함한 이해관계자들의 이해를 얻어야 한다.

(5) 변 혁 론

전술한 네 가지 관점은 대체로 리더가 어떤 가치 있는 일을 하는가와 같은 가치와 도덕적 측면을 고려하지 않고 있으며, 상대적으로 지위를 강조하는 측면이 있다. 그러나 현실적으로 바람직한 것은 무언가 공동체에게 도움이 되는 방향으로 노력하는 리더, 반드시 높은 자리에는 있지 않더라도 유익한 일을 하려는 리더이다. 이러한 점에서 리더를 파악하려면 리더가 수행하는 활동을 보아야 할 것이다. 이 경우 사회적으로 유익한 일을 하면서 추종자를 보다 높은 도덕적 위치로 유도할 수 있는 리더가 중요해진다. 리더의 윤리적 덕목과 공공가치(pubic value)에 대한 헌신을 중시하면서 조직전체의 근원적 변화를 기하는 리더십 유형이다.

조직의 근원적 개선을 위해, 리더는 변화를 도모하는 변혁적 리더십(transformational leadership)을 가져야 한다. 리더는 추종자들의 인식을 변화시키고, 그들이 욕구의 높은 단계를 지향할 수 있게 만들어가야 한다. 이 경우에 정당성이 확보되고 구성원간의 신뢰를 구축하며 바람직한 비전을 구현할 수 있다(Burns, 1978). 이를 위해서는 공동체를 이끌고 가는 가치를 보다 분명히 하고, 이를 구체화하는 것이 필요하다. 자질 면에서도 이상을 추구할 것을 격려하고, 동시에 무엇인가를 이룰 수 있는 능력과 효과성을 낼 수 있는 역량이 필요하다(Coles, 2001).

새로운 혁신이 필요한 행정현장에서 리더가 모든 것을 지시할 수는 없으며, 혁신을 위한 조직에서는 선행조건이 중요하다. 복잡성이론(complexity theory)에서는 자율적인 조화를 강조한다. 모든 것을 세심하게 설계하기보다는 적절한 선행조건을 조성하고, 여기서 수준 높은 질서 창출을 자극하는 것이 변혁의 리더십이다(Hamel, 2000: 243-275).

3. 단체장의 역할

고전적 조직연구에서는 기관장의 역할을 리더의 기능, 조직의 비전과 임무 그리고 목적규정, 목표의 구현, 제도의 건전성 유지, 갈등관리 등으로 보고 있다(Selznick, 1957: 90-121). 물론 이러한 기능 이외에도, 정치적 기술, 의사소통, 관계설정, 업무성취 등과 같은 기능이 추가되기도 한다. 스바라(Svara)는 미국 동부의 도시 리더들을 실증적으로 연구하여 다음과 같은 네 가지 역할 유형을 발견하였다. i) 전통적 역할(의전, 연설, 사회), ii) 조정 및 의사소통(의식변화와 교육, 토론, 팀형성), iii) 정책과 조직화(목표설정, 위임과 조직화, 정책주도), 그리고 iv) 외부관계(홍보, 정부간 협조) 등이 그것이다(Svara and et.al., 1994: 13-14).

유의할 점은 여기에서 자치단체장을 지방정부의 대표자이면서 공공관리를 수행하는 정치적 관리자(political manager)라는 관점에서 보아야 한다는 것이다. 집행기관인 지방자치단체장의 역할은 그들이 가지고 있는 법적 권한과 정치행정적 위상으로부터 기대되고 인식되는 면과, 실제 행위와 행동(enactments or conducts)으로 나타나고 있는 면을 모두 포함한다. 특히 전통적인 한국의 권위주의적 관료문화에서는 강시장형의 기관구성 체제를 택하고 있기 때문에 리더로서의 단체장의 역할은 매우 중요하고 영향력도 크다.

정치적 공공관리론의 관점에서는 리더의 역할을 다음과 같은 세 가지로 구분하고 있다(이달곤, 1988). 공공관리의 리더십을 발휘하기 위해서, 리더는 i) 조직의 비전과 임무 그리고 목표를 설정하며 이를 명확하게 하고, ii) 조직의 내부 자원을 효율적으로 동원하여 이를 실현하며, iii) 동시에 외부환경과 민주적이며 유기적인 관계를 유지해야 한다.

첫째, 조직의 존재 근거인 임무를 항상 분명히 하는 것이 리더의 주요한 기능이다. 명확한 비전과 목표는 조직이나 공동체의 발전에 결정적인 역할을 한다. 목표를 실현시킬 수 있는 장단기 전략도 세밀하게 준비되어야 한다. 비전과 목표는 조직으로서 갖추어야 할 것도 있지만, 공동체로서 전 주민이 갖추어야 할 것도 있다. 비전과 목표 설정과정이 개방적이며 합의적 절차를 가질 때 공동체는 더욱 결집될 수 있을 것이다.

둘째, 리더는 내부관리(internal management)를 통하여 지방정부의 집행부를 효율적으로 관리하여야 한다. 조직 내부를 관리하는 것은 상하관계에 놓인 관료제에 동기를 부여하고, 높은 사기를 가지고 주어진 업무를 수행하게 하는 것이다. 좁은 의미의 관료에 대한 리더십이 행사되어야 한다. 기관장은 관료제의 상층부에서 보조기관인 관료들이 어떤 일을 어떻게 수행할 것인가를 명령할 수 있는 권리와 권력을 가지게 된다. 이것을 집행권한이라고 하는데, 자치단체장은 집행권한의 범위가 중앙정부의 특별지방행정기관장에 비하여 대단히 넓은 것이 보통이어서 그만큼 리더로서의 역할이 중요해진다(Terry, 1995: 82-89).

기관장으로서 지역문제를 효과적으로 해결하고 주민의 복리를 증대시키는 것은 관료제의 효율적 동원에 달려 있다고 해도 과언이 아니다. 이러한 리더로서 다양한 역할 모델이 제시되고 있으나, 크게 행정가, 경영관리자(CEO), 정치적 관리자(political manager), 명망가 등의 유형이 제시되고 있다. 물론 여기에 혁신가형, 정책개발형, 문제해결형, 의사소통형, 중개인형, 업무성취형 등의 세부 유형도 추가할 수 있을 것이다(이승종, 2002: 294-299; Svara, 1990). 이 중에서 어떤 유형이 성공적일 것인가 하는 것은 지방정부의 과제나 거버넌스 유형에 따라 달라진다.

셋째, 리더는 외부관리(external management)를 통하여 조직에 대한 지지를 확보하여야 한다. 조직의 리더는 흔히 조직이나 권한의 범위 밖에 있는 기관들과 협조하고 다른 지자체 등과 경쟁하면서 성과를 실현하여야 한다. 외부 행위자와의 관계 설정은 관료적 리더와는 상당히 다른 자질과 경험을 요구하는데, 이러한 점이 지방정부의 대표자로서 갖는 단체장 리더십의 특징이기도 하다. 주민단체, 언론, 상공인 단체 그리고 다른 정부기구 등과 수평적이고 유기적인 관계를 통하여 조직의 건전성을 강화하고, 조직의 성과를 통하여 봉사의 실효성을 가시화함으로써 리더는 자신의 입지를 강화할 수 있다.

특히 자치단체장들이 하나의 집합체로서 정착단계에 있는 우리나라의 지방자치 발전을 위해서는 정치적 역할을 잘 수행하여야 한다. 집권적 전통이 강한 국가에서 지방분권을 추진하고, 중앙정치의 비중이 큰 나라에서 지방정치를 활성화시키는 역할은 대단히 중요하다. 따라서 단체장의 정치적 기능을 강조하지 않을 수 없다. 이러한 점에서 자치제도를 강화하고 자율권을 신장하는 정치적 창도자(political entrepreneur)의 역할이 기대된다(이달곤, 1994).

국가의 이익과 지방의 이익간에는 항상 상호보완적 측면과 함께 대립적이거나 상충적 측면이 존재한다(Young, 1983). 대립적인 양상은 정치과정뿐만이 아니라 행정 영역에서도 발생한다. 정치적으로는 단체장이 가지는 평판이나 정당에서 차지하고 있는 비중에 따라서 영향력이 달라질 것이다. 특히 정치적 비중이 큰 광역자치단체장은 중앙정치 이슈에까지 영향을 미치는 경우가 적지 않다. 그리고 행정적 측면에서는 단체장들이 지역적 혹은 전국적 협의회를 구성하여 권한이나 기능의 이전을 요구하고 중앙의 통제에 대해서 강력한 이의를 제기할 수 있다. 다만 지방자치단체장의 구성이 어떤가에 따라 그들 간의 응집력과 중앙정부나 국민에 대한 영향력이 달라질 수 있을 것이다. 이들은 어떤 경우 정치·행정적 환경을 바꾸는 데까지 영향력을 발휘할 수 있다.

제 4 절 집행기관

집행부는 지방의회의 의결에 기초하여 업무를 효율적으로 처리하는 기관이다. 그러나 현대 지방정부가 수행하는 정책과 행정사무는 상당히 전문적이어서 집행부는 전문성을 가진 관료들로 구성되며 계서제의 원리에 따라서 업무를 체계적이고 효율적으로 처리하게 된다.

전술한 바와 같이 집행기관을 넓은 의미로 이해할 경우에는 집행의 최고기관인 단체장과 이를 보조하는 보조기관 및 하부행정기관 그리고 소속행정기관으로 구성되는 일반집행기관을 포함한다. 이러한 기관들은 모두 지방자치단체장의 관리감독을 받으며 업무를 수행하며, 기본적으로 상하관계속에서 집행업무를 처리하는 계선기능(line function)을 수행한다. 한편 경우에 따라서는 후술하는 바와 같이 전문적 업무의 집행을 위해서 자치단체장과 분리되는 별도의 집행기관을 두는 경우도 있다.

1. 일반집행기관

(1) 보조기관

보조기관은 행정청의 내부기관으로서 기관장을 보조하는 권한과 책임을 갖는 행정기관을 말한다.[7] 부지사, 부시장, 부군수 등과 그 아래의 국장이나 과장까지도 보조기관에 포함된다. 보조기관은 행정청인 수장의 권한을 대리·보조하는 데 그 역할이 국한되고 대외적인 대표기능, 정책결정기능, 집행기능을 스스로 수행할 수 없다.

우리나라 광역단체장의 경우 부단체장은 서울시의 경우 3인 이내, 타 시도의 경우는 2인 이내로 둘 수 있으며, 다만, 인구가 800만명을 넘는 경기도

7) 유사한 용어로 '보좌기관'이 있는데, 보좌기관은 전문적 지식을 활용하여 정책의 기획, 계획의 입안, 연구·조사, 심사·평가 및 홍보와 행정개선 등에 관하여 행정기관의 장이나 그 보조기관을 보좌하는 기능이 필요할 때 설치하는 기관이다.

의 경우 3인 이내의 부단체장을 둘 수 있다. 한편 기초자치단체의 경우에는 1인의 부단체장을 둘 수 있으며, 최근 통합된 창원시의 경우 2인의 부시장을 둔다. 다만, 인구규모에 따라 부단체장의 직급에 차이를 두고 있다.

한편 보조기관으로서의 국·실·과와 관련하여 과거에는 지방자치 실시 이전에는 개별승인제를 채택하기도 하였으나, 지방자치 실시 이후 표준정원제를 거쳐 현재에는 총액인건비제도가 도입되어 운영되고 있다. 따라서 기구설치 및 정원책정과 관련된 중앙통제가 상당부분 완화되어 조직편성과 관련된 지방정부의 자율성이 강화되는 기반이 구축되고 있다.[8)]

(2) 하부행정기관

하부행정기관은 지방정부의 관할구역을 지역적으로 나누어서 업무를 분담하는 하급행정기관을 지칭한다. 보조기관과 달리 한정적이지만 외부적으로 지방자치단체의 의사를 표시하고 그에 따른 법적 효력을 발생시키는 행정기관이다. 자치구가 아닌 구의 구청장, 읍장, 면장, 동장 등이 이러한 예이다(지방자치법 제117조). 하부행정기관은 자치단체장이 일반직 공무원 중에서 임명한다(동법 제118조).

(3) 소속행정기관

소속행정기관은 계선조직에 속하기는 하지만 지방정부의 기능 중에서 특수한 업무를 분리하여 전문적으로 관장하는 조직을 칭한다. 구체적으로 직속기관, 사업소, 출장소, 합의제 행정기관 등이 여기에 포함된다.

지방자치단체는 그 소관 사무의 범위 안에서 필요하면 대통령령이나 대통령령으로 정하는 바에 따라 지방자치단체의 조례로 자치경찰기관(제주특별자치도에 한한다), 소방기관, 교육훈련기관, 보건진료기관, 시험연구기관 및 중소기업지도기관 등을 직속기관으로 설치할 수 있다(지방자치법 제113조). 그리고 대통령령으로 정하는 바에 따라 그 지방자치단체의 조례로 특정업무를 효율적으로 수행하기 위하여 사업소를, 원격지 주민의 편의와 특정지역

8) 이 제도는 행정안전부가 산정한 '총인건비 기준액'을 기준으로 지방정부가 자율적으로 기구와 정원을 관리하는 제도이다. 자세한 내용에 대해서는 김병준(2009: 524-525) 참조.

의 개발 촉진을 위하여 출장소를 설치할 수 있다(동법 제114조 및 제115조).

아울러 지방자치단체는 그 소관 사무의 일부를 독립하여 수행할 필요가 있을 경우 법령이나 그 지방자치단체의 조례로 정하는 바에 따라 합의제행정기관을 설치할 수 있다(동법 제116조). 합의제행정기관의 예로서는 지방공무원의 임용 및 승진, 승진·전보임용기준과 승진임용의 사전심의, 지방공무원의 징계의결 등을 수행하는 인사위원회와 지방공무원의 징계와 기타 그 의사에 반하는 불이익처분에 대한 소청을 심사·의결하는 지방공무원 소청 심사위원회 등을 들 수 있다.

보충 9-1 소속행정기관 예시: 충청남도(2011년 1월 현재)

소속행정기관은 자치단체의 여건에 따라 다양하게 구성되고 있는데, 충청남도의 직속기관과 사업소를 예시하면 다음과 같다.

직속기관	사업소
○ 농업기술원 ○ 지방공무원교육원 ○ 보건환경연구원 ○ 충청소방학교 ○ 청양대학	○ 가축위생연구소 ○ 산업환경연구소 ○ 서울사무소 ○ 종합건설사업소 ○ 백제문화단지관리사업소 ○ 수산연구소 ○ 축산기술연구소 ○ 수산관리소

2. 교육·학예에 관한 기관

집행기관을 업무나 기능에 따라서 지방자치단체장과 분리하여 다수를 두는 경우도 있다. 미국의 주정부나 지방정부가 이러한 형태를 취하고 있는데, 대표적인 사례가 교육과 학예에 관한 별도의 집행기관이다. 이러한 사무에 대하여 별도의 집행기관을 두는 것은 사무의 성격상 전문성과 정치적 중립성이 요구되기 때문에, 일반적인 자치사무와는 달리 별도의 기관을 구성하여 사무를 집행하게 하는 것이 적절하다는 판단에 따른 것인데, 이러한 형태의 집행기관 구성원칙을 집행기관 다원주의라고 부른다.

우리나라도 이러한 제도를 일부 수용하고 있는데, 지방자치법 제121조에서는 지방자치단체의 교육·과학 및 체육에 관한 사무를 분장하기 위하여 별도의 기관을 두도록 하고, 기관의 조직과 운영에 관하여 필요한 사항은 따로 법률로 정하도록 하고 있다. 이러한 조치는 교육자치제의 실시에 따른 것으로서, 이에 따라 '지방교육자치에 관한 법률'에서는 지방의 교육·학예에 관한 사무를 특별시·광역시·도의 사무로 규정하고 있으며(동법 제2조), 교육·학예사무의 집행기관으로서 시·도 교육감을 두고 있다(동법 제18조). 그리고 시·도의회에 교육·학예에 관한 의안과 청원 등을 심사·의결하기 위한 상임위원회로서 교육위원회를 두도록 규정하고 있다(동법 제4조).[9] 특히 2006년 개정된 법률에서는 교육감의 선출이 간선제에서 직선제로 변경되었고, 이 법에 의한 첫 교육감선거가 2008년 7월 서울에서 실시되어 계속되고 있다.

9) 교육감 및 교육위원회의 기능과 지방의회와의 관계 등에 대하여는 문재우(2007: 435-444) 참조

참고문헌

구병삭. (1995). 「주석지방자치법」. 서울: 박영사.

김병준. (2009). 「지방자치론」. 서울: 법문사.

김성호. (2002). 「지방자치단체장의 행정책임 확보방안」. 한국지방행정연구원

김종표. (1996). 「지방자치론」. 서울: 법문사.

문재우. (2007). 「지방의회행정론」. 서울: 대영문화사

이달곤. (2004). 「지방정부론」. 서울: 박영사.

이달곤. (1988). 지방자치실시와 정책행정관리방식의 대안개발—간접관리에로의 중점이동. 「행정논총」, 26(1).

이달곤. (1994). 바람직한 민선단체장의 역할. 행정쇄신위원회 지방자치제도의 발전방향 토론회 발표논문

이승종. (2002). 단체장의 리더십. 서울대학교 행정대학원(편). 「지방정부의 지도자」. 서울: 나남출판사.

정세욱. (2000). 「지방행정학」. 서울: 법문사.

한국지방자치학회. (2008) 「지방의회의 이해」. 서울: 박영사

조창현. (2005). 「지방자치론」. 서울: 박영사.

최창호. (1995). 「지방자치학」. 서울: 삼영사.

Berman, David R.(ed.) (1993). *County Governments in an Era of Change.* Westport, C. T.: Greenwood Press.

Burns, James Macgregor. (1978). *Leadership.* New York: Harper & Row Pub.

Coles, Robert. (2001). *Lives of Moral Leadership.* New York: Random House.

Gibb, Ceil A.(ed) (1969). *Leadership. Middlesex.* England: Penguin.

Hamel, Gary. (2000). *Leading the Revolution.* Boston: Harvard Business School Press.

Hedge, David M. (1998). *Governance and Changing American States.* Boulder, Col.: Westview Press.

Hemphill, John K. (1949). *Situational Factors in Leadership. Colombus.* Ohio State Univ. Bureau of Educational Research.

Hook, Sidney. (1943). *The Hero in History: A Study in Limitation and Possibility.* New York: John Day.

Lippitt, Ronald and R. K. White. (1958). 'An Experimental Study of Leadership and Group Life.' In E. E. Maccoby, T. M. Newcomb and E. L. Hartley (eds.), *Readings in Social Psychology(3rd ed.)*. New York: Holt, Rinehart and Winston.

Oppenheimer, Joe A., and Oran R. Young. (1971). *Political Leadership and Collective Goods*. Princeton: Princeton Univ. Press.

Selznick, P. (1957). *Leadership in Administration: A Sociological Interpretation*. Evanston: Row.

Stillman, Richard J. (1974). *The Rise of the City Manager: A Public Professional in Local Government*. Albuquerque: University of New Mexico Press.

Svara, J. H. (1990). *Official Leadership in the City New*. Oxford: Oxford University Press.

Svara, J. H., and et. al. (1994). *Facilitative Leadership in Local Government*. San Francisco: Jossey–Bass Publishers.

Terry, Larry D. (1995). *Leadership of Public Bureaucracies: The Administrator as Conservator*. Newbury Park, Calif: Sage Publication.

Young, Ken(ed.). (1983). *National Interests and Local Government*. London: Heinemann.

CHAPTER 10

정부간 재정조정제도

제 1 절　의의와 기능

제 2 절　정부간 재정조정방법의 분류와 경제적 효과

제 3 절　우리나라의 정부간 재정조정제도

제10장 정부간 재정조정제도

지방자치를 수행하는데 필수적인 지방재정은 정부간 재정조정제도를 통해 큰 영향을 받는다. 특히 재정력이 취약한 지방정부는 지방교부세, 국고보조금 등 정부간 재정조정제도에 의지하여 지방자치를 수행하고 있다고 해도 과언이 아니다. 본장에서는 정부간 재정조정제도의 의의와 경제적 효과를 이론적 차원에서 검토하고, 실제 우리나라에서 운영되고 있는 정부간 재정조정제도의 현황을 살펴보고, 개선방향을 제시해보고자 한다.

제1절 의의와 기능

1. 정부간 재정조정제도의 의의

정부간 재정조정제도(intergovernmental fiscal coordination)란 국가를 구성하는 각급 정부 사이에 재정적 측면에서 지원 및 협조기능을 수행하도록 설계된 제도를 말한다. 대부분의 국가들은 중앙정부와 지방정부, 지방정부들 사이에 권한과 사무를 배분하여 행정기능을 수행하도록 하는 동시에, 이러한 기능을 효과적으로 수행하는 데 필요한 재원을 배분하는 재정조정이 이루어지도록 하는 제도를 도입하고 있다.

일반적으로 지방자치의 취지를 고려할 때, 지방정부가 행정기능을 수행하는데 필요한 경비는 지방세와 세외수입 등 자체재원을 통해 충당하는 것이 바람직하다고 볼 수 있다. 그러나 지방정부가 수행하는 행정기능에는 자치사무뿐만 아니라 위임사무가 포함되고, 위임사무는 중앙정부가 수행해야 할 업무를 지방정부가 위임받아 수행한다는 점에서 중앙정부의 재정지원이 필요하다고 볼 수 있다. 또한 한 국가 내에 존재하는 다수 지방정부의 재정력에 큰 차이가 있을 경우에 중앙정부는 재정조정제도를 통해 지방정부간 재정불균형 문제를 해소하고, 일정수준으로 균등한 행정서비스의 공급이 이루어질 수 있는 여건을 조성해줄 필요가 있다.

정부간 재정조정제도는 기본적으로 중앙정부가 국세 등을 통해 조달한 세입의 일부를 교부세 또는 국고보조금 등을 통해 지방정부가 사용할 수 있도록 운영된다. 전통적으로 세입분야는 전국적인 통일성과 일관성 확보가 용이하다는 측면에서 중앙정부의 책임이 강조된 반면, 지출분야는 지역별 특수성과 다양성에 기초하여 이루어질 필요가 있다는 측면에서 지방정부의 책임이 강조되었다. 이에 따라 중앙정부가 전 국민을 대상으로 국세를 통해 재원을 조달하고, 지방정부가 지역의 특성에 맞게 지출을 하도록 하는 재정연계시스템이 발전되어 왔다고 볼 수 있다.

나아가 정부간 재정조정제도를 통해 동일한 국가 내에 거주하는 모든 국민들은 지방정부의 재정력에 큰 영향을 받지 않고 필수적인 공공재를 일정수준 공급받을 수 있게 된다고 볼 수 있다. 그러나 정부간 재정조정제도는 지방자치의 측면에서 볼 때, 지방정부가 자치의 기반이 되는 재정을 중앙정부에 의존하게 되고, 특정한 사업의 수행과 관련해서는 중앙정부의 통제를 받게 된다는 점에서 지방정부의 자율성을 저해할 수도 있다.

2. 정부간 재정조정제도의 기능

정부간 재정조정제도를 통해 달성하고자 하는 재정적 기능은 지역간 외부효과의 시정, 수직적 균등화, 수평적 균등화, 거시안정화 기능 등 크게 네 가지로 구분될 수 있다.

첫째, 정부간 재정조정제도를 지역 간에 발생하는 외부효과의 문제를 교정할 수 있다. 지방공공지출의 수혜자는 주로 해당지역의 주민이라 할 수 있다. 그러나 편익의 일부분이 다른 지역에까지 파급되는 경우가 종종 있다.

소위 사회간접자본(SOC)은 다양한 외부효과를 창출하는 대표적인 예라 할 수 있다. 특정 지역에 공항, 도로 등은 설치될 경우, 그 효과는 지역의 행정 경계를 뛰어넘어 다른 지역의 주민에게 미칠 수 있는 것이다. 이러한 외부성이 존재하는 지방공공재의 경우에 해당 지역주민의 편익만을 사회적 편익으로 고려하게 되면, 국가 전체적 관점에서 필요한 최적량보다 적게 공급할 가능성이 높다. 개별 지방정부의 입장에서는 다른 지역까지 혜택을 주는 공공재를 자신의 비용으로 공급할 유인을 잃게 되기 때문이다.

이러한 경우에 지방공공재는 사회 전체적으로 비효율적으로 공급되는 문제가 발생하게 된다. 이때 정부간 재정이전을 통하여 지방정부의 공공서비스를 추가적으로 공급함으로써 사회적 효율성을 증대시킬 수 있다. 특히 교통통신의 발달로 주민과 자본의 이동성이 높아지면서 외부효과를 발생시키는 지방공공재가 늘어나고 있다. 이러한 상황에서 지역주민들의 부담으로 다른 지역주민들까지 편익을 제공하는 지방공공재를 공급하기를 기대할 수 없다. 따라서 긍정적 외부효과를 지속적으로 발생시키게 하기 위해서는 중앙정부나 상위의 지방정부가 일정한 재원으로 지방의 공공재 공급기능을 지원할 필요가 있다. 중앙정부가 교육과 같은 가치재(merit goods)의 공급을 촉진하기 위해서 지방정부에 필요한 재정을 지원해 주는 것도 같은 이유라 할 수 있다.

둘째, 정부간 재정이전제도는 중앙정부와 지방정부간의 수직적 재정불균형을 시정하는 수직적 재정균등화제도(vertical equalization)로서 활용될 수 있다. 재정이 상대적으로 풍부한 중앙정부는 재정여건이 열악한 지방정부에 재원을 이전해줌으로써, 중앙정부와 지방정부의 재정균등화를 달성할 수 있다. 이러한 수직적 재정균등화는 국가 전체적으로 조세체계의 효율성을 개선하는 데도 기여할 수 있다. 대부분의 국가에서 중앙정부 재정이 절대적 우위에 있는데, 실제 행정서비스를 공급하는 지방정부의 재정을 확충해줌으로써 재정운용의 효율성을 높일 수 있다는 것이다. 이것은 자체수입이 부족한 지방정부의 입장에서는 중앙정부가 필수적인 재원을 확보하여 주는 것으로 받아들일 수 있다.

셋째, 정부간 재정이전제도는 지방정부간 수평적 재정불균형을 시정하기 위한 수평적 재정균등화(horizontal equalization)를 위해 활용될 수 있다. 아무리 지역균형발전이 된 국가라고 하더라도, 부유한 지방은 지역의 최대한의 재정동원여력인 재정능력(fiscal or revenue capacity)이 커서 필요한 재원을 용이하게 마련할 수 있는 반면, 다른 지방은 그렇지 못한 경우가 많다.

국민에 대한 최저수준의 서비스(national minimum)를 보장하고 나아가 균형발전을 이룩하기 위해서는 지역간 재정불균형을 해소할 필요가 있다. 지역간 재정불균형 문제를 해결하는 방법 중의 하나는 상위정부의 재정지원이고, 또 다른 하나는 재정능력이 풍부한 지역으로부터 그렇지 못한 지역으로 재정을 이전하는 것이라 할 수 있다. 이런 지원금을 균등화교부금(equalization grants)이라고 하는데, 지역간의 재정균등화는 지역간 수평적 공평성(horizontal equity)을 강화할 수 있다.

넷째, 정부간 재정이전은 지방정부들을 위한 거시경제적 안정기제(macroeconomic stabilizing mechanism)로 작동할 수 있다. 즉 정부간 재정이전제도는 소득재분배 기능뿐만 아니라 지방정부가 사전에 충분히 고려하지 못한 다양한 재정지출을 가능하게 함으로써 거시경제를 안정시키는 역할을 할 수 있다. 정부간 재정이전은 지방정부가 당면하고 있는 재정적인 난제를 재정이전을 통하여 해결해 주는 거시적인 경제안정의 수단으로 작용할 수 있다. 예를 들어, 지방정부가 천재지변을 당하여 어려움을 겪고 있을 때, 상위정부가 해당 지역의 재정적·경제적 안정을 위해서 이전재원을 활용함으로써 거시경제의 안정성을 강화할 수 있다. 또한 나아가 과소지역(過疎地域)과 낙후지역에 대한 지원도 지역균형발전을 통한 국가발전이라는 목표를 도모하는데 기여할 수 있다.

제 2 절 정부간 재정조정방법의 분류와 경제적 효과

중앙정부와 지방정부, 지방정부들 사이의 재정조정을 하는 방법은 다양하게 분류될 수 있다. 정부간 재정조정은 이전되는 자금을 구성하는 방법,

이전된 자금의 사용용도를 한정하는 방법, 지방정부의 대응적 조치와 방법, 상한선의 설정방법 등을 중심으로 매우 다양한 방식으로 구분될 수 있다. 이 중에서 어떠한 재정조정방식을 택하느냐에 따라 지방정부의 자율성, 경제적 효과 등이 달라질 수 있다. 연방제국가에서는 연방정부가 정부간 재정이전에 관한 제도적 기초를 마련하지만, 실제로는 주정부나 지방정부 사이에도 직접적인 재정이전이 일어날 수도 있다. 지방정부간 수평적 이전의 경우에는 지방정부의 재정규모가 매우 커야 하기 때문에, 단방제 국가에서는 실현되기 어렵다. 이하에서는 정부간 재정조정방법의 유형과 경제적 효과를 검토해보기로 하자.

1. 정부간 재정조정방법의 분류

(1) 보조금 또는 교부금

정부간 재정조정제도의 근간을 이루는 것은 재정이전이다. 중앙정부가 지방정부에, 또는 지방정부가 다른 지방정부에 이전하는 재원을 교부금 또는 보조금이라고 부른다. 통상 개념적으로 교부금은 영어의 grants를, 보조금은 subsidy를 번역한 용어로 사용되나, 실제 우리나라 실정법상으로는 교부금은 지방교부세, 지방교육재정교부금 등에 사용되고, 보조금은 국고보조금에 사용되고 있다. 학술적으로는 교부금과 보조금은 정부간 이전재원을 지칭하는 용어로서 유사한 의미로 사용되고 있으며, 일반적으로 보조금이란 용어가 통용되고 있다.

본서에서는 보조금이란 용어를 사용하고, 보조금의 종류를 다음의 네 가지의 기준에 따라 분류하고자 한다. 첫째, 사용조건에 관한 것으로서, 이전재원의 사용이 한정적으로 개별적 용도인가 아니면, 일반적인 용도인가 하는 점이다. 둘째, 재원의 배분방법에 관한 것으로서, 재원이 주어진 산식에 의하여 자동적으로 배분되는가, 아니면 사업별로 개별적으로 산정하는가 하는 점이다. 셋째, 부담조건으로서, 이전재원을 받는 측의 부담을 조건으로 하는 것인가 하는 것이다. 넷째는 재원 규모의 한정 여부로서, 이전재원의

표 10-1 이전재정의 분류

<table>
<tr><th>기준</th><th colspan="5">보조금 명칭</th></tr>
<tr><td>사용조건</td><td colspan="2">일반보조금(무조건)</td><td colspan="3">특정보조금(특정분야)</td></tr>
<tr><td>배정방식</td><td colspan="2">산식(formula)</td><td>산식</td><td colspan="2">사업</td></tr>
<tr><td>대응조건</td><td>일반정액
보조금</td><td>일반정률
보조금</td><td>특정정액
보조금</td><td colspan="2">특정정률
보조금</td></tr>
<tr><td>한도여부</td><td></td><td></td><td></td><td>폐쇄형
정률보조금</td><td>개방형
정률보조금</td></tr>
</table>

규모가 한정되는가 하는 것이다. 다음 표는 위 기준에 따라 재정이전방식을 분류하고 있다

1) 사용조건에 따른 구분

보조금은 사용조건을 기준으로 일반보조금(general grants)과 특정보조금(specific grants)으로 구분될 수 있다. 일반보조금은 이전을 해주는 정부가 이전을 받는 정부에 대해 아무런 조건을 달지 않는 재원으로 무조건부보조금(unconditional grants)으로 불린다. 우리나라의 지방교부세는 일반보조금에 해당하며, 이를 이전받은 지방정부는 이를 어떤 용도에든지 사용할 수 있다.[1] 교부금액이 지방정부의 자치단체의 세입노력에 따라 달라지는 미국의 일반세입분할제도(general revenue sharing)도 일반보조금에 해당한다고 볼 수 있다. 그러나 우리나라의 지방교부세는 지방정부의 세입노력과 무관하게 일정한 금액이 교부된다는 측면에서 미국의 일반세입분할제도와 구분될 수 있다.

특정보조금은 조건부교부금(conditional grants)으로 중앙정부가 특정사업에 사용해야 한다는 조건을 달아 지방정부에 지급하는 보조금을 말하며, 선별적 교부금(selective grant)으로도 불린다. 특정보조금은 사용범위(비도)가 상대적으로 넓게 규정된 포괄보조금(block grants)과 상대적으로 좁게 지정된 개별보조금 또는 범주형보조금(categorical grants)으로 구분될 수 있다. 포괄보조금의 경우에는 특정한 사업목적을 달성하기 위해 재원이 사용되도록 제한

1) 이러한 특성을 반영하여 학자들은 지방교부세를 지방정부의 의존재원이 아닌 자주재원으로 분류하기도 한다.

을 두지만, 그 사용에 있어서 이전을 받는 정부의 재량권이 상대적으로 넓게 허용되는 재원이다. 반면 개별보조금 또는 범주형보조금은 특정한 사업목적을 실현하기 위해 구체적인 재원사용방법까지 제한하는 재원이다. 특정보조금은, 뒤에서 다시 검토하겠지만, 이전을 받는 지방정부의 부담여부에 따라 정액보조금(lump-sum specific grants)과 정률보조금(matching specific grants)으로 구분될 수 있다.

2) 배정방식에 따른 구분

보조금은 배정방식을 기준으로 금액이 일정한 공식 또는 산식(formula)에 따라 기계적으로 배정될 수도 있고, 사업(project)에 따라 이전을 하는 정부의 의지에 따라 다르게 배정될 수도 있다. 앞에서 살펴본 일반보조금의 경우에는 특정한 사업에 한정하지 않기 때문에 이미 정해진 공식 또는 산식에 따라 자금이 배분되며, 배분기준은 통상 법규의 형태로 결정된다. 그러나 특정보조금의 경우에는 산식에 따라 배분되는 보조금과 사업의 특성에 따라 배분기준이 달라지는 보조금으로 구분될 수 있다.

공식 또는 산식을 사용하는 경우에도, 뒤에 살펴보겠지만, 공식 또는 산식의 구성요소들이 재원을 이전받는 정부의 통제범위 밖에 있는 인구라든가, 일인당 소득 등과 같은 경우에는 순수한 총액 일괄식 보조금(pure lump-sum grants)이 된다. 그러나 공식 또는 산식에 지방정부의 징세수준이나 징세노력 등과 같은 요소들을 포함하게 되면, 이전재원을 받는 지방정부의 노력이 금액에 영향을 미치면 정률보조금(matching grants)이 될 수 있다. 우리나라의 일반교부세는 법률이 정한 공식 또는 산식에 따라 기계적으로 배정되는 특성을, 국고보조금은 중앙정부의 정책의지에 따라 보조금 총액이 달라지는 특성을 지닌다.

3) 대응조건에 따른 구분

보조금은 재원을 이전받는 정부에 대해 일정한 대응조건이 부과되느냐에 따라 정액보조금(lump-sum grants)과 정률보조금(matching grants)으로 구분된다. 정액보조금은 이전을 받는 정부가 특정사업에 참여한다는 일정한 조건을 충족시키면 정해진 금액의 보조금을 지원하는 방식으로 비대응교부금(non-matching grants)이라 불리기도 한다. 보조금의 액수는 특정사업에 대한 지방정부의 지출규모와 무관하게 일정하게 결정된다. 반면 정률보조금은 특정사업에 소요되는 비용의 총액에 대해서 특정한 정부가 재원을 이전할 때, 이전을 받는 정부가 이에 대응하여 일정비율을 부담하도록 하는 방식으로 대응교부금이라고 불리기도 한다. 대응보조금의 경우 사업의 규모가 커질수록 이전을 받는 정부의 지출규모도 비례적으로 커지게 된다.

이전을 받는 정부의 재원사용에 대한 제한이 부과되지 않는 일반보조금은 대응조건을 기준으로 일반정액보조금과 일반정률보조금으로 나뉜다. 일반정액보조금은 징수노력이나 지출수준의 유지노력과는 무관하게 일정액의 재원을 특정한 조건 없이 이전시키는 제도이다. 우리나라의 지방교부세가 여기에 해당한다. 지방교부세의 이전규모는 국세나 내국세의 일정비율로 결정되며, 법률이 규정한 산식(formula)에 의하여 지방정부별로 교부금 규모가 기계적으로 계산된다.

반면 일반정률보조금은 사용범위(비도)에는 제한이 없으나, 지방정부가 다양한 수단을 통하여 재정수입을 증대시킨다는 노력을 전제로 하여 지급된다. 주로 지방세를 보다 적극적으로 징수하여 일정한 수준의 자체재원을 확보하는 조세징수노력(tax-raising efforts)이나, 일정 수준의 지출규모를 견지하는 유지노력(maintenance-efforts)을 조건으로 한다. 이전을 받는 정부의 재원사용에 대한 제한이 부과되는 특정보조금은 대부분 사업에 참여하는 정부의 재정을 사업규모에 연계하여 대응하도록 하기 때문에 거의 정률보조금 또는 대응보조금의 형태를 지니게 된다.

4) 대응한도에 따른 구분

이전을 받는 정부의 대응금액에 대한 한도가 설정되어져 있느냐에 따라 보조금은 개방형보조금과 폐쇄형보조금으로 구분된다. 특정보조금의 정률(대응)보조금은 중앙정부의 지원규모의 상한선이 정해져 있으면 폐쇄형, 아니면 개방형이라고 부른다. 개방형 특정정률(대응)교부금(open ended specific matching grants)은 교부금의 상한액이 없이 항상 일정비율을 지급하는 것이며, 폐쇄형 특정 정률(대응)교부금(close ended specific matching grants)은 일정비율을 지급하나, 교부금액이 일정액에 도달한 이후에는 최고액만을 지급하는 것이다. 전자가 우리나라의 각 중앙부처에서 운영하는 국고보조금의 전형이라 할 수 있다. 또한 미국의 특정보조금(categorical grants)과 포괄보조금(block grants)도 개방형 정률보조금에 해당한다.

(2) 조세제도와 재정조정

이상의 보조금 방식 이외에도 세입양여금 혹은 양여세(tax transfer), 공동세 혹은 세입분할(tax sharing), 세원분담 혹은 세원분할(tax base sharing) 등과 같은 다양한 종류의 재정이전제도도 있다. 중앙정부가 지방세부담에 대해 어떤 조치를 하는가에 따라서 지방세소득공제(local tax deduction), 지방세액공제(local tax credit) 등과 같은 제도들도 정부간 재정조정의 역할을 하기도 한다.

양여금(tax transfer)은 중앙정부가 국세로 징수한 몇 개의 특정한 세원에 대하여 일정한 조건과 기준에 따라 세수의 일부를 지방정부에 넘겨주는 제도이다. 양여와 교부의 어의적인 차이는 교부가 그저 준다는 의미인 데 비하여, 양여는 본래 자기 것을 넘긴다는 의미가 강하다. 1990년에 도입되어 2005년도에 폐지된 우리나라의 지방양여금제도는 양여금의 특성을 지니는 동시에 포괄적 성격을 지닌 보조금이었다고 볼 수 있다.

공동세(tax sharing)는 일정한 세목의 조세를 중앙정부와 지방정부가 통일된 과세방법으로 징수하여, 그 일정비율을 중앙과 지방간에 배분하는 제도이다. 공통의 세입을 분할하여 나누어 가진다는 의미에서 세입분할이라고 부르기도 하며, 독일에서 운용되고 있다. 세원분할(tax base sharing)은 여러 개의 행정구역으로 구성된 대도시지역에서 세원을 공동으로 활용하는 제도이다. 즉 전 지역의 지방세원으로부터의 다양한 지방정부가 조세수입을 공동 이용하는 방식이다. 미국 중부의 대도시에서 흔히 찾아볼 수 있는 제도로서, 소규모 행정구역간의 수평적 재정불균형을 완화하고, 지역개발에 대한 무분별한 경쟁을 지양하는 제도로서 활용되고 있다.

지방세소득공제(local tax deductions)는 지방정부에 지불한 모든 세금액을 중앙정부에서 국세로서 소득세를 부과할 때, 과세소득(taxable income)에서 공제해 주는 제도이다. 지방주민은 공제된 과세소득에 세율을 곱한 만큼 국세를 적게 내게 된다. 또한 지방세액공제(local tax credits)는 중앙정부가 징수하는 것과 동일한 세금을 지방정부가 징수한다면, 중앙정부는 지방정부 징수액을 감하고 난 액수만 징수하는 제도이다. 위의 두 제도는 직접적인 정부간 재정이전제도라고 보기는 어렵지만, 지방세의 징수에 있어서 주민의 조세저항을 줄이고 그 규모를 확대시킬 수 있는 여지를 넓히는 제도라 할 수 있다.

2. 정부간 재정조정방법의 경제적 효과

(1) 소득효과와 대체효과

지방정부 재정활동에 대한 의사결정은 주민 개인의 선택이라는 관점과 정치적 시스템의 선택이라는 관점에서 동시에 살펴볼 수 있다. 경제학자들의 분석은 보통 재화와 용역시장에서 소비자 개인이 행사하는 선택에 중점을 두는 경향이 있다. 지방정부의 결정과 선택이 이루어지는 의사결정과정을 고려하면, 개인적 결정보다는 집단적 정치시스템의 결정이라고 보는 견해도 설득력을 갖는다. 여기서 정부간 재정조정이 유형에 따라 어떠한 경제적 효과의 차이를 가져오는지 살펴보기로 한다.

시장에서 예산제약(budget constraint)의 변화로 소비자에게 나타나는 경제적 효과는 소득효과(income effect), 대체효과(substitution effect), 그리고 가격효과(price effect)로 구분될 수 있다. 소득효과는 소비자의 소득의 증감, 즉 구매력(purchasing power)의 증감에 따라 소비자선택이 변화되는 효과를 의미한다. 대체효과는 두 제품 사이의 상대가격이 변화함에 따라 소비자의 선택이 변화되는 효과를 의미한다. 가격효과는 어떤 제품의 가격변화에 따라 소비자의 선택이 변화되는 것을 가리킨다.

특정 제품의 가격이 변화하면 가격효과가 발생하게 되는데, 여기에는 소득효과와 대체효과가 동시에 포함된다. 따라서 가격효과를 발생시키는 재정이전은 소득효과만을 발생시키는 재정이전보다 큰 영향력을 발휘할 수 있다. 즉 어떤 제품의 가격이 하락하는 경우에, 소비자는 반드시 두 가지 측면에서 영향을 받는다. 한편으로는 소득이 변하지 않았더라도 실질적인 구매력이 높아진 효과가 있으므로 더 많은 양의 제품을 구매할 수 있을 것이고, 다른 한편으로는 그 제품이 다른 제품에 비하여 상대적으로 싸졌기 때문에 보다 많이 소비할 수 있을 것이다.

이를 그림으로 설명하면 다음과 같다. 기존에 A라는 소비자가 E_0의 점, 즉 Px_0의 가격에 OX_0만큼의 X재와 Py_0의 가격에 OY_0만큼의 Y재를 소비하고 있었다고 하자. 그런데 X재의 가격이 Px_0에서 Px_1으로 떨어졌다고 하자. 이때 A라는 소비자는 X재 가격하락으로 동일한 상대가격체계 하에서 실질구매력, 즉 실질소득이 증가함에 따른 소득효과로서 E_1에서 E_2으로 이동하는 경제적 효과가 발생하게 된다. 또한 상대가격체계가 변화함에 따라 이전보다 상대적으로 가격이 싸진 X재의 소비를 늘리는 대체효과로서 E_0에서 E_1으로 선택이 변화되는 경제적 효과가 발생하게 된다. 이에 따라 X재화의 가격하락에 따른 전체 가격효과는 소득효과와 대체효과를 포함하는 E_0에서 E_2로 이동하는 경제적 효과로 설명될 수 있다.

그림 10-1 예산제약 변화의 경제적 효과

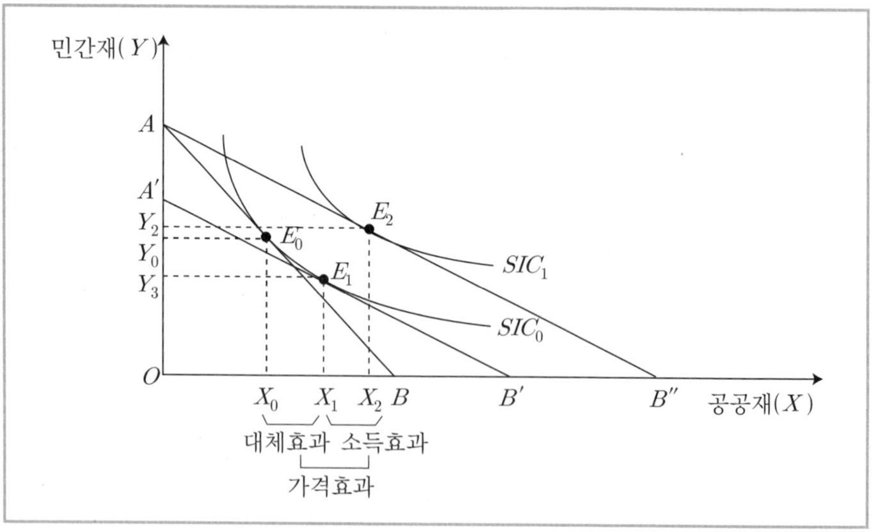

(2) 정부간 재정조정의 경제적 효과

1) 정률보조금

중앙정부가 지방공공재를 공급하는 지방정부에 정률보조금을 지급한다고 하자. 재정을 이전받는 지방정부의 주민들은 재정이전이 있기 전에는 예산제약선인 AB와 사회 무차별곡선(SIC: social indifference curve)이 접하는 E_0점을 선택하여, OY_0만큼의 민간재와 OX_0만큼의 지방공공재를 소비하고 있었다고 하자. 이때 중앙정부가 지방공공재에 대해 정률보조금을 지원한다면, 지방공공재의 가격이 하락하여 예산제약선이 AB''로 회전하게 되고, 지방정부의 선택점은 E_2로 바뀌게 된다.

이와 같은 지방정부에 대한 보조금의 효과는 두 부분으로 나누어 볼 수 있다. 첫째, 지방공공재 가격의 하락으로 민간재에 비해 지방공공재가 상대적으로 더 싸지게 됨으로써 나오는 대체효과이다. 이를 보이기 위해 원래의 후생수준이 유지되면서, 보조금 지급 후의 예산선과 같은 기울기를 갖는 가상적인 예산선 $A'B'$를 그림에 추가하였다. 다른 조건이 일정하다면 지방정부는 상대적으로 더 싸진 지방공공재의 공급을 증가시킨다. 둘째, 정률보조

그림 10-2 일반정률보조금의 효과

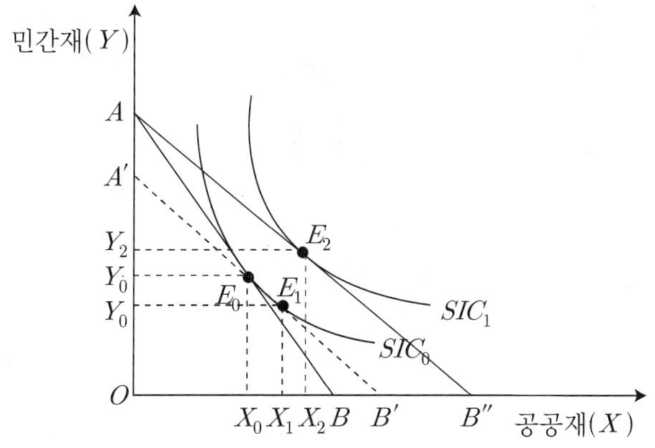

금 지급으로 지방공공재의 가격이 하락함으로써 지방정부의 실질예산이 증가하게 되는 효과이다. 지방공공재의 가격하락으로 지방정부는 종전과 같은 예산을 갖고도 더 많은 지방공공재에 지출을 증가시킬 수 있다. 이것이 앞서 설명한 소득효과로, 지방공공재 생산을 위한 지출이 X_1에서 X_2로 증가한 것으로 나타난다.

우리가 실제 지방정부의 활동에서 관찰하게 되는 것은 정률보조금 지급에 따라 지방공공재의 가격이 하락하고, 그 생산을 위한 지출이 X_0에서 X_2로 증가한 것이다. 이것이 가격효과이며, 앞에서 설명한 대체효과와 소득효과를 합한 경제적 효과이다.

2) 정액보조금

중앙정부가 지방공공재를 공급하는 지방정부에 대해 일정액의 재원을 특별한 조건 없이 이전시킨다고 하자. 이때 지방정부의 주민은 지방공공재와 민간재와 사이에서 어떤 선택을 하게 될까? 주민들이 소비할 수 있는 공공재의 양을 수평축에, 민간재의 양을 수직축에 나타내고, 주민들의 예산제약선은 AB로 나타낼 수 있다. 이 상황에서 주민들은 사회무차별곡선(social indifference curve) SIC_0와 예산제약선 AB가 접하는 E_0에서 선택을 하고

그림 10-3 일반정액보조금과 효과

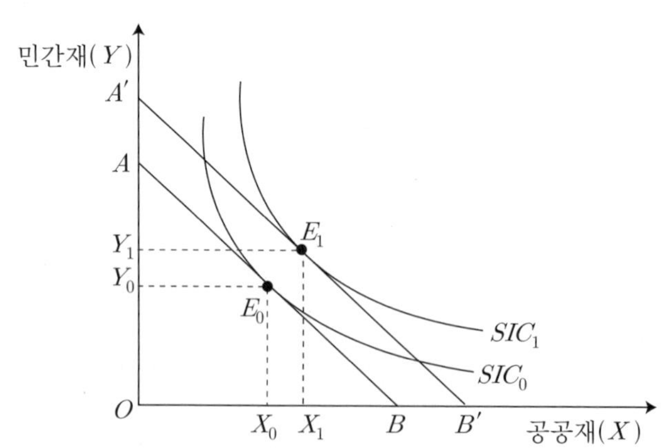

있다고 하자.

이때 중앙정부가 지방정부에 정액보조금을 제공한다고 하자. 정액보조금은 그 용도에 제약이 없으므로, 지방정부는 이를 공공재의 추가적 생산에 사용할 수도 있고, 또는 민간재의 추가적 구입에 사용할 수도 있다. 따라서 정액보조금은 지역주민들의 소득이 같은 양만큼 증가한 것과 동일한 효과를 갖는다. 즉 정액보조금은 일종의 소득보조(income subsidy) 또는 현금보조(cash transfer)의 역할을 한다.

정액보조금의 지급은 예산선을 바깥쪽으로 평행 이동시켜서 새로운 예선은 $A'B'$과 같이 될 것이며, 교부금의 크기는 공공재 단위로 표시하면 BB', 민간재 단위로 표시하면 AA'이 된다. 새로운 균형점은 새로운 예산선 $A'B'$와 사회무차별곡선(SIC_1)이 접하는 E_1이 될 것이다. 이때 앞에서 살펴본 정률보조금과는 달리 소득효과만 발생하며, 지방공공재의 소비량은 OX_1, 민간재의 소비량은 OY_1이 된다. 그러므로 지방정부에 지급된 정액보조금 중의 일부는 공공재 소비를 X_0X_1만큼 늘리는 데 사용되었고, 나머지는 민간재 소비를 Y_0Y_1만큼 늘리는 데 사용된다. 민간재 소비의 증대란 민간재 단위로 표시된 주민들의 조세부담을 Y_0Y_1만큼 경감해 주는 데 사용되었다는 것으로 해석할 수 있다. 한편, 지방정부의 사회무차별곡선의 모양에 따라 공공재의 소비가 줄거나, 민간재의 소비가 줄어들 수 있다. 이러한 현상은 어느 한 재화나 서비스의 성격이 열등재인 경우에 발생할 수 있다. 그러나 이 경우에도 지역주민의 후생이 증가한다는 점에는 변화가 없다.

제3절 우리나라의 정부간 재정조정제도

현재 우리나라의 정부간 재정조정제도의 주를 이루는 것은 중앙정부에서 지방정부로 재정이 이전되는 지방재정조정제도(local finance coordination scheme)이다. 우리나라의 지방조정제도는 2004년까지 지방교부세, 지방양여금, 국고보조금 등 3개 유형으로 운영되었으나, 2005년도에 지방양여금이 폐지되고, 이후부터는 지방교부세와 국고보조금제도가 운영되고 있다.[2] 또한 지방정부 사이에는 조정교부금제도, 재정보전금제도, 도비 · 시비 보조금제도 등이 운영되고 있다. 이밖에 2010년도부터 도입된 지방소비세와 지방소득세는 조세제도를 통해 정부간 재정을 조정하는 제도라 할 수 있다.

1. 지방교부세

(1) 의 의

지방교부세는 중앙정부가 지방정부의 재정수요와 재정수입을 비교하여 부족한 재원을 보전할 목적으로 내국세의 적정비율(2011년 현재 19.24%)에 해당하는 금액을 일정한 산식에 따라서 지방정부에 교부하는 재원이다.[3] 내국세의 일정비율로 그 금액이 법정되어 있다는 의미에서 지방교부세라고 부르기도 하지만, 실제로는 조세라기보다 일반정액보조금의 일종이라 할 수 있다. 최근에는 지방정부의 경비절감, 수입증대 노력 등 재정건전화를 위한 노력을 조건으로 하고 있다는 점에서 일부 정률보조금적인 성격도 지니고 있다고 볼 수 있다.

지방교부금은 1958년 3월 지방교부금법이 제정됨으로써 1959년 1월 1일부터 시행된 이래 여러 차례 그 내용이 변경되어 오고 있다. 지방교부세는 보통교부세와 특별교부세로 나뉘는데, 전자는 특별한 용도의 지정 없이 교부하는 무조건부교부금으로서 교부세 총액 중 96%를 차지하며, 후자는 특별한 수요에 대비하여 용도를 지정해서 교부하는 조건부교부금으로서 4%에

---

2) 이 밖에 일반적으로 지방재정론에서 잘 다루어지고 있지 않는 지방교육재정교부금제도도 중요한 지방재정조정제도 중 하나라고 볼 수 있다. 지방교육재정교부금제도는 보통교부금과 특별교부금으로 나뉘며, 교부금의 재원은 당해 연도의 내국세(목적세, 종합부동산세 및 다른 법률에 의하여 특별회계의 재원으로 사용되는 세목의 당해 금액은 제외) 총액의 1만분의 2,027에 해당하는 금액, 「교육세법」에 의한 교육세 세입액 전액에 해당하는 금액으로 구성된다. 2010년 예산기준 지방교육재정교부금은 32조 2,979억원이다.

3) 법률상 정의는 국가가 재정적 결합이 있는 지방자치단체에 교부하는 금액을 말한다(지방교부세법 제2조). 다만 본서에서는 학술적으로 국가는 중앙정부, 지방자치단체는 지방정부로 지칭하기로 한다.

표 10-2 우리나라 지방교부세 추이 (단위: 억원)

	2002	2003	2004	2005	2006	2007	2008	2009	2010
총규모	122,594	149,107	144,691	194,845	204,414	226,242	257,796	250,802	263,459
보통교부세	108,849	122,385	130,129	179,276	186,915	206,921	235,733	229,347	240,903
특별교부세	10,885	12,239	13,013	7,116	7,434	8,268	9,468	9,202	9,684
증액교부금	2,860	14,483	1,549	–	–	–	–	–	–
분권교부세	–	–	–	8,454	10,065	11,053	12,595	12,253	12,872
법정률(%)	15	15	15	19.13	19.24	19.24	19.24	19.24	19.24

출처: 행정안전부 지방교부세현황(2011년도).

해당한다.[4] 전자는 사실상 지방정부의 자주재원과 같은 용도로 사용되므로 단순하게 지방정부의 예산선을 증대시키는 소득효과를 가져오며, 재정이 상대적으로 건전한 지방정부는 지급대상에서 제외된다.

이 밖에 지방교부세에 포함되는 교부세로 분권교부세와 부동산교부세가 있다. 분권교부세는 국고보조사업을 이양받은 지방정부에 교부되며, 그 금액은 지방 이양사업과 관련된 인구 등의 통계자료와 종전의 국고보조금 지원수준 등을 고려하여 대통령령으로 정하는 바에 따라 결정된다. 2005년부터 도입된 부동산교부세는 종합부동산세법에 의한 종합부동산세 전액을 다시 지방정부에 교부하는 것으로, 교부기준은 지방자치단체의 재정여건이나 지방세 운영상황 등을 고려하여 대통령령으로 정하는 바에 따라 결정된다.

지방교부세의 재원은 다음과 같다. 부동산교부세는 종합부동산세법에 의한 종합부동산세 총액을 독립적인 재원으로 사용한다. 나머지 보통교부세, 특별교부세, 분권교부세는 해당 연도의 내국세 총액[5]의 19.24%에 해당하는 금액(법정교부금)을 재원으로 사용한다. 이 중에서 먼저 1만분의 94(0.94%)를 먼저 분권교부세의 재원으로 사용하고, 나머지 금액의 96%는 보통교부세,

4) 여기서 교부세 총액이라 함은 보통교부세와 특별교부세를 합한 금액을 의미한다. 뒤에서 설명하는 분권교부세와 부동산교부세의 도입으로 교부세 총액에는 보통교부세, 특별교부세, 분권교부세, 부동산교부세의 총액이 포함된다.

5) 목적세 및 종합부동산세와 다른 법률에 따라 특별회계의 재원으로 사용되는 세목의 해당 금액은 제외되며, 예산에 계상된 정산액은 포함된다.

4%는 특별교부세의 재원으로 사용한다.

(2) 지방교부세의 종류

1) 보통교부세

보통교부세는 중앙정부가 기준재정수입액이 기준재정수요액에 못 미치는 지방정부에 그 미달액을 기초로 교부한다.[6] 여기서 기준재정수요액은 지방정부가 서비스 제공에 필요한 일정 기준의 필요액을 말하는 것으로, 각 측정항목별로 측정단위의 수치를 해당 단위비용에 곱하여 얻은 금액을 합산한 금액을 말한다. 측정항목 및 측정단위는 대통령령으로 정하고, 단위비용은 대통령령으로 정하는 기준 이내에서 물가변동 등을 고려하여 행정안전부령으로 정하도록 되어 있다. 또한 기준재정수요액을 산정할 때에는 지역의 특수성[7]을 반영하여 단위비용을 조정하거나 기준재정수요액을 보정(補正)하도록 하고 있다. 여기서 기준재정수요액의 보정은 교부세 산정자료 작성기준일 이후의 측정단위수치가 급격히 증가되거나 감소되는 경우, 측정항목 및 측정단위의 결정 이후 새로이 추가되거나 제외되는 행정상 또는 재정상의 수요가 발생하는 경우, 국고보조의 중단으로 인하여 자치단체의 사업비 부담이 증가되는 경비와 국가적인 시책수행을 위한 필수적인 사업비가 추가 소요되는 경우, 자치단체가 부담하여야 할 재해복구비나 지방채무상환액 등을 별도로 보전할 필요가 있는 경우, 측정단위당 비용이 수치의 다소 및 밀도의 정도에 따라 체증 또는 체감하는 경우, 그 밖에 지역간의 균형 있는 개발(지역균형수요)과 사회복지·문화 수준의 향상(사회복지균형수요)을 위하여 기준재정수요액의 합리적인 산정이 필요한 경우 등에 이루어질 수 있다.

다음으로 기준재정수입액은 기준세율로 산정한 해당 지방정부의 보통세

---

6) 다만, 자치구의 경우에는 기준재정수요액과 기준재정수입액을 각각 해당 특별시 또는 광역시의 기준재정수요액 및 기준재정수입액과 합산하여 산정한 후, 그 특별시 또는 광역시에 교부한다.

7) 대통령령으로 정하는 섬이나 외딴 곳의 특수성을 고려할 필요가 있는 경우, 대통령령으로 정하는 낙후지역의 개발 등 지역간의 균형 잡힌 발전을 촉진하기 위하여 필요한 경우, 단위비용의 획일적 적용 또는 그 밖의 사유로 각 지방자치단체의 기준재정수요액이 매우 불합리하게 책정된 경우 등이 포함된다.

표 10-3 보통교부세 기준재정수요의 측정항목 및 측정단위

측정항목		측정단위	표시 단위	적용 자치단체				
				특별시	광역시	도	시	군
1. 일반행정비	① 인건비	공무원수	명	○	○	○	○	○
	② 일반관리비	인구수	명	○	○	○	○	○
	③ 안전관리비	인구수	명	○	○	○	○	○
2. 문화환경비	① 문화관광비	인구수	명	○	○	○	○	○
	② 환경보호비	가구수	가구	○	○	○	○	○
	③ 보건비	인구수	명	○	○	○	○	○
3. 사회복지비	① 기초생활보장비	국민기초생활보장 수급권자수	명	○	○	○	○	○
	② 노인복지비	노령인구수	명	○	○	○	○	○
	③ 영유아 청소년복지비	영유아·청소년수	명	○	○	○	○	○
	④ 장애인복지비	등록장애인수	명	○	○	○	○	○
	⑤ 일반사회복지비	인구수	명	○	○	○	○	○
4. 경제개발비	① 농림수산비	농·수산업종사자수	명	○	○	○	○	○
	② 지역경제비	사업체종사자수	명	○	○	○	○	○
	③ 도로개량비	미개량도로의 면적	천제곱미터	○	○	○	○	○
	④ 도로교통비	자동차대수	대	○	○	○	○	○
	⑤ 지역개발비	행정구역면적	천제곱미터	○	○	○	○	○

자료: 지방교부세법 시행령 [별표1].

수입액으로 하며, 기준세율은 「지방세법」에 규정된 표준세율의 80%에 해당하는 세율로 한다. 이렇게 산정된 지방정부의 기준재정수입액이 매우 불합리한 경우에는 이를 보정하여야 한다. 이때 지방교부세법 시행령은 지방세 및 세외수입의 징수전망 또는 징수실적 등을 기초로 한 세수의 변동요인을 참작하도록 하고 있다.[8] 이에 따라 보통교부세는 기본적으로 일반정액교부

8) 구체적으로 기준재정수입액의 보정대상 및 반영비율은 목적세수입액의 80%, 지방세결산액 정산분의 80%, 시·군의 경우 광역시장·도지사로부터 배분받은 일반재정보전금

금의 성격을 지니지만, 지방정부의 징세노력을 일부 반영하는 정률보조금의 특성도 지니고 있다고 볼 수 있다.

2) 특별교부세

특별교부세는 일괄적으로 산정되는 보통교부세의 산정방식으로는 재원 이전이 어려운 용도에 충당하기 위해서 운용하는 재원이다. 따라서 보통교부세의 산정방식에 따라 보통교부세를 받는 지방정부라도 특별교부세를 지원받을 수 있다.

특별교부세는 다음의 네 가지 경우에 따라 교부된다. 첫째, 기준재정수요액의 산정방법으로는 파악할 수 없는 지역 현안에 대한 특별한 재정수요가 있는 경우에 특별교부세 재원의 30%에 해당하는 금액을 교부한다(지역현안수요). 둘째, 보통교부세의 산정기일 후에 발생한 재해를 복구하거나 재해예방을 위한 특별한 재정수요가 생기거나 재정수입이 감소한 경우에 특별교부세 재원의 50%에 해당하는 금액을 교부한다(재해대책수요). 셋째, 국가적 장려사업, 국가와 지방자치단체 간에 시급한 협력이 필요한 사업 또는 지역 역점시책 등 특별한 재정수요가 있을 경우에 특별교부세 재원의 20%에 해당

표 10-4 특별교부세의 수요별 내용과 배분기준

		내용	금액
지역현안수요		지역현안에 대한 특별한 재정수요	특별교부세 재원의 30%
재해대책수요		재해복구, 재해예방을 위한 특별한 재정수요	특별교부세 재원의 50%
	우수지방정부지원	지방행정, 재정운용 실적이 우수한 지방정부 포상	재해대책수요 중 남을 것으로 예상되는 잔액
시책수요		국가시책수행과 관련된 특별한 재정수요	특별교부세 재원의 20%

자료: 지방교부세법 시행규칙(2010).

과 시 · 도세징수교부금 및 이들 금액의 전전년도 정산분의 80%, 세외수입 중 사용료 · 수수료 · 재산임대 · 이자수입 · 사업수입 및 이들 금액의 전전년도 결산액 정산분의 80%, 부동산교부세 수입액 및 전전년도 결산액 정산분의 80% 등이다(지방교부세법 시행규칙 참조).

하는 금액을 교부한다(시책수요). 넷째, 행정안전부장관은 재해대책수요에 따라 교부한 금액이 사용하고 남을 것으로 예상되면, 그 잔액을 지방행정 및 재정운용 실적이 우수한 지방정부[9]에 대한 재정지원을 위한 재원으로 사용할 수 있다.

3) 분권교부세

분권교부세는 참여정부가 국고보조사업을 지방정부로 이양하면서 이에 필요한 재원을 지원하기 위해 법정교부금의 0.94%를 사용하도록 함으로써 만들어진 교부금이다. 분권교부세를 보통교부세와 별도로 구분한 이유는 이를 보통교부세에 포함할 경우에는 보통교부세를 교부받지 못하는 지방정부의 경우에는 재원이 배분되지 않기 때문에 지방이양사업을 추진하는 데 소홀할 것이라는 염려가 있었기 때문이었다. 이에 따라 당시에는 국고보조사

표 10-5 분권교부세 경상적 수요의 산정항목

1. 사회복지	① 노인복지비
	② 장애인복지비
	③ 아동복지비
	④ 그 밖의 복지비
2. 문화관광	① 문화재비
	② 문화관광비
	③ 공공도서관비
3. 농림수산	① 농업비
	② 농촌진흥비
	③ 임업비
	④ 수산업비
4. 공공근로	공공근로비
5. 여성인력개발	여성인력개발비

자료: 지방교부세법 시행규칙(2010).

9) 지방행정 및 재정운용실적이 우수한 지방정부는 행정·재정분야 운용실적에 대하여 국가가 실시하는 평가에서 우수한 성과를 거두거나, 주민복지·지역경제·지역개발·민원서비스·정보화 등의 분야에서 우수한 실적을 거두거나, 그 밖에 국가정책의 추진에 적극적으로 협력하는 등의 사유로 인하여 행정안전부장관이 인정하는 것이다.

업의 지방이양이 정착될 때까지만 운영되는 것으로서 2009년도까지 한시적으로 운영한 후 폐지하는 것으로 되었었다. 그러나 2010년 지방교부세법의 개정으로 2014년까지 운영되고, 2015년부터는 보통교부세로 통합하여 운영하도록 되어 있다.

분권교부세의 교부대상사업은 다음과 같이 구분된다. 첫째, 국고보조금 이양사업 중 일정수준의 재정수요를 계속적으로 보전할 필요가 있는 사업으로서 사업수요에 대한 객관적인 산식화가 가능한 사업에 대해 교부된다(경상적 수요). 이러한 경상적 수요에 대해서는 별도의 산정항목에 따라 지방정부별로 종전의 국고보조금 지원 비중을 감안하여 배분된다. 둘째, 국고보조금 이양사업 중 특정 자치단체의 사업수요로 인하여 재정수요를 보전할 필요가 있는 사업에 대해 교부된다(비경상적 수요). 이러한 비경상적 수요에 대해서는 지방정부별 사업추진상황 등을 고려하여 중앙행정기관 및 지방정부와 협의하여 배분액을 결정하도록 되어 있다.

4) 부동산교부세

부동산교부세는 2005년부터 참여정부가 국세의 형태로 부동산에 대한 보유세를 도입하기로 하고, 국회에서 종합부동산세법을 제정함에 따라 도입되었다. 재산세는 지방정부가 부과하는 지방세인데 비해, 종합부동산세는 국가가 부과하는 국세이며, 특정하게 사용목적이 법률에 의해 지정된 목적세라 할 수 있다. 즉 지방교부세법은 종합부동산세의 전액을 부동산교부세라는 명칭으로 다시 지방정부에 교부하도록 규정하고 있다.

구체적인 부동산교부세의 교부기준은 지방자치단체의 재정여건이나 지방세 운영상황 등을 고려하여 결정되는데, 시 · 군 · 자치구별 교부금액은 재정여건 50%, 사회복지 25%, 지역교육 20%, 부동산 보유세 규모 5% 등의 가중치를 반영하여 다소 복잡한 공식에 따라 결정된다.[10] 이 밖에 제주특별자치도에는 부동산교부세 총액의 1.8%에 해당하는 금액이 배분된다.

---

10) 동 공식은 지방교부세법 시행규칙 [별표 8]을 참조하라.

(3) 지방교부세제도의 개선방향

우리나라의 지방교부세는 사실상 지방정부의 자주재원으로서 지역간 수평적 재정형평화 기능을 주로 수행하고 있다고 볼 수 있다. 현행 지방교부세제도와 관련하여 개선을 검토할 필요가 있는 사항들을 들어보면 다음과 같다.

첫째, 근본적으로 지방교부세율을 법률로 고정하는 것이 바람직한가와 현행 법정교부율이 적정한 수준인가에 대한 검토가 꾸준히 이루어질 필요가 있다. 지방교부세율을 법정화하는 것은 지방재정의 안정성과 계획성을 보장하고, 자의적 교부금 배정을 방지하는 장점이 있다. 그럼에도 불구하고 법정화는 중앙정부재정을 경직화하고 교부금에 대한 초과수요를 상존시켜서 재원배분상의 효율을 저하시키는 단점도 있다. 또한 현행 지방교부세율은 사실상 재정적 합리성에 의해 도출되었다기보다 정치적 타협의 결과라고 할 수 있다. 따라서 지방정부의 기능이양, 지방세제, 법정 외 지방세 등을 종합적으로 고려한 합리적인 교부세율의 도출에 대한 검토가 지속적으로 이루어질 필요가 있다.

둘째, 지방교부세제도로 인하여 지방정부의 중앙정부 의존도가 심화되지 않고, 세수확충을 위한 노력이 약화되지 않도록 섬세하게 운영할 필요가 있다. 지방정부 입장에서는 지방교부세제도하에서 자체재원을 확충하기 위해 노력할 때, 지방교부세를 포함한 이전재원 교부액이 감소할 수 있다(주만수, 2009). 이러한 경우 지방정부는 적극적으로 세수를 확충하기 위해 노력하기보다는 중앙정부로부터 이전재원을 받으려는 행태를 보이기 쉽다. 이는 국가 전체적인 입장에서는 지방정부의 자주성을 떨어뜨리고, 재정력을 떨어뜨릴 수 있다. 따라서 중앙정부는 지방재정교부세의 배정방식이, 특히 기준재정수입액의 산정방식이 각 지방정부의 세입 및 세출행태에 어떠한 영향을 미칠 수 있는가에 대한 면밀한 분석을 시도하고, 이에 기초한 제도의 개선방향을 모색할 필요가 있다. 이와 함께 재정인센티브 및 페널티제도를 통해 지방정부의 세수확충을 위한 노력을 독려할 필요가 있다.

셋째, 기준재정수요액을 측정하는 공식 또는 산정방식의 객관성과 정확성을 높이기 위한 노력을 강화할 필요가 있다. 현재 기준재정수요는 측정항목, 측정단위, 단위비용, 보정계수 등으로 구성된다. 이중 측정단위 수준에서는 지방재정여건이나 행정수요의 변화를 보다 정확하게 반영하기 위한 검토가 지속적으로 이루어질 필요가 있다. 특히 중요한 측정항목인 인구수에 대해서는 주민등록상의 인구뿐만 아니라 실제 행정수요를 유발하는 취업자수에 대한 고려가 이루어질 필요가 있다. 실제 다수의 인구가 주민등록지와 취업지역이 다르고, 행정수요가 발생하는 주간에는 취업지역을 중심으로 생활하기 때문이다. 또한 최근 정보통신기술의 급속한 발전으로 정보기술을 활용한 행정수요처리가 증가하고 있고, 인구구조의 변화에 따른 복지 행정수요의 증대 경향을 적절히 반영할 필요가 있다. 측정항목이나 측정단위 수준에서 변화가 이루어지기 어렵다면, 객관성과 정확성이 확보되는 한 보정계수를 적극적으로 활용하는 방안도 검토될 필요가 있다.[11)]

이 밖에 특별교부세에 대해서는 지방교부세에서 차지하는 비율이 4% 수준으로 축소되고, 교부항목에 대한 관련규정이 강화되었음에도 불구하고, 규모와 운영에 대한 다양한 문제제기가 지속되고 있다. 특히 운영에 대해서는 지방정부의 자율적 재원의 이전이라는 본래의 취지와는 달리 정치적 측면으로 중앙정부가 지방정부를 길들이기 위한 재원이라는 등의 비판이 지속되고 있는 만큼 객관성을 강화하기 위한 노력이 이루어질 필요가 있다.

2. 국고보조금

(1) 의 의

국고보조금(subsidy)은 지방정부가 수행하는 업무 중에서 국가사업과 지방사업의 연계를 강화하고자, 중앙정부가 지방정부의 특정사업에 대하여 그 경비의 일부를 용도를 지정하여 부담하는 것이다. 이는 특정정액보조금에 해당하며, 보조금을 주는 정부의 규제가 많은 것으로 “돈에는 끈이 달렸다(money has string)”라는 문장으로 표현된다. 국고보조금의 지급이 있으면, 중

---

11) 다만 보정계수를 지나치게 활용하는 경우, 중앙정부의 재량권 확대로 일반교부금으로서의 특성이 약화될 수 있다.

앙정부는 교부금과는 달리 업무의 내용, 수행방식, 결과의 평가와 보고 등에 대해서 상당한 규제를 가하게 된다.

넓은 의미로 보조금이라고 할 때는 모든 이전재원을 포함하지만, 우리나라의 국고보조금제도는 지출목적이나 경비의 성질에 따라 부담금, 교부금, 그리고 최협의의 보조금으로 나눌 수 있다. 먼저, 부담금은 지방정부 또는 그 산하기관이 법령에 의해 처리해야 할 사무이지만 중앙정부와 지방정부 상호이해가 있는 경우 사무처리를 원활하게 하기 위해 중앙정부가 그 경비의 일부 혹은 전부를 부담하는 것을 말한다. 지출대상으로는 생계보호 및 의료보호사업, 전염병예방, 재해복구사업 등 주로 단체위임사무가 여기에 해당한다.

교부금은 국가가 직접 추진해야 할 사무이지만 업무의 효율화를 위해서 지방정부 혹은 그 산하기관에 위임하여 처리하는 경우로 그 소요경비의 전부를 국가가 부담하는 것이다. 각종 투표와 선거, 병사업무, 민방위업무 등 주로 기관위임사무에 해당하며 시·도가 시·군·구에 (재)위임하는 경우도 유사한 지원을 한다.

그 다음 최협의의 국고보조금은 중앙정부가 특별히 장려 혹은 조장할 필요가 있는 사업을 지방정부가 처리하는 것이 보다 적절하다고 판단해서 그 처리비용을 지원하는 재원이다. 특정사업에 사용된 모든 재원을 전액 중앙정부가 보전하기도 한다. 여기에는 인건비는 물론이고 다른 간접비도 포함된다. 사업의 성격에 장려적인 측면이 있는 장려적 보조금과 지방정부의 재정사정을 감안한 지방재정보조금으로 나누어 볼 수 있다.

실제로 운용되고 있는 각국의 보조금에는 국가위임사무뿐만이 아니라 중앙정부가 전국적으로나 해당 지방의 입장에서 바람직한 업무라고 판단하여 지방정부에게 권장하는 경우가 적지 않아서 지방정부에서도 일정한 비율의 비용을 부담하도록 하고 있다. 이런 경우 업무의 내용, 수행방식, 수행결과의 평가과정에 지방정부의 자율성이 보다 존중되고 지방정부의 신청에 기초하여 보조금 지급 여부가 결정되는 절차를 거친다.

보조율에는 기준보조율과 차등보조율제도가 있다. 기준보조율은 사업의 성격, 국가적 이해관계, 경제적 효과를 고려하여 합리적으로 결정되어야 한다. 아울러 국고보조의 대응부담재원(matching fund)의 규모가 늘어나 지방재정의 경직화가 초래되지 않아야 한다. 차등보조율은 기준보조율에 지방정부의 재정력을 적절하게 감안하여 일정률을 가감한 비율만큼 보조하는 것이다. 지방정부의 재정형편이 취약한 곳에서는 인상보조율을 적용하게 된다. 재정형편은 인건비의 자체충당능력지수, 재정력지수(재정자주도, 재정자립도),[12] 기본적 세출소요지수 등을 종합적으로 점수화하여 판단한다. 반대로 대도시지역과 같이 재정형편이 나은 보통교부금의 불교부단체에 대해서는 인하보조율이 적용된다.

국고보조금제도는 2005년도 이전에는 각 부처별로 운영되었으나, 이후부터는 두 가지 시스템으로 나뉘어져 운영되고 있다. 하나는 기존대로 각 중앙부처에서 운영하는 국고보조금이 있으며, 국가균형발전특별법에 의해 규정된 광역·지역발전특별회계로 기획재정부장관이 운영하는 국조보조금이 있다. 광역·지역발전특별회계에 의한 국고보조금은 기본적으로 국고보조금이기 때문에 일반국고보조금과 마찬가지로 '보조금의 예산 및 관리에 관한 법률'의 적용을 받는다.

다만 국가균형발전특별법에 근거하여 통합운영하기 위하여 기획재정부의 광역·지역발전특별회계 운영지침 등에 의거 운영된다. 일반국고보조금 및 광역·지역발전특별회계 국고보조금은 모두 지방의 신청주의에 근거하며, 지방비 부담이 요구된다. 이를 보다 상세히 검토해보면 다음과 같다.

(2) 국고보조금의 종류

1) 일반국고보조금제도

일반 국고보조사업은 법정사업과 비법정사업으로 구분된다. 법정사업은 보조금의 예산 및 관리에 관한 법률에 규정된 사업이며, 비법정사업은 기획재정부장관이 국가의 주요 시책수행상 보조금의 교부가 불가피하다고 인정하는 사업의 경우 예산의 범위 내에서 정할 수 있다. 법정사업은 국가의 보

---

12) 재정자주도는 일반회계 예산 대비 자주재원(지방세+세외수입+지방교부세+재정보전금+조정교부금)의 비중을, 재정자립도는 일반회계 대비 자립재원(지방세+세외수입−지방채)의 비중을 의미한다.

조율이 법령에 규정되어 있으며, 비법정사업은 사업성격에 따라 기획재정부 장관이 정한다. 현재 법정사업은 90개 사업[13]이며 비법정사업은 매년 다르게 결정된다.

우리나라의 국고보조금은 국가의 예산사정을 고려한 비법정사업이 상당히 많은 것이 특징이다. 국고보조금제도가 크게 개편되기 전인 2004년의 경우, 전체 국고보조사업은 533개였으며, 이 중 법정사업은 157개 사업이었다. 2005년에는 533개 국고보조사업을 대상으로 지방이양 164개, 일반국고보조사업 유지 233개, 국가균형발전특별회계 운영 126개 사업으로 구분한 바 있으며, 이후 국고보조사업의 수를 지속적으로 줄여왔다고 볼 수 있다.

일반국고보금은 사업별 특정재원으로 정율보조금 또는 정액보조금의 형태를 지닌다. 법정사업의 경우 모두 국가의 지원비율인 기준보조율이 설정되어 있으며, 비법정사업의 경우에는 중앙정부가 사업성격을 고려하여 매년 보조율을 결정한다. 또한 지방정부의 재정력지수 등을 고려하여 인상보조율을 결정하며, 지역의 발전정도(특별시, 광역시, 도·시·군의 3개 유형)를 고려하여 인하보조율을 적용할 수 있도록 하고 있다.

(2) 광역 · 지역특별회계 국고보조금제도

2005년도에 국가균형발전법의 제정과 함께 국가균형발전특별회계에 포함되었던 국고보조금은 이명박정부에서는 그 명칭이 광역 · 지역특별회계로 변경되었다. 당시에는 그동안 여러 부처에서 분산하여 추진하였던 지역균형발전과 관련된 사업들을 하나의 특별회계로 통합하여 지역개발, 혁신발전을 체계적으로 추진하고, 지역사업의 수요자인 지방자치단체의 특성과 우선순위를 최대한 반영하여 국가균형발전시책을 효과적으로 지원하기 위하여 설치되었다. 특히 국가균형발전회계에 포함된 국고보조금으로 중앙부처의 국고보조금에 비해 포괄보조금의 성격을 띠고 있는 특정재원으로 활용되었고, 그 방향성은 지금도 유사하다고 볼 수 있다.[14]

---

13) 보조금의 예산 및 관리에 관한 법률 [별표 1].

14) 국가균형발전 특별법 제40조(포괄보조금의 지원)는 정부가 지역개발계정의 세출예산을 편성할 때 각 시 · 도별로 세출예산의 용도를 포괄적으로 정한 보조금으로 편성하여 지

광역 · 지역발전특별회계 국고보조금은 지역개발계정, 광역발전계정 및 제주특별자치도계정으로 구분된다. 먼저 지역개발계정의 세입은 주세법에 따른 주세의 40%, 수도권정비계획법에 따른 과밀부담금 등 12개의 항목으로 구성되며, 세출은 지방정부의 지역개발(지역사회기반시설확충, 지역의 문화 · 예술 · 체육 및 관광자원의 개발 및 확충, 지역의 물류 · 유통기반 확충 등), 지역발전 촉진을 위한 조사연구 등에 관련된 사업을 대상으로 한다.

다음으로 광역발전계정의 세입은 주세법에 따른 주세의 60%, 개발제한구역의 지정 및 관리에 관한 특별조치법에 따른 개발제한구역 보전부담금 등 12개 항목으로 구성되며, 세출은 광역경제권 활성화 및 지역경쟁력 강화를 위한 교통 · 물류망 확충 관련 사업, 광역경제권 지역선도산업 및 지역전략산업의 육성과 투자 및 고용창출 촉진에 관련된 사업, 광역경제권에 속한 지방대학의 경쟁력 향상 및 지역인적자원의 개발 관련 사업 등을 대상으로 한다.

마지막으로 제주특별자치도계정의 세입은 일반회계나 다른 특별회계로부터의 전입금 등으로 구성된다. 세출은 제주특별자치도의 지역발전과 관련된 사업을 대상으로 한다.

(3) 국고보조금의 개선방향

우리나라 국고보조금제도의 개선방향을 간략하게 정리하면 다음과 같다. 첫째, 국고보조사업의 선정상 중앙정부와 지방정부 사이의 기능배분 문제이다. 현재 우리나라에서는 국고보조금사업을 선정하는 데 있어 중앙과 지방간의 기능배분이 명확하지 않고, 객관적인 선정기준이 다소 결여되어 있다. 국고보조금은 중앙정부와 지방정부가 상호 이해관계를 가지고 있으면서, 국가의 기능에 속하는 일이지만, 지방이 수행하는 것이 국가전체에 효과적인 사업에 국한되어야 한다. 그러나 우리나라의 현실은 사업이나 사무의 특성을 기초로 한 중앙과 지방의 기능배분이 제대로 이루어지고 있지 않다. 따라서 어떤 사업에 국고보조금이 지원되어야 하는가에 대한 객관적이고,

---

원하도록 규정하고 있다.

합리적인 기준을 마련할 필요가 있다.

둘째, 국고보조사업에 대한 중앙정부의 보조율이 낮다는 문제이다. 국고보조율이 낮다는 것은 지방정부가 지나치게 많은 재정적 부담을 져야 한다는 것을 의미한다. 국고보조금 사업 중에서 100% 중앙정부의 보조로 이루어지는 사업은 극히 일부이다. 이에 따라 재정력이 취약한 지방정부 입장에서는 국고보조사업의 기본보조율이 낮을 경우, 국고보조사업을 추진하기 위해 지방재정을 투입함으로써 자체사업을 포기해야 하는 경우가 허다하게 발생할 수 있다. 즉 국고보조금사업을 위해 과도한 대응부담금을 투입하게 됨으로써 지방재정의 자주성이 떨어지는 문제가 발생하는 것이다.

또한 국고보조금이 지방정부에 인센티브로 작용할 만큼 충분한가 하는 점도 검토되어야 한다. 중앙부처의 의도를 잘 반영하는 지방정부에 대해서는 지원을 강화할 필요도 있다. 그런데 현실은 일률적으로 30%, 50%, 70%, 100% 등이고, 대도시와 농어촌 그리고 시·도별 시·군·구별로 차등적으로 규정되어 있다. 차등보조율의 경우에도 그 대상사업이 소수에 불과하고 경제적 유인효과가 적은 실정이다. 따라서 국고보조사업의 특성을 고려하되, 중장기적으로 지방정부의 재정력을 고려하여 보조율이 결정되는 차등보조율 제도를 강화할 필요가 있다.

셋째, 국고보조사업이 영세하고 중복적이며, 다른 지방재정조정제도와의 연계가 미흡하다는 점이다. 부처별 전체 규모가 소규모인 것도 있지만, 개별 사업으로 보면 더욱 영세한 보조사업이 많은 것이 현실이다. 경제발전으로 사업규모가 커지고 있는 현실을 감안할 때, 소규모지원은 사업을 매년 조금씩 단절적으로 추진할 수밖에 없게 만들어 재원의 투자효과도 떨어뜨리고 간접행정비를 증대시킨다. 이러한 상황을 개선하기 위해서 보조사업의 규모를 늘리고, 비도가 넓은 포괄적 보조금(block grants)으로 전환하면서, 동시에 다른 지원사업과의 연계를 강화하여야 한다.

또한 지방정부가 수행하는 사업 중에서 중앙정부와 광역지방정부가 함께 보조하는 사업의 경우 뚜렷한 원칙 없이 중앙의 보조와 도비보조가 혼재한다. 그리고 동종이거나 유사한 업무를 위해서 중앙 관련 부처와 상위지방정부가 다수의 영세한 보조금을 운영하는 중복사업도 다수 존재하는 문제가 지적되기도 한다. 나아가 일반행정과 교육행정과의 연계도 재정부문에서 고려되어야 할 것이다. 관련 부처의 입장에서는 세분화된 보조금을 독자적으로 운용하는 것이 편리하다. 그러나 이전재정의 경제적 상승효과를 제고하기 위해서는 사업의 성격, 지원받는 정부의 재정상황, 전국적 균형발전 전략 등과 같은 상위의 필요성이 개별 보조금의 결정과정에서 충분히 고려되어야 할 것이다.

넷째, 국고보조금의 실질적인 성과에 대한 의문이 제기된다. 국고보조금은 보조자(중앙정부)가 직접 업무를 집행하거나 서비스를 전달하지 않고 일종의 계약에 의하여 대리인을 사용하는 행위이다. 지방정부가 대리인인 경우가 적지 않는데 문제는 대리인이 업무를 수행하는 데 있어서 유인이 작동하지 않는 체제를 가지고 있다는 점이다. 지방정부가 보조금을 '보조금의 예산 및 관리에 관한 법률'에 의하여 신청하고 있지만, 신청시에 과년도의 실적이 참고되어야 함에도 불구하고 문제가 발견되지 않으면 기계적으로 보조금이 책정되어 교부되는 경우가 대부분이다. 이에 따라 지방정부로서는 국고보조사업을 개선할 별도의 유인을 찾지 못하고 있다.

따라서 국고보조사업 수행의 정확성, 창의성, 효과성 등을 평가하여서 차기 보조금 교부시에 이를 참조하되, 국고보조사업이 집행되는 기간 중에 이루어지는 중간조사나 감사 등은 가능한 한 축소하는 방향으로 개선이 이루어질 필요가 있다. 이는 대리인 비용을 줄이고, 정부 내의 규제완화에도 기여할 수 있다. 또한 형식적으로 운영되는 국고보조금 사업계획 심사평가 업무는 성과평가(performance evaluation)와 연계되어 개선될 필요가 있다.

보충 10-1 국고보조금과 지방자치

서울시에 내년 '가용(可用) 재원'이 한 푼도 없는 자치구가 나왔다. 서울 은평구는 내년 예산 중 자체 투자 사업비가 전혀 없다. 경기 불황으로 세입이 줄어드는 반면 복지비 등의 경직성 경비는 오히려 늘어나고 있기 때문이다. 임남수 은평구 예산팀장은 19일 "업무추진비 행사경비 등을 대폭 삭감했지만 내년 세입으로는 경직성 비용을 대기도 부족한 형편"이라고 말했다.

○ 이름만 '자치'구

은평구는 2011년 세입을 약 3,155억원으로 예상하고 있다. 하지만 내년 기초생활급여를 비롯한 각종 복지사업비 등에 1,498억원을 써야 한다. 인건비 1,050억원도 줄일 수 없다. 구청·구의회·동주민센터 운영비, 공공·민간위탁사업비, 교육기관 보조금, 도로·하수관·공원 등 도시기반시설 관리비용 등 줄이기 힘든 지출을 합치면 모두 3,200억원으로 내년 세입보다 45억원이 많다. 이 때문에 은평구는 내년 자체 투자사업 예산 151억원을 마련하지 못하고 있다. 당장 김우영 구청장이 공약한 '희망마을 만들기' 사업에 필요한 26억 6,000만원이 없다. 민선 4기 시절 시작된 다목적체육관 자연환경박물관 환경종합센터 건립비도 없다.

노원·중랑·강북구 등 재정자립도가 낮은 다른 서울시 자치구도 사정이 조금 나을 뿐 예산 부족은 마찬가지다. 다음 달 초 예산 편성이 완료되면 가용재원이 '0'원인 자치구는 더 나올 수도 있다. 서울시 관계자는 "시도 예산을 긴축하는 와중에 자치구에 세입감소분 1,517억원을 보전해줘 지원 여력이 없다"고 말했다. 광역자치단체도 사정이 비슷하다. 경기도는 내년 가용 재원이 약 6,400억원으로 올해 8,700억원에 비해 26%가량 줄어 주요 사회간접자본(SOC) 사업 등의 차질이 불가피할 것으로 보고 있다. 2조원대 예산 규모와 70% 안팎의 재정자립도로 '부자 도시'인 경기 성남시 역시 내년에 쓸 수 있는 돈이 크게 줄어 1,900억원에 불과하다. 이재명 시장의 주요 공약인 옛 1공단 터 공원화 사업 등은 엄두도 못 내고 있는 실정이다.

○ '매칭' 복지사업비 증가가 원인

지자체 예산 부족의 원인으로는 세입 감소와 함께 국가가 비용 일부를 부담하고 지자체가 나머지를 부담하는 '매칭' 복지사업의 증가가 꼽힌다. 은평구는 세출 가운데 국·시비 보조를 받고 구비를 더해 지출하는 사업이 130여 개에 이른다. 사업비도 올해 1,216억원에서 내년 1,498억원으로 23.2% 늘었는데 이는 예산의 46%에 이른다. 구비 부담 비율의 상승도 재정 악화의 원인이다. 은평구의 국비 보조금은 올 532억원에서 내년 616억원으로 15.8% 늘어난 반면 구에서 부담하는 돈은 262억원에서 내년 324억원으로 23.3% 증가했다. 내년에 시작되는 중증장애인기초장애연금은 국비 21억원, 시비 14억원이 투입되지만 구비도 6억원이 새로 들어간다. 노인장기요양보험비용도 내년부터 40%(7억원)을 부담해야 한다. 손희준 청주대 행정도시지적학부 교수는 "기초단체가 복지

재정을 떠안다 보니 지방의 특성에 맞는 사업을 벌이지 못하고 국가사무를 대신 집행하는 기관으로 전락하고 있다"고 지적했다.(후략)

[동아일보] 2010-11-20 10면 "자체 사업비 '0'… '자치'없는 자치구"

4. 지방정부 상호간의 재정조정제도

(1) 조정교부금제도

조정교부금이란 특별시와 광역시 자치구 사이의 재정격차를 해소하여, 균형적인 행정서비스를 제공하기 위한 자치구간의 재정조정제도를 말한다. 지방자치법은 특별시장이나 광역시장은 시세(市稅) 수입 중의 일정액을 확보하여 조례로 정하는 바에 따라 해당 지방자치단체의 관할 구역 안의 자치구 상호간의 재원을 조정하도록 하고 있다.[15] 이에 따라 서울시의 경우, '서울시 자치구의 재원조정에 관한 조례'에서 서울시장이 조정교부금의 재원으로 취득세 및 등록세 합산액의 50%를 확보하고, 조례가 정하는 바에 따라 보통교부금과 특별교부금을 자치구에 배분하도록 규정하고 있다.

중앙정부가 운영하는 지방교부세제도와 유사하게, 서울시의 조정교부금제도는 기준재정수요액과 기준재정수입액 사이의 미달액을 기초로 조정교부금의 재원을 통해 배분하고 있다. 보통교부금의 재원은 조정교부금 총액의 90%, 특별교부금의 재원은 조정교부금 총액의 10%로 한다. 기준재정수요액은 자치구의 재정수요를 측정항목, 측정단위, 단위비용, 고정비용[16] 등의 요소를 통해 도출하고, 기준재정수입액은 자치구의 의존재원을 제외한 지방세, 세외수입(재산매각수입 제외), 지방교부세, 재정보전금 등의 추계액으로 한다. 기준재정수요액과 기준재정수입액의 내용은 조례가 정하는 바에 따라 조정이 가능하도록 하고 있다. 이와 같은 조정교부금제도는 서울시 이외의 광역시들도 조례를 통해 운영하고 있다.

---

15) 지방자치법 제173조(자치구의 재원).

16) 고정비용이란 기준재정수요액을 산정하기 위하여 각 측정단위별로 자치구에 공통으로 적용되는 기초비용을 말한다.

(2) 재정보전금제도

이 제도는 서울특별시를 제외한 광역시와 도가 광역시세·도세의 일부를 소속 시·군에 이전하도록 하는 광역지방정부와 기초지방정부 사이의 재정이전제도를 말한다. 지방재정법[17]은 광역시와 도지사가 시·군에서 징수하는 광역시세·도세의 총액[18]의 27%에 해당하는 금액,[19] 해당 시·도의 지방소비세액을 전년도 말의 해당 시·도의 인구로 나눈 금액에 전년도 말의 시·군의 인구를 곱한 금액을 재원으로 하고, 이를 관할 시·군의 인구, 징수실적, 해당 시·군의 재정사정 등에 따라 배분하도록 하고 있다.

재정보전금의 종류는 일반재정보전금과 시책추진보전금, 특별재정보전금 등으로 구분된다. 일반재정보전금은 시·군의 행정운영에 필요한 재원을 보전하기 위하여 사용되며, 시책추진보전금은 시·군의 지역개발사업 등 시책추진을 지원하기 위하여 사용된다. 그리고 특별재정보전금은 보통교부세가 교부되지 아니하는 시·군에 대하여 그 재정적 결함을 보전하기 위하여 지급되는 것을 말한다. 재정보전금은 시·군에게 징수비용에 해당하는 작은 비율을 징수교부금으로 교부하고, 나머지 액수는 시군의 재정상황이나 경제·사회적 지표를 활용하여 배분하여 재정력을 보강해 주는 방법이라 할 수 있다. 재정보전금은 광역시세·도세의 징수실적을 기준의 하나로서 이용하고 있다는 점에서 일종의 조건부보조금의 특성을 포함하고 있다고 볼 수 있다.

재정보전금의 효과에 대해서는 아직도 규명되어야 할 점이 적지 않지만, 징수실적을 조건으로 하고 있는 부분이 많기 때문에 징수실적이 높은 잘 사는 지역에 더 많은 재원이 이전될 가능성이 있다. 이것은 광역시 및 도 지역 내의 지역간 재정균등화에는 부정적인 영향을 미칠 것으로 보인다. 그리고 인구가 큰 도시가 많은 재원을 이전받을 가능성이 크기 때문에 실질적으로 재정이 빈약하지만 지역발전의 필요성이 큰 낙후지역에 대한 재정적 배려가

17) 지방재정법 제29조(시·도의 시·군에 대한 재정보전 등).
18) 원자력발전에 대한 지역개발세, 공동시설세 및 지방교육세는 제외.
19) 인구 50만 이상의 시와 자치구가 아닌 구가 설치되어 있는 시의 경우에는 47%.

충분하지 못하다. 도 지역은 도시와 농촌이 혼재하는 지역으로 농촌과 농업 문제를 개선하고 균형발전을 이룩하는 방향으로 제도가 개선될 필요성이 크다.

(3) 도비 · 시비 보조금

도비 · 시비 보조금은 도 또는 특광역시가 관할 시군 및 자치구에 대해 특정한 사업을 조장하기 위하여 재정을 지원하는 것을 말한다. 도비 · 시비 보조는 도세 또는 특광역시세의 일부를 예산에 반영하여서 지원되는데, 국고보조금과 부담부로 같이 지원하기도 하고, 독자적으로 필요한 사업을 지원하기도 한다.

현재 지방정부에서 운영되고 있는 도비 · 시비 보조금의 문제는 규모, 기준, 운영방식 등에서 제도화가 미진하다는 점이다. 도나 광역시에서 조건부로 보조금을 지원하는 경우, 시 · 군 및 자치구에서 자체재원을 투입하여야 하는데, 이것도 큰 부담으로 작용할 수도 있다. 따라서 특히 외부효과가 큰 사업별로 사업을 객관적으로 파악하여 완료기간까지 일관성을 유지하면서 도비 또는 광역시비를 지원하는 방향으로 제도적 발전이 기대된다. 아울러 지방재정보조금과의 긴밀한 연계와 더불어, 다른 지방재정조정제도와의 연계도 강화될 필요가 있다.

5. 지방소비세와 지방소득세

이밖에 이명박 정부에서 2010년도부터 도입된 지방소비세와 지방소득세는 조세제도를 통해 정부간 재정을 조정하는 제도라 할 수 있다. 먼저 지방소비세는 국세인 부가가치세의 세원을 공유하고, 부가가치세 세수의 5%를 재원으로 한다. 지방소비세의 시도별 배분은 민간최종소비지출에 가중치를 곱하여 산정한 소비지표를 기준으로 이루어지는데, 소비지표에 적용되는 가중치는 수도권 100%, 비수도권 광역시 200%, 비수도권 도 300%이다.

우리나라의 지방소비세는 지방에 세율결정권이 부여되지 않고, 지역별 배분의 기준이 지방정부의 관할구역에서 발생하는 소비가 아니라, 해당지역에 거주하는 주민들의 소비지출액이라는 점에서 자치단체의 노력을 유인하는데 미약하다는 비판이 있을 수 있다. 또한 지방소비세의 도입으로, 기존의 보통교부세제도와 비교할 때, 지방정부들 사이의 이해관계가 다를 수 있는데, 특히 보통교부세제도 하에서 불교부단체로 분류되는 지방정부는 상당한 재정이 증가하는 효과가 있다는 점에서 재정형평성 측면의 비판이 제기될 수 있다. 다만 전체 지방재정의 측면에서는 기존의 지방교부세제도와 비교할 때, 지방소비세의 도입 이후 광역지방정부의 재원이 순증감액 기준으로 1조 2,386억원 증가하는 것으로 분석된 바 있다(최병호, 2010).

다음으로 지방소득세는 소득할주민세(지방소비세 소득분)와 종업원할사업소세(지방소비세 종업원분) 등 소득과세의 역할을 하는 세목들의 명칭을 변경하여 도입된 것으로 큰 의미가 있는 변화라고 보기는 힘들다. 지방세의 세원으로 소득을 잡는 것이 의미있다. 이밖에 재산세에 적용되고 있는 공동세제도는 광역지방정부가 기초지방정부의 재정력격차를 시정하기 위해 도입한 조세를 통한 정부간 재정조정제도라 할 수 있다.

참고문헌

심혜정. (2008). 지방정부 재정자주권의 국제비교와 정책적 시사점. 국회예산정책처.

박재민. (2010). 2010년 지방교부세제도의 운용방향. 한국지방재정공제회.

이달곤. (2005). 「지방정부론」. 서울: 박영사.

주만수. (2009). “지방재정의 형평성분석과 이전재원에 의한 재정력 순위변동”, 「경제학연구」, 57(3), 101－129.

지방행정연구원. (2007). 지방재정조정제도의 개선방안.

최병호. (2010). 지방소득·소비세 도입에 따른 지방재정제도의 변화와 개편 방향. 한국지방재정공제회.

CHAPTER

11

지방재정운영

제 11 장 지방재정운영

지방정부는 지방세, 세외수입 및 지방교부세, 국고보조금 등을 통해 재정을 조달하며, 사회복지, 일반행정, 농림수산, 교육 등의 기능을 수행하는데 예산을 수립하여 지출한다. 우리나라 지방정부의 재정여력은 수도권과 대도시를 제외하고는 매우 열악하기 때문에 전장에서 살펴본 정부간 재정조정제도가 큰 영향을 미치고 있다. 본장에서는 지방재정의 의의와 기능을 이론적 차원에서 검토하고, 실제 우리나라 지방정부의 재정운영을 세입과 세출로 구분하여 검토한 후, 행정안전부가 사용하고 있는 재정지표를 중심으로 지방재정을 평가해보기로 한다.

제 1 절 지방재정의 의의와 기능

1. 의 의

지방재정의 운영이란 지방정부가 활동을 하는 데 필요한 재원을 획득하고, 지출하는 활동을 말한다. 재정활동의 위한 재원을 획득하는 세입은 자주재원과 의존재원으로 나뉜다. 지방정부가 스스로의 힘으로 재원을 조달하는 자주재원은 지방세와 세외수입 등을 포함한다. 타 정부의 힘에 의존하여 재원을 조달하는 의존재원은 지방교부세, 국고보조금 등을 포함한다. 지방정부가 주민을 위해 재정을 지출하는 세출은 기능별 기준으로 사회복지, 일반행정, 농림해양수산, 교육 등으로 구성된다.

표 11-1 우리나라 지방재정 규모

(단위: 억원)

		2001	2002	2003	2004	2005	2006	2007	2010
총계규모	계	899,207	1,008,558	1,125,799	1,195,030	1,261,731	1,377,895	1,507,894	1,832,260
	광역시도	465,770	562,714	597,204	606,599	642,637	720,906	795,497	948,796
	시	217,403	234,211	278,436	311,703	332,569	355,420	380,530	472,174
	군	134,331	132,120	159,911	171,840	173,328	182,808	202,083	242,500
	자치구	81,703	79,513	90,248	104,888	113,197	118,761	129,784	168,790
순계규모		675,049	728,838	821,860	911,593	955,835	1,033,039	1,130,007	1,398,565

출처: 행정안전부 「지방재정연감」(각 연도).

우리나라 지방재정의 규모는 2010년 총계기준으로 183조 2,260억원, 순계기준 139조 8,565억원에 달한다.1) 지방정부 수준별로는 시도의 재정이 전체 지방재정의 51.9%, 나머지 시·군·자치구의 재정이 전체 지방재정의 48.1%를 차지한다. 2009년 국내총생산(GDP)이 1,063.1조원이고, 2010년도 국가재정(총지출 기준)이 292.8조원이라는 점을 고려할 때, 우리나라 지방재정 규모(순계 기준)는 국내총생산의 13.2%를 차지하고, 국가재정의 47.8% 정도를 차지하는 수준이다.

2. 지방재정의 기능

(1) 중앙정부의 기능과 지방정부의 기능

일반적으로 정부의 재정은 자원배분, 소득재분배, 경제안정화 등 세 가지의 경제적 기능을 수행한다. 전통적 견해는 중앙정부와 지방정부의 경제적 기능을 구분하고, 지방정부의 경제적 기능은 소극적인 차원에 머물러야

1) 총계규모란 지방자치단체의 예산을 회계간 또는 광역·기초자치단체간에 중복 계산된 부문을 공제하지 않고, 단순합계한 세입, 세출의 총액을 의미한다. 반면, 순계규모란 회계간 또는 광역·기초자치단체간 중복부문을 공제한 순 세입, 세출의 총액을 의미한다. 일반적으로 실질적인 지방재정의 전국적 규모를 파악하는 데는 '순계 개념'을 사용하는 것이 유용한 반면, 개별 지방정부의 재정규모를 나타낼 때는 '총계 개념'을 사용하는 것이 유용한 것으로 보고 있다.

하는 것으로 보았다. 즉 소득재분배와 경제안정화 기능은 전국적 차원에서 이루어져야 하기 때문에 중앙정부 위주로 수행되어야 하며, 자원배분기능에 있어서도 적극적인 경제개발 등은 중앙정부가 담당하고, 지방정부의 기능은 지방공공재를 공급하는 등 최소한에 그쳐야 한다는 것이다. 그러나 최근 지방정부의 재정규모가 상대적으로 커지면서 지방정부의 경제적 기능을 전통적인 견해와 같이 한정적으로 보기보다는 좀더 적극적으로 보아야 한다는 주장이 힘을 얻고 있다.

(2) 자원배분 기능

자원배분[2] 기능이란 희소한 경제적 재화를 효율성이 가장 높은 수준에서 생산하여 공급하는 경제적 기능을 말한다. 지방정부는 주민들의 수요가 있으나, 공공재, 외부효과 등의 문제로 시장에서는 공급되지 못하거나, 과소하게 공급되는 지방공공재를 생산하여 공급하는 기능을 수행한다. 지방공공재인 재화와 서비스를 공급하는 방법은 직접 공급방식에서 계약에 의한 공급에 이르기까지 다양한 형태가 있을 수 있다.

그러나 지방정부는 시장실패로 주민에게 공급되지 못하는 지방공공재를 공급하는 최종적인 책임을 지게 된다. 지방공공재를 공급하는 과정은 지방정부가 자원을 배분하는 기능을 수행하는 과정이라 할 수 있다. 지방정부는 지방세 등을 통하여 재원을 조달하고, 재원을 사회간접자본, 지역금융발전, 인적자원에 대한 훈련 등에 투자하여 생산자적 기능을 수행한다.

종래 중앙정부가 생산적인 기능을 주로 수행하는 반면, 지방정부는 소비기능을 수행하는 것으로 인식되어 왔다. 이원국가론(dual state)이 바로 그것이다. 그러나 최근에는 주민의 공공재 수요를 충족시키는 것이 지방정부의 주요 활동임은 분명하지만, 동시에 지역의 경쟁력을 강화하는 것도 중요한 기능으로 인식되고 있다. 지방정부의 생산자적 기능이 강화될수록, 지방정부

---

2) 배분, 분배, 재분배에 대한 경제학적 관점의 의미를 살펴보면 다음과 같다. 배분(allocation)이란 생산에 필요한 자원을 각 산업에 투입시키는 것을 말하며, 자원배분 등에 사용된다. 분배(distribution)란 생산의 결과물인 소득을 생산과정에 참여한 노동, 자본에게 나눠주는 것을 말하며, 소득분배 등에 사용한다. 재분배(redistribution)란 이미 분배된 소득 등을 다시 일정한 기준에 따라 나눠주는 것을 말하며, 소득재분배 등에 사용한다.

가 자원의 효율적 배분에 개입하는 폭이 넓어지게 된다. 즉 세입부문에서도 자원배분에 영향을 미칠 수 있고, 예산과 지출과정에서는 더욱 적극적으로 자원의 배분과정에 개입할 수 있다. 그러나 지방정부의 자원배분적 기능이 국민경제의 효율성에 어떤 영향을 미치며, 어느 정도까지 자원배분적 기능이 확대되어야 하는가에 대해서는 신중한 접근이 필요하다.

(3) 소득재분배 기능

소득재분배 기능은 공동체 내 부유층의 소득을 직접 혹은 간접적으로 빈곤층에게 이전시켜, 사회적으로 바람직한 소득의 분배상태를 달성하고자 하는 것을 의미한다. 시장부문이나 시민사회의 자율적 노력으로 바람직한 소득분배의 상태를 달성하지 못할 때, 정부가 나서서 소득재분배 기능을 수행하게 된다.

전통적 견해에서는 개인이나 기업이 지방정부의 재분배정책을 무력화시킬 수 있을 정도로 관할구역을 쉽게 떠날 수(exit) 있기 때문에, 지방정부 차원에서 추진하는 재분배정책은 한계를 갖는다고 한다. 즉 고소득자는 재분배정책이 강력하게 시행되는 지역에서 그렇지 않은 지역으로 이주할 것이고, 저소득자는 반대로 재분배정책이 강력한 지역으로 이주해 온다는 것이다. 이와 같은 현상으로 인해 재분배정책을 착실하게 시행하는 지역에서는 평등한 소득분배의 결과를 가져올 수는 있지만, 일인당 소득이 더 낮아지는 하향평준화 현상이 나타나게 된다는 것이다. 이에 따라 전통적 입장을 고수하는 학자들은 상위정부가 하위정부에 소득재분배 정책과 지출권한을 이양하는 것을 반대한다. 즉 경제적 측면에서 인적·물적 이동성이 높을수록 재분배정책은 국가차원에서 수행되어야 한다고 주장한다.

그러나 전통적 견해는 다음과 같은 측면에서 비판받고 있다. 첫째, 분배적 정의의 실현은 국가적 관점에서 추진되어야 하지만, 추진과정에서 지방정부의 역할이 매우 크다는 점이다. 복지국가의 양대 축은 고용보장과 사회보장에 있으며, 이들은 조세정책이나 지출정책과 같은 재정정책에 의하여 영향을 받는다. 그런데 조세나 지출과 관련된 정책의 집행은 지방정부에 의존하게 된다. 따라서 소득재분배정책에서 지방정부의 기능은 더욱 강화되고 있다.

둘째, 연방제국가의 주(州)정부나 지방정부 그리고 단방제 국가에서의 지방정부는 실제로도 이미 소득재분배 정책을 수행하고 있다. 사회적 약자의 처지를 개선하기 위한 다양한 복지정책과 노동정책들이 하위정부에서 수행되는 경우가 많다. 특히 지방차원에서 수행하고 있는 사회복지, 교육, 보건, 고용, 주택, 교통 등과 관련된 각종 서비스는 중요한 소득재분배적 함의를 지니고 있다.

(4) 경제안정화 기능

경제안정화 기능은 재정·금융정책을 통하여 완전고용을 달성하고, 물가를 안정시키며, 적정한 경제성장을 이룩하려는 정부의 역할을 의미한다. 전통적 견해는 금융정책은 중앙정부의 주요한 영역이고, 재정정책도 중앙정부에 의하여 관리되는 것이므로 안정화기능에서 지방정부의 역할은 제한적이라고 보았다. 고용안정의 측면에서 노동시장이 전국적으로 작동하는 경우에는 지방정부의 역할이 제한적일 수밖에 없다. 다만, 공단이나 대규모 소비지가 일정 지역에 집중되어 있는 경우에는, 지방정부의 노력에 의한 지역경제의 성장과 안정화 기능이 중시될 수도 있다. 그러나 이러한 경우에도 지방정부는 거시경제적 수단을 가지고 있지 못하기 때문에 지방정부의 경제활동은 제한적일 수밖에 없다.

그러나 최근에는 지방정부의 안정화정책이 강조되고 있다. 즉 경제활동이 지역을 중심으로 이루어짐에 따라 고용, 물가, 실업 등 거시경제적 문제에 대한 지방정부의 역할이 중요하다는 것이다. 특히 신산업지역, 지역혁신체제, 클러스터(cluster) 등과 같은 개념과 함께 첨단산업도시가 각광을 받게 됨에 따라 지역경제의 발전을 위한 지방정부의 경제적 기능의 중요성이 더욱 강조되고 있다.

제 2 절 지방세입

1. 지방세입의 체계와 종류

(1) 지방세입의 체계

지방정부의 재정활동은 수입, 운용 그리고 지출이라는 3대 활동을 근간으로 설명할 수 있다.[3] 재정의 확보와 조달 측면은 수입활동으로, 수입과 지출을 연결하는 재정선택과 예산은 매개활동으로, 재정수요에 따른 지출은 산출활동으로 구분될 수 있다. 이 중에서 지방정부의 세입은 기본적으로 지방정부가 독자적으로 확보할 수 있는 자체수입과 상위정부의 지원금에 의존하여 수입을 확보하는 의존수입으로 구성된다.

자체수입은 지방정부가 직접 자신의 재정활동으로 수입을 조달하는 것

표 11-2 지방재정 수입의 재원별/지역별 규모(2006년도 결산기준)

(단위: 백만원)

재 원 별	계	비중(%)	특 · 광역시	도	시	군	자치구
계	116,515,280	–	29,784,107	26,045,385	32,257,316	18,017,061	10,411,411
		–	25.6	22.4	27.7	15.5	8.9
지 방 세	26,664,634	22.9	12,371,947	7,034,145	4,732,835	1,043,382	1,482,325
세외수입	40,929,313	35.1	11,024,532	6,105,666	14,454,127	5,607,116	3,737,872
지방교부세	12,358,831	10.6	542,719	2,406,133	4,195,275	5,102,431	112,273
지방양여금	4,700,979	4	484,312	1,565,513	1,361,125	1,290,029	0
보조금	24,027,416	20.6	3,222,868	7,901,368	5,633,630	4,551,931	2,717,619
조정교부금 및 재정보전금	4,003,016	3.4	0	0	1,427,484	236,940	2,338,592
지 방 채	3,831,091	3.3	2,137,729	1,032,560	452,840	185,232	22,730

자료: 행정안전부 재정고(http://lofin.mopas.go.kr/).

3) 지방예산체계에서는 공식적으로 수입은 세입으로, 지출은 세출로 불리고 있다.

이지만, 제도적으로 볼 때는 중앙정부가 설정한 제도적 틀 내에서 활동이 이루어진다. 의존수입은 상위정부가 조달한 재원을 지방정부가 지원받게 되는 것을 의미한다. 그러나 일부 의존자원은 본래 지방정부의 자주재원으로 취급될 수 있는 면도 적지 않다.[4)]

자체수입 중 지방세는 시세와 도세가 그 종류에서 약간씩 다르고, 시·군세와 구세도 다르다. 우리나라의 지방세제는 영미계 국가의 지방세와 비교할 때 매우 복잡하지만, 일본의 지방세와 비교하면 매우 유사한 특징을 가지고 있다. 이렇게 지방세의 구조가 정부마다 다른 것은 정부의 기능은 물론이고 지역적 특징을 반영하기 때문이다.

시세와 구세는 시청과 구청간의 업무배분과 관련하여 도시전체의 재정활동과 직결된 것은 시세로, 그리고 구 단위의 재정활동과 관련된 것은 구세로 배분된다. 어떤 종류의 세목은 이러한 성격으로 구분하기 어려운 것도 있고, 성격상 소속과 현실상 소속이 다를 수도 있다. 도세와 시·군세의 경우에도 마찬가지다. 수입의 배분기준은 상위정부와 하위정부간의 재정력 차이를 발생시키며, 나아가 기초지방정부간의 재정격차에도 영향을 미친다.

지방세 이외의 지방의 재정활동으로 발생되는 수입을 포괄적으로 세외수입이라고 한다. 세외수입의 종류는 파악하기 쉽지 않을 정도로 다양하며, 성격도 이질적인 것이 많다. 주로 각종 응익활동의 대가로서 징수하며, 공공서비스의 가격과 유사한 기능을 한다. 지방정부의 수입 중에서 세외수입의 비중이 커지고 있으며, 특히 도시정부의 서비스 공급과 세외수입은 중요한 의미를 갖는다.

의존수입에는 중앙정부가 광역 및 기초지방정부에 지원하는 교부금, 보조금 등이 있고, 광역지방정부가 기초지방정부에 제공하는 조정보조금, 도비보조금, 재정보전금 등이 있다. 이들은 상위정부가 하위정부의 재정력을 확충하고, 재정력의 격차를 줄이려는 두 가지 목적에서 마련한 것이다. 이전재원은 지방정부의 재정자율성을 제약하는 측면이 있지만, 그 비중이 크므로

---

4) [표 11-2]에서 제시해 주는 수입뿐만 아니라 지방의회에서 다루는 교육관련 재정을 추가하면, 지방재정에서 수입의 종류는 더욱 늘어난다. 즉 의존재원으로서의 지방교육재정교부금이 추가될 수 있다.

지방정부의 입장에서는 이러한 재정지원 없이는 원활한 서비스의 공급이 어려운 것도 현실이다. 따라서 각국은 지방정부의 재량성을 높이면서, 효율성을 제고하기 위한 제도를 탐색하고 있다.

마지막으로 지방정부의 부족한 재정수요를 충족시키는 것이 지방채이다. 일종의 부채를 통하여 재정을 운영하는 것인데, 그 비중이 너무 높은 경우 재정건전성을 해치게 된다. 그러나 무조건 지방채의 발행을 억제할 수 없는 이유는, 어떤 사업의 경우에는 투자규모가 크고 이용시간이 길기 때문에 비용부담을 세대 간에 나누어서 분담하는 것이 합리적이기 때문이다. 즉 사업의 혜택이 다세대에 걸쳐 발생하는 투자의 경우에는, 기채를 통해 자금을 조달하고, 상환부담을 장기간 세대간에 분산시킬 필요가 있는 것이다. 다만, 지방채는 지방정부에 속한 주민들이 갚아야 하는 부채이므로, 재정운용이 어느 정도 중앙정부에 의존된 상황에서는 상위정부의 적절한 통제를 받게 된다.

지방자치제의 본질에 비추어 보면, 고유사무의 경우 지방의 자체수입으로 업무를 처리하는 것이 바람직하다. 단체위임사무의 경우에는 자체수입과 의존수입이 다 같이 사용될 수 있을 것이다. 기관위임사무의 경우에는 가능하면 보조금과 같은 중앙정부의 구체적인 지원으로 업무가 처리되어야 한다. 지방정부의 입장에서도 의존재원을 확장하려는 동기를 가지기보다는, 고유사무의 영역을 분명히 하고, 주민들에게 해당사무를 수행하는 데 소요되는 필요경비에 대해서는 주민들이 책임지게 하여 자치의식을 가지도록 할 필요가 있다.

(2) 지방세입의 성격별 분류

1) 자주재원과 의존재원

지방세입은 자주성을 기준으로 자주재원과 의존재원으로 나누어 볼 수 있다. 이는 세입의 조달방법상의 차이에 착안한 분류로서, 자주재원은 지방정부가 스스로 재정고권이라는 권한을 행사하여 조달하는 것이며, 의존재원은 상위정부가 정한 기준에 의하여 지방정부에 수동적으로 이전되는 것을 의미한다. 자주재원에는 지방세, 세외수입 등이 포함되고, 의존재원에는 양여금, 보조금 등이 포함된다.

여기서 교부금은 내국세액의 일정부분을 법정교부율제를 통하여 자동적으로 교부되는 측면이 있으므로, 자주재원의 성격을 보유하고 있다. 지방채는 지방정부의 자주재원에 의하여 상환되는 측면에서는 자주재원으로 분류될 수 있지만, 지방채 수입이 늘수록 지방정부의 재원의 안정성과 자주성이 낮아질 수 있다는 점에서는 자주재원으로 보는 데 어려움이 있다.[5)]

전체 재원 중에서 자주재원 비중이 높을수록, 수입구조가 안정성이 높다고 볼 수 있으며, 지방정부의 재정자주성을 높이는 데 도움이 된다. 특히 지방자치제의 발전에는 자주재원의 비중이 중요한 요소로서 작용한다. 주민들이 비용에 민감해져서, 그들이 자주재원을 부담하는 것만큼 행정서비스를 요구하는 것이 지방자치의 참다운 모습이기 때문이다. 의존재원 중에서도 교부금과 같은 것은 성격상 지방정부의 재원으로 취급될 수도 있지만, 의존재원에 의지하여 서비스의 수요를 확대 요청하는 것은 자제될 필요가 있다.

2) 일반재원과 특정재원

지방세입은 사용용도를 기준으로 일반재원과 특정재원으로 나누어 볼 수 있다. 일반재원은 보통지방세와 같이 사용용도 면에서 어떤 제한이 없고, 경비의 조달에 있어서도 일반적인 방법으로 충당하는 재원을 지칭한다. 지방세, 교부금, 양여금 등은 일반재원으로 볼 수 있다. 또한 재산수입이나 기부금과 같은 것도 용도가 정해져 있지 않기 때문에 일반재원으로 분류된다. 다만 교부금 중의 특별교부금은 일정한 사유를 교부조건으로 하고 있으므로 특정재원으로 파악된다. 특정한 목적을 위하여 조달되고, 재원의 사용용도에 대한 구속성이 강한 것을 특정재원이라 한다.

지방세 중의 목적세는 법률로 사용목적이 정해져 있으므로 특정재원으로 분류할 수도 있겠지만, 그 비도가 비교적 넓으며 비목이나 지출시점 등에서 재량이 있으므로 이를 일반재원으로 파악하여도 무방하다. 반면 특정재원은 국고보조금, 지방채 등과 같이 특히 한정된 사업에 충당할 것을 조건으

---

5) 현재 행정안전부 지방재정통계(재정고)에서는 지방채를 자주재원에 포함시키지 않고 있다.

로 이전되거나 기채가 허가된 재원을 말한다. 이러한 맥락에서 사용료, 수수료, 부담금 등과 같은 각종 세외수입도 특정재원으로 분류된다. 일반재원의 비중이 클수록 지방정부 재정운용의 융통성과 재량성이 높아져, 재정운용의 자주성을 제고할 수 있고, 낮아지는 경우 경직성이 높고 자주성이 떨어질 수 있다.

3) 경상재원과 임시재원

지방세입은 임시적 특정성을 기준으로 경상재원과 임시재원으로 분류할 수도 있다. 지방정부의 수입 중에서 매년도 통상적으로 이루어지는 것을 경상재원이라고 부르고, 임시적인 특정성을 지닌 것을 임시재원으로 부른다.

경상재원으로서는 지방세, 보통교부금과 보조금 중 보편성이 높은 재원이 해당된다. 특정 사업에 따른 지방채, 분담금이나 부담금, 국고보조금 중에서 특정 사업에 국한된 비용 등은 임시재원으로 취급된다. 경상적 재원으로 충당되는 수입이 지방정부의 경상적인 지출수요를 충분히 감당할 수 있을 때, 상대적으로 재정건전성이 제고될 수 있다. 인건비나 시설의 유지비와 같은 경상적 경비를 임시적 수입으로 충당하여야 한다면, 재정건전성이 그만큼 취약해지는 것을 의미한다.

2. 지 방 세

(1) 의 의

지방세는 지방정부의 활동에 소요되는 재원을 공권력에 기반을 두고 조달하는 재정수단이라는 점에서는 국세와 유사하다. 즉 지방세는 과세주체가 지방정부이며, 재정권에 의하여 강제로 부과 · 징수된다. 지방세 중에는 특정한 행정서비스의 제공과 그 비용의 교환이라는 원리에 따라 자발적으로 징수되는 경우도 있지만, 정부행정서비스 전반에 대한 일반적 보상관계에 따라 강제적으로 부과 · 징수되는 것이 보통이다.

국세와 비교할 때, 지방세는 특정 지방에 국한된다는 점에서 정부와 주민간의 보상관계가 매우 구체적이라는 점이 특징이다. 앞에서 정부의 경제기능에서 살펴본 바와 같이, 국세는 자원배분, 경제안정화, 소득재분배 등의 기능을 주로 수행하는 데 비하여, 지방세는 주로 자원배분적 기능을 제한된 범위 내에서 수행한다고 볼 수 있다.

국세와 지방세간에 어떤 조세구조(tax structure)를 도입할 것인가를 결정하는 것은 매우 어려운 일이다. 각국의 조세구조를 보더라도 공통점이 그리 많지 않다. 그러나 바람직한 조세구조를 설계할 때 고려해야 하는 점들을 살펴보면 다음과 같다.

첫째, 지방세로 인한 주민의 초과부담이 작아야 한다. 일단 조세가 변경되거나 부과되면, 납세자들은 행동을 변화시키게 된다. 이러한 행동의 변화가 의도된 것이 아니라면, 행동의 변화가 크면 클수록 납세자들의 초과부담이 크다는 것을 의미하며, 이렇게 조세의 부과로 납세자의 행동이 변화됨으로써 발생하는 사회적 비용을 초과부담이라고 부른다.

둘째, 조세수입의 직접비용을 고려하여야 한다. 지방세는 국세와는 달리 주민의 이동이 쉬우므로, 지방세의 부과로 인하여 해당 지역 주민들이 직접 부담하는 비용을 고려할 필요가 있다. 물론 지방세 때문에 다른 지역으로 이동하는 것은 쉽지 않겠지만, 지역간의 경쟁이 존재하기 때문에 이러한 요소도 신중히 고려될 필요가 있다.

셋째, 조세행정비용을 고려하여야 한다. 지방세의 경우 조세를 거둬들이기 위해 지출되어야 하는 인건비, 관리비 등 행정비용이 적지 않다. 따라서 조세행정비용이 적정선에 있는 조세체계를 선택하여야 할 것이다.

(2) 지방세의 구성

지방세는 국세와 같이 소득, 사업, 소비, 그리고 부를 세원으로 하여 부과될 수 있다. 구체적으로는 다양한 행위를 대상으로 부과하기 때문에 조세의 명칭이 매우 다양하다. 연방제국가에서 연방정부는 소득을 기반으로, 주정부는 소비활동에, 그리고 지방정부는 재산에 큰 비중을 두고 세금을 부과한다. 그러나 독일과 스위스의 경우는 지방정부도 소득에 기반을 두고 세금을 부과하기도 한다.

단방제국가는 소득 중심으로 지방세를 구성하고 있는 국가(일본, 이탈리아, 노르딕 국가 등), 소비를 중심으로 지방세를 구성하는 국가(스페인 등), 재산에 비중을 두고 있는 국가(영국, 프랑스, 네덜란드 등) 등으로 구분될 수 있다.

전통적으로 국세는 응능원칙(ability-to-pay principle)을 보다 중시하고, 지방세는 응익원칙(benefit principle)에 근거하는 것으로 이해되고 있다. 국세는 순수공공재를 국민 전체를 대상으로 공급하고, 지방세는 지방공공재라는 한정된 지역서비스를 공급하는 데 사용되므로, 그 논리적 기반이 다르다고 보는 것이다. 그러나 각국의 현실 세계는 국가기능의 배분상의 문제와 세수확보 가능성을 고려하여, 다양한 조합을 선택하고 있다. 우리나라는 소비와 재산을 기반으로 지방세가 구성되어 있는데, 재산세의 비중이 높고(60% 이상) 소비(20% 이상)와 소득(10% 이상) 순으로 비중이 낮아진다. 일본의 경우에는 소득을 중시하고, 이어서 재산, 소비의 순으로 그 비중이 낮아진다.

신고전주의 경제학에서는 이동이 어려운 대상인 재산에 과세하는 것이 지방세로서 적당함을 지적하고 있다. 재산의 이동이 어려우므로 조세로 인한 효율성 상실이 적다는 것이다. 그러나 지방서비스의 종류가 다양화하면서 응능원칙을 반영하는 소득에 과세하는 것이 필요하다는 주장이 강조되고 있다. 예를 들면 지방정부가 제공하는 서비스 중에서 대인서비스 성격의 보건의료 및 복지서비스 비중이 증가하고 있다. 복지서비스 공급에 대한 재정수요는 소득과 같은 능력에 대한 과세를 통해 조달한 재원으로 충족시키는 것이 더 바람직하다고 볼 수 있다. 이에 따라 각국은 지방세를 소득, 소비 그리고 재산 모두에 근거하는 과세로 변환시키고 있다. 우리나라와 같이 복잡한 지방세 구조를 가지고 있는 경우에도, 유사한 논리가 현실화되고 있음을 알 수 있다.

과세주체별로 부과되는 지방세는 대단히 다양한 것이 특징이다. 첫째, 2011년 현재 지방세법상 시세 중 보통세에는 취득세, 등록세, 레저세, 주민세, 자동차세, 주행세, 담배소비세, 도축세, 지방소득세, 지방소비세 등이 포함되고, 목적세에는 도시계획세, 공동시설세, 지역개발세, 지방교육세 등이 포함된다.

둘째, 도세의 보통세에는 취득세, 등록세, 면허세, 레저세, 지방소비세 등이 포함되고, 목적세에는 공동시설세, 지역개발세, 지방교육세 등이 포함된다.

셋째, 구세에는 보통세로 면허세, 재산세가 포함되며, 시 · 군세에는 보통세로 주민세, 재산세, 자동차세, 주행세, 담배소비세, 도축세, 지방소득세가 포함되며, 목적세에는 도시계획세가 포함된다.

우리나라 전체 지방세의 세목별 현황을 살펴보면, 주민세가 가장 큰 비중을 차지하고, 다음으로 등록세, 취득세의 비중이 높으며, 재산세, 주행세, 자동차세, 담배소비세 등의 비중이 상대적으로 높다. 종합토지세, 도축세, 면허세, 지역개발세의 비중은 매우 낮은 수준이다.

(3) 주요 지방세

앞에서 언급한 바와 같이 세수로 보면 지방세 중 등록세와 취득세, 담배소비세, 자동차세 등의 비중이 상대적으로 높다. 그런데 이러한 세목의 대부분은 재산과세적 성격을 띠고 있다. 즉 취득세와 등록세가 재산거래세의 성격을 띠고 있고, 나머지는 재산보유세의 성격을 띠고 있다. 따라서 재산세에 대한 일반적인 성격을 먼저 설명하고, 소비세적인 성격이 있는 면허세, 마권세, 담배소비세, 지역개발세, 도축세를 지방소비세를 설명하면서 다루고자 한다. 그리고 주민세, 농지세, 사업소세는 소득과세적인 성격이 있으므로 지방소득세로서 통합하여 일반적 수준에서 설명하고자 한다.

1) 재산과세

많은 지방정부에서 공통적으로 활용하고 있는 조세는 재산세로서, 재산인 부동산과 동산에 대해 과세하는 것이다. 재산세는 다른 조세에 비하여 여러 가지 특징을 가지고 있는데, 그 중 하나가 세원을 정부가 정한다는 점이다. 소득세의 경우에는 민간의 경제활동을 통하여 세원(소득)이 결정된다. 그러나 재산세의 경우에는 재산가치(property value)가 시장에서 거래되어 형성되지 않을 때에는 정부가 세원(재산가치)을 추정할 수밖에 없다. 이것은 재산세가 경제의 흐름(flow)이 아닌 축적(stock)인 부에 대해서 부과되기 때문이다.

재산세는 실제가격이나 진정한 시장가격에 바탕을 둔 평가(assessing), 재산세의 산정과 부과(levying) 그리고 조세 징수(collecting) 등 3단계를 거쳐서

표 11-3 지방세 세목별 현황(2008년 기준)

	부과액	비중(%)	징수액	불납결손액	미수액	징수율(%)
합계	46,517,111	100.0	44,887,474	197,631	1,432,007	96.5
취득세	7,195,638	15.5	6,916,039	16,703	262,896	96.1
등록세	7,276,236	15.6	7,142,906	19,900	113,430	98.2
면허세	77,530	0.2	72,611	284	4,635	93.7
레저세	989,020	2.1	989,020	0	0	100
지역개발세	92,865	0.2	92,561	36	268	99.7
공동시설세	614,486	1.3	588,491	1,698	24,297	95.8
지방교육세	5,019,209	10.8	4,864,443	9,546	145,220	96.9
주민세	8,623,418	18.5	8,163,037	123,872	336,509	94.7
재산세	4,577,477	9.8	4,411,330	8,454	157,693	96.4
자동차세	2,937,849	6.3	2,610,905	12,609	314,334	88.9
도축세	53,338	0.1	52,361	187	790	98.2
담배소비세	2,922,973	6.3	2,920,402	420	2,151	99.9
종합토지세	78	0.0	−71	3	145	−90.8
주행세	3,081,364	6.6	3,081,150	131	83	100
도시계획세	2,250,968	4.8	2,182,789	3,573	64,606	97
사업소세	804,663	1.7	799,500	214	4,949	99.4

자료: 행정안전부 「지방세정연감」(2008).

세입으로 확보된다. 납입된 조세의 규모는 세원(tax base)에 세율(tax rate)을 곱하여 결정되는데, 일정한 재산이 세원에서 면제되는 경우도 있고, 세율이 재산의 종류에 따라 달라지기도 한다. 세원, 세율 그리고 징수된 재산세의 규모 등은 상위정부가 정한 관련법에 의하여 제약을 받기도 한다. 재산을 부동산(real property)과 동산(personal property)으로 나누면, 보통 부동산이 주요한 세원이 되고, 동산은 유형동산(tangible personal property)의 일부에 한하여 한정적으로 세원으로 취급된다. 부동산의 평가는 시장에서 결정되는 것이 아니고, 정부가 감정평가 등을 통해 수행하기 때문에 다소 복잡하다.[6] 보통

6) 현재 우리나라에는 공시지가제도가 운영되고 있다. 공시지가는 국토해양부 장관이 매년 전국의 땅 값(지가)을 고시하는 것으로 기준이 되는 금액이라 할 수 있다. 기준시가는 국세청장이 땅과 건물 등의 값을 고시하는 것으로 재산세, 종합부동산세 등 과세의 기

실제 판매된 재산과 비교하는 판매비교법(comparative sales approach), 재산을 축적하는 데 든 비용을 합하는 비용산정법(cost approach), 그리고 해당 재산이 앞으로 창출해 낼 수입을 합하는 소득추정법(income approach) 등이 활용된다.

재산세는 여러 가지 면세 조건을 가지고 있다. 보통 특정한 재산의 종류를 정하여 면세하는 방법도 있고, 특정한 조세부담자의 종류를 정하여 면세하는 경우도 있다. 이러한 면세 조치들은 저소득층의 조세부담을 경감해 주기 위해서 취해지는 것으로 재산세 구조를 더 누진적으로 만드는 결과를 초래하기도 한다.

일정한 사업이나 산업활동과 관련된 재산을 면세함으로써 해당지역에 더 활발한 경제활동이 진행될 수 있도록 진작시키는 의도를 반영하기도 한다. 그리고 농업과 관련된 재산에 대해서는 세율을 낮추거나 평가방식을 달리함으로써 세금 부담을 경감시켜 주는 경우가 보통이다. 대부분의 재산세는 토지와 토지 위의 건물을 통합하여 하나의 세율로 부과한다. 그러나 적어도 개념적으로는 이 두 가지 재산요소는 분리하여 취급할 필요가 있다.

표 11-4 우리나라 재산과세(보유세) 현황

(단위: 억원)

	2001	2002	2003	2004	2005	2006	2007	2008	2009
합계	37,557	39,365	44,166	53,094	49,061	58,697	69,623	80,974	82,040
(지방세 중 보유세 비중)	14.1	12.5	13.3	15.5	13.6	14.2	16	17.8	18.2
재산세	7,632	8,175	9,034	10,178	25,874	31,090	37,551	44,113	44,233
종합토지세	13,650	14,057	16,026	20,316	19	137	53	−1	9
공동시설세	3,509	3,749	4,109	4,648	4,464	5,163	5,433	5,885	5,912
도시계획세	8,510	8,938	9,985	11,853	13,525	16,062	18,828	21,828	22,692
지방교육세	4,256	4,446	5,012	6,099	5,179	6,245	7,758	9,149	9,194

자료: 행정안전부 「지방세정연감」.

준이 된다.

2) 소비과세

지방세 중에서 소비와 관련된 조세로는 면허세, 담배소비세, 레저세, 도축세, 지역개발세(용수, 지하수, 컨테이너 등에 부과) 등이 있다. 이 중 도축세는 세수비중이 아주 낮고, 레저세도 아직은 그 비중이 낮다.

판매세(sales tax)는 소매단계에 부과하는 조세로, 일반판매세는 일정 지역주민들의 최종 소비에 대해서 부과된다. 그런데 현실적으로는 조세대상이나 조세행정상의 어려움으로 최종 소비 전반을 대상으로 부과하기는 불가능하다. 우리나라에서는 부가가치세(value-added tax)가 국세로서 일반소비과세의 형태로 운영되고 있는데, 일정비율을 지방세 용도로 전환하게 되면 지방소비세가 될 수 있다. 우리나라에서는 2010년부터 부가가치세의 5%를 지방소비세로 하는 제도가 도입되었다.

물품세(excise tax)는 담배, 술, 휘발유, 숙박 및 음식점, 가스, 전기, 수도 등의 특정한 재화나 서비스에 대해서 부과되는 조세이다. 물품세는 세입을 증대시키는 수단이 되기도 하지만, 사회적으로 바람직하지 않은 소비를 줄이기 위해서 부과되기도 한다. 이러한 목적의 물품세를 사치억제세(sumptuary tax)라고 부르기도 한다. 또한 물품세는 상대적으로 상위의 소득계층이 소비하는 물품에 조세를 부과함으로써 사회적 형평성을 향상시키기도 한다. 우리나라에서는 한정된 대상에 대해 물품세인 담배소비세, 휘발유세 등을 도입하고 있다.

3) 소득과세

지방세를 재산과세 위주로 편성하는 경우, 재산가치가 오르지 않을 경우에는 세입의 증가가 제한적일 수 있다. 이에 따라 지방정부는 나름대로 세입의 신장성을 높일 수 있는 방안으로 소득을 세원으로 하려는 동기를 가지게 된다. 특히 유럽국가나 일본은 지방세의 소득과세 비중이 높다. 미국에서도 소득세가 주 및 지방세로서 차지하는 비중이 커지고 있다.

우리나라에서는 주민세의 소득할, 사업소세, 농지세 등이 소득과세로 활용되고 있는데, 농지세의 비중은 아주 낮다. 노령화의 진전과 사회적 약자에 대한 배려가 증대되면서, 지방정부가 제공하는 보건 및 복지서비스에 대한 부담을 소득이 많은 사람이 지도록 하는 것이 타당한 측면도 있다. 그런데 소득과세는 지방정부가 중앙정부와 세원을 공유하지 않을 수 없는데, 그렇게 되면 중앙과 지방간의 상호조정의 문제가 심각해질 수 있다.

지방소득세는 여러 가지 형태로 운용될 수 있다. 첫째, 중앙정부 위탁형이 있는데, 국세의 소득원에 일정비율의 지방소득세를 과세하여 이를 분배받는 방법이다. 이 경우 지방은 과세권을 가지지 못한다. 둘째, 지방자주적 독립세 유형이 있는데, 이것은 지방정부가 완전한 자율권을 가지고 과세원의 규정과 세율에 대해서도 상당한 재량권을 행사하는 유형이다.

이러한 두 가지 극단적인 유형 사이에 부가세 방식과 소득비례세 방식이 있다. 전자는 국세에 지방소득세를 연계하여 부가하는 것이며,[7] 후자는 세율에 대한 조정권을 가지게 하는 것이다.[8]

이와 함께 소득세의 효과와 관련하여 중요한 것은 개인의 행동을 다양하게 변화시킨다는 점이다. 개인들은 소득세의 부과에 따라서 일하는 시간을 변화시키고, 저축비율을 변화시키고, 다양한 소득공제에 반응하게 된다. 이러한 변화를 유발시키는 유인의 크기는 한계세율(marginal tax rate)에 의하여 영향을 받는다. 한계세율은 마지막 1원의 소득에 대해서 부과되는 조세의 부담률을 의미한다. 소득세가 국세와 지방세로 되어 있는 경우, 같은 세원을 이용하기 때문에 각급 정부 간의 조정이 필요하다.

3. 세외수입

지방재정 중 세외수입은 나라에 따라서 그 분류방법이 다르다. 그러나 이론적 차원에서는 다음과 같이 구분될 수 있다. 첫째, 공공시설을 이용하거나 서비스나 재화를 공급하는 데 대해서 부과하는 직접적 부담금(direct charge)이다. 둘째, 어떤 행위를 하는 데 필요한 특권이나 사용권에 대해서 지불하는 면허세(license taxes)나 면허료(license fees)이다. 셋째, 재산의 특수한 물리

---

7) 우리나라는 2010년부터 기존의 소득할주민세와 종업원할사업소세를 '지방소득세'로 명칭을 변경하여 운영하고 있다.
8) 제주특별자치도는 법률의 근거에 의해 일부 지방세에 대한 세율조정권을 행사하고 있다.

적 특성이나 특수한 서비스에 대해서 부과되는 재산세의 일종인 특별부과금(special assessments)이다.

우리나라의 세외수입(non tax revenue)은 의미 그대로 지방세 이외의 지방정부 자체 수입을 모두 포괄하는 용어이다. 따라서 그 구성은 매우 혼성적이며, 복잡하다. 세외수입은 수입의 계속성과 사업성의 여부에 따라서 다시 실질적 세외수입과 명목적 세외수입으로 나뉜다. 명목적 세외수입은 지방행정서비스에 대한 보상적 비용부담과는 무관한 회계상의 수입을 말한다. 이월금, 기여금, 자금회수금, 융자금, 잡수입 등과 같이 주로 임시적이며 본래적 수입으로 잡는 데는 어려움이 있는 형식상의 수입들을 말한다. 반면 실질적 세외수입은 지방행정서비스나 지방공기업서비스 제공에 대한 반대급부로서 이용자 또는 사용자가 지불하는 금전적인 부담을 의미한다. 실질적 세외수입은 사용료, 수수료, 재산임대, 징수교부금 등과 같은 경상적 세외수입과 상하수도, 지하철 요금 등과 같은 사업수입으로 나뉜다.

이러한 세외수입의 중요성이 강조되는 이유는 지방재정에서 차지하는 비중이 점차 높아져서 사실상 지방수입의 중요한 구성요소가 되고 있기 때문이다. 보다 본질적으로는 조세와 같은 일반적 서비스에 대한 부담이 아니고, 보다 구체적인 행정서비스의 편익을 받은 사람들이 부담하는 대가라는 성격이 강하기 때문이다. 따라서 편익원칙(benefit principle)에 따라 행정서비스 비용의 회수라는 관점에서 이해될 수 있다.

최근 일반적 조세에 대한 저항의식이 강해지고 있는 경향에 비추어 볼 때, 구체적인 편익과 그 부담을 일치시키는 세외수입제도는 보다 시장친화적 정부운영을 위한 수단으로 활용될 수 있다. 아울러 지방세의 경우는 아무래도 지방정부의 자율적 영역이 한정적인 데 비하여, 세외수입은 그 종류에서나 요율의 설정 면에서 지방정부의 재량성이 상대적으로 높다는 특징을 지니고 있다.

우리나라의 경우 규모면에서 명목적 세외수입에는 이월금, 부담금, 잡수입이, 경상적 세외수입에는 수수료수입, 징수교부금 등의 중요성이 높다. 특히 지방의 대규모 사업으로 말미암아 발생하고 있는 재정문제를 해결하는 방안의 하나로서 세외수입을 잘 활용할 필요성이 커지고 있다. 즉 특별회계

사업의 경우, 사용자부담금제도를 활용하여 편익과 부담을 일치시켜 나가고, 동시에 일반 조세에 대한 부담감을 줄이는 방안으로서도 세외수입제도를 적극적으로 활용할 필요가 있다. 다만, 형평성 차원에서 사회적 약자에 대한 배려가 사용자부담금의 요율의 결정과 운영과정에서 고려되어야 할 것이다.

4. 지 방 채

지방정부는 재정운용을 위한 자금이 부족한 경우에, 여러 통로를 통해 자금을 빌려오지 않을 수 없다. 이때 지방정부는 지방채권(local bond)을 발행하여 자금을 차용한다. 지방채란 사는 측과 파는 측간에 원금과 일정률의 이자를 정해진 기간에 정해진 방법으로 지불하겠다는 금융거래상 합의서를 말한다.

지방정부가 외부로부터 자금을 빌리는 이유는 여러 가지가 있을 수 있으나, 가장 중요한 것이 공공자본투자사업(public capital projects)에 소요되는 자금을 동원하는 것이다. 즉 도로, 공공시설, 상수도와 하수도 등 지방의 자산(local assets)에 소요되는 자본지출(capital expenditures)을 위해서 부족한 자금을 빌려 오는 것이다. 자본재(capital goods)의 특징은 편익은 장기간에 걸쳐 나오지만, 비용은 단기간에 지불되어야 한다는 점이다. 지방정부는 자본지출을 위해 사용된 자금(지방채)을 미래의 세금에서 상환함으로써, 편익과 비용의 세대간 불일치를 해소할 수 있다. 그런데 현재의 주민들은 미래의 주민에게 비용부담을 지울 수 있게 되면 과도한 자본투자를 하게 될 가능성이 있다.

지방분권이 진행되면 지방정부의 역할이 늘어나고, 그에 상응하는 수준의 재정분권화도 촉진되어야 한다. 그러나 실제로는 지방의 수입능력(revenue-raising capacity)이 지출수요(expenditure requirement)를 적시에 충족시키지 못하는 경우가 많다. 이때 지방정부는 지방채를 활용하고자 할 것이다. 그러나 지방정부가 처한 경제·사회적 여건에 따라 지방채의 활용가능성은 달라질 수 있다.

이때 등장하는 문제가 지방재정의 건전성이다. 지방재정의 건전성이 떨어져 재정위기의 상태에 있다면, 지방채의 발행은 제한된다. 즉 재정위기는 지방정부가 채무나 운영비용을 조달하기 위해서 채권시장에서 채권을 발행할 수 없는 상황을 의미한다. 이러한 상황이 되면 지방정부는 채무불이행(default)의 위협에 노출되거나, 실제로 부채를 지불할 수 없는 상황이 생기고, 결국에는 파산(bankruptcy)을 선고받기도 한다. 이와 함께 재정압박이란 재정수입과 지출간의 불균형이 점점 심화되어 가는 과정을 지칭한다.

재정압박의 상태를 점검하기 위해서는 지방정부의 재정조건(fiscal condition)을 정확하게 분석할 필요가 있다. 재정조건에 대한 분석은 경제 · 사회의 구조적 변수와 지방채를 비롯한 재정운용과정에서 나타나는 지표들을 활용하여 이루어진다. 경제 · 사회의 구조적 변수에는 지역의 총생산, 인구규모의 변화, 지방세원, 일자리의 변화, 복지지출 수요 등과 같은 변수들이 활용된다. 이러한 구조적 변수와 함께, 지방채의 절대적 및 상대적 규모, 지방채 잔액의 증가추세, 상환비율, 일인당 장단기 부채의 규모, 지방채에 대한 이자규모, 부채의 기능별 · 회계별 분포, 외채와 국내채의 비중 등이 지방정부의 재정조건을 분석하는데 활용된다.

각국은 나름대로 지방채의 발행에 관한 통제제도를 도입하고 있다. 보통 지방정부는 은행이나 증권회사를 고용하고, Moody's Investment Service, Standard and Poor's, Fitch－IBCA 등과 같은 신용평가(credit rating) 기관의 평가를 받는다. 또한 상위정부가 하위정부의 일정한 규모 이상의 지방채 발행에 대해서는 다양한 방법으로 개입을 하는데, 이는 행정 · 재정적으로는 지방의 과도한 부채부담이 가져올 재정운영상의 무리를 사전에 방지하기 위한 것이다. 특히 지방정부가 재정잠재력이 낮은 상황에서 과도한 부채를 지게 되면, 결국 정부부문 전체의 건전성과 직결되는 문제를 불러일으키기 때문에 상위정부는 하위정부의 부채에 대해서 관심을 가지고 통제를 하려는 동기를 가지게 된다.

지방채는 발행하는 회계의 소속에 따라서 일반회계채와 공기업특별회계채, 그리고 기타 특별회계채로 나눌 수 있다. 일반회계채는 도로, 교통시설, 공원, 공단, 하천 등을 조성하기 위한 공공사업에 활용되거나 각종 시설의 건설 시에 활용된다. 그 원리금은 지방세, 세외수입, 그리고 지방교부세 등의 일반재원으로 상환된다. 공기업특별회계채는 상하수도, 지하철, 도시공영개발 등의 특별회계 사업을 위해서 발행된다. 상환방법은 특별회계의 성질에 부합하게, 가능하면 사용자 부담금과 같은 방식으로 이루어지는 것이 바람직하다. 지방정부에 따라서는 공기업 이외의 다양한 특별회계를 위해서도 지방채증권(local bond)을 발행하는 경우도 있다.

2009년 12월 말 기준으로 우리나라 전체 지방정부의 채무는 25조 5,531억원이다. 가장 많은 지방채를 보유하고 있는 광역지방정부는 경기도로 3조 8,917억원이며, 다음으로 서울시 3조 963억원, 부산광역시 2조 7,217억원, 인천광역시 2조 4,774억원 등이다. 그러나 지방채의 규모는 지방정부의 재정규

표 11-5 우리나라 지방정부의 지방채 현황(2009년 12월 말 기준)

(단위 : 억원)

구 분	계	일반회계	기타특별회계	공기업특별회계
총계	255,531	175,124	52,782	27,625
서울특별시	30,963	10,768	20,018	177
부산광역시	27,217	13,431	10,553	3,233
대구광역시	20,531	10,890	7,642	1,999
인천광역시	24,774	17,673	3,393	3,708
광주광역시	8,098	7,192	503	403
대전광역시	6,057	5,099	–	958
울산광역시	6,201	4,377	462	1,362
경기도	38,917	32,295	2,801	3,821
강원도	13,127	11,329	466	1,332
충청북도	6,719	5,739	571	409
충청남도	12,644	7,067	2,292	3,285
전라북도	10,175	8,345	561	1,269
전라남도	12,262	9,408	1,741	1,113
경상북도	14,054	10,908	624	2,522
경상남도	16,360	14,339	805	1,216
제주특별자치도	7,432	6,264	350	818

자료: 행정안전부 지방채무현황(2009).

모 및 총 자산규모와 비교할 필요가 있다는 점에서 단순히 지방채 규모가 크다고 문제라고 할 수는 없다.

보충 11-1 지방정부의 채무 – 어떻게 할 것인가?

성남시의 채무 지급유예(모라토리엄) 선언으로 지자체의 방만한 재정운영에 대한 우려의 목소리가 커지고 있다. 성남시는 호화청사 문제에 이어 2012년까지 판교특별회계에 상환해야 할 5,200억원의 지급을 2013년으로 유예한다고 밝혔다. 성남시의 지급유예 선언에 대해 지자체의 방만한 재정운영에서 비롯된 필연적 결과라는 시각과 신임 시장의 정치적 행보라는 시각이 엇갈리고 있다. 어떤 시각이 맞든 간에 성남시의 선언은 지자체의 방만 재정운영과 관련해 적잖은 파장을 불러올 게 틀림없다.

따지고 보면 지자체의 빚은 어제 오늘의 문제가 아니다. 2009년 말 기준으로 전국 246개 지자체의 지방채 잔액은 25조 5,331억원이다. 이는 민선4기 지자체장이 출범한 2006년 말에 비해 46.5% 증가한 수치이다. 그러나 재정운영의 책임을 묻는 제도적 장치가 미약하다 보니 방만한 재정운영은 개선되지 않고 있다. 선심성 사업으로 감당하지 못할 빚을 지고, 자체 재원으로 공무원 월급을 주지 못해도 중앙정부에서 채워주기 때문에 재정운영의 건전화에는 소홀하다.

이번 성남시의 문제도 방만한 재정운영을 통제하지 못하는 구조적 문제와 연관이 있다. 성남시는 5,200억원의 상환에 대해 지방채 발행과 예산절감으로 충당하겠다고 밝혔다. 현재의 빚을 또 다른 빚을 내서 돌려 막겠다는 것이다. 2013년까지 3년 동안 상환하기 위해서는 1년에 1,000억원 이상 지방채를 발행해야 하는데, 올해 성남시의 지방채 한도액은 465억원에 불과하다. 지방채 발행으로도 감당하기 어려운 구조다.

다행히 지급유예가 성립되더라도 다른 지자체에 미치는 파장이 만만치 않을 것이다. 당장 2조 4,000억원이 넘는 빚더미에 시달리고 있는 인천광역시, 자산 대비 부채비율 7.5%로 시·도 중 세 번째로 높은 강원도로 파급될 수 있다. 지자체장의 정당 소속이 바뀔 때마다 전임자의 사업추진과 재정운영을 비판하는 정치적 용도로 악용될 수도 있다. 지자체마다 앞다퉈 빚을 내어 무리하게 사업을 추진하고 방만하게 재정을 운영하면서 지급유예를 선언하거나 채무이행을 거부하는 사태로 이어질 수 있다. 이는 국가신인도에도 부정적 영향을 끼칠 것이다.

이번 성남시 문제는 지자체의 방만한 재정운영을 근절하기 위한 제도 도입의 계기로 삼아야 한다. 현재는 지자체의 방만한 재정운영에 의한 지급유예 또는 채무불이행을 통제할 수 없는 제도적 공백 속에 있다. 지급유예에 대한 규정이 없고, 지자체 파산제도에 대한 근거규정도 전무하다. 지방재정법에 근거해 재정진단제도를 운영하고 있고, 위법한 재정운영에 대해 감사를 통해 통제할 수 있을 뿐이다.

지자체의 방만한 재정운영을 막으려면 우선 1단계로 정기적인 재정진단을 통해 방만한 재정운영에 대해 경고 및 시정 권고해야 하고, 2단계로 무리한 사업추진과 재정운영상의 문제점이 발견되면 시정명령을 내려야 한다. 3단계로 건전한 재정운영을 통해 적절한 채무상환을 유도하기 위해 예산편성에 대한 승인제도를 도입하고, 마지막 단계로는 파산제도의 도입도 신중히 검토해야 한다.

예산편성에 대한 승인이나 파산제도의 도입에 대해서는 자치권 침해라는 비판에 직면할 수 있다. 그러나 자유에는 책임이 따르듯 재정책임이 담보되지 않는 자치(자율)는 풀뿌리민주주의를 뿌리째 갉아먹는다. 방만한 재정운영에 대한 강력한 책임을 묻는 장치가 없다면 '제2의 성남시' 문제는 언제든 터질 것이고, 이는 지자체의 발전을 위해서도 결코 바람직하지 못하다. 미국 일본 등 선진국에서 지자체의 능력을 벗어난 무리한 사업추진과 방만한 재정운영에 대해 파산제도를 두고 있는 것도 자치에 따른 재정책임을 강화하기 위한 것이다.

<한국경제신문, 2010년 7월 13일 "지자체 재정감시 제도화해야",
하혜수 경북대 교수>

제 3 절 지방세출

세입을 통해 조달된 지방정부의 재원은 지출행위를 통하여 실제 주민들에게 전달된다. 중앙정부의 세출과 비교할 때, 지방정부의 세출은 주민생활과 더욱 밀접한 관련성을 지니고 있기 때문에 전년도의 지출구조를 급격하게 변화시키는 것은 쉽지 않다. 특히 세출예산을 축소시키는 것은 주민의 생활에 직접적인 애로로 연결되어 강한 불만을 자초할 수 있다. 따라서 세출예산을 확보하기 위한 경쟁(budgetary competition)이 지방정부에서도 치열하게 진행된다.

우리나라 지방정부의 세출은 정책사업, 행정운영경비, 재무활동 등으로 구분된다. 이중 정책사업비는 지방정부가 수행하는 정책에 소요되는 지출로, 전체 세출의 80% 정도를 차지한다. 지방정부의 정책사업은 다시 자체사업과 보조사업으로 구분될 수 있는데, 보조사업의 비중이 38.4%를 차지하여, 중앙정부에 대한 의존도가 높은 수준이라 할 수 있다. 행정운영경비는 지방정부의 기본적인 운영을 위해 소요되는 재원으로 전체 세출의 14% 정도를 차지하며, 지방정부의 재무활동비는 전체 세출의 6% 정도를 차지한다.

1. 기능별 세출구조

우리나라 지방정부의 세출은 기능별로 일반공공행정, 공공질서 및 안전, 교육 등 14개 분야로 구성된다.[9] 이 중에서 가장 큰 비중을 차지하는 것은 사회복지예산으로 2010년의 경우 전체 지방정부 예산의 19.0%를 차지한다. 다음으로 수송 및 교통 11.8%, 환경보호 10.7%, 국토 및 지역개발 9.2%, 일반공공행정 8.6% 등이 상대적으로 높은 비중을 차지한다. 반면 공공질서 및 안전 1.6%, 보건 1.6%, 과학기술 0.3% 등은 상대적으로 낮은 비중을 차지한다.

지방정부 세출 중에서 가장 큰 비중을 차지하는 사회복지 분야는 기초생활보장, 취약계층지원, 보육·가족 및 여성, 노인·청소년, 노동, 보훈, 주택, 사회복지일반 등 8개의 세부 분야로 구분된다. 이들 사업들은 대부분 중앙정부의 국고보조금을 기초로 하고, 지방정부가 일정 비율을 대응하여 지출한다. 다음으로 큰 비중을 차지하는 수송 및 교통 분야는 지방도로의 관리, 대중교통서비스의 개선을 위해 지출된다. 환경보호 분야는 상하수도의 공급과 폐기물, 대기환경의 개선활동에 지출된다. 국토 및 지역개발 분야는

9) 이 중에서 예비비와 기타 항목을 제외하면, 사실상 12개 항목으로 구성된다.

지역개발을 위한 정책사업과 산업단지의 조성 등에 지출된다.

우리나라 지방정부의 기능별 세출은, 사회복지 비중이 가장 높은 것은 공통적이라 할 수 있으나, 지방정부가 속한 지역의 지리적, 사회경제적 특성에 따라 달라질 수 있다. 우선 도시지역의 경우에는 상대적으로 수송 및 교통 분야의 지출비중이 높지만, 농림해양수산 분야의 지출비중은 상대적으로 낮다. 반면 농어촌지역의 경우에는 상대적으로 농림해양수산 분야의 지출비중이 높지만, 수송 및 교통 분야의 비중은 상대적으로 낮다.

표 11-6 우리나라 지방재정의 기능별 세출(순계 기준)

(단위: 백만원, %)

구 분	2008년	2009년	2010년	
	금액	금액	금액	비중
합 계	124,966,562	137,534,905	139,856,484	100.0
일반공공행정	10,964,957	10,327,013	11,961,970	8.6
공공질서 및 안전	1,986,969	1,967,973	2,175,794	1.6
교육	6,955,142	7,878,533	8,138,470	5.8
문화 및 관광	6,047,481	7,093,829	7,794,872	5.6
환경보호	13,679,518	14,393,200	14,902,588	10.7
사회복지	21,665,815	24,145,527	26,534,200	19.0
보건	1,895,059	1,924,074	2,225,035	1.6
농림해양수산	8,057,584	9,259,287	9,723,691	7.0
산업 · 중소기업	2,580,259	2,925,084	3,017,166	2.2
수송 및 교통	16,305,131	18,388,558	16,464,811	11.8
국토 및 지역개발	12,904,685	14,514,874	12,843,999	9.2
과학기술	705,270	741,928	437,481	0.3
예비비	2,248,300	2,356,087	2,196,404	1.6
기타	18,970,392	21,618,938	21,440,004	15.3

자료: 행정안전부 재정고(http://lofin.mopas.go.kr/).

그림 11-1 우리나라 지방재정의 기능별 세출 구성(2010년 순계 기준)

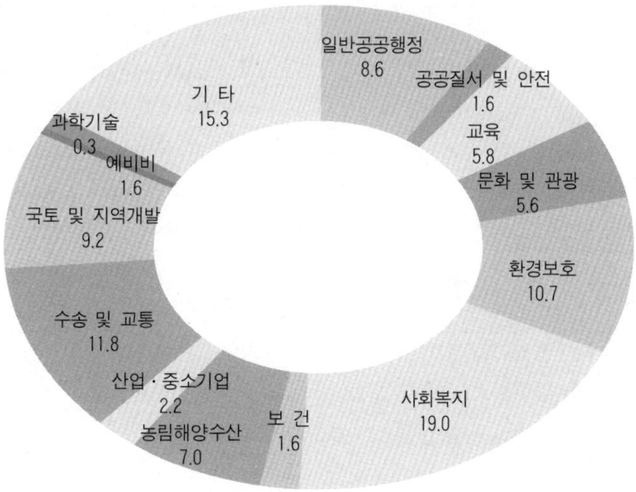

2. 성질별(품목별) 세출구조

우리나라 지방정부의 세출은 성질별(품목별)로 볼 때, 인건비, 물건비, 경상이전, 자본이전, 융자 및 출자, 보전재원 등으로 구분된다.10) 이를 2008년 지방재정을 기준으로 살펴보면 다음과 같다. 성질별 지출 중에서 가장 큰 비중을 차지하는 자본지출은 유형자산 등 장기간 동안 유지되는 사업을 위해 지출되고, 전체 세출의 36.8%를 차지한다. 다음으로 경상이전지출은 기초지방정부 및 민간부문에 이전되는 지출로서, 전체 세출의 33.3%를 차지한다. 특히 광역지방정부(특별시, 광역시, 도)의 전체 지출 중에서 자본지출과 경상이전과 같은 이전지출이 차지하는 비중은 70% 정도를 차지한다. 이 밖에 전체 세출에서 인건비는 8.1%, 물건비는 4.9% 정도를 차지한다.

---

10) 인건비, 물건비 등과 같은 비목 기준의 세출구분은 학술적으로는 품목별 예산이라고 하지만, 실무적으로는 성질별 예산으로 통용되고 있다.

표 11-7 지방정부 세출의 성질별(품목별) 구조(2008년 총계 기준)

(단위: 백만원, %)

	합계		특/광역시	도	시	군	자치구
	금액	비중					
합계	186,088,769	100.0	47,113,919	44,430,567	49,976,347	26,812,946	17,754,989
인건비	15,096,195	8.1	2,176,839	1,927,986	4,794,649	2,782,540	3,414,181
물건비	9,065,058	4.9	1,496,799	992,544	3,467,541	1,705,558	1,402,617
경상이전	61,890,836	33.3	18,519,836	16,399,387	13,645,118	5,942,325	7,384,171
자본지출	68,515,208	36.8	12,684,516	16,246,933	21,461,433	14,103,709	4,018,618
융자및출자	2,997,821	1.6	925,549	1,721,055	138,999	170,229	41,989
보전재원	3,515,419	1.9	1,045,902	1,415,131	775,481	219,876	59,029
내부거래	16,612,067	8.9	9,235,485	4,473,141	1,844,360	685,472	373,610
예비비및기타	8,396,165	4.5	1,028,993	1,254,391	3,848,767	1,203,238	1,060,776

자료: 행정안전부, 「지방재정연감(2009)」.

제 4 절 지방재정의 평가

세입과 세출을 포함한 지방재정의 운영은 재정지표라는 기준을 통해 평가될 수 있다. 재정지표란 지방자치단체의 다양한 재정여건과 운영상황에 대한 객관적이며 통일된 기준을 말한다. 재정지표의 분석과 평가를 통해 지방정부간 비교가 가능하고, 더 나은 재정상태로 발전하도록 방향과 목표를 제시할 수 있다. 여기에서는 행정안전부가 활용하고 있는 주요 재정지표를 중심으로 세입과 세출부문으로 구분하여 소개하고, 간략한 분석을 제시해보고자 한다.

1. 세입부문의 평가

(1) 재정자립도

지방정부의 세입부문에서 가장 강조되는 재정지표는 재정자립도라 할

표 11-8 지방정부 유형별 재정자립도 현황(2010년)

(단위: %)

구분	특별시	광역시	도	시	군	자치구
평균	83.4	56.3	31.6	40.0	18.0	35.4
최고 (단체명)	83.4 서울본청	70.0 인천본청	59.3 경기도본청	67.4 경기성남시	48.6 울산울주군	82.9 서울중구
최저 (단체명)	–	43.2 광주본청	11.5 전남본청	9.3 전북남원시	8.6 전남고흥군	11.4 부산서구

자료: 행정안전부 재정고(http://lofin.mopas.go.kr/) 지방예산지표 재정자립도.

수 있다. 재정자립도는 지방정부 예산규모 대비 자체수입(지방세+세외수입)의 비중을 의미한다. 여기서 지방세는 보통세와 목적세(지방교육세 제외)를 포함하며, 세외수입은 경상적 세외수입과 임시적 세외수입을 포함한다. 분모가 되는 지방정부 예산규모에는 지방세(지방교육세 제외), 세외수입, 지방교부세, 조정교부금 및 재정보전금, 보조금, 지방채 및 예치금회수 등이 포함된다. 2010년 기준 우리나라 전체 지방정부의 재정자립도는 52.2%이다. 서울시의 재정자립도는 83.4%로 매우 높다. 광역시 중에서는 인천시 70.0%, 도 단위에서는 경기도 59.3%, 시 단위에서는 성남시 67.4%, 군 단위에서는 울주군 48.6%, 자치구 중에서는 서울시 중구 82.9% 등이 상대적으로 높은 반면, 광주광역시 43.2%, 전남 11.5%, 전북 남원시 9.3%, 전남 고흥군 8.6%, 부산 서구 11.4% 등은 상대적으로 낮다.

(2) 재정자주도

재정자주도란 지방정부의 예산규모 대비 자체수입(지방세+세외수입)과 자주재원(지방교부세+조정교부금+재정보전금)의 합계가 차지하는 비중을 의미한다. 재정자립도에서는 상위정부에서 공식에 기초하여 이전되는 일반교부금에 해당하는 지방교부세, 조정교부금, 재정보전금 등을 의존재원으로 분류하였다. 그러나 재정자립도는 지방정부의 자주재원의 규모를 지나치게 작게 본다는 비판에 기초하여, 새로운 재정자주도의 개념이 국고보조금의 차등보조율을 결정하는 데 적극적으로 활용되고 있다.

표 11-9 지방정부 유형별 재정자주도 현황(2010년)

(단위: %)

구분	특별시	광역시	도	시	군	자치구
평 균	84.2	70.0	46.0	69.1	62.2	57.9
최 고 (단체명)	84.2 서울본청	76.7 인천본청	61.4 경기도본청	91.6 경기과천시	72.9 강원홍천군	89.3 서울강남구
최 저 (단체명)	- -	65.2 광주본청	30.2 전남본청	52.2 전남목포시	48.0 전남신안군	30.8 부산북구

자료: 행정안전부 재정고(http://lofin.mopas.go.kr/).

즉 지방교부세 등 지방정부가 사실상 자율적으로 활용할 수 있는 재원은 자주재원으로 분류되어야 한다는 것이다. 2010년 기준 우리나라 전체 지방정부의 재정자주도는 75.7%로, 재정자립도인 52.2%보다 20% 포인트 이상 높다. 서울시의 재정자주도는 84.2%이며, 전체 지방정부 중에서 가장 높은 곳은 경기도 과천시로 91.6%이고, 가장 낮은 곳은 전남으로 30.2%이다.

2. 세출부문의 평가

(1) 정책사업비 비중

정책사업비 비중이란 전체 예산 중에서 지방정부의 정책사업에 소요되는 예산의 비중을 의미한다. 2008년 이전에는 지방정부의 예산이 품목별로 편성되어 정책사업에 사용되는 일반운영비, 국내여비 등이 정책사업비에서 제외되었다. 그러나 2008년도부터 사업예산제도가 전면적으로 도입됨에 따라 일반운영비, 국내여비 등이 정책사업비에 포함되고, 전체 세출 중에서 정책사업비 비중이 더 높아지게 되었다. 2010년 기준으로 전체 지방재정의 정책사업비 비중은 79.6%이다. 이를 지방정부 수준별로 살펴보면, 서울시는 74.8%, 광역시는 79.6%, 도는 88.7%인 것으로 나타났다. 전체 지방정부 중에서 가장 높은 비중을 차지하는 곳은 전남본청으로 91.9%, 가장 낮은 비중을 차지하는 곳은 서울 용산구로 55.1%인 것으로 나타났다.

표 11-10 2010년 지방정부 유형별 정책사업비 비중

(단위: %)

구분	서울특별시	광역시	도	시	군	자치구
평 균	74.8	79.6	88.7	79.4	81.2	73.5
최 고 (단체명)	74.8 서울본청	83.6 대전본청	91.9 전남본청	87.1 경남양산시	85.7 전남장흥군	84.9 광주광산구
최 저 (단체명)	– –	76.0 부산본청	77.4 제주도본청	67.6 경남마산시	74.4 전북진안군	55.1 서울용산구

주: 2010년 당초예산 일반회계 총계기준.
자료: 행정안전부 재정고(http://lofin.mopas.go.kr/) 지방예산지표를 기초로 작성.

(2) 자체사업비 비중

자체사업비 비중이란 지방정부의 총 세출예산 중에서 지방정부가 지역개발을 위하여 자주재원을 사용하여 자율적으로 추진하는 사업예산의 비중을 의미한다. 지방정부가 자체사업을 원활히 수행하기 위해서는 지방세, 세외수입, 지방교부세 등과 같이 지방정부가 자율적으로 사용할 수 있는 자주재원의 비중이 높아야 한다. 자주재원이 빈약할 경우, 중앙정부가 추진하는 국고보조사업에 대한 대응자금으로 지방재정의 대부분이 소진되어 자체사업을 수행할 여력이 없어지게 된다.

2010년 예산기준으로 전체 지방정부의 자체사업비 비중은 39.0%이다.

표 11-11 2010년 지방정부 유형별 자체사업비 비중

(단위: %)

구분	서울특별시	광역시	도	시	군	자치구
평 균	59.6	44.2	30.6	33.8	27.0	22.6
최 고 (단체명)	59.6 서울본청	52.4 인천본청	49.0 경기도본청	57.8 경기과천시	43.4 대구달성군	47.1 서울강남구
최 저 (단체명)	– –	39.2 광주본청	18.6 충남본청	21.6 전남목포시	14.4 전북부안군	10.5 광주동구

주: 2010년 당초예산 일반회계 총계기준.
자료: 행정안전부 재정고(http://lofin.mopas.go.kr/) 지방예산지표를 기초로 작성.

상대적으로 재정력이 양호한 서울시는 59.6%로 매우 높으며, 광역시는 44.2%, 상대적으로 재정력이 취약한 도의 평균은 30.6%로 나타났다. 전체 지방정부 중에서 자체사업비 비중이 가장 높은 곳은 경기도 과천시로 57.8%, 가장 낮은 곳은 광주 동구로 10.5%이다.

(3) 보조사업비 비중

지방정부의 보조사업비 비중은 전체 예산 중에서 중앙정부 또는 광역지방정부로부터 재원을 보조받아 추진하는 사업예산의 비중을 의미한다. 2010년 기준 우리나라 전체 지방정부의 보조사업 비중은 40.6%이다. 상대적으로 재정력이 취약한 도와 기초지방정부는 대부분의 예산을 중앙정부의 국고보조사업에 투자하게 된다. 이에 따라 지방정부가 자율적으로 추진하는 자체사업은 거의 수행할 수 없는 여건에 처해 있다고 볼 수 있다. 이를 반영하여 실제로 재정력이 양호한 서울특별시의 보조사업비 비중은 15.1%에 그치는 반면, 광주광역시 광산구의 보조사업비 비중은 73.0%로 매우 높게 나타났다.

표 11-12 2010년 지방정부 유형별 보조사업비 비중

(단위: %)

구분	서울특별시	광역시	도	시	군	자치구
평 균	15.1	35.4	58.1	45.5	54.2	50.9
최 고 (단체명)	15.1 서울본청	43.4 광주본청	72.4 전남본청	61.3 전북남원시	70.2 전남신안군	73.0 광주광산구
최 저 (단체명)	– –	29.9 인천본청	40.3 경기도본청	22.3 경기과천시	41.7 대구달성군	23.6 서울종로구

주: 2010년 당초예산 일반회계 총계기준.
자료: 행정안전부 재정고(http://lofin.mopas.go.kr/) 지방예산지표를 기초로 작성.

(4) 사회복지비 비중

지방정부의 기능별 세출 중에서 가장 큰 비중을 차지하는 것은 사회복지분야이다. 사회복지비 지출은 지방정부의 사회경제적 여건에 의해 큰 영향을 받는데, 최근에는 노령인구와 같은 인구구조와 소득양극화에 따른 취

표 11-13 2010년 지방정부별 사회복지비 비중 비교

(단위: %)

구분	특별시	광역시	도	시	군	자치구
평 균	21.3	25.7	23.2	24.9	16.6	42.5
최 고 (단체명)	21.3 서울본청	30.5 광주본청	29.3 전북본청	38.6 전북전주시	26.3 충북음성군	64.9 광주북구
최 저 (단체명)	– –	19.7 울산본청	14.0 제주도본청	14.0 강원삼척시	4.4 경북울릉군	19.8 서울서초구

주: 일반회계 및 총계기준임.
자료: 행정안전부 재정고(http://lofin.mopas.go.kr/) 지방예산지표.

약계층의 확대 등이 중요한 결정요인으로 작용한다. 대부분의 사회복지 지출은 중앙정부의 국고보조사업으로 수행되는데, 지방정부의 재정력에 따라 국고보조율이 차등적으로 적용된다.

2010년 기준으로 전체 지방정부의 사회복지비 비중은 19.9%이다. 서울시의 사회복지비 비중은 21.3%이고, 광역시와 도 지역의 평균 사회복지비 비중은 각각 25.7%, 23.2%이다. 전체 지방정부 중에서 사회복지비 비중이 가장 높은 곳은 광주시 북구로 64.9%이며, 가장 낮은 곳은 경상북도 울릉군으로 4.4%이다.

참고문헌

국회예산정책처. (2010). 지방자치단체 재정난의 원인과 대책.

이달곤. (2005). 지방정부론. 서울: 박영사.

이재성. (2010). 특집: 지방세 분법의 성과와 의의; 지방세법 전부개정과 향후과제. 지방재정과 지방세. Vol.27. 한국지방재정공제회.

이영환 · 황진영 · 신영임. (2009). 지방소득세 · 지방소비세 도입과 향후 과제. 국회예산정책처.

정재진. (2010). 지방재정제도 연구: 지방자치 실시 이후 지방재정 변화와 발전방안 -지방세입의 자주성과 형평성을 중심으로-. 지방재정과 지방세, Vol.26, 한국지방재정공제회.

최병호. (2010). 특집 : 지방소득, 소비세 도입에 따른 지방재정제도의 변화와 개편 방향. 지방재정과 지방세, Vol.28. 한국지방재정공제회.

행정안전부. (2010). 2009년 12월말 지방채무 현황. 재정고(http://lofin.mopas.go.kr/).

CHAPTER 12

지역발전

제12장 지역발전

우리나라의 지역발전정책은 과거 국토 전 지역의 자립기반 조성과 경제성장의 기반 구축이라는 관점에서 추진되었으나, 최근 수도권과 지역간의 격차가 심화됨에 따라 '균형발전'과 '사회통합'이라는 측면이 강조되고 있다. 이하에서는 이론적 측면에서 지역발전의 접근방법과 최근의 새로운 지역발전 동인을 고찰한다. 그리고 우리나라에서 지역발전의 인프라로서 자리매김하고 있는 지역혁신체제와 최근 지역발전정책의 동향과 내용에 대하여 논의한다.

제1절 지역발전의 의의와 접근방법

1. 지역발전의 의의

(1) 지역발전의 개념

지역발전에 대한 연구는 제2차 세계대전 이후 사회학적 근대화이론이나 산업분야별 발전론과 수출기지론(export base theory)이 시발점이 되었다. 그리고 성장중심(growth center)이나 확산이론(diffusion theory), 규모의 경제와 집적경제(agglomeration economies)이론 등 연관된 이론이 상호작용을 하면서 출발하였다. 한때는 근대화이론을 기반으로 지역경제의 발전이론이 핵심을 이루었다. 이와 유사한 개념으로 지역개발이 있는데, 이는 주로 국토환경적 차원에서 물리적 하부구조를 어떻게 조성하는가 하는 점에 초점을 두는 데 비하여, 지역발전은 사회·문화적 측면까지 포함한 보다 광범위한 영역에 관심을 갖는다는 점에서 차이가 존재한다. 즉 전자가 국토환경적 차원의 성장과 균형에 관심을 가진다면 후자는 주민의 삶의 종합적 여건에 관심을 가진다.

지역개발은 지역발전과 밀접한 관련성을 갖는다. 지역개발은 사회개발을 수반할 때 보다 공동체 발전에 온전하게 기여할 수 있다. 즉 물리적 기반이나 경제적 성장에 걸맞은 문화적 토양을 가꾸고 공동체의 가치를 찾아야 지역사회가 발전할 수 있다. 지역발전은 지역단위의 양적 성장과 질적 발전을 포함한다.

분야별로 보면, 양적 성장으로는 지역의 물리적 하부구조개선, 경제성장과 기술의 발전, 소득수준의 향상 등을 들 수 있고, 질적 발전으로는 사회구조의 분화와 고도화, 지역사회 교육의 수준과 문화 예술의 발전, 환경개선을 통한 생활여건 개선 등을 들 수 있다. 이렇게 볼 때 지역발전이란 일정 지역을 대상으로 하여 그 지역이 지니고 있는 인적·물적 자원의 능력을 최대한 개발하여 그 지역의 경제적·사회적 가치를 향상시키고, 그 지역주민의 '삶의 질'을 개선시키는 것이라고 할 수 있다. 이러한 기반 위에 봉사정신, 공공질서의식 등과 같은 공동체 가치가 축적되어야 한다.

(2) 지역발전의 요소

지역발전에는 주관적 요소와 객관적 요소의 결합이 중요하게 작용한다. 주관적 요소는 지역의 주민이나 지역조직들의 소양과 능력이라고 본다면, 객관적 요소는 지역의 전반적인 여건으로서 주어진 물리적 환경 요소들을 지칭한다. 이 두 요소는 서로 결합하면서 지역이 지속적으로 발전할 수 있는 전제조건이 되며, 어느 한 요소만으로 지역이 발전하기는 용이하지 않다. 주관적 요소는 지역의 기업적 소양을 가진 사람의 존재, 자조정신, 전통적 자원을 혁신적 자원으로 동원할 수 있는 능력과 직결되어 있고, 객관적 요소는 지역에 숙련된 기술인력의 존재, 원자재의 공급 및 시장근접성, 지역 생산성 등에 의하여 영향을 받는다. 이러한 영향요인들은 지역의 경제적·사회적 환경으로부터 생성되며 지역의 역사적 배경과도 연관된다.

그러나 이러한 요소들이 고정불변의 것은 아니다. 시간적 차원에서 보면 번성한 지역이 도태하고 상대적으로 뒤처진 지역이 번성하는 지역으로 등장하는 것과 같이 지역의 성쇠가 시대에 따라서 바뀌는 경우가 적지 않다. 이러한 변화를 설명하는 것이 지역생명주기모델(regional life－cycle model)이다. 이 모델에서는 단기변화와 장기변화를 구별한다. 단기적으로는 진정한 지역발전과정에서 초래된 구조적 변화가 시너지효과와 규모의 경제를 통하여 지역구조를 강화시키는 방향으로 진행되지만, 이러한 변화를 장기적 관점에서 보면 강화된 구조변화가 이전에 존재한 성공의 조건을 파괴하고 지역을 또 다시 새로운 성공요인에 의존하게 만든다(Camagni and Cappello, 1990: 329－335).

지역발전의 성공조건은 변화되는 것이며, 따라서 지역발전에 있어서는 지역구조와 성공요건과의 부합성이 더 중요한 관건이 된다. 장기적으로 보면 지역의 장점이라고 믿었던 요소들의 효능은 사라지기도 한다. 생산요소는 더욱더 이동성이 높아지고 집적경제(agglomeration economies)의 이익도 어느 수준 이상에서는 규모의 불경제로 쉽게 전락한다. 따라서 장기적으로 지역의 발전을 확보하기 위해서는 주어진 장점을 항상 변화하는 환경에 부합하게 관리하고 새로운 기술, 인력, 기풍을 수용하여 특장이 있는 요소들을 효과적으로 관리하는 것이 중요하다.[1)]

1) 지역발전의 요건에 대해서는 많은 연구가 진행되었는데 특히 대도시권인가 아니면 시골지역인가에 따라서 그 내용이 달라지는 것이 일반적이다. 그리고 시대적으로도 그 요건이 달라진다. 이러한 요소들은 경제적·공간적 조건과 관계의 특성으로 구분할 수 있다. 전자는 근접성, 부문별 전문화, 도시－주변부 관계, 생산기반, 효율성과 생산성, 유연성, 그리고 시너지 등의 개념으로서 설명되는데, 지역의 성격이 시골에서 대도시에 이르기까지 다양하기 때문에 구체적으로 지역에 따라서 작용하는 요인들의 조합도 달라지고 또 요인의 효과도 달라진다. 그리고 후자는 경제적·정치적·사회적 관계를 포함하는 다차원적 요소들로 구성된다(Morill, 1989: 271－298; Brower and et. al., 1989).

2. 지역발전의 접근방법

(1) 고전적인 접근방법

지역발전에 관한 고전적인 이론은 발전의 동력에 관한 관심에서 출발한다. 발전을 추진시키는 원동력이 무엇이고 이것이 어디서 오는가에 초점을 맞추고 있는 것이다.

이에 관해서는 크게 두 가지 접근방법이 존재하는데, 지역 내부에 있는 자원이 발전의 주요 동력원이 된다고 보는 내재적 접근방법(endogenous approach)과, 동력원은 한 지역에 국한된 것이 아니고 지역적으로 움직이는 자본과 노동으로 보는 외재적 접근방법(exogenous approach)이 그것이다. 전자는 이른바 밑으로부터의 발전모델(development－from－below model)을 의미하며, 자본과 노동의 이동이 적었던 시대에는 지역발전을 설명하는 보편적 접근법의 역할을 하였다(Stöhr and Tödtling, 1977). 이 발전 모델에서는 지역 내부의 역동적 변화에 관심을 모으고 내부적 자원을 동원할 수 있는 능력이 중요하다고 본다. 반면 후자는 오히려 눈을 외부로 돌려서 외부의 자원을 유기적으로 연계·활용하는 전략에 관심을 둔다. 이때는 자원의 지역 내 소재보다는 유치 및 관리능력이 중요해진다.

(2) 지역발전의 내용에 따른 접근방법

지역발전의 내용에 따라 접근방법을 분류할 경우 인류학적 접근방법, 경제적 접근방법, 사회·문화적 접근방법 등으로 나누어 볼 수 있다. 인종문제나 역사적 특수성과 같은 요소가 강하게 작용하는 지역의 발전은 인류학적 접근방법의 도움이 필요할 것이다. 가장 많이 진행된 것은 주로 경제학적 접근방법인데 주로 기술과 경제적 근대화를 다룬다. 사회·문화적 접근법은 최근 유행하고 있는 것으로서 지역의 문화적 가치와 사회적 구조가 지역발전에 미치는 영향을 살피는 것이다. 특히 이와 관련하여 지역사회 구조의 조밀성과 민주적 네트워크, 지역 리더들의 도덕적 수준 등이 지역발전에 큰 영향을 미친다는 주장이 있다(Etzioni, 2001).

(3) 지역발전의 주체에 따른 접근방법

1) 중앙주도형 접근방법

중앙주도형 접근방법은 위로부터의 발전방식으로서, 제2차 세계대전 이후 대부분의 국가에서 채택해 온 방식이다, 이 접근방법은 중앙정부의 공간적 배치전략의 하나로서, 사회간접자본의 건설이나 산업입지 정책과정에서 정부의 정책적 판단에 따라서 일정 지역을 개발하는 것이다. 이 전략은 경제가 고도성장하는 시기에는 효과적일 수 있으나, 성장률이 떨어지고 자본과 노동이 쉽게 이동하는 시기에는 그 효과가 제한적일 수밖에 없다. 중앙정부가 지역형평성을 높이기 위해서 시도하는 지역개발정책은 지역에 혁신적 기업가 문화가 없는 경우 성공하기 어렵다는 것이 밝혀지고 있다.

2) 민간기업 주도형 접근방법

민간기업 주도형 접근방법은 시장기구를 주도적으로 사용하면서 민간기업의 창의와 의지를 바탕으로 하는 접근방법이다. 이 전략을 주창하는 사람은 정부가 주도하는 지역개발계획의 효과가 미진하다고 비판하면서, 기업의 경제활동에 대한 대폭적인 규제완화와 지원을 통하여 지역을 개발시켜야 한다고 주장한다. 또한 기존의 사회적·경제적 조건은 정부부문에 의하여 구축된 것으로 시장메커니즘과는 거리가 멀기 때문에 기존의 구도를 시장원리에 맞게 철저히 개조하여야 한다고 주장한다. 그러나 극히 일부 사례를 제외하고는 이러한 사기업적 지역개발의 성공 예를 찾아보기가 용이하지 않다. 경제의 글로벌화로 인해 이러한 접근은 적응능력과 혁신능력이 낮은 지역에서 효과를 내기 어렵다. 따라서 공간적 형평성을 더욱 악화시킬 가능성이 있다.

그러나 거시적 차원에서 교역조건의 자유화로 상품과 생산요소의 이동성이 높아질 수 있기 때문에 시장의 힘에 맡기면 지역간의 격차는 줄어들 수밖에 없다는 주장도 있다(Marshall, 1987). 이러한 이론은 일면 타당성을 가지고 있으나, 현실적으로는 지방이나 지역 수준의 특성을 고려하지 못하는 문제점이 있다. 즉 몇몇 기업이 투자하여 새로운 기회를 창출하고자 하는 시도는 지역의 기업환경이나 분위기에 의존하는 경우가 많다. 그리고 거시적으로 이동이 전개된다고 하더라도 지역 내부에서는 기술혁신, 인력훈련, 연구개발, 조세지원, 규제정책의 변화 등 새롭게 조정하여야 할 일이 적지 않다. 지역에서는 다양한 행위자들이 서로 다른 이해관계를 가지고 있기 때문에 친기업적 방향으로 선회하는 것이 용이하지 않다. 그러나 미시적 수준에서 기업이 시장의 기회를 더욱 잘 포착하기 때문에 지역에 대한 기여를 높일 수 있다는 주장은 분명히 설득력이 있다.

3) 지역주도형 접근방법

지역주도형 접근방법은 밑으로부터의 발전방식을 의미하며, 이 접근방법은 지역발전이 단순히 물리적 하부구조를 현대화하고 시장유인을 촉발하여 생산활동을 유치하는 것으로 마무리되는 것이 아니라는 점에 착안한다. 물리적 기반과 동시에 변화하는 환경에 적응하기 위한 지속가능한 지역발전의 혁신체계를 구축하여야 하고 지역사회의 네트워크화와 정부의 지원연계망이 구축되어야 한다는 것이다. 즉 지역여건에 부합하는 사회경제적 지역발전을 이룩하기 위해서는 지역 행위자들의 적극적 참여와 내부 에너지의 창출과 동원이 뒤따라야 한다는 것이다.

이러한 여건을 만들어 내는 주체로서 지방정부나 지방정부 중심의 다양한 파트너십에 의하여 형성된 연합체 조직이 주요한 역할을 수행할 수 있다. 지역발전에 핵심적인 요소라고 할 수 있는 혁신적 분위기와 기업가적 정신은 지역의 환경에 의하여 형성되는 것으로 밝혀지고 있다. 물론 국가적 지역균형정책수단과 미시적 기업유인수단이 이러한 분위기 형성에 영향을 미칠 수 있을 것이다. 그러나 지역공동체의 광범위한 동의와 주도적 행동이 지역의 조건을 바꿀 수 있는 가장 효과적인 동력이라는 점을 부인하기는 어려우며, 지역공동체 구성원에 의하여 주도되고 채택된 정책만큼 지속적으로 효과를 낼 수 있는 정책은 없다.

제2절 지역발전의 새로운 동인: 사회적 자본과 창조적 계급

1. 지역발전의 패러다임 전환

(1) 수동적 패러다임

지역의 발전주체들이 다국적 기업의 영향력이나 국제금융제도의 흐름 그리고 국내 중앙정부에 버금가는 영향력을 가지고 주도적으로 발전유형과 과정을 선택한다는 것은 용이하지 한다. 즉 지방의 중소기업과 공동체 구성원들이 역사를 주도적으로 만들어가는 것은 어렵다는 것이다. 현실적으로는 역사를 수용하는 역할을 통하여 큰 흐름에 작은 의지를 결합시키는 것이 현명하다. 지역이 획득할 수 있는 정보는 극히 한정되어 있고 성공한 지역의 생생한 정보도 체계적으로 전달되지 못하기 때문이다. 특히 세계적인 차원에서 어떤 조건하에 어떤 지역이 성공하고 있는가에 대한 보편적 논리가 정립되지 못한 현실에서 내생적 지역발전개념은 위축되기 마련이다. 또한 권위주의 집권체제 시대에는 지역의 정치적 영향력이 제약되지 않을 수 없다. 그런 점에서 민주다원주의 정치와 분권적 국가운영체계가 들어서지 않은 단계의 지역발전은 여전히 중앙종속적인 시각에서 추구되어 왔다고 할 수 있다.

그러나 이제는 경제구조가 바뀌고 있다. 세계적으로도 탈냉전과정은 이미 심화단계에 접어들고 있으며 대부분의 중진국은 시장중심의 다원주의 자유민주체제를 공고화하는 노력을 기울이고 있다. 이러한 변화에 부응하여 지역개발을 보다 지역사회의 발전이라는 넓은 틀 속에서 이해할 필요가 있으며 전략적 관점에서도 지방이라는 소우주의 정치적·사회적 구조와 과정의 변화를 추구하면서 지역사회의 발전으로 나가야 할 것이다. 물론 아직도 지역의 물리적 하부구조의 건설이 취약하거나 경제력이 생존수준에 미치지 못하는 단계에서는 단기적으로 지역개발의 필요성이 크게 부각될 수 있다. 그러나 일정 수준의 개발과 경제력을 갖춘 이후에는 지역사회의 문화적 수준향상과 사회적 기대를 지향하여야 한다.

지역발전의 전략은 i) 한 지역이 다른 지역으로 영향력을 확장하는 것, ii) 중앙정부나 다국적기업들로부터 지역에 필요한 자원을 유치하는 것, iii) 나아가서 지역에 부존하는 자원의 에너지와 기술을 잘 조직화하는 것 등으로 나누어 볼 수 있다. 그런데 현실적으로 앞의 두 가지 전략이 보다 자주 구사되었고 후자는 그리 광범위하게 활용되지 못하였다는 평가를 받고 있다. 자본, 노동력, 인구 그리고 환경과 같은 요소들이 다른 지역으로 나가는 측면인 진출전략에 관심을 많이 가졌고, 지역 내부의 다양한 하위체계에서 나오는 발전에 대한 주도권과 리더십 같은 내재적 전략의 활용은 미진하였다는 것이다(Hirschman, 1970).

이러한 평가를 받는 이유는 다음과 같이 설명될 수 있다. 테일러(Taylor)식의 대량 생산체계에서는 대기업과 국가간의 협력적 관계의 구축이 필요하였다. 기업은 국가에 의존하여 광대한 시장을 개척하여야 했고 엄청난 규모의 재원을 동원해야 하였기 때문에 경제성장을 정책적으로 추진하여야 하는 정부와 전략적 제휴가 중요했다. 그 과정에서 자연히 수직적이고 관료적인 조직화가 진행되었고, 이러한 변화로 인해 작은 지역의 발전은 국가전체의 발전구도에 따라 결정되었다. 산업화와 도시화가 맹렬히 진행되는 시기에 국가는 자연히 극단적 빈곤의 문제와 도시하부구조의 건설과 같은 과제에 관심을 가지게 되었고 지역의 균형발전이나 작은 지역의 활로에 대해서는 대체로 둔감하게 되었다.

(2) 창의적 특성화 패러다임

대규모의 수직적 의사결정구조와 기업과 국가간의 결합은 경제의 성장기와 시장팽창기에는 산업생산의 규모의 경제이익을 활용할 수 있었기 때문에 많은 성과를 낼 수 있었지만 지구적 경제구조의 조정이 진행되는 시대에는 한계를 나타내게 된다. 1980년대부터 선진국을 필두로 진행되고 있는 경제구조조정과정에서 생기는 문제는 지역에 고용조정이라는 문제를 가져오고, 보다 전문화된 고급상품을 소량 생산할 수 있는 체제를 요구하고, 환경파괴에 대한 보다 적극적인 대처를 요구한다. 이러한 문제의 해결은 물론이고 삶의 현장에서 포착할 수 있는 기회를 활용한다는 측면에서도 집권적이고 수직적인 결정체제는 제약을 지니게 된다.

이러한 단계에서는 지역의 쇄신적 분위기를 진작시켜서 지역의 혁신을 도모하고 고용과 같은 전통적 경제문제의 해결뿐만 아니라 IT, 생명공학, 녹색산업 등과 같은 새롭게 대두되는 분야에 대한 창의적 대처가 필요해진다. 이러한 전환과정에서는 유연하고 분권화된 참여촉진의 수평적 구조가 뿌리 내려야 한다. 이러한 패러다임의 전환은 지역발전전략에도 자연히 내생적 에너지의 중요성에 관심을 재집중하게 한다. 이러한 변화로 인하여 종래의 지역발전과는 상이하게 단순한 공장유치에서 벗어나 지역의 문화와 환경을 발전시키고 지역의 삶의질과 경쟁력을 지속가능하게 할 수 있는 방안의 모색 필요성이 높아지게 된다(Naisbitt, 1985).

2. 지역발전과 사회적 자본

(1) 사회적 자본의 개념

물질적인 자원 위주의 발전 전략을 넘어 문화와 가치의 중요성이 강조되면서 최근 사회적 자본이 지역발전의 주요 동인으로 부각되고 있다. 사회적 자본이란 일반적으로 두 가지 차원에서 정의되는데, 개인적 차원에서는 개인이 자신의 사회적 관계나 집단소속 여부를 이용하여 가치 있는 자원을 획득하는 능력을 의미하며, 집단적 차원에서는 공동의 참여나 제도에 대한 신뢰, 또는 확립된 생활양식에 대한 헌신을 통하여 집단행동의 이득을 누리는 것을 의미한다(이재열, 2006). 이것은 보다 구체적으로 도덕, 준법정신, 신뢰, 협조, 자발적 참여 등의 시민정신으로 정의되기도 한다(최기조, 2010a).

이러한 사회적 자본이 지역발전에서 갖는 의미는 무형적 자산으로서의 사회적 자본이 지역의 공동체의식을 강화하여 지식의 공유와 네트워크의 강화를 가져오고, 궁극적으로 지역발전을 가져올 수 있다는 것이다. 그러나 우리나라에서는 사회적 자본이 전반적으로 취약한 것으로 지적되고 있다. 특히 사회적 자본의 기초가 되는 사회제도의 신뢰도는 정당과 함께 가장 낮은 수준에 머물고 있다.[2)]

(2) 지역발전을 위한 사회적 자본 강화전략

국가전체적으로 사회적 자본이 취약한 상태에서는 지역발전을 위한 동인을 찾기가 용이하지 않다. 하지만 전술한 바와 같이 지역발전이 지역개발과 구별되는 양적, 질적 성장을 동반하는 개념임을 전제한다면, 사회적 자본의 조성은 지역사회의 발전을 이루기 위한 필수불가결한 요소로 인식할 필요가 있다. 따라서 지역공동체의 활성화를 위한 사회적 자본조성 전략이 강구되어야 한다.

기본적으로는 지역사회에서 자발적 결사체의 결성과 활동이 촉진될 수 있도록 여건을 조성하는 것이 무엇보다도 중요하다. 외국의 경우 민간부문의 자발적 조직인 지역공동체개발조직(CDCs: Community Development Corporations)과[3] 비영리단체가 지역사회에 지대한 공헌을 하고 있음을 고려할 때, 이러한 결사체의 여건 조성 노력은 무엇보다도 중요하다. 특히 비영리단체(NPO: Non Profit Organization)가 지역공동체 내에서 신뢰를 조성하여 사회적 자본을 축적하는 데 기여한다는 사실이 알려져 있다(Coleman, 1988: 95-120).

시민들이 비영리단체와 자율조직에 참여하여 그 활동을 충실히 수행하

---

2) 학계, 의료기관, 군대, 노조, 언론, 교육기관 등을 포함한 각종 제도권 기관에 대한 신뢰에 있어 한국은 미국에 비하여 상당히 낮으며, 특히 정부와 정당에 대한 신뢰도 격차가 큰 것으로 나타나고 있다. 중앙정부부처에 대한 신뢰가 한국이 42.4인 반면, 미국이 78.3이며, 국회에 대한 신뢰가 한국이 18.0. 미국은 75.1로서 그 차이가 가장 큰 것으로 나타나고 있다. 자세한 내용은 이재열(2006) 참조.

3) 서구사회에서는 민간지역공동체조직(CBOs: community-based organizations)이 지역발전비전과 전략을 수립하고 이를 적극적으로 이행하는 데 나서는 사례가 많아지고 있다. 풀뿌리 지도자(grass-root leader) 혹은 풀뿌리 기업가(grass-root entrepreneur)라고도 불리는 지역의 활동가와 사업가들은 지역을 보다 친기업 문화로 바꾸려고 노력하며 공동체의 공동이익 증대를 통하여 지역사회에 기여하려고 한다. 예를 들면 실리콘밸리(Silicon Valley)에서는 다양한 민간조직들이 그들의 웹사이트를 통하여 기업이 필요로 하는 기술과 인력 그리고 자본유치는 물론, 각종 문화행사와 유명인사의 초청행사를 개최한다. 이들은 기업간의 합병을 돕기도 하고, 필요한 기술인력시장을 열기도 한다. 기술정보를 교환하고, 법률 자문을 하기도 하면서 기술과 경제의 유통망을 건설한다. 이들의 목적은 그 지역이 지속적으로 발전하도록 혁신적 분위기를 유지하는 지역공동체를 건설하는 것이다.

는 과정에서 구성원들간에는 신뢰가 생성된다. 그들간의 빈번한 회합과 공익적 활동의 네트워크는 구성원들에게 단기적 사익추구동기를 억제하고 장기적으로 공동체에 대한 기여를 통하여 개인도 발전할 수 있다는 가능성을 경험하게 한다. 수평적 사회네트워크(horizontal social networks)를 통하여 상호협조의 규범이 생성되면 공공제도의 효과성도 커지고 지역의 물질적 수준도 높아진다고 한다. 즉, 건강하고 역량 있는 시민사회는 지역의 정부부문의 발전은 물론이고 지역경제의 발전에도 크게 기여하는 것으로 주장되고 있다(Putnam, 1993; Potapchuck, and et. al., 1997). 따라서 지방정부는 이러한 결사체를 위한 적극적인 지원과 인프라 조성 노력을 강화할 필요가 있다.

우리나라의 경우 사회제도에 대한 신뢰가 전반적으로 낮다는 점을 고려할 때, 지역사회의 신뢰도 제고를 위하여 무엇보다도 지방정부에 대한 신뢰를 제고하는 노력을 기울일 필요가 있다. 이것은 보다 구체적으로 정책 입안 및 집행의 공정성 확보를 통한 지역주민의 정부에 대한 신뢰성 제고를 의미한다. 이를 위해서는 정책의 컨텐츠 측면의 공정성 확보와 더불어 프로세스 측면에서의 공정성 확보도 강조될 필요가 있다. 지역주민과의 정보 공유와 커뮤니케이션의 확대는 새로운 아이디어의 발굴과 더불어 지역공동체 의식의 강화에 기여할 수 있을 것이다.

보충 12-1 지역발전지수와 사회적 자본

최근 한 신문에서 발표된 지자체 지속가능지수는 다음 표에서 보는 바와 같이 '지역공동체 및 주민참여'가 주요 항목으로 포함하고 있다. 이러한 현상은 아직 초보적 수준이기는 하나 기존의 경제·환경 영역의 역량에 부가하여 사회적 자본이 지역발전에서 차지하는 중요성이 점점 더 증대되고 있음을 보여주고 있다. 다음 표의 이것은 과거 정부 주도의 지역발전하에서 중요시되던 정부의 역량에 부가하여 민간부문의 역량이 더욱 강화되어야 함을 의미하는 것이기도 하다.

지자체 지속가능지수 평가지표

경제부문

영역	지표
소득/소비	1인당 GRDP
	1인당 소매업체 수
고용	총사업체 증가율
	예산 중 공공투자사업비 비중
	실업률
	청년실업률
인구	인구성장률
	순 이주율
	출산율
	고령인구비율
형평성	빈곤인구비율
	소득불평등 지니계수
	여성경제활동 참가율
	남성 대비 여성임금 비율
재정	재정자립도
	1인당 지방세 부담액
	1인당 지방체규모
성장 잠재력	도로 총연장
	연구개발투자/GRDP

영역	지표
교육·문화	도서관 이용률
	컴퓨터 보급률
	인터넷 이용률
주택	자가 보유율
	최소주거기준미달가구 비율(방수/면적)
	저렴주택 및 공공임대주택 공급비율
생명·안전	1000인당 신고된 범죄 수
	범죄에 대한 두려움
	자살률
	교통사고 발생건수
	교통사고 인명 피해 및 손실액
지역공동체 및 주민참여	거주 안정성
	지역친교연결망
	공동채 귀속감
	지역 효능감
	지방자치 선거 투표율
	반상회 참여율

사회부문

영역	지표
건강	영아 사망 인원
	출생시 기대여명
	하수처리 향유 인구
	안전한 식수 접근 인구
	주요 보건시설 접근 인구
	의료인력수
	유소년 전염병 예방주사
	GDP 대비 보건 지출
	1인당 의료보험 지급액
	비만
	음주량
	흡연인구비율
	운동횟숫(시간)
교육·문화	중당학교 순졸업률
	성인 비문맹률
	평생교육 참여율
	도서관 좌석수 및 장서수

환경부문

영역	지표
온실가스	1인당 온실가스 배출량
	지역 GDP당 온실가스 배출량
	온실가스 산정 및 관리체계
에너지	1인당 연간 에너지 소비량
	신재생에너지 생산 및 소비 비중
물사용	1인당 1일 물 소비량
대기오염	평균대기오염도(SOx, NOx, 먼지, 오존)
수실오염	하천오염도(BOD, COD, SS)
	상수도 보급률
	하수도 보급률
폐기물	생활 및 일반 폐기물 발생량
	지정폐기물 발생량
	폐기물 재활용 및 재이용률
농업	농지면적당 화학비료 사용량
	농지면적당 농약 사용량
산림 및 녹지	전체 면적 중 산림지역 비율
	1인당 공원 면적
생태계	습지(갯벌 포함) 면적 증감

출처: 경향신문 2011년 1월 26일자.

3. 지역발전과 창조적 계급

(1) 창조적 계급의 의의

최근에는 지역발전의 개념이 단순한 양적인 성장 개념을 넘어 생활수준이나 문화와 같은 영역을 중요한 요소로 간주하는 경향을 보이고 있다. 이러한 현상이 나타나고 있는 것은 기본적으로 산업의 패러다임이 과거의 제조업중심에서 서비스업중심으로 전환되면서 고객중심의 다양한 서비스의 개발, 전문적인 기술의 중요성 증대, 창의성의 중시 등이 강조되고 있는 것과 맥을 같이 한다. 이러한 관점에서 최근 지역사회의 발전을 위한 주체로서 창조적 계급의 중요성이 강조되고 있다. 창조적 계급이란 전문적인 지식이나 예술적 재능을 활용하여 기존의 방법과는 다른 방법으로 인간의 효용을 증대시키는 사람들을 의미한다(최기조, 2010b: 8).

창조적 계급의 역할 및 특성과 관련된 주요 논의들은 다음과 같다(이길태, 2002). 첫째, 사회가 발전하기 위해서는 변화를 일으켜야 하며, 변화의 주체는 사람이라는 것이다. 특히 이러한 사람들 중 창조적 계급이 핵심주체가 되며, 창조적 계급인가의 여부는 지위의 높고 낮음으로 결정되는 것이 아니라 활동의 창조성 여부로 결정된다.

둘째, 창조적 활동은 화폐가치로 측정할 수 없는 동기유발에 의하여 일어난다. 이를 위해서는 일에 대하여 도전과 책임이 뒤따라야 하고, 적극적인 시도를 통하여 진취적인 인간형으로 전환되어야 한다는 점이 강조된다.

셋째, 창조적 계급은 삶과 여가(life and leisure)를 중시한다. 창조적 생활양식은 개방적이며, 창조적 계급은 모험 지향적인 삶과 여가를 선호한다. 그리고 이러한 생활들은 그들의 창조성 증진과 연결된다.

넷째, 창조적 계급의 역할과 관련하여서는 공동체(community)의 중요성이 강조된다. 공동체 내에 새로운 사람들의 급속한 진입과 새로운 아이디어를 흡수하여 창조성을 강화하게 된다면, 그 지역공동체는 삶에 큰 변화와 발전을 이룰 수 있게 된다는 것이다.

(2) 창조적 계급의 유치전략

창조적 계급이 지역발전에 기여하는가에 대해서는 논란의 여지가 있고, 특히 지역발전의 개념을 무엇으로 파악할 것인가에 의하여 달라진다. 그러나 지역의 역사와 특성을 고려한 지역발전 개념이 강조되고, 관광산업이 지역의 핵심 산업으로 부각되고 있는 점을 고려할 때, 창조적 계급을 지역에 유치하는 것은 지역발전의 핵심적 요소로 평가될 수 있다. 최근 지역 어메니티(amenity) 개념이 강조되고 있는 것도 유사한 맥락이라고 할 수 있다.[4]

따라서 창조적 계급을 지역에 육성 및 유치하기 위한 전략개발이 요구되는데, 이를 위해서 지방정부는 기본적으로 창조적 계급이 거주하기 좋은 환경을 조성하는 것이 필요하며, 구체적으로 쾌적한 삶의 환경 조성과 선진적인 교육시스템의 구축, 문화생활 향유 공간 확보, 풍부한 녹지 확보 등의 노력을 기울일 필요가 있다. 창의적 인재가 쾌적하게 생활하며 공동체를 형성할 수 있는 발전전략이 중요해지는 것이다.

제 3 절 지역발전 추진체계: 지역혁신체제

1. 지역혁신체제의 개념과 구성요소

(1) 지역혁신체제의 개념

1980년대에 과학기술과 지역발전정책(regional development policy)을 연결시키려는 시도가 유럽을 중심으로 일어나기 시작하였다. 과학기술단지와 같

4) amenity는 사전적으로 쾌적한 장소, 상황, 기후 등을 의미하나, 지역 어메니티는 구체적으로 인간이 자연과 함께 살아가는 데 불편한 요소들을 제거하고, 여가와 휴식에 필요한 시설과 장소를 활용하면서, 고유한 지역문화와 전통문화를 향유하는 것으로 이해된다. 이 개념은 산업혁명 이후의 열악한 주거여건을 개선하기 위한 공중위생 차원의 개념으로 논의되었으나, 20세기 이후 총체적인 지역발전전략과 연결되는 확대된 개념으로 변화되었다(성춘자 · 임익성, 2008: 58-59).

은 물리적 공간중심의 개념을 뛰어넘어 소프트 인프라인 행위자나 기관간의 관계와 제도적 관점에서 기술과 지역발전을 연결시켜 보려는 것이다. 이러한 흐름은 지방정부를 비롯한 공공기관의 역할을 상대적으로 중시하는 경향을 가졌다는 점에서 특이성을 가지며, 각국에서 지역혁신체제(RISs: Regional Innovation Systems)라는 명칭하에 주요 관심사가 되어 왔다.

기업단위에서 전개되는 공정적 생산물의 창조적 개선작업을 기업혁신(corporate innovation)으로서 파악하였다. 지역혁신체제란 기업의 혁신활동에 긍정적인 영향을 미치고, 이를 통해 국가경쟁력을 확대하기 위해 지역차원에서 생성되고 유지되는 복잡한 제도와 정책의 복합체를 지칭한다. 지역단위에서 이루어지는 혁신주체들의 상호작용과 학습 그리고 제도적 능력의 구축을 확보하여야 혁신이 가능하기 때문이다. 하나의 시스템으로 이해하려는 것이다.[5)]

지역혁신체제는 정부 및 비영리 조직 간의 상호협력, 신뢰, 네트워크, 거래비용 등을 중시하는 개념이며, 이들 간의 상호작용을 통한 지역 내 기업의 혁신능력 향상이 결국 지역 경쟁력과 국가경쟁력을 결정짓는 요체라는 점을

그림 12-1 **지역혁신체제의 개념 도식화**

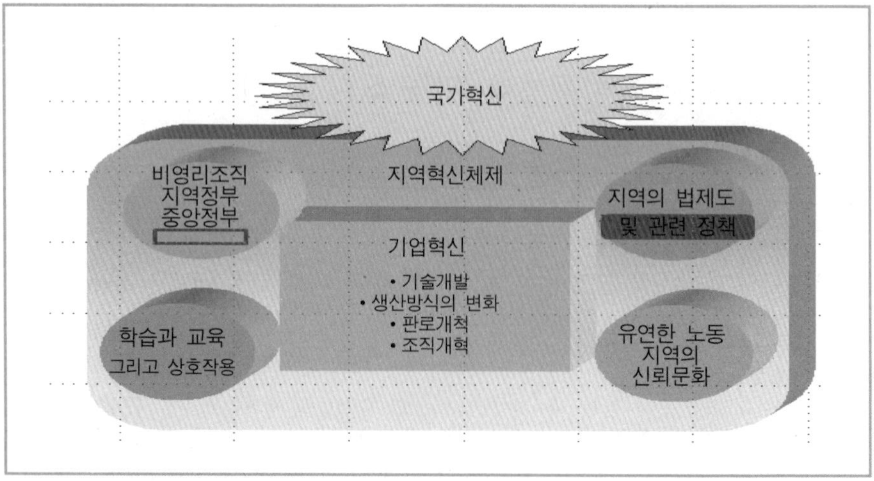

5) 이하의 내용은 임헌만 · 정연정 · 전주상(2007)의 해당 내용을 요약하여 재정리한 것임.

시사한다. 결국 지역경제 발전과 국가혁신을 가능하도록 하는 지역혁신체제는 행위자(actor)의 참여와 상호작용, 문화와 제도, 이해 조정능력(coordination) 및 정책연계(policy networking) 등이 발현되는 장이 되며, 이러한 활동들이 효과적으로 수행되기 위해 필요한 지리적 인접성을 전제로 구축 가능한 것이다.

(2) 지역혁신체제의 구성요소

[그림 12-1]에서 보는 바와 같이 지역혁신체제는 국가혁신체제의 한 하위체제이다. 그리고 지역내의 다양한 요소가 작용하고 그 중심에는 기업이 있다.

지역혁신체제를 구성하는 핵심요소는 크게 상부구조(superstructure)적 요소와 하부구조(infrastructure)적 요소로 구분될 수 있다.

우선 상부구조적 요소는 사회문화적인 조직과 제도적 관행, 분위기, 규범 등을 의미한다. 특히 지역혁신체제에 참여하는 구성원들이 기회주의적인 행동을 배척하고 신뢰와 협력의 문화 그리고 통제와 조정력을 잘 발휘할 수 있도록 하는 상위의 규범과 제도를 포함한다. 즉 지역혁신체제 내에서 작용하는 법제도적 요건이 지역혁신체제를 구성하는 상부구조적 요소라고 볼 수 있으며, 이는 지역경제와 관련된 정책, 규정, 법령 등의 총합이라고 할 수 있다.

하부구조적 요소는 지역혁신체제의 기반이 되는 요소들로 구성되는데, 보통 물리적 하부구조와 사회적 하부구조로 구분된다. 물리적 하부구조는 지역 내에 존재하는 도로, 공항, 항만, 통신망과 같은 요소들로 구성되며, 사회적 하부구조는 관련기업, 대학, 연구소, 금융기관, 지방정부, 민간 매개기관 등으로 구성된다. 특히 사회적 하부구조의 중요성이 최근 부각되고 있는데, 기업, 지방정부, 관련 연구소, 대학, 민간 매개기관 등의 네트워크 형성이 지역혁신체제의 성공요인으로 대두되고 있다.

2. 지역혁신체제와 지방정부의 관계: 지방정부의 역할

지역혁신체제를 구성하는 하부구조 중 사회적 하부구조에 해당하는 다양한 활동주체들 가운데 지방정부가 수행하는 역할은 더욱 중요해지고 있다. 지방분권이라는 관점에서 다양한 권한이 중앙정부에서 지역정부로 이양되는 과정이 있는데, 이러한 권한의 이양과정에서 지역정부는 지역혁신체제를 수립하고 관리·운영하는 데 중요한 역할을 할 수 있다.

지역혁신체제가 지역발전을 위해 필요한 지역 내의 다양한 역량을 향상시키고, 중앙으로 집중된 국가혁신의 기반을 지역으로 확산시킴으로써 균형 있는 국가발전을 도모하는 데 중요한 역할을 하는 만큼, 이러한 과정에 필요한 다양한 정책공급을 주로 담당하는 지역정부야 말로 그 역할과 권한이 변화될 수밖에 없는 것이다. 지역혁신체제의 일요소이면서 동시에 이러한 혁신체제를 유지하고 관리하는 데 중요한 역할을 수행하는 지역정부의 역할에 대한 이론적, 현실적 논의를 전개하는 것이 매우 중요한 과제로 대두된다.

이론적인 차원에서 지방정부가 지역혁신체제와 관련해서 수행할 수 있는 역할은 크게 세 가지로 구분될 수 있다. 첫 번째는 지역혁신체제 수립과 유지를 위해 필요한 제도적, 사회적, 문화적 환경의 조성자(creator)의 역할이다. 지방정부는 지역혁신체제에 참여하는 다양한 행위자들간의 신뢰, 협력을 위해 필요한 의지와 자발성, 팀웍(teamwork), 고객과 공급 기업들 간의 생산과 서비스 네트워크 등을 형성하고 개발하는 데 중요한 규범과 규칙을 생성하는 역할을 하게 된다.

두 번째로 지역혁신체제와 관련하여 지방정부는 중요한 조정자(coordinator)의 역할을 수행한다. 지역혁신체제를 구축하는 과정에서 지방정부는 다양한 유관기관들의 협의체를 구성하고, 협의체 내에서 이루어지는 이해충돌과 갈등을 조정하는 역할을 담당하게 된다. 최근 지역혁신체제를 운영하기 위한 거버넌스형 지역혁신 기관들이 지방정부의 주도로 형성되고, 다양한 조정행위가 관련 지방공무원들에 의해 주도되는 경향이 있다. 지방정부는 지역의 핵심적인 파트너십 형성을 위한 다양한 지원체제를 수행하며, 동

그림 12-2 지역혁신체제 구축과 유지를 위한 지방정부의 역할

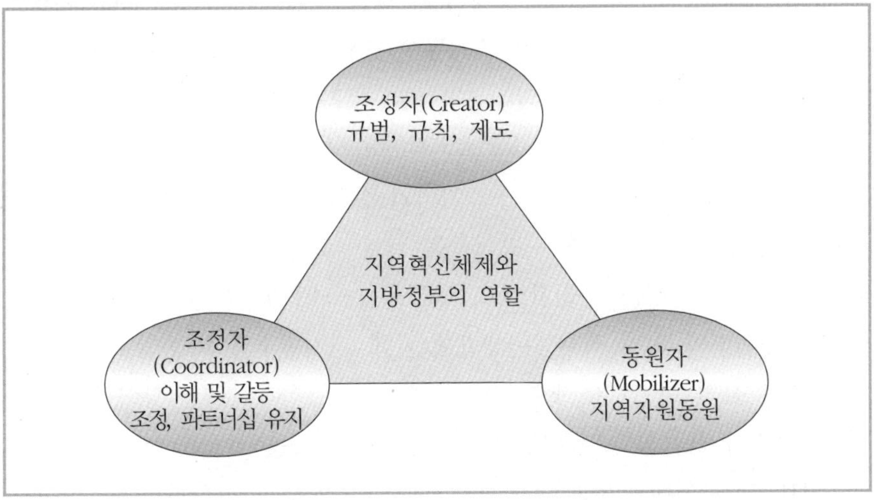

시에 혁신체제 내에서 발생가능한 갈등을 관리하는 주체로서의 위치를 부여받게 되는 것이다.

마지막으로 지방정부는 지역혁신체제의 수립과 유지에 필요한 지역자원의 관리와 동원을 담당하는 동원자(mobilizer)로서의 역할을 수행할 수 있다. 지역혁신체제는 특정한 지역에 경제적 효과를 창출할 수 있는 지역의 물적, 인적자원을 개발하는 과정과 직접적으로 관련된다. 다양한 자원들을 활용함으로써 이를 중심으로 지역혁신체제를 수립할 것인가를 기획하고, 필요한 자원을 동원하는 역할을 수행하는 데 있어 지역정부는 중요한 정보와 전문인력을 확보하고 있다고 볼 수 있다.

3. 지역혁신체제 구축사례

지역혁신체제 구축은 특히 참여정부에서 강조된 바 있는데, 참여정부는 후술하는 국가균형발전정책의 차원에서 지역혁신체제 구축과 관련된 다양한 시책을 추진한 바 있다. 참여정부의 지역혁신체계 구축정책은 크게 다음과 같이 네 가지 차원에서 추진되었다(김철회, 2007: 141－143).

첫째, '협의의 지역혁신체제 구축사업'으로서, 이 사업은 광역 및 기초자치단체별로 지역혁신협의회를 형성하고, 작동하게 하는 정책이었다. 지역혁신협의회는 지역 내 다양한 혁신주체들의 공동학습과 혁신창출의 장을 제공하고, 지역 내 혁신활동을 협의·조정하는 기구를 의미한다.

둘째, '지역혁신역량 증대사업'으로서, 이 사업은 지방대학과 지방과학기술연구소에 대한 지원을 강화하고, 지역의 산학연협력을 강화하는 사업이었다. 참여정부는 2004년부터 지방대학을 획기적으로 지원하는 '지방대학혁신역량강화사업(NURI)'을 추진하였고, 중앙정부 연구개발예산의 지방에 대한 투자를 증대하여 전체 정부연구개발예산 대비 지방투자 비중을 2005년에는 33.7%까지 높인 바 있다. 또한 지방의 특성화된 혁신역량을 강화하기 위해 지역문화관광 육성사업, 지역정보통신 진흥사업 등을 전개한 바 있다.

셋째, '산학연네트워크 강화사업'으로서 이 사업은 산학협력 중심대학을 육성하고, 대학과 기업의 연계를 활성화하기 위해 산학연공동기술개발사업을 확대하고, 산학협력단의 운영을 활성화는 사업 등을 포함하였다. 특히 참여정부는 중소기업과 대학 사이에 이루어지는 산학연공동기술개발사업에 대한 예산을 크게 증대하였고, 지역대학의 기술이전 및 산학연 연계를 활성화하기 위해 지역대학에 산학협력을 전담하는 조직인 산학협력단을 설치하도록 유도하였다.

넷째, '지역별 혁신클러스터 육성사업'으로서 대덕연구개발 특구를 본격적으로 지원하여 세계적인 혁신클러스터로 육성하고, 7개 시범 산업단지 혁신클러스터를 육성하는 사업이었다. 7개 시범 산업단지 혁신클러스터에는 창원(첨단기계), 구미(디지털전자), 울산(자동차), 반월·시화(첨단부품소재), 광주(광산업), 원주(첨단의료기기), 군산(자동차·기계부품) 등이 포함되었다.

표 12-1 **참여정부 지역혁신체제 구축정책의 주요내용**

사업유형	주요 목표	주요 세부사업
협의의 지역혁신체계구축	지역혁신협의회 구성 지역의 혁신역량 기초조사 지역혁신사업의 조성	지역혁신협의회운영
		지역혁신특성화사업
지역혁신역량증대	지방대학 혁신역량 강화 지방대학 구조개혁 지역별 CRC 설립운영 정부 R&D예산의 지방비중 확대	인적자원 · 지방대학육성
		지역과학기술 진흥
		지역전략산업혁신역량강화
		지역문화관광 육성
		지역정보통신 진흥
산학연네트워크강화	산학협력 중심대학 육성 산학연협력 수범사례 확산 대학의 산학협력단 운영 활성화 INNO-Cafe 조성	산학협력중심대학운영
		학교기업 운영지원
		커넥트코리아
		전문대학생 해외인턴십
		기술이전조직지원사업
		산학연공동기술개발사업
		IT협동연구센터 설립지원
지역별혁신클러스터 육성	대덕단지 혁신클러스터화 산업단지 혁신클러스터화 4+9개 지역산업진흥사업 테마파크 등 복합관광레저단지 조성	대덕 연구개발특구 육성
		산업단지혁신클러스터사업
		지역전략산업진흥
		첨단 IT컴플렉스 조성사업
		외국인 투자유치 사업
		지역문화산업클러스터구축
		복합관광레저형기업도시조성
		지역특화 IT클러스터구축
		송도 U-IT 클러스터 구축

자료: 김철회(2007: 142-143)의 내용을 발췌하여 구성.

제4절 우리나라의 지역발전정책

1. 우리나라 지역발전정책의 변화과정

해방이후 정부가 추진한 지역발전정책은 1960년~1970년대 이전, 1980년대, 1990년대, 2000년대, 이명박정부의 지역발전정책으로 대략 5단계로 구분할 수 있다. [표 12-2]에서 보는 바와 같이 초기에는 제한된 자원의 효율적 배분, 경제성장의 기반 구축에 정책적 관심이 집중되었지만 산업화·도시화에 따른 수도권 집중과 지역간 격차가 심화되면서 지역간 균형발전, 사회통합, 지속가능한 지역발전 등이 강조되었고 이를 뒷받침하기 위한 제도와 정책들이 마련되었다(지역발전위원회, 2010: 11).

2. 참여정부와 이명박정부의 지역발전정책

우리나라의 지역발전정책은 수도권과 지방의 격차가 심화됨에 따라 지역균형발전이 최우선과제로 채택된 참여정부 이후부터 본격화되었다고 볼 수 있는데, 이하에서는 참여정부의 국가균형발전정책과 문제점을 고찰하고, 광역경제권구축정책으로 대표되는 이명박정부의 지역발전정책의 내용과 향후 지방정부의 역할에 대하여 논의하고자 한다.6)

(1) 참여정부의 국가균형발전정책

1) 국가균형발전정책의 내용과 성과

참여정부는 2004년부터 지방분권과 국가균형발전을 국정과제의 하나로 제시하고, 이를 실현하기 위한 전략으로 지방분권, 국가균형 및 지역특성화, 지방대학육성, 신행정수도 건설 등의 정책을 국가균형발전특별회계를 통해

6) 이하의 내용은 김철회(2008)의 내용을 기초로 광역경제권구축정책의 내용을 보완하여 재정리한 것임.

추진하였다. 또한 2007년 7월에 2단계 국가균형발전 종합계획을 발표한 바 있다. 2008년까지 계속된 1단계 국가균형발전계획이 공공부문 주도로 다핵형 국토발전 및 혁신주도형 지역경제발전기반을 강화하는 데 역점을 두었다면, 2단계 국가균형발전계획은 민간부문의 지방투자촉진으로 지역의 발전 동력을 확충하는 데 초점을 맞춘 것이었다(국가균형발전위원회, 2007).

표 12-2 지역발전정책의 전개

시기	배경 · 목표	주요 정책
1960, 1970 년대	· 빈곤의 악순환 탈피 · 자립경제기반 구축 · 공업화 기반 조성	· 제1차 경제개발5개년계획 · 제1차 국토종합개발계획(1972~1981년) · 지방공업개발법 제정(1970) · 공업단지 및 수출산업단지 조성
1980 년대	· 성장과 복지의 조화 · 수도권 집중억제와 지역균형 발전	· 경제사회발전5개년계획 · 제2차 국토종합개발계획(1982~1991년) · 수도권정비계획법 제정 · 제1차 수도권정비계획(1984~1996년) · 서해안종합개발사업계획 수립
1990 년대	· 지방분산형 국토골격 형성 · 생산적 · 자원절약형 국토 형성 · 국토환경의 보전 · 통일대비 국토기반 조성	· 제3차 국토종합개발계획(1992~2001년) · 제2차 수도권정비계획(1997~2011년) · 지역균형개발 및 지방중소기업 육성법(1994) · 8개청 3개 기관을 대전청사로 이전
2000 년대	· 지역균형발전이 최우선 국정 과제 · 지역균형발전으로 국민통합 · 지역균형발전의 관련제도 확충	· 국가균형발전특별법 제정 · 국가균형발전5개년 계획(2004~2008년) · 국가균형발전특별회계 운영 · 국토기본법(2002) 및 국가균형발전특별법 제정(2004) · 제4차 국토종합계획(2000~20) 및 수정계획(2006~2020년) · 행정중심복합도시, 혁신도시, 기업도시 등 균형정책
이명박 정부	· 지역경쟁력 강화와 삶의 질 향상 · 광역화와 연계협력 활성화 · 특화발전과 지방분권 촉진	· 국가균형발전특별법 개정 · 지역발전 5개년계획 수립(2009~2013년) · 광역지역발전특별회계 운영 · 광역경제권 · 기초생활권 · 초광역개발권 3차원 정책 · 광역경제권발전위원회(사무국) 구성 · 운영

자료: 지역발전위원회(2010: 11).

국가균형발전정책은 일부 가시적인 성과를 보인 바 있다. 지방의 지역 내 총생산(GRDP) 비중이 2002년도에 51.3%에서 2003년에는 51.9%로 증가하였고, 지방의 기업설비투자액 비중도 2001년에 51.7%에서 2003년에는 56.9%로 증가하였다. 그리고 지방의 경제활동 참가율도 2001년에 60.9%이었으나 2004년에는 61.3%로 증가한 것 등이 그 예이다(국가균형발전위원회, 2005).

2) 국가균형발전정책의 문제점

그러나 참여정부가 추진했던 1~2단계 국가균형발전정책은 그 절차와 성과 측면에서 미흡한 측면이 있었던 것으로 평가된다.

우선 사업간 중복, 자치단체간 나눠먹기 등의 문제가 발생하여 사업의 효율성이 낮았다고 평가할 수 있다. 이는 국가균형발전정책이 행정구역단위를 중심으로 하여 추진된데 기인한 면이 없지 않다. 예를 들면, '협의의 지역혁신체제 구축사업'은 광역 및 기초자치단체별로 지역혁신협의회를 형성하고, 작동하게 함으로써 지역혁신체제 관련 정책을 추진하는 기본단위가 기초지방자치단체가 되어 모든 지방자치단체에 협의회가 구성되었다. 이렇게 만들어진 지역혁신협의회는 유사한 사업을 동시에 추진하게 되었고, 자치단체별로 균형발전을 내세우면서 예산확보를 위한 경쟁이 벌어지면서 균형발전정책을 위한 재원인 국가균형발전특별회계는 지역별 나눠먹기식으로 배분되는 결과를 초래하였다.7)

주된 정책목표였던 지역균형발전 및 지역경제 활성화를 달성하는 데 있어서도 효과성 측면에서 미흡한 점이 발견된다. 전술한 바와 같이 지역 내 총생산 비중 및 지방의 기업설비투자액 비중 등의 측면에서 국가균형발전정책이 지역균형발전에 기여한 바가 나타나고 있으나, 한편으로는 비수도권의 지역총생산 비중 및 주민등록인구 비중이 축소되어 지역균형발전 효과는 반감되는 측면도 나타나고 있다(제17대 대통령직인수위원회, 2008). 동 기간 비수

---

7) 2005년 9월 현재, 광역자치단체 지역혁신협의회에는 725명이 참여하고 있으며, 기초자치단체 지역혁신협의회에는 3,380명이 참여하여 활동하고 있는 것으로 나타났다(국가균형발전위원회, 2005). 한국지방자치학회가 수행한 연구용역보고서에 따르면, 정부부처가 추진하고 있거나 추진 예정인 123개 국가지원 지역개발 사업 가운데 84개 사업(68.3%)의 기능과 내용이 유사하거나 중복되는 것으로 나타나고 있다.

도권의 지역총생산 비중은 52.4%에서 51.8%로 떨어졌으며, 비수도권의 인구 비중은 54.4%에서 51.4%로 떨어진 바 있다. 또한 경제발전을 수도권과 비수도권 사이의 제로섬게임으로 인식하고 수도권에 대한 규제를 강화함으로써 지역경제 활성화를 극대화시키지 못한 측면도 나타나고 있다.[8)]

정책이 중앙정부의 주도로 이루어짐에 따라 민주성이 상대적으로 낮았다는 점도 지적될 수 있다. 참여정부는 지방분권과 자립형 지방화를 지역정책의 중요한 과제로 강조하였으며, 국가균형발전정책도 이러한 기반 위에서 추진하였다. 그러나 실제 국가균형발전정책은 거의 모든 정책을 중앙정부가 입안하고, 재정적 측면에서도 중앙정부의 국가균형발전특별회계를 통해 재원이 조달되었으며, 실질적으로 지방이 자율적으로 사용할 수 있는 포괄보조금이 많지 않았다는 점에서 전형적인 중앙정부 주도의 정책이었다고 볼 수 있다. 이에 따라 국가균형발전정책의 강력한 추진이 곧 지방자치권의 약화를 가져오는 '지방화의 역설'이 발생하는 측면이 없지 않았다.[9)]

(2) 이명박정부의 광역경제권구축정책

1) 광역경제권구축정책의 내용

이명박정부가 제시하고 있는 '5+2창조적 광역발전전략'을 참여정부의 국가균형발전정책과 별개의 정책으로 평가하기는 어렵다. 수도권과 비수도권의 경제력, 생활수준 격차가 여전히 해결되지 않고 있고, 지역별로 특화된 산업을 육성함으로써 지역경제의 발전을 꾀하고, 일자리를 창출해야 할 필요성이 존재하기 때문이다. 따라서 광역경제권 구축정책은 기존에 추진된 정책의 한계를 극복하고, 지역경제 활성화와 지역균형발전이라는 정책목표

8) 국가균형발전정책과 함께 공공기관의 지방이전, 행정중심복합도시의 건설 등 수도권이 보유한 경쟁력을 지방으로 이전하는 반면, 수도권에 대한 경제적 규제는 그대로 유지하거나 강화하는 정책을 병행하여 추진하였다.

9) 다만 2007년도에 발표한 제2단계 균형발전전략은 이러한 문제제기를 수용하여 기업하기 좋은 투자환경을 조성하기 위한 기업대책으로 법인세 부담 경감, 인력난 해소, 산업용지 공급 확대 등 민간기업의 지방투자를 확대하는 획기적인 인센티브를 제공하는 정책들이 포함되었으며, 살기 좋은 생활여건을 조성하기 위한 사람대책으로 고품질 주택공급, 지방 초·중등교육의 수월성 제고, 경쟁력 있는 지방대학 육성 등의 정책들이 포함되었다(국가균형발전위원회, 2007).

를 보다 효과적·효율적으로 달성하기 위해 정책수단의 강조점과 활용방법을 보완한 정책이라 할 수 있다.[10)]

이명박정부 지역발전정책의 주요 내용을 살펴보면 다음과 같다(지역발전위원회, 2010: 13-15).

광역권구축정책의 핵심은 전국토의 성장 잠재력 극대화를 위한 3차원적 지역발전정책이라 할 수 있다. 기존의 지역개발정책이 주로 행정구역(시도, 시군구)을 공간단위로 설정하여 사업을 추진한 데 반하여, 새로운 지역발전정책에서는 기초생활권(163개), 광역경제권(5+2, 7개), 초광역개발권(4+3, 7개)을 공간단위로 설정하여 권역별로 다양한 시책을 추진하였다.[11)]

표 12-3 3차원적 지역발전정책

차원	공간구조	주요 목적	공간단위	계획체계
초광역개발권	선(線)적	국가경쟁력 강화	4+α벨트	초광역개발권기본구상
광역경제권	면(面)적	지역경쟁력 강화	5+2광역경제권	광역경제권발전계획
기초생활권	점(点)적	국민의 기본수요 충족	163시·군	기초생활권 계획

자료: 지역발전위원회(2010: 14).

10) 이명박정부 인수위원회도 창조적 광역발전전략이 참여정부의 노력과 성과를 부정하고 완전히 새로운 그림을 그리려는 것은 아니며, 지금까지 추진된 정책이 지닌 한계를 극복함으로써 과거의 성과를 더욱 발전시키도록 촉진하는 정책이 될 것이라고 밝히고 있다(제17대 대통령직인수위원회, 2008).

11) 광역경제권은 지역의 경쟁력 강화를 목표로 5+2 권역(수도권, 충청권, 호남권, 대경권, 동남권, 강원권, 제주권)을 선정하여 선도산업 육성과 30대 SOC 확충사업을 주요 시책으로 설정하였고, 163개 시·군을 대상으로 교육, 의료, 복지, 문화 등 기본적인 삶의 질 수준의 향상을 목표로 하고 있는 기초생활권은 지역의 자발적 추진 5대 과제(지역 부존자원의 성장동력화, 향토·지역연고산업의 고부가가치화, 역사·문화의 장소마케팅, 지역리더의 활성화, 지역간 연계·협력체계 구축)와 국가 지원 5대 과제(지역의료·복지 여건 개선, 지역 문화복지 수준 향상, 지방교육 활성화, 지역의 생활여건 개선, 지역녹색성장)로 주요시책이 구성되어 있다. 그리고 초광역개발권은 동·서·남해안·접경지역벨트(4개 벨트)와 3개 내륙벨트를 대상으로 초국경적 연계·협력을 통한 국가경쟁력 제고를 목표로 하고 있으며, 국토의 초광역적 인프라 구축, 초광역권역별 글로벌 경쟁력을 보유한 산업벨트·관광벨트 조성, 국토공유자원(강, 산, 바다)과 역사문화유산의 활용, 한반도 통일시대에 대비한 남북교류지대 조성 등이 주요 시책으로 추진되었다.

지역발전의 새로운 성장동력을 창출하기 위해 선도프로젝트를 주요 시책으로 설정하고 있는 것도 이명박정부 지역발전정책의 특징이라고 할 수 있다. 새만금, 첨단의료복합산업단지, 과학비즈니스벨트, 여수EXPO 등이 그 예이다. 또한 광역경제권별로 선도산업을 지정하여 지역의 신성장동력을 마련하고 글로벌 산업경쟁력을 강화하고 있다.12)

아울러 행·재정 권한의 지방이양 확대 등 지방분권 강화가 추진되고 있다. 집행적 성격이 강한 특별지방행정기관(예: 국도하천, 해양항만, 식의약품 등)의 지방 이관을 추진하였다. 200여 개의 개별적인 보조금 사업을 24개로 통폐합한 포괄보조금 제도 도입과 지방소비세·소득세의 신설 등 지방재정의 자율성 제고를 위한 노력도 기울이고 있다. 또한 각종 인·허가권을 지방에 이양하고 있으며,13) 지방의 자율적 계획·개발권도 강화하고 있다.

지방의 기업유치와 투자확대를 촉진하기 위한 정부지원을 확대하고 있으며, 지역경제 활성화를 위한 규제완화 등 제도개선을 추진하고 있다. 또한 수도권의 택지·신도시개발에서 발생하는 개발이익을 지방으로 환원하기 위한 '상생발전기금'을 설치·운영하는 등 수도권과 지방의 상생발전을 위한 노력을 강화하고 있다.

그리고 지역발전을 위한 이러한 다양한 시책들을 효과적으로 추진하기 위하여 국가균형발전특별법의 개정, 광역·지역발전특별회계의 신설, 지역발전 5개년계획의 수립 등 제도적 기반을 마련하였다.

2) 광역경제권구축정책의 특징

광역경제권구축정책은 지역정책의 공간적 단위를 기존 행정구역을 초월한 경제권, 생활권 단위로 설정하여 정책의 효율성을 높이려는 시도로 볼 수 있다. 이러한 단위 설정은 기본적으로 경제학에서 논의되는 규모의 경제를 활용하여 정책의 효율성을 높이기 위한 것이다. 이것은 세계화와 지방화가

---

12) 수도권은 지식정보산업, 충청권은 의약바이오·New IT, 호남권은 신재생에너지, 첨단부품소재, 대경권은 IT융복합·그린에너지, 동남권은 수송기계·융합부품소재, 강원권은 의료융합·의료관광, 제주권은 MICE산업·물산업을 선도산업으로 선정·육성 중에 있다.

13) 특별시·광역시 도시기본계획승인권 등이 그 예이다.

진척되고, 고속철도, 초고속통신망 등 교통통신이 급속히 발전됨에 따라 기업을 중심으로 하는 지역경제활동이 행정구역을 초월하여 이루어지고 있는 상황에서 기존의 행정구역을 전제로 지역정책이 추진될 경우 지역경제활동의 실질적인 주체인 기업, 소비자의 수요를 적절히 반영하지 못하게 되어 효율적인 정책추진이 이루어질 수 없다는 인식에 따른 것이다. 이러한 추진방식은 시도 및 구・시・군 사이에 존재했던 사업의 중복문제로 인한 비효율성은 어느 정도 해소될 수 있는 장점을 가질 수 있다.[14)]

지역정책에서 수도권과 비수도권의 관계를 제로섬게임의 관계가 아닌 포지티브섬게임의 관계로 전환하여 설정하고 있다는 점도 광역경제권구축정책의 특징으로 볼 수 있다. 참여정부의 지역정책은 수도권과 비수도권의 관계를 제로섬게임의 관계로 보고, 기본적으로 비수도권 지역의 경제발전에 초점을 두었다고 할 수 있으나, 광역경제권구축정책에서는 양자의 상생과 공동발전을 추구하고 있다고 볼 수 있다.[15)]

민주성 측면에서는 광역경제권구축정책이 참여정부의 국가균형발전정책과 큰 차이가 나지 않는 것으로 볼 수 있다. 국가균형발전정책의 중앙정부 주도성은 광역경제권구축정책에서도 유사하게 나타나고 있다. 앞에서 본 바와 같이 광역경제권구축정책과 함께 중앙권한의 지방이양, 특별지방행정기관정비 등 지방정부의 권한과 자율성을 강화하기 위한 정책을 동시에 추진하고 있으나, 실제 정책 추진에 있어서 '국가균형발전특별회계', '광역경제권 특별회계'의 운영이 민주성을 제고하는 방향으로 이루어졌다고 보기 어렵다.[16)]

---

14) 다만, 광역경제권으로 정책이 추진되는 경우에도 광역경제권 내에서 지역간의 경쟁이 이루어지게 될 것이고, 사업 중복의 문제는 여전히 발생할 수 가능성은 존재한다.

15) 이명박정부는 수도권 '규제완화'를 '합리화'라고 표현하고 있으나, 이에 대해서 비수도권 지역에서는 수도권 규제완화가 비수도권의 지역발전을 저해할 것이라고 우려하는 견해가 많다.

16) 지역발전정책의 추진에 있어서 민주성의 강화가 반드시 바람직한 방향인가에 대해서는 논의의 여지가 있다. 다만, 여기서는 중립적 차원에서 중앙정부가 주도적으로 추진하는 지역정책은 지방분권과 민주화에 역행할 수 있음을 지적하고자 한다.

3. 지역발전정책과 지방정부의 역할

향후 광역경제권구축정책도 중앙주도적으로 추진될 가능성이 높다고 볼 때, 당분간 우리나라의 지역발전정책과 관련하여 지방정부의 역할은 매우 제한적일 가능성이 높다. 다만 중앙정부가 지역발전정책을 추진하는 데 있어서 지방정부의 역할을 어떻게 설정하고, 재원에 대한 지방정부의 포괄적 사용을 어느 정도까지 허용할 것인가에 따라 지방정부의 자율성 또는 통제가능성이 어느 정도 확보될 여지는 있다. 이러한 상황을 고려하여 지역발전정책의 추진과정에서 지방정부가 수행해야 할 역할을 제시하면 다음과 같다.

우선 지방정부는 지역경제 활성화를 위한 지방정부의 통제 가능한 정책역량을 강화할 필요가 있다. 당분간 우리나라의 지역발전정책은 중앙정부 위주로 추진될 가능성이 높지만, 지방정부의 역량에 따라 상당부분 중앙정부의 역할이 지방정부에 위임되거나 이양될 수 있을 것이다. 이 경우 문제는 현재 지방정부가 이러한 정책을 추진할 수 있는 역량을 보유하고 있는가이다. 특히 현재 추진되고 있는 광역경제권구축정책을 지방정부에 맡길 경우 행정구역의 한계에 집착하는 지방정부의 특성상 오히려 지역이기주의의 폐해가 극심하게 나타날 가능성이 상존한다.

이러한 관점에서 볼 때 지방정부가 광역경제권구축정책이라는 새로운 게임의 룰이 등장하는 시점에서 중앙정부보다 먼저 자치단체별 지역발전전략과 구체적인 실행방안을 마련하는 주도적인 역량을 발휘할 필요가 있다. 중앙정부 차원에서는 이러한 역량을 갖춘 지역에 대해서는 지역발전정책을 하향식으로 추진하는 것이 아니라 상향식으로 추진하고, 재원도 자율적으로 사용할 수 있도록 하는 방안을 적극 검토할 필요가 있다.

광역경제권구축정책과 같은 중앙주도적 지역발전정책에서 핵심적인 역할을 수행하게 될 중심도시라 할 수 있는 서울, 수원, 대전, 광주, 대구, 부산 등 대도시들은 전술한 지역혁신체제 구축에 있어서 지방정부의 역할인 조성자·조정자·동원자의 역할을 적극적으로 수행하여야 할 것이다. 즉 지방정부는 네트워크와 파트너십 형성, 인적자원 공급, R&D 역량 강화, 물리적 하부구조의 확충, 삶의 질 향상을 위한 여건 조성에 집중적으로 투자할 필요가 있다. 아울러 광역경제권구축정책 하에서 지역의 경제정책은 행정구역을 초월한 광역경제권을 기초로 하여 추진될 것이므로,17) 광역경제권의 주축이 되는 대도시들은 기존의 행정구역의 한계를 뛰어넘는 수준에서 지역경제 활성화를 위한 효과적인 정책대안들을 마련해 둘 필요가 있다.

그리고 지역발전정책 추진과정에서 소외될 염려가 있는 낙후지역에 대한 대책을 마련하는 것도 매우 중요하다. 광역경제권구축정책은 다양한 낙후지역 개발정책도 제시하고 있으나,18) 기본적으로 성장극이나 성장지역에 기반을 둔 대도시 중심의 정책이라 할 수 있으며, 우리나라 전체가 수도권을 중심으로 발전되었듯이 지방도 대도시를 중심으로 발전하게 될 개연성이 매우 높다. 실질적으로 대도시 중심으로 생활 및 경제권이 형성됨에 따라 더욱 생활여건이 악화될 수 있는 주변 낙후지역을 어떻게 배려할 것인지에 대한 구체적인 대안 마련이 필요하다.

---

17) 광역경제권 구축정책이 추진될 경우 지방정부는 행정구역 내에서는 복지정책 등을 위주로 수행하고, 지역개발정책 등 경제정책은 행정구역을 초월하는 범위에서 수행하게 될 것으로 보인다.

18) 이명박정부는 낙후지역도 광역경제권사업을 통해 지역특화산업의 세계적 명품화, 관광레저 · 여가특구, 도 · 농 연계 전원마을, 농산물 가공산업 등 '신발전패키지사업'을 추진하고, 규제개혁을 통해 민자유치를 촉진하여 친환경적으로 개발되도록 하겠다고 밝힌 바 있다(제17대대통령직인수위원회, 2008).

참고문헌

국가균형발전위원회. (2005). 「참여정부의 국가균형발전정책: 비전과 성과보고」

국가균형발전위원회. (2007). 「2단계 균형발전정책 종합계획」.

김철회. (2008). 지역경제 활성화를 위한 광역경제권 구축과 지방정부의 역할. 학회연합 심포지움 발표문.

김철회. (2007). 참여정부 지역혁신체제 구축정책과 평가과제. 서울행정학회 하계학술대회 발표문.

성춘자 · 임익성. (2008). 지역발전, 장소마케팅, 그리고 지역 어메니티에 관한 연구. 「한국사진지리학회지」, 18(3): 57－68.

이달곤. (2004). 「지방정부론」, 서울: 박영사.

임헌만 · 정연정 · 전주상. (2007). 국제화 시대 효과적인 지역혁신체제(RIS) 구축을 위한 지방정부의 역할. 「한국지방정치학회보」, 1(2): 121－148.

이재열. (2006). 지역공동체와 사회적 자본. 한국사회학회 기획학술심포지엄 발표문.

제17대대통령직인수위원회. (2008). 「제17대대통령직인수위원회 백서」.

지역발전위원회. (2010). 「2009년도 지역발전계획에 관한 연차보고서」.

최기조. (2010a). 사회적 자본과 지역발전의 관계에 대한 실증 연구. 한국행정학회 2010 공동학술대회 발표논문집.

최기조. (2010b). 창조적 계급과 지역성장의 관계에 대한 실증연구, 「지역연구」, 26(3): 3－24.

Richard Florida. *Creative Class*; 이길태 역. (2002). 「창조적 변화를 주도하는 사람들」, 전자신문사.

Camagni, Roberto, and Roberta Cappello. (1990). Toward a Definition of the Manoeuvering Space of Local Development Initiatives. In Stöhr, Walter (ed.), Global Challenge and Local Response. London: UN University.

Coleman, J. S. (1988). 'Social Capital in the Creation of Human Capital.' American Journal of Sociology. 94(Supplement): 95－120.

Etzioni, Amitai. (2001). Next: The Road to the Good Society. New York: Basic Books.

Hirschman, Albert O. (1970). Exit, Voice and Royalty. Cambridge, M. A.: Harvard University Press.

Marshall, Michael. (1987). Long Wave of Regional Development. London: Macmillan.

Mayer, Margit. (1994). Post－Fordist City Politics. In Ash Amin(ed.), Post－Fordism: A Reader. Oxford: Blackwell.

Morill, Richard. (1989). Local and Regional Population Growth: Limits to Intervention. Northwest Environmental Journals. 5: 271－298.

Naisbitt, John. (1985). The Year and Ahead 1986: Ten Powerful Trends Shaping Your Future. N.Y.: Warner.

Potapchuck, W., J. Crocker, W. Schechter, and D. Boogaard. (1997). Building Community: Exploring the Role of Social Capitals and Local Government. Program for Community Problem Solving, Washington, D. C.

Putnam, Robert. D. (1993). 'Democracy, Development, and Civic Community: Evidence from an Italian Experiment.' In Keohane, McGinnis, and Ostrom, Proceedings of a Conference on Linking Local and Global Commons, Making Democracy Work. Princeton: Princeton University Press.

Stöhr, W., and F. Tödtling. (1977). 'Spatial Equity: Some Anti－Thesis to Current Regional Development Doctrine.' Regional Science Association Papers. 38: 33－53.

CHAPTER 13

지방행정체제개편

제 1 절 지방행정체제개편의 의의

제 2 절 지방행정체제개편의 최근경향

제 3 절 우리나라 지방행정체제개편의 방향

제 13 장 지방행정체제개편

지방행정체제는 지방행정의 기본구조로서 중앙-지방정부관계, 지방의회와 집행부의 관계, 지방자치단체와 주민간 관계, 자치계층과 구역 등을 포괄하는 개념이지만 주된 초점은 자치계층, 지방행정구역, 그리고 중앙-지방정부간 권한배분에 있다. 지방행정체제는 개방체제의 특성으로 인해 지방분권의 추진, 주민의 자치의식 그리고 국제적 환경변화에 따라 지속적인 개편이 요구되고 있다. 이 장에서는 지방행정체제개편의 필요성과 선진국의 개편동향을 살펴보고, 우리나라 지방행정체제의 바람직한 방향을 제시하고자 한다.

제 1 절 지방행정체제개편의 의의

1. 지방행정체제의 의미

지방행정체제는 지방행정의 기본골격으로서 중앙-지방정부관계, 지방의회와 집행부의 관계, 집행부 내의 상하계층간 역할체계, 지방자치단체와 주민간 관계, 자치계층과 구역, 그리고 그들간의 상호작용을 지칭하는 개념이다. 지방행정체제의 주요 열매는 지방행정구조라고 할 수 있는데, 지방행정에 관련된 제도와 행위자간 역할배분체계라고 할 수 있다. 이러한 포괄적인 개념특성에도 불구하고 현실적으로는 좀더 제한적인 의미로 사용된다. 즉 지방행정체제개편에 관한 특별법에서는 세 가지 측면, 중앙-지방정부

관계, 자치계층구조 그리고 지방행정구역을 포함하는 제한적 개념으로 사용하고 있다. 지방행정체제에서 다른 부분이 중요하지 않아서가 아니라 실제 개편에 있어서 이 세 가지 측면이 핵심적이기 때문이다.

첫째, 지방행정체제의 핵심적 내용 중 하나는 자치계층구조이다. 자치계층은 지방자치단체간의 수직적 계층관계를 의미하며, 하나인 경우를 단층제라고 하고 둘인 경우를 2층제라고 하며 셋인 경우를 3층제라고 한다. 또한 둘 이상인 경우를 총칭하여 다층제라고 하기도 한다. 대다수 선진국에서 2층제를 많이 채택하고 있고, 가끔 3층제를 채택하는 나라도 있다. 우리나라의 경우 자치2층제로 되어 있는데, 최근 단층제로 개편하는 대안에 대해 논의가 이루어진 바 있다.

둘째, 지방행정구역을 포함한다. 지방자치단체의 구역은 자치권이 미치는 지역적 범위를 의미하지만, 단순한 지리적 영역이나 경계 이상의 의미를 내포하고 있다. 지역주민에게 있어서 행정구역은 삶의 터전이자 공동체 의식이 형성되는 준거이며 자연적으로 형성된 역사적 산물이기 때문에 주민의 생활 정서와 밀접한 관련을 맺고 있다. 따라서 지방자치단체의 구역변경은 단순히 물리적인 경계의 조정만을 의미하는 것이 아니라 고도의 정치적·사회경제적 지형의 변화를 초래한다. 지방행정구역은 지향하는 목적에 따라 그 범위가 달라질 수 있다. 주민의 접근성과 참여를 중시한다면 좁은 구역이 선호되는 데 반해 자립성과 자치역량을 중시한다면 상대적으로 넓은 구역을 선호할 것이다. 선진국에서는 시군통합과 시정촌합병 등을 통해 지방자치단체의 자립과 자치역량을 중시하는 경향이고, 우리나라의 경우에도 시군의 통합에 무게 중심이 쏠려 있다. 구역이 넓어지는 상황에서 자치제의 취지를 살리기 위해서 근린자치를 도입할 수 있을 것이다.

셋째, 중앙-지방정부간 권한배분을 포함한다. 중앙-지방정부간 권한배분도 지방자치단체의 기능과 역할을 결정하는 데 있어서 중요한 영향을 미칠 수 있다. 자치계층구조와 구역을 재설계하여도 중앙-지방정부간 권한배분을 추진하지 않으면 그 효과는 불충분할 것이다. 먼저 구역과의 관련성을 보면, 지방자치단체의 구역을 개편하여 넓게 설계하더라도 중앙정부에서 충분한 권한을 이양하지 않으면 자치역량을 발휘하기 어렵다. 그 다음 자치계층제와의 관계에서도, 단층제와 다층제는 중앙-지방정부간 관계에 서로 다른 영향을 미칠 수 있다. 단층제 개편논의에서 지방자치단체의 권한이 중앙정부로 역이양되는 신중앙집권화를 비판하는 견해도 이러한 차원에서 이해할 수 있다. 주요 선진국에서는 지방행정체제개편을 추진하면서 중앙정부의 권한을 지방자치단체로 이양하는 지방분권에 중점을 두고 있다.

2. 지방행정체제개편의 필요성

지방행정체제 개편에 있어서 현행 지방행정체제의 비효율성을 교정하기 위해서라는 소극적인 측면뿐만 아니라 지방자치제 발전과 국가경쟁력 제고라는 보다 적극적인 측면이 강조되고 있다.

(1) 새로운 행정환경변화에의 대응

지방정부를 둘러싼 환경은 지속적으로 변하기 때문에 그에 맞게 지방행정체제를 새롭게 설계해야 한다. 최근 세계화(globalization)는 지방정부에게 주요한 도전과제를 부여하고 있다. 급격한 기술변화와 시장경쟁의 세계화는 중앙과 지방정부의 경제적, 사회적, 정치적 환경을 변화시키고 있다. 지방행정체제도 환경변화와 역사발전의 결과로서 진화 또는 점진적으로 개선되어 가고 있으므로 행정환경과 요구변화에 부합하도록 개편해야 한다. 이전에 적합하였던 행정구역과 경계도 경제적, 사회적 상호작용의 패턴이 변하면서 사회적 요구에 부응하지 못할 수도 있기 때문이다.

현재의 지방행정체제는 약 100년 전 중앙집권체제를 강화하기 위한 목적으로 구축되었고, 우마차시대 및 농경시대의 행정 수행에 적합한 것이었다. 도-시군체제의 원형에 해당되는 8도-부목군현 체제는 1413년 조선 태종 때이고, 공법인의 지위를 갖는 단체인 부는 1914년 일제시대에 구축되었으며, 자치권을 갖는 시도-시군체제는 1961년 5.16 때 구축되었다. 이러한 지방행정체제는 21세기 지식정보사회의 요구를 적절히 반영하기 어려우므로 변화된 환경에 부응하는 역할과 역량을 발휘하도록 하기 위해 지방행정체제를 개편하자는 주장이 제기되었다.

(2) 지방분권체제 구축을 통한 국가경쟁력 제고

21세기 세계화 시대에서는 지방정부가 경쟁의 주체로 부상하고 있고, 광역적 지방정부의 역할에 의해 국가경쟁력이 좌우되기 때문에 그에 상응하는 지방행정체제를 구축해야 한다. 세계화시대에 있어서 지방정부의 역할이 중시되면서 국가경쟁력을 제고하기 위해서는 국가권한의 획기적인 지방이양이 필요하고, 이양된 권한이 담길 그릇의 크기를 키워야 한다는 것이다. 현재 행정사무기준으로 도와 시군에서 27%의 권한(지방세 기준: 18%)을 확보하는데 불과하다. 중앙집권론자들은 자치역량의 부족(기초자치단체의 61%(140개)가 지방세 수입으로 인건비를 충당하지 못함)을 이유로 권한이양에 부정적이다.

집권국가체제로는 국가경쟁력 제고에 한계가 있다는 실증적 연구가 적지 않다. 1990년대 이후 OECD 선진국을 대상으로 한 연구에서 중앙정부의 역할비중과 경쟁성장률 간에는 부의 상관관계가 있다는 것이다(Steinmo, 1995: 채원호, 2005에서 재인용). 세계화시대에 있어서 지방정부의 역할이 중시되면서 국가경쟁력을 제고하기 위해서는 국가권한의 획기적인 지방이양이 필요하고, 이양된 권한이 담길 그릇의 크기를 키워야 한다는 것이다. 지역국가의 규모는 일류 소비상품의 브랜드개발에 필요한 매력적인 시장을 제공할 수 있을 정도로 커야 한다고 한다.

실제 중요한 일이 이루어지고 자유 시장경제가 번성하는 지리적 단위, 즉 지역국가가 중요한 역할을 한다는 것이다. 세계화시대에 있어서 대도시 지방정부가 국가경쟁력을 주도하는 추세를 고려하고, OECD 선진국의 광역화, 분권화 추세를 고려하여 중앙권한의 지방이양을 추진해야만 국가경쟁력을 제고할 수 있을 것이다. 이러한 강화된 권한을 담을 수 있는 그릇을 키우기 위해 지방정부의 광역화 등 지방행정체제 개편이 요구되고 있다(이동우 외, 2003). 더욱이 국가경쟁력이나 1인당 GDP에서 우위를 보이고 있는 유럽 강소국들은 대체로 500~600만명의 인구규모를 갖는 상황에서 이들 국가와 경쟁할 수 있는 시스템을 구축하기 위해서도 1,000만명 규모의 지방정부체제로 개편할 필요가 있다는 주장도 제기되고 있다.

(3) 행정의 고비용 저효율 구조 개선

지방행정체제 개편은 자치 및 행정계층의 개편을 통해 행정처리비용을 줄일 수 있고, 행정구역의 통합을 통하여 중복적 기구와 인력을 감축할 수 있기 때문에 행정의 효율성 확보를 위해 추진되고 있다. 자치계층과 행정구역의 통합을 통해 공공조직의 축소, 지방의원과 행정공무원의 감축, 중복 공공기관의 이용률 제고 등을 통해 행정적 효율성(administrative efficiency)을 확보할 수 있을 것이다.

현재의 파편화된 지방행정체제는 행정구역 중심의 칸막이 행정을 초래하고, 소규모 분산투자로 규모의 경제효과를 올리지 못하고 있다. 특히 인구 등 행정수요가 감소된 지방자치단체도 재정력에 어울리지 않는 기구와 인력을 유지하고 있는 것이 현실이다. 좁은 행정구역을 대상으로 한 지역경제사업의 수행으로 중복투자, 시너지효과 상실, 규모의 비경제성 등의 문제점이 노출되고 있다. 특히 대도시 자치구의 경우 주민들이 거주지에 대한 정주의식이 매우 미미한 것이 사실이다. 또, 재정력이 열악한 상황에서 복지비 지출비중이 증가하여 중앙 및 광역시의 재정지원 없이는 사업예산을 확보하기 어려운 실정이다. 전세계적으로 행정수요와 공공재원간의 간극이 증대되는 상황에서 불필요한 기구의 축소를 통해 행정의 효율성을 제고하고, 경제사업의 집중투자를 통해 규모의 경제효과를 확보하며, 나아가 지역경쟁력을 제고하기 위해 지방행정체제의 개편이 전개되고 있다.

(4) 생활권과 경제권 그리고 행정구역의 일치 확보

교통통신의 발달과 정보지식화에 따라 주민의 생활권은 확대되었다. 주민들의 통근, 경제활동영역은 기존의 지방행정구역에 한정되지 않는다. 정보지식화 및 세계화 시대에 있어서는 지역경제활동 역시 지방행정구역의 경계를 초월하여 상호의존성이 증대되고 있다. 세계화시대의 기업활동에 있어서는 국가의 경계보다 지역의 경계가 보다 중요시되는 경향마저 나타나고 있다. 산업활동과 경제의 상호의존성이 증대되어 경제권 중심의 자치구역 설정이 필요하다. 주민의 생활권과 경제권 그리고 지방행정구역의 경계를 일치시켜 주민의 편의제고, 정체성 확보, 경제적 시너지효과 제고 그리고 행정의 외부효과 감소 등을 도모해야 한다.

특히 지방서비스의 효율적인 수행을 위해서는 제공하는 서비스에 대한 비용부담과 그로부터 받는 편익을 일치시키는 재정적 등가성(fiscal equivalence)을 확보하는 것이 중요하다(하혜수 · 김영기, 2006). 주민의 생활권이 확대된 상황에서 주민의 불편을 해소하고, 행정의 외부효과를 줄이며, 그리고 편익과 부담의 일치를 통해 재정적 등가성을 확보하기 위해 지방행정체제의 개편이 필요하다는 것이다. 생활권의 범위가 점점 확대되고 서비스의 종류에 따라 편익의 범위가 상이하게 되는 상황에서는 행정구역의 개편만으로 재정적 등가성을 온전히 확보하기 어렵지만, 행정구역이 주민의 생활권과 불일치하여 발생하는 주민의 불편해소와 외부효과의 내재화를 위해 구역의 변화를 요구하는 것은 타당하다.

(5) 지역격차완화와 국가균형발전 도모

지역간 격차를 완화하고 국가균형발전을 꾀하기 위해서도 지방행정체제의 개편이 요구된다. 수도권 집중화의 주된 원인이 중앙집권체제에 기인하고 있다는 연구결과들이 제시되고 있다. 이러한 중앙집권체제를 종식하고 새로운 지방분권체제를 구축하기 위해 지방행정체제의 개편이 필요하다는 것이다. 특히 중앙정부와 수도권에서 국부의 알짜(lion's share)를 독식하는 상황을 종식하기 위해서는 초광역지방정부의 창설을 통해 중앙권한의 획기적인 이양을 추진해야 한다는 주장도 있다.

영국의 경우 수도권을 포함한 잉글랜드를 제외한 스코틀랜드에 대한 획기적 권한이양을 통하여 국가균형발전을 도모하고 있고, 일본의 도주제 구상에서도 비수도권 지방정부의 권한강화를 통하여 수도권(동경권) 집중을 완화하고, 특히 관서경제권의 발전촉진을 기대한 바 있다. 우리나라의 경우에도 수도권 집중이 심화되고 있는 상황에서 비수도권 지역에 대한 우선적인 지방행정체제의 개편을 통하여 지역발전을 촉진하고, 수도권과의 격차를 완화할 수 있는 방안의 모색도 필요하다.

제2절 지방행정체제개편의 최근경향

1. 선진국의 지방행정체제개편

영국, 프랑스, 미국, 독일, 일본 등 주요 선진국은 1980년대부터 지방행정체제에 대한 개편작업을 추진해 오고 있다. 이들 국가들의 개편경향을 보면 국가경쟁력을 제고하고 광역행정수요에 부응하기 위해 기존의 광역정부의 구역을 확대하고 역할과 기능도 강화하고 있다. 또 소규모 기초자치단체를 통합해 규모의 경제와 효율성 제고에 중점을 두는 한편 커뮤니티 차원에서는 주민참여를 확대하는 방향으로 지방행정체제를 개선하고 있다.

(1) 광역자치단체의 규모 확대와 권한 강화

영국에서는 보수당의 대처수상이 집권하면서 1986년 광역런던시(GLC: Greater London Council) 등 대도시권의 광역정부를 예산낭비 등의 이유를 들어 폐지하였으나 노동당은 2000년 광역적 권한을 가진 런던광역시(GLA: Greater London Authority)를 다시 설치하였다. 또한 지방분권의 추진에 있어서 1979년 웨일즈 의회의 설치에 관한 주민표결을 시작으로 기존의 카운티나 디스트릭트가 아닌 지역적 수준의 지방정부를 새롭게 창설하려는 노력을 전개하였다. 웨일즈지역에서는 주민들의 반대로 성공하지 못하였으나 2007년 스코틀랜드에서는 주민투표에 의해 보다 강력한 권한을 가진 지역정부를 창설하게 되었다. 스코틀랜드 지역정부는 주민에 의해 직선되는 의원으로 구성되고, 법률제정권과 조세권(조세변경권)을 보유하고 있다(Lancaster & Roberts, 2004: 371－378; Mitchell, 2003: 176).

일본의 경우에도 1995년 이후 지방분권을 추진해왔음에도 불구하고 중앙권한의 획기적인 지방이양을 통한 분권국가체제 구축을 위해 지방행정체제 개편을 추진하고 있다. 일본은 광역자치단체인 기존의 도・도・부・현(都・道・府・縣)의 구역을 확대하고 기능을 강화해 도주제(道州制)로의 전환을 기도하고 있다. 일본의 도·도·부·현은 모두 47개로 120년 동안 현체제를 유지해왔으나 광역경제권과 환경·교통문제 등에 제대로 대응하지 못한다는 비판이 제기됨에 따라 종전의 도·도·부·현을 광역화하여 9~13개의 도주(道州)로 통폐합하자는 것이다. 도주제로 개편되면 중앙정부의 역할은 외교·국방 등 국가의 존립에 관한 사무와 전국적 사무만을 관장하고, 행정·교육·공안(公安) 등의 광역적 사무는 인구 1,000만명 규모의 도주가 전담하도록 한다는 것이다. 도주에게 입법권·행정권은 물론 세목과 세율의 자율적 결정과 도주채(道州債) 발행 등 자치재정권도 부여하는 방안을 추진하고 있다. 2007년 1월에는 도주제특구추진법이 제정되어 북해도에 시범 적용되고 있으며, 자민당은 2018년까지 전국적으로 도주제를 시행한다는 계획을 세우고 있다.

프랑스는 1982년 지방자치법의 개정을 통해 광역자치단체인 데파뜨르망보다 더 강력한 권한을 가진 레지옹(region)을 창설하였다. 당시 레지옹은 광역단위의 지역개발계획을 담당하였으나 법인격이 없어 충분한 역량을 발휘하지 못하였다. 그에 따라 법인격을 갖는 보다 강력한 자치권을 가진 레지옹을 창설함으로써 지방분권의 추진과 그를 통한 지역경쟁력을 제고할 수 있는 기반을 구축하였다. 프랑스는 그에 그치지 않고 레지옹을 통합하여 보다 대단위의 초광역정부를 창설하는 대안을 검토하고 있다. 즉 22개인 레지옹을 15개로 축소하겠다는 것이다.

독일도 1990년 통일 이후 경제권과 문화적 동질성 등을 감안해 주(Land)의 광역화 문제를 논의하고 있으며, 자유민주당(FDP)은 2003년부터 현행 16개의 주를 9개로 줄이는 방안을 추진하고 있다. 그리고 이탈리아와 포르투갈은 지역정부에게 법률제정권을 부여하는 등 지역정부의 권한을 강화한 바 있다. 중앙집권국가인 체코와 헝가리에서도 행정구역의 통합 또는 통합논의가 이루어지고 있는 등 전세계적으로 지역정부의 권한강화에 역점을 두는 경향이 있다(Andres, 2005).

(2) 기초자치단체의 통합

기초자치단체간의 통합도 보편적인 추세이다. 영국은 1986년 광역자치단체인 대도시 카운티(metropolitan county)를 대도시 디스트릭트로 개편하여 여기에서 광역기능까지 통합적으로 수행하고 있다. 영국은 1990년대부터 지방정부의 통합을 본격적으로 추진하여 2계층을 지역에 따라 단일계층으로 전환하였다. 보수당은 1995년부터 1998년까지 카운티－디스트릭트의 2계층 구조로 되어 있던 비대도시 자치단체에 대한 통합작업을 추진하여 기존의 39개의 카운티 중 4개를 폐지하고, 46개의 단층자치단체(unitary authority)를 출범시켰다. 이후 노동당 정부도 2009년 잉글랜드 지역의 비대도시 자치단체를 대상으로 경계위원회의 권고안과 의견수렴 결과를 토대로 44개의 지방정부(7개 카운티, 37개 디스트릭트)를 9개의 단층자치단체로 전환하였다. 요컨대, 영국은 1994년부터 1998년까지 173개의 카운티와 디스트릭트를 통합하여 100개의 단층자치단체를 창설하였다.

일본도 교통과 통신의 발달로 주민생활권이 확대됨에 따라 기초자치단체인 시·정·촌(市·町·村)의 통폐합을 지속적으로 추진하여 왔다. 일본의 시·정·촌 합병은 1888년의 메이지 대합병, 1953년부터 진행된 쇼와 대합병, 그리고 2002년부터 실시된 해이세이 대합병 등 세 차례에 걸쳐 진행되었다.

메이지 정부는 시·정·촌이 7만여 개로 지나치게 많이 설치되어 있다고 판단하여 이를 1만 5,820개로 합병하였다. 패전 이후 1953년부터 이루어진 쇼와 대합병은 9,869개에 달하던 시·정·촌을 1995년 3,234개로 축소시켰다. 이 시기의 시·정·촌 합병은 행정구역으로 효율성이 저하된 정·촌의 수를 감소시키는 대신 시를 새로 지정하여 시의 수는 286개에서 663개로 늘어났다(이승종·서재호, 2009: 102). 2002년부터 실시된 3차 합병도 쇼와 합병과 마찬가지로 정·촌은 통합하여 축소하는 대신 시를 새로 지정하여 행정구역의 효율성을 제고하는 방향으로 추진되었다. 요컨대, 일본은 1995년 대대적인 시정촌합병을 시작하여 2006년까지 3,234개의 시정촌을 1,821개로 합병하였다. 당초 1,000개로 줄이겠다는 목표를 달성하지 못하였지만 상당한 성과를 거두었다고 볼 수 있다.

독일에서는 지방자치단체간 통폐합이 1968년부터 1978년 사이에 서독에서 대대적으로 단행되었다. 이 기간 동안 광역자치단체인 크라이스(Kreis)는 425개에서 237개로 줄었고, 기초자치단체인 게마인데(Gemeinde)는 2만 4,282

개에서 8,409개로 축소되었다. 자치단체 통폐합의 배경은 농촌지역 주민의 행정서비스 욕구가 상승되고 광역행정의 필요성이 절실하게 제기되었기 때문이다. 대도시 베를린(Berlin)도 1998년 주 헌법을 개정하여 대폭적인 행정구역개편을 단행하였다. 행정의 효율성을 제고하고 비용절감을 위해 23개였던 행정구(bezirk)를 2001년까지 12개로 축소하였다.

(3) 준자치단체의 생활자치 강화

선진국의 지방행정체제 개편의 경향을 보면 광역정부의 역할과 기능을 강화하고, 기초자치단체를 통합해 행정의 효율성과 지역경쟁력 제고에 기여하는 한편 지역공동체 수준에서는 주민참여의 기회를 확대하기 위해 직접민주주의의 요소를 반영하고 있다.

영국의 교구(parish)는 주민직선에 의한 의회를 구성하고 있고 부가세 형태의 조세권을 보유하고 있으며, 환경·주민사업 등 생활서비스를 제공하고 있다. 교구의 자치권이 부족하지만 일정 정도의 주민자치기능을 수행할 뿐만 아니라 그 설치에 있어서도 주민들의 청원에 의하도록 하는 등 풀뿌리 주민자치에 있어서 중요한 몫을 차지하고 있다. 교구를 창설하기 위해서는 지역주민들의 청원(창설될 교구의 주민이 200명 이상이어야 하고, 10%인 20명 이상이 청원해야 함)이 관할 기초자치단체인 디스트릭트에게 전달되어야 한다(Bailey, 2004: 94-96). 웨일즈와 스코틀랜드에도 잉글랜드의 교구에 해당하는 커뮤니티가 활동하고 있다. 스코틀랜드의 커뮤니티는 지역주민의 의견을 모아 지방정부에 전달하는 정도의 소극적인 역할을 하고 있는 데 비해 웨일즈의 커뮤니티는 마을회관 등 공동시설 관리 등 교구와 유사한 기능을 하고 있다.

일본에서는 전통적인 주민자치조직인 정내회(町內會)가 마을가꾸기, 주민복지 등 생활행정분야에서 주민참여를 주도하고 있다. 일본의 정내회는 농촌지역을 중심으로 활동했으나 최근에는 도시지역에서도 조직률이 높아지고 있다. 사실상 민간의 자생조직(자치조직)이면서 지방자치단체로부터 공공서비스를 위탁받아 처리함으로써 지방자치단체에 준하는 지위를 누리고 있다. 주민의 선출에 의한 의결기구와 단체장이 구성되어 있지만 주민자치조직으로서 공권력을 보유하고 있지 않으며, 지방자치단체로부터 사무를 위탁받아 처리하며, 위임받은 사무를 처리하기 위해 조직구성과 인력활용에서 자율성을 갖는다. 일본의 자치회는 공법인이 아닌 사법인이지만 자치단체와 계약을 체결하여 일부 자치사무를 처리하는 주민조직으로서 주민자치에 있어서 그 역할을 늘여가고 있다.

2. 우리나라의 지방행정체제개편 논의

(1) 지방행정체제개편 사례

우리나라의 자치계층 및 구역 개편은 세 가지 유형으로 전개되었다. 첫째, 광역자치단체인 도 산하에 있던 시를 직할시(현재 광역시)로 승격시켜 새로운 유형의 광역자치단체를 설치한 유형이다. 직할시 제도는 지방자치제 실시 이전에 대도시 행정의 특수성을 이유로 도의 관할권에 대한 예외를 인정하여 특별한 지위를 부여했던 것으로 1994년부터 광역시로 명칭이 변경되었다. 현재 부산, 대구, 인천, 광주, 대전, 울산 등 6개 광역시가 설치되어 있다.

둘째, 도시지역의 기초자치단체인 시와 농촌지역의 기초자치단체인 군을 통합하여 도농(都農)복합시를 설치한 유형이다. 도농복합시의 탄생은 3차례에 걸쳐 이루어졌는데, 제1・2차는 시와 군이 통합한 경우이고, 제3차 통합은 주로 군을 시로 승격・전환한 경우이다. 제1차 행정구역 개편은 1995년 1월 1일자로 평택시, 남양주시, 군산시 등 전국에 걸쳐 총 35개의 도농통합시가 설치되었고 2차 개편은 1995년 5월 10일자로 사천시, 김해시, 천안시 등 5개 통합시가 새로 출범하였다. 제3차 행정구역 개편은 군을 시로 승격한 경우로 1997년까지 이천시 등 7개 군이 시로 전환되었다.

셋째, 자치계층을 축소한 경우로 2006년 광역자치단체인 제주도 관할의 4개 기초자치단체를 해산하고 제주특별자치도를 설치해 2개의 자치계층을 단일계층으로 개편한 유형이다. 제주특별자치도의 설치는 기존의 2층제를 광역을 기준으로 수직적으로 통합한 최초의 사례에 해당된다. 그러나 행정계층의 경우 특별자치도－행정시－읍면동의 3계층을 그대로 유지하고 있다.

(2) 정치권의 개편논의

정치권의 지방행정체제 개편논의는 1980년대부터 간헐적으로 제기되었으나 실현되지 못했다. 1994년 내무부가 도 폐지를 시도했으나 여론의 반대로 추진되지 못했고, 2001년 당시 여당인 민주당이 기초자치단체를 130~160개로 줄이고자 시도했으나 실패하였다. 정치권의 지방행정체제 개편논의는 2005년 당시 노무현 대통령의 중・대선거구제 도입제안에 대해 한나라당이 '지방행정체제 개편'으로 맞대응하면서 재개되었다. 2005년 4월 여・야 정치권과 정부는 2010년 지방선거부터 새로 개편된 지방행정체제를 시행하기로 합의하고 2005년 정기국회에서 관련 특별법을 제정하려다 전문가들의 반대에 부딪혀 입법을 유보하였다(안성호, 2010: 8).

2006년 2월 국회 지방행정체제개편 특별위원회가 마련한 보고서의 주요 내용은 ① 현행 2자치계층을 1자치계층으로 감축하기 위해 도를 폐지하고, ② 시・군・구를 통합광역시로 광역화하며, ③ 읍・면・동을 준(準)자치단체로 전환하고, ④ 현행 도 경계를 넘는 대권역별로 가칭 '국가지방광역행정청'을 설치한다는 것이다. 정치권은 지방행정체제 개편의 논거로 시・군・구 자치구역의 소규모로 인한 불경제, 시・군・구의 행정중심지와 생활권의 불일치, 자치계층간 행정기능의 중복으로 인한 낭비와 비효율, 도를 경계로 갈라진 뿌리 깊은 지역감정으로 인한 지방 및 국가경쟁력 저하를 제시하였다.

17대 국회에 이어 18대 국회에서도 지방행정체제 개편논의가 무성한 가운데 국회의원들에 의해 8건의 관련 법률안이 발의되었다. 한나라당과 민주당의 개편안은 세부 내용에서 다소 차이는 있지만 대체로 2006년 보고서의 시・군 통합과 시・도 폐지를 골자로 하는 개편안을 따르고 있다. 한편, 자유선진당의 개편안은 한나라당과 민주당이 제시한 개편안과 상당한 차이가 있다. 자유선진당안은 ① 국가구조를 인구 500~1,000만명 규모로 6~7개의 주(강소국)로 구성된 연방국가로 만들고, ② 주정부는 입법・사법・행정・재정・교육・경찰 등의 자치권과 과세자주권을 가지고 외국과 직접 경쟁하고 경제교류하며, ③ 국회는 양원제로 하고, ④ 주민자율에 의하여 전국을 200

여 개 또는 120~140개 시 · 군으로 통폐합하는 것을 골자로 하고 있다.

(3) 지방행정체제개편특별법의 제정

지방행정체제 개편을 둘러싼 정치권과 학계의 의견대립이 팽팽한 가운데 국회 지방행정체제개편특별위원회는 2008년 11월부터 제출된 8개의 법률안을 통합조정하여 2010년 4월 단일의 법률안으로 제출하였고, 이 법률안은 2010년 9월 16일 국회 본회의에서 '지방행정체제 개편에 관한 특별법'으로 통과되었다.

특별법의 제정은 지방행정체제 개편을 위한 법적 근거를 마련하였고, 그 동안 국회가 주도해왔던 개편논의가 전문가와 지방자치단체, 국민들이 참여하는 공론의 장을 통해 합리적인 대안을 도출할 수 있는 토대를 형성하였다는 점에서 큰 의미가 있다. 또한 이 법은 지방행정체제 개편의 목적을 지방의 역량 강화, 국가경쟁력 제고, 주민의 편의와 복지증진으로 규정하고(제1조), 지방분권 추진과제를 차질없이 추진하도록 명시함으로써(제37조), 지방행정체제 개편이 효율성 중심이 아닌, 지방분권형 체제로의 개편을 천명했다는 점도 이전과 크게 달라진 내용이라고 할 수 있다.

특별법에 담긴 주요 내용을 살펴보면 다음과 같다. 첫째, 지방행정체제 개편을 추진하기 위하여 대통령 소속으로 개편위원회를 구성하도록 하였다는 점이다. 이는 개편추진위원회에서 개편안을 짜도록 함으로써 법취지에 부합하게, 전문적 검토와 국민적 의견이 중시되도록 하였다는 점에서 의미가 크다. 개편추진위는 당연직 3명과 위촉직 24명으로 구성되는데, 대통령이 6명, 국회의장이 10명, 지자체 4대 협의체 대표가 8명을 추천할 수 있다. 개편추진위는 2012년 6월 30일까지 지방행정체제 개편에 관한 종합적인 기본계획을 대통령과 국회에 제출하도록 되어 있다.

둘째, 도는 지방자치단체로 존치하되, 개편위원회에서 도의 지위와 기능에 대한 개편방안을 마련하여 2014년 지방선거 1년 전까지 대통령과 국회에 보고하도록 하였다. 이는 도 체제에 대해 행정기관(광역행정청 등)이 아닌 지방자치단체를 전제로 함으로써 그동안 논란거리였던 도 폐지 대안을 폐기하였다는 것을 시사한다.

셋째, 특별시와 광역시도 지방자치단체로 존치하되, 관할구역 안에 있는 자치구 중에서 인구 또는 면적이 과소한 구는 적정규모로 통합하도록 하였다. 자치구와 군의 지위 및 기능에 대해서도 개편위원회가 2012년 6월 30일까지 개편방안을 마련해 대통령과 국회에 보고하도록 하였다.

넷째, 개편위원회는 시·군·구의 인구, 지리적 여건, 생활권·경제권, 발전가능성, 지역의 특성, 역사적·문화적 동질성 등을 종합적으로 고려하여 시·군·구의 통합을 위한 기준을 수립해 국회의 심의를 거쳐 개편안을 확정토록 하였다. 그리고 행정안전부 장관은 국회의 심의를 거친 개편안을 당해 지방자치단체에 권고하고, 지방자치단체는 차기 지방선거 전인 2014년 초까지 주민투표나 의회의결로 최종 결정토록 하였다. 특별법은 시·군·구의 통합에 대해 5개조에 걸쳐 자세히 규정하고 있어 시·군·구 통합에 큰 의미를 두고 있음을 알 수 있다.

다섯째, 풀뿌리자치의 활성화와 민주적 참여의식을 고양하기 위해 읍·면·동에 해당 행정구역의 주민으로 구성되는 주민자치회를 둘 수 있도록 하였다. 이는 기존의 행정계층인 읍면동을 준자치단체로 전환하여 풀뿌리자치인 근린생활자치를 부활하자는 의미를 담고 있다.

제 3 절 우리나라 지방행정체제개편의 방향

1. 지방행정체제개편의 목적

선진 각국은 20세기 중반부터 지방행정의 틀을 바꾸어 왔고, 우리나라도 1990년대에 들어서면서 개편논의가 활발하게 전개되었다. 선진국의 개편 사례를 보면, 광역행정의 수요에 대응하고 지역 및 국가의 경쟁력 제고를 위해 자치계층과 행정구역의 개편을 단행해 왔다. 오늘날 지방정부는 국가간 경쟁을 좌우하는 핵심주체로 부상하고 있기 때문에 강력한 자치권과 역량을 가진 지방정부의 창출은 각국에서 중요한 국가과제로 인식되고 있다. 우리나라도 앞서 언급한 바와 같이, 2010년 10월 지방행정체제 개편에 관한 특별법이 제정되어 개편논의가 구체화되고 있는데 문제는 어떤 원칙과 기준에 입각해 지방행정의 구조와 기능을 개편할 것인가이다.

지방행정체제개편에 관한 특별법은 제1조에서 법 제정의 목적으로 행정환경의 급속한 변화에 부응하여 지방의 역량강화, 국가경쟁력 제고, 주민의 편의와 복리증진에 이바지하기 위해서라고 밝히고 있다. 동 법 제3조에서는 개편의 기본방향으로 주민의 편익증진과 국가 및 지방의 경쟁력 강화라고 명시하고 있다. 이를 위해 구체적으로 첫째, 지방자치 및 지방행정계층의 적정화, 둘째, 주민생활 편익증진을 위한 자치구역의 조정, 셋째, 지방자치단체의 규모와 자치역량에 부합하는 역할과 기능의 부여, 넷째, 주거단위의 근린자치 활성화를 추진하겠다는 것이다.

이를 요약하면 지방행정체제 개편의 목적은 지방의 역량강화와 국가경쟁력의 제고 그리고 주민편의 증진이라고 할 수 있다. 지방정부의 자치역량을 강화하기 위해서는 지방체제의 정비와 함께 제도적 차원에서 중앙권한의 획기적 지방이양을 통해 지방분권국가체제를 구축하는 전략이 필요하다. 이와 함께 주민의 편의와 복지증진을 위해서는 행정서비스의 수요자인 주민의 입장에서 공공사무와 기능을 재배분해 행정의 민주성을 확보하면서 지방체제의 다양성도 구현되어야 한다.

2. 지방행정체제개편 대안과 쟁점

(1) 지방행정체제개편 대안

정치권과 학계를 중심으로 최근까지 제시된 지방행정체제의 개편안의 골격을 살펴보면, 도와 시군의 기능분리안, 도폐지 단층제안, 도-광역시 통합안, 초광역지방정부안 등 네 가지로 정리할 수 있다(하혜수, 2009: 39-42).

첫째, 도와 시군의 기능분리안은 현재의 자치2계층제를 유지하면서 도와 시군의 사무를 명확히 구분하여 상호 중복이 없도록 조정하는 방안이다. 도의 기능은 광역적·조정적 사무에 한정하고 나머지는 시군에서 처리하도록 하며 도의 시군에 대한 지도감독 기능을 폐지하는 것이다. 이 대안은 구조개편 없이도 지방행정의 책임성을 명확히 할 수 있고, 정치적 반대와 저항이 다른 대안에 비해 상대적으로 약하다는 장점이 기대된다. 반면 사무구분의 명확성을 확보하기 어렵고, 시군에 대한 도의 감독관행이 상존할 수 있으며, 획기적 권한이양을 통한 지방분권국가체제 구축을 저해하는 단점이 예상된다.

둘째, 도폐지 단층제안은 도와 시군으로 이루어져 있는 자치2계층제에서 도를 폐지하고 시군을 중심으로 단층제화하는 방안으로, 전국을 60~70개의 광역시로 재편하는 것이다. 이 안의 주된 골자는 광역자치단체인 도를 폐지하고, 기초자치단체인 시·군은 통합하여 광역시화하고, 기존의 광역시는 자치구를 행정구로 전환하여 전국의 지방자치단체를 광역시 수준의 단일계층제로 전환하는 것이다. 자치1계층이 되어 도가 폐지되면 종래 도가 하던 기능은 개편되는 광역시가 담당하게 되고, 일부 사무는 국가의 하부기관인 (가칭)국가지방광역행정청을 설치해 이를 수행하게 한다는 것이다.

이 대안은 단층제화에 따른 행정의 효율성 확보, 지방행정의 책임성 명확화, 지방정부의 자치역량 제고 등의 장점이 기대되지만 국가관여 및 통제 가능성 증대, 지방정부의 정치적 위상 약화, 국제적 경쟁단위 상실로 인한 국가경쟁력 확보 곤란, 신중앙집권화 초래 및 지방분권국가체제 구축 곤란 등의 단점이 예상된다. 특히 전국의 시군통합을 기초로 한 통합시 설치안은 지방의 경쟁력 확보 차원에서는 여전히 과소 규모로 효율성 확보에 미흡한 반면, 기초자치단위에서의 주민접근성을 크게 제약할 수 있고, 도의 폐지 내지는 국가기관화로 지방 자율성의 근간을 흔든다는 점에서 한계가 있다.

셋째, 광역시와 도의 통합안은 지리적 특성과 역사성, 광역행정수요에 대한 효과적 대응 등을 위해 광역시와 도를 통합하고, 현재의 광역시는 도의 관할하에 두되 행재정적 특례를 부여하는 방안이다. 구체적으로, 부산, 인천, 대구, 광주, 대전, 울산 등 6개 광역시를 기초자치단체로 전환하여 원래 도 소속으로 환원시키고 자치구는 일반행정구, 준자치구 등으로 전환하게 된다. 도로 통합되는 광역시는 대도시의 특성을 감안하여 도로 부터의 감독범위를 축소하고 일반시보다 높은 수준의 자율권을 부여함으로써 일본의 지정시의 경우처럼 대도시의 위상에 걸맞는 자율적 발전을 지속할 수 있도록 한다는 것이다.

장기적으로는 광역자치단체의 경쟁력 강화를 위하여 광역시와 도간 통합만 아니라 충북과 충남, 전북과 전남과 같이 광역시가 없는 도와 인접 도를 통합하고 강원과 제주는 특별자치도로 유지하게 되면 전국은 1특별시 7개도 체제로 전환하게 된다. 이 대안은 행정의 효율성 제고, 시도를 초월한 광역행정수요에 대한 효과적 대응, 시도간 갈등과 대립감소, 강력한 지방정부단위의 창설을 통한 지방분권 강화 등의 장점이 기대되지만 광역시의 위상약화, 대도시 행정수요에 대한 효과적 대응곤란 등의 단점도 예상된다.

넷째, 초광역지방정부 개편안은 광역시-도 통합안과 마찬가지로 광역자치단체의 통합을 주장하지만 통합으로 설치되는 광역자치단체는 연방제국가의 '주(州)'에 해당하는 강력한 자치권을 부여해 국가체제를 준연방제로 개편하자는 주장이다. 일본의 도주제(道州制) 개편의 경우처럼 다수의 시도가 통합된 초광역지방정부의 창설을 통해 중앙행정사무, 법률제정권, 조세신설권 등을 이양하고, 시군구를 통합하여 광역시로 만드는 구상이다.

이 대안은 전체적으로 2층제를 유지하지만 지자체의 통합을 통해 효율성을 기대할 수 있고, 초광역 및 기초지방정부의 위상과 자치역량을 제고할 수 있으며, 지방분권국가체제의 기반구축을 통해 국가경쟁력 제고에 기여할 수 있다는 장점이 있는 반면, 헌법개정을 포함한 제도의 근본적 개정이 요구되고, 지방행정체제의 확대 재조정으로 인해 정치권과 국민들의 반대에 직면할 수 있으며, 주민의 참여에 기초한 풀뿌리민주주의를 위축시킬 수 있다는 단점이 예상된다.

(2) 지방행정체제개편안의 쟁점

지방행정체제개편을 둘러싼 기존의 논의는 어느 대안이 절대적으로 우월하다고 주장할 수 없으며 나름대로의 장단점을 지니고 있다. 지방행정체제개편대안에 내재된 쟁점을 보면 다음 네 가지로 요약된다.

첫째, 자치2계층을 유지하느냐 아니면 단층제로 개편하느냐 하는 것이다. 단층제로 개편할 경우 중간 경유기관이 폐지되어 정책의 신속한 추진,

전달거래비용의 감소, 주민의사의 왜곡방지 그리고 인력과 조직의 감축을 통한 행정효율성 제고 등을 확보할 수 있다.

특히 다단계의 행정계층으로 인한 인력과 예산 낭비, 업무처리시간의 과다 등을 줄일 수 있다. 중앙정부에서 동사무소까지 공문이 내려가는데 8~10일 걸리고 회신되는 데까지는 11~49일 소요된다는 연구결과도 있다(최영출, 2008). 그에 반해 단층제가 되면 중앙-지방간 완충기능이 약화되고, 중앙정부의 직접적 통제가 강화될 수 있으며, 초광역행정수요에 대한 대응이 곤란하여 신중앙집권화가 강화될 수 있다.

둘째, 지방행정구역을 광역화할 것이냐 아니면 소규모의 파편화된 구조를 가질 것이냐 하는 것이다. 광역화의 논거는 규모의 경제효과, 재정적 자립, 자치역량 등을 들 수 있고, 파편화의 논거는 지자체간 경쟁촉진, 작은 것이 아름답다(small is beautiful), 주민의 접근과 참여 제고 등을 들 수 있다. 전세계적 경향은 광역화를 통한 자치역량과 경쟁력 제고에 초점이 두어져 있다.

시군의 통합과 시정촌 통합이 추진되고 있고, 더욱이 시도의 통합을 통한 초광역화에 관심이 집중되고 있다. 지자체의 통합을 통한 광역화를 정당화하는 주요 논거는 규모의 경제효과(economies of scale)이다. 공공서비스의 산출규모를 증대시킴에 따라 서비스 처리에 소요되는 평균비용은 줄어든다는 것이다. 1960년대까지만 해도 도시의 적정규모를 모색하는 데 많은 관심을 기울였으나, 최근 들어 적정규모의 도출이 어려워지면서 관심이 덜한 상태이다.

셋째, 지방행정체제 개편을 통해 중앙정부의 권한을 어느 정도까지 지방자치단체로 이양할 것인가 하는 점이다. 한나라당과 민주당 모두 지방분권을 위한 지방행정체제 개편을 주장하고 있고, 자유선진당에서는 획기적인 지방분권을 위한 준연방제 개편안을 제시하고 있다. 그러나 정치권에서는 지방분권을 위한 지방행정체제개편이라는 표현은 사용하고 있지만 구체적인 권한이양의 내용을 제시하지 않고 있다가 2010년 9월 지방행정체제개편특별법을 제정하면서 지방분권에 대한 구체적인 내용을 담게 되었다.

넷째, 지방행정체제개편의 목적과 지향점에 대해서도 의견이 분분하다. 지방행정체제개편의 필요성과 관련된 문제로서 주민자치의 발전을 위해 개편되어야 하느냐, 자치역량과 자립성 제고를 위해 개편되어야 하는가, 아니면 지방정부의 국제경쟁력 제고를 위해 개편되어야 하는가 하는 것이다. 논쟁의 핵심은 지방행정체제개편을 통해 주민편의를 도모해야 한다는 견해, 주민자치와 민주성을 확보해야 한다는 견해, 지자체의 자립과 자치역량을 제고해야 한다는 견해, 지방분권국가체제 구축을 통해 국가경쟁력을 제고해야 한다는 견해로 구분된다.

3. 지방행정체제개편의 방향

주요 선진국이 최근 단행했거나 추진하고 있는 개편 경향과 우리나라가 특별법을 제정해 개편을 추진하고 있는 현황에 비추어 보면 앞으로 지방행정체제의 개편 방향은 효율성과 민주성 그리고 다양성을 충족할 수 있어야 한다. 효율성은 지역과 국가의 경쟁력 제고라는 차원에서 개편이 이루어져야 하고, 민주성은 주민참여를 기반으로 주민의 편의와 복리 증진에 기여해야 함을 의미한다. 다양성은 지역의 창의성과 자율성을 담보할 수 있도록 제도 설계에 융통성을 부여해야 한다는 뜻이다.

이를 구체적으로 설명하면 효율성의 기준에서 지역과 국가의 경쟁력을 높이려면 광역정부의 지역개발 역할과 기능을 강화하고, 주민 편의와 복리 증진을 위해서는 기초자치단체에 주민이 직접 참여할 수 있도록 접근성을 높여야 한다. 효율성과 민주성을 동시에 달성하기 위해서는 광역자치단체와 기초자치단체의 개편 기준은 이원적으로 접근하는 것이 바람직할 것이다. 이와 함께 자치계층의 획일성에서 벗어나 다양한 자치모형을 도입하고, 자치계층간 기능의 재배분이 전제되어야 한다.

(1) 국가경쟁력 제고를 위한 광역정부의 역할

세계화 시대의 국가경쟁력을 대도시 지방정부가 주도하고 있는 추세를 감안하면 중앙정부의 권한을 획기적으로 지방에 이양하고, 지방은 이양된 권한을 담을 만한 규모로 그릇을 키워야 한다. 최근 주요 선진국에서도 지역정체성과 지역경쟁력을 강화하고 광역적 행정수요에 부응하기 위해 기존의 광역정부의 구역을 확대하는 방안을 추진하고 있다. 예컨대, 프랑스의 지방행정체제개편위원회(일명 Balladur위원회)는 현재 22개의 국내 레지옹(region)을 15개로 통합하는 방안을 2009년 3월 사르코지 대통령에게 제안하였다. 독일도 현재 16개의 주를 9개로 줄이는 방안을 논의하고 있고, 일본은 47개의 도・도・부・현(都・道・府・縣)의 구역을 확대하고 기능을 강화해 9~13개의 도주제(道州制) 전환을 추진하고 있다.

이러한 추세에 비추어보면 현재 우리나라 시・도의 인구규모나 권한은 국제경쟁에서 우위를 차지하기에는 역부족이다. 서울과 경기도가 규모면에서 경쟁력이 있다고 하더라도 국내 다른 시・도와의 격차가 현격해 이에 대한 조정도 필요하다. 현재 광역시와 도의 분리체제는 국제경쟁력에 취약하고 광역행정에 능동적으로 대처하기 곤란하다는 문제점 외에도 광역시와 잔여 도지역의 불균형 발전, 생활권과 행정구역의 불일치, 예산낭비 및 지역간 빈번한 갈등 등으로 통합의 필요성이 제기되어 왔다. 따라서 도에서 분리된 광역시를 환원시키고, 장기적으로는 광역시가 없는 도와 인접 도간의 통합도 고려할 필요가 있다.

(2) 광역과 기초자치단체의 이원적 접근

행정구역의 개편은 외적으로는 지역경쟁력을 강화하기 위해 구역을 확장하는 한편, 내적으로는 주민의 접근성을 높이기 위해 주민참여가 보장될 수 있을 정도로 적정규모를 유지해야 한다는 상반된 요청을 담고 있다. 따라서 행정구역을 확대 또는 축소하는 방안 중에 어느 것이 좋다는 일방향적 논의에서 벗어나서 효율성과 민주성을 적절히 조화시킬 수 있어야 한다. 다시 말해 지방정부의 구역이 효율성의 기준에서 규모의 경제를 달성하는 한편 주민참여를 통해 민주역량을 제고할 수 있는 방안을 찾아야 한다.

이러한 상반된 요청은 행정구역의 개편을 자치계층에 따라 차별적으로 적용함으로써 해소할 수 있다. 즉, 주민과의 접근성이 더 강조되어야 할 기초자치단체의 구역설정은 효율성보다는 민주성 제고에 우선을 두어야 하고, 광역적 통합성 또는 대외경쟁력이 더 강조되어야 할 광역자치단체의 구역설정은 민주성보다는 효율성이 보다 중시되어야 할 것이다. 따라서 광역자치단체는 지방의 경쟁력 강화와 효율성을 추구하기 위해 광역화를 추구하되, 기초자치단체는 민주성을 중시하는 방향으로 추진하는 것이 바람직할 것이다. 다시 말해 행정구역설정의 기준을 단일기준이 아니라 광역자치단체와 기초자치단체로 분리하여 이원적으로 접근하는 것이 효율성과 민주성이라는 양립불가능한 두 가지 이념을 조화시킬 수 있는 한 방안이라는 것이다.

민주성과 효율성의 접점에서 고민해야 할 사항이 자립과 자족성이라고 할 수 있다. 민주성을 고려하여 기초자치단체의 규모를 줄이면 재정적 자립성에서 문제가 되고, 그렇다고 재정적 자립성을 위해 기초자치단체의 규모를 키우면 접근성과 참여에서 문제가 될 수 있다. 최근 이 문제를 해결하기 위해 준자치단체에 관심을 기울이고 있다. 기초자치단체의 규모를 키워 재정자립과 자족성을 강화하는 한편, 읍면동 수준에 주민자치회를 두어 주민의 참여에 기초한 풀뿌리 주민자치를 보완하는 것도 한 방안이다. 그러나 읍면동의 준자치단체화를 위한 구체적인 방식에 대해서는 논란이 있을 수 있다. 읍면동 사무소와 분리된 주민자치회의 설치는 농촌지역 주민들의 불편을 가중시킬 수 있고, 읍면동과 통합된 주민자치회의 구성은 선출직의 양산을 초래할 수 있기 때문이다.

(3) 지역별 자치계층의 다양성 확보

우리나라의 자치계층은 제주특별자치도를 제외한 15개 시 · 도가 광역–기초의 2계층으로 고정되어 있어 선진국에 비해 매우 획일적인 것이 특징이다. 중앙정부가 광역자치단체를 지휘 · 감독하고, 광역자치단체는 기초자치단체를 감독함으로써 국가전체의 일체성을 확보하기 위한 중앙집권적 체제의 관행이 남아있기 때문이다. 이러한 계층의식은 지역사회 특유의 정치 · 경제적 상황이나 행정수요에 탄력적으로 대응하지 못한다는 약점이 있다.

선진국의 경우를 보면 영국은 2층제를 근간으로 하면서도 혼합계층의 대표적인 국가이고, 미국도 광역과 기초를 통합한 지역과 카운티(county)에 소속되지 않는 독립시가 존재하는 등 계층구조가 지역별로 다양하다. 프랑스와 독일도 자치계층에 융통성을 부여하고 있다. 그러나 우리나라에서는 도지역과 사회문화적, 경제적 여건이 상이한 특별시와 광역시에도 광역–기초의 2층 구도를 일률적으로 적용하고 있다.

따라서 앞으로 지방행정체제를 개편함에 있어서 전국을 일률적으로 1계층 또는 2계층으로 제한할 것이 아니라 외국의 사례에서 보듯이 지역별로 다양하게 자치계층을 운영할 수 있는 여지를 남겨둘 필요가 있다. 제주특별자치도의 경우 1계층제를 도입한 것은 이러한 측면에서 의미있는 시도라고 할 수 있다. 우리나라 헌법도 지방자치단체의 종류와 조직 및 운영에 대해서는 법률로 정하도록 규정하고 있다는 점도 같은 맥락에서 이해할 수 있을 것이다.

(4) 자치계층간 권한 재배분

성공적인 지방행정체제의 개편을 위해서는 계층조정 및 구역변경과 함께 중앙과 지방, 그리고 지방정부간 권한배분이 적합하게 이루어져야 한다. 이러한 자치계층간 권한재배분은 중앙－광역－기초정부간에 명확한 사무배분이 전제되어야 한다. 광역자치단체와 기초자치단체간 기능재배분의 기준은 보충성의 원칙(principle of subsidiarity)을 살려서 지역주민의 일상생활에 관한 행정은 시・군・자치구에 이관하여 기초자치단체가 수행하도록 하고, 광역자치단체는 현재 국가가 수행하고 있는 교육 및 고용정책, 국토관리, 방재 및 위기관리, 지역치안 등 광역차원의 국가사무를 수행할 수 있도록 기능재배분이 이루어져야 한다. 다만, 전국의 광역자치단체 또는 기초자치단체에 획일적인 사무배분기준을 적용하기 어려운 경우에는 지방정부의 행・재정적 역량을 고려하여 차등적으로 추진할 필요가 있다.

이와 함께 자치계층간에 권한을 명확하게 배분하기 위해서 자치사무, 단체위임사무, 기관위임사무로 나뉘어져 있는 지방정부의 사무배분 체계를 정비해야 한다. 지방자치단체의 사무 가운데 상당부분을 차지하고 있는 위임사무는 계층간 기능중복으로 인해 사무배분에서의 비효율을 야기하고 있다. 특히 기관위임사무는 지방자치단체의 자율권을 침해하고 중앙－지방간 갈등의 소지를 내포하고 있으므로 이를 폐지하고 지방사무를 자치사무와 국가사무로 이원화하는 방향으로 개편되어야 한다.

참고문헌

안성호. (2010). 한국의 지방자치체제 개편과 방향: 정치권 지방자치체제 개편안의 문제점과 과제. 「지방정부연구」, 14(1): 7-35.

이달곤. (2004). 「지방정부론」. 서울: 박영사.

이동우 · 김광익 · 박은관 · 문정호 외. (2003). 「자립적 지역발전을 위한 지역단위 설정 연구」. 국토연구원.

이승종 · 서재호. (2009). 「지방행정체제개편론」. 서울: 법문사.

하혜수. (2009). 지방분권형 지방행정체제 개편대안 연구. 「한국지방자치학회보」. 14(3): 51-79.

하혜수 · 김영기. (2006). 지방행정구역과 자치계층구조 개혁의 지향점과 기준에 관한 연구 -경남지역에의 적용-. 「한국행정논집」. 18(1): 1-28.

홍준현. (2010). 기관위임사무 지방이양의 실태 및 시사점: 소요 인력 및 비용 추계를 중심으로. 「지방정부연구」. 14(3): 51-79.

Andres, Rodriquez-Pose. (2005). *The European Union: Economy, Society and Polity*. Oxford: Oxford University Press.

Bailey, S. H. (2004). *Cross on Principles of Local Government Law*. London: Sweet & Maxwell Limited.

Coxall, Bill, Lynton Robins & Robert Leach. (2003). *Contemporary British Politics*. Fourth Edition. Hampshire: Palgrave.

Lancaster, Steve and David Roberts, eds. (2004). *British Politics in Focus as Level*. Lancs: Causeway Press.

Ohmae, K. (1995). *The End of the Nation-State: The Rise of Regional Economics*. New York: The Free Press.

CHAPTER

14

자치역량과 주민통제

제14장 자치역량과 주민통제

지방정부의 자치역량이 높아야 지방자치가 효과적으로 이루어질 수 있다. 지방정부의 자치역량을 구성하는 요소는 조직적 수준에서는 인적·물적 자원, 헌법 및 중앙정부로부터 주어진 권한, 업무처리절차, 조직문화 등이 포함되고, 개인적 수준에서는 지방정부를 구성하는 단체장, 지방의원, 공무원 등이 보유한 지식, 기술, 기타 능력 등이 포함된다. 이와 함께 지방정부의 주인이라 할 수 있는 주민의 자치의식, 참여, 통제 등이 매우 중요한 자치역량에 포함될 수 있다. 본장에서는 지방정부의 자치역량에 대한 개념을 정립하고, 이를 강화하기 위한 방안을 조직적, 개인적 차원으로 구분하여 검토한다. 특히 주민의 자치역량이 지방자치의 성패에 결정적인 영향을 미친다는 점에서 주민통제를 검토한다.

제1절 자치역량의 개념과 구성요소

1. 개 념

역량(力量)이란 사전적으로 '어떤 일을 해낼 수 있는 힘'을 말한다. 이 용어는 영어의 capacity, competency 등에 해당한다. capacity는 정부부문을 주로 다루는 행정학에서, competency는 기업부문을 주로 다루는 경영학[1]에 자

1) 경영학에서는 역량개념이 기업의 환경요인과 내부역량을 검토하여, 미래의 경영전략을 도출하는 SWOT(Strength, Weakness, Opportunity, Threat)분석에 자주 활용된다.

주 사용되는 경향이 있었으나, 1980년대 이후 신공공관리론(New Public Management)의 영향으로 정부부문에도 competency가 일상적으로 사용됨에 따라 사실상 두 용어는 구별 없이 혼용되고 있다. 개인적 수준에서 역량은 주어진 문제를 해결할 수 있는 능력으로, 개인이 보유한 지식, 기술 및 기타 능력(체력, 지능, 경제력, 가치관, 리더십, 태도, 집중력 등)을 의미한다.

이러한 개인적 수준의 역량 개념은 조직적 수준에서는 조직에게 부여된 목적을 효과적으로 달성할 수 있는 능력으로 전환될 수 있다. 조직적 수준의 역량은 조직의 구성원이 보유하고 있는 개인적 수준의 능력과 함께, 조직적 차원의 인적·물적 자원, 업무수행절차(SOP), 문화 등을 포함한다. 이렇게 다양한 역량 중에서 조직의 성과를 효과적으로 달성하는 데 꼭 필요한 역량을 강조하여 핵심역량(core competency)이라고 부른다.

자치역량(自治力量)이란 지방정부가 지방자치를 잘 수행할 수 있는 능력, 즉 지역에서 발생하는 문제를 효과적으로 해결하고, 주민의 삶의 질을 향상시킬 수 있는 능력을 의미한다.[2] 첫째, 자치역량을 정의하는 데 중요한 요소는 지방정부의 범위를 어떻게 설정하느냐 하는 것이다. 지방정부를 단체장, 지방의회, 공무원으로 한정하는 경우에는 지방정부의 자치역량은 개인적 수준에서는 단체장, 지방의회, 공무원이 보유한 능력을, 조직적 수준에서는 해당 지방정부가 보유한 인적·물적 자원, 권한, 업무수행절차, 문화 등을 포함한다. 그러나 지방정부에 주민을 포함할 경우에는 주민의 자치의식, 참여, 통제 등이 자치역량을 구성하는 중요한 요소로 포함되어야 한다. 본서는 자치역량에 주민의 역량이 포함된다는 관점에서 자치역량의 개념을 정의하고자 한다.[3]

둘째, 지방자치를 잘 수행한다는 의미는 지방정부가 주어진 목표를 효율적으로 달성한다는 것을 말한다. 여기서 주어진 목표는 궁극적으로 주민의 삶의 질을 높이는 것으로, 하위 수준에서는 지역사회에서 발생하는 문제를

2) 행정학에서 자치역량 개념은 주로 지방정부 사이의 비교와 평가를 통해, 자치역량이 부족한 지방정부가 우수한 자치역량을 보유한 지방정부를 학습하도록 하는데 유용하다고 볼 수 있다.

3) 다만, 주민의 자치역량이 매우 중요하다는 관점에서 주민통제라는 별도의 절을 통해 자세히 살펴보고자 한다.

해결하고, 지역발전을 도모하는 것이라 할 수 있다. 상대적으로 우월한 자치역량을 보유하고 있는 지방정부는 지방자치를 잘 수행할 것이며, 이는 지방자치의 궁극적 결과라 할 수 있는 지역주민의 삶의 질로 나타나게 될 것이다. 반면 자치역량이 미흡한 지방정부는 지방자치를 효과적으로 수행하지 못하고, 지역주민의 삶의 질도 떨어지는 문제가 발생하게 될 것이다.

셋째, 지방정부의 자치역량은 지방정부가 통제할 수 없는 역량과 통제할 수 있는 역량으로 구분될 수 있다. 조직적 차원에서 상위 수준의 헌법과 중앙정부로부터 주어지는 권한(자치권한, 과세권한, 행정구역 등)은 사실상 지방정부의 통제 범위 밖에 있는 자치역량이다. 이러한 역량은 지방자치의 발전을 위해 반드시 필요한 요소이지만, 지방정부의 의지와는 관계없이 결정되기 때문에 자치역량의 부족을 이유로 지방정부를 탓할 수 없다. 그러나 조직문화, 업무수행절차, 조직구조 등 조직적 차원의 역량과, 지방정부를 구성하는 주민, 단체장, 의원, 공무원의 역량은 스스로의 노력을 통해 변화시킬 수 있다는 점에서 이러한 자치역량의 부족은 지방정부의 책임이라 할 수 있다. 나아가 지방정부의 자치역량에 대한 비교과 평가는 통제 가능한 요인과 통제 불가능한 요인으로 구분하여 이루어질 필요가 있다.[4]

2. 구성요소

(1) 외부적 요소: 통제 불가능한 요소

기존에는 지방정부의 자치역량을 주로 지방정부의 통제 범위 밖에 있는 자치입법권, 자치재정권, 자치조직권, 자치행정권 등 권력적 역량에 집중하여 논의하였다. 또한 논의의 결론과 시사점도 지방정부의 자치역량을 제고하기 위해 중앙정부가 지방정부에 입법, 행정, 재정상의 권한을 이양할 필요가 있음을 강조하였다. 헌법과 중앙정부로부터 지방정부에게 주어지는 자치와 관련된 권한들은 지방자치의 근간을 이루는 것으로서 자치역량의 기초에

4) 기존의 연구들은 자치역량을 외부적 요소를 중심으로 검토하였으나, 본서는 상대적으로 내부적 요소의 중요성을 강조하고자 한다.

해당한다.

이에 따라 중앙정부 차원에서 지방자치의 발전방안을 모색할 때에는, 비록 지방정부의 통제범위 밖에 있을지라도, 자치권한에 관한 논의가 매우 중요하다. 그러나 역량의 개념이 내재적으로 '경쟁'의 상황을 가정하고 있다는 점을 고려할 때, 지방정부간 비교와 평가를 통해 자치역량을 강화할 방안을 모색하고자 한다면, 지방정부의 통제가 불가능한 요소들에 대한 논의는 실익이 크지 않다.[5] 이하에서는 자치입법권, 자치재정권, 자치행정권을 중심으로 통제 불가능한 요소들을 살펴보기로 한다.

첫째, 자치입법권은 지방정부가 헌법과 법률에 의해 주어진 자치권에 기초하여 조례·규칙 등 자치법규를 제정할 수 있는 권한을 의미한다.[6] 여기서 조례는 지방정부가 법령의 범위 안에서 그 소관 사무에 관해 지방의회의 의결로 제정하는 법규를 말하며, 규칙은 지방정부의 장이 법령 또는 조례가 위임한 범위 내에서 그 소관 사무에 관해 제정하는 규범을 말한다. 지방정부의 자치입법권은 법령을 위반하지 않는 범위에서 허용된다. 다만 주민에 대한 권리제한, 의무부과, 벌칙 등을 규정할 때에는 법률의 위임이 있어야 한다. 이러한 자치법규는 관할 지역의 주민의 생활과 직결되는 내용을 포함하기 때문에, 지방정부의 자치입법권의 범위에 따라 주민의 삶의 질이 달라질 수 있다.

둘째, 자치행정권이란 지방정부가 스스로의 독자적 사무(자치사무)를 가지고, 원칙적으로 국가의 관여를 받지 않고, 그 사무를 자주적으로 처리할 수 있는 권한을 의미한다. 지방정부의 자치행정권이 강화되기 위해서는, 중앙정부가 보유하고 있는 권한과 사무를 지방에 이양하는 지방분권화가 선행되어야 한다. 즉 현재 중앙정부의 사무로 분류되어 있는 사무 중에서 주민의

5) 지방정부의 입장에서 헌법과 중앙정부로부터 주어지는 권한은 일종의 게임의 규칙(rule of game)으로서 중요한 의미를 지닌다. 지방정부가 효과적인 지방자치를 수행하기 위해, 중앙정부의 승인 없이, 스스로 게임의 규칙을 바꿀 수는 없다.

6) 헌법 제8장 제117조1항은 "지방자치단체는 주민의 복리에 관한 사무를 처리하고, 재산을 관리하며, 법령의 범위 안에서 자치에 관한 규정을 제정할 수 있다"고 규정하고 있다. 또한 지방자치법 제15조는 "지방자치단체는 법령의 범위 안에서 그 사무에 관하여 조례를 제정할 수 있다. 다만, 주민의 권리제한 또는 의무부과에 관한 사항이나 벌칙을 정할 때에는 법률의 위임이 있어야 한다"고 규정하고 있다.

생활과 관련성이 높은 사무를 수행할 권한을 재원과 함께 지방정부로 넘겨주는 조치가 이루어져야 한다.[7)]

셋째, 자치재정권이란 지방정부가 고유한 사무를 수행하는데 필요한 경비를 자주적으로 조달하고, 지출할 수 있는 권한을 의미한다. 앞에서 살펴본 자치입법권이나 자치행정권보다 실질적으로 지방자치의 효과적인 수행에 필요한 권한은 재정권이다. 지방정부의 재원이 되는 지방세뿐만 아니라 지방교부세, 국고보조금 등 이전재원은 기본적으로 국가가 규정하는 법률에 의해 결정된다. 또한 세외수입과 지방채의 경우에도 중앙정부 수준에서 결정되는 법률과 정책의 영향을 받는다.

(2) 내부적 요소: 통제 가능한 요소

지방정부의 의지적인 노력으로 변화시킬 수 있는 요소들은 조직적 수준에서는 조직문화, 업무수행절차(SOP: Standard Operating Procedure), 조직구조의 효율성, 개인적 수준에서는 지방정부를 구성하는 주민, 단체장, 지방의원, 공무원의 기획, 집행, 평가적 차원의 능력을 의미한다. 이러한 역량들은 지방정부가 보유하고 있는 내재적 역량이라 할 수 있으며, 궁극적으로 주민의 삶의 질을 개선할 수 있는 가능성을 의미한다고 볼 수 있다. 즉 지방정부가 관할 지역에서 발생하는 문제의 원인을 진단하고, 문제를 해결하기 위한 합리적인 대안을 찾아내고, 집행할 수 있는 능력을 의미한다. 현대의 지방자치는 대외적으로 개방화가 급속히 진행되고, 대내적으로는 분권화·민주화가 강화되는 환경에 처해 있다. 특히 지방자치와 관련된 주민의 욕구가 증대됨에 따라, 지방정부를 구성하고 있는 구성원들의 자치역량이 강화될 필요성이 증대되고 있다.

첫째, 조직적 수준의 역량은 조직문화, 업무수행절차, 조직구조의 효율성으로 나타난다. 이러한 역량은 소위 조직진단을 통해 현재 역량이 어느 수준이며, 어떤 영역에서 역량이 부족한가를 파악할 수 있다. 조직진단은 조직

---

7) 그러나 지방정부가 중앙정부로부터 권한과 사무를 이양받는다고 해서, 행정이 효율적, 효과적으로 이루어지고 주민의 삶의 질이 개선된다는 보장은 없다. 이는 지방정부가 보유한 내적 역량에 따라 달라질 것이다.

의 경쟁력수준을 높이기 위한 조직의 목표(비전과 미션)를 도출하고, 이러한 목표를 달성하기 위해 필요한 핵심기능은 무엇이며, 핵심기능을 효율적으로 수행하기 위해 필요한 조직문화, 표준운영절차, 조직구조, 인사관리, 교육훈련 등이 무엇인지를 도출하는 일련의 과정을 말한다.

지방정부의 조직문화는 조직구성원들이 공유하는 가치체계 및 사고방식을 말한다. 이러한 조직문화는 구성원들에게 정체성을 제공하고, 집단적 몰입을 가져오며, 조직체계의 안정성을 높이고, 조직구성원들의 행동을 형성하는 기능을 수행한다. 표준운영절차는 효율적인 업무처리를 위해 만든 표준화된 업무절차를 말한다. 동질성이 있는 행정업무를 효율적으로 처리하기 위해서는 과거의 경험이나 지식에 입각해 업무지침 등의 이름으로 표준운영절차를 만들어 활용한다. 이 밖에 조직구조가 불필요한 조직이 없이 효율적으로 형성되고, 성과를 중시하는 인사관리가 이루어지며, 주민의 삶의 질을 개선하기 위해 필요한 역량을 개발하기 위한 교육훈련이 효과적으로 이루어질 때, 지방정부의 자치역량이 높아질 수 있다.,

둘째, 지방정부를 구성하는 주체 중에서 자치역량에 가장 중요한 주체는 주민이다. 대의민주주의하에서는 주민의 자치역량 수준에 따라 지방자치를 실질적으로 수행하는 단체장과 지방의원의 수준이 달라지기 때문이다. 나아가 주민이 단체장과 지방의원의 활동에 대해 얼마나 관심을 가지고, 통제하느냐에 따라 지방자치의 내용과 수준이 달라질 수 있다. 따라서 주민의 지방자치에 대한 의식수준을 높이는 것이 자치역량을 강화하는 가장 근본적인 방안이라 할 수 있다. 그러나 주민의 의식은 사회경제적 여건과 역사적 맥락에 따라 지역별로 큰 차이를 보일 수 있다. 아래로부터의 민주화 경험이 일천한 우리나라의 경우, 사회경제적 여건이 상당히 개선되었음에도 불구하고, 주민의 자치역량은 매우 부족한 수준이라 할 수 있다.

셋째, 지방정부의 집행기관인 단체장의 리더십 역량, 정치적, 행정적 능력과 전문성이 중요하다. 주민의 직접 선거에 의해 선출되는 단체장은 정책의 수립과 집행, 예산의 편성과 집행 등 실질적으로 지방정부의 경영자(CEO)에 해당한다. 단체장의 역량이 높을 때, 지역의 문제가 신속하게 해결되고, 주민의 필요가 적시에 채워지며, 궁극적으로 주민의 삶이 질이 개선될 수 있다.

넷째, 지방정부의 입법기관으로 단체장에 대한 견제기능을 수행하는 지방의회(의원)의 역량도 매우 중요하다. 지방의원은 주민을 대신하여 단체장에 대한 공식적인 견제와 통제기능을 수행하고, 주민에게 영향을 미치는 조례와 규칙을 제정하기 때문이다.

다섯째, 실질적으로 지방정부의 정책을 집행하는 공무원의 능력도 중요한 자치역량의 한 요소라 할 수 있다. 지방정부는 조직진단 등을 통해 주민의 삶의 질을 높이기 위해 필요한 공무원의 역량을 정의하고, 현재 공무원의 역량수준을 평가한 후, 교육훈련을 통해 추가적으로 필요한 역량을 보충할 필요가 있다.

이밖에도 지방정부의 자치역량을 구성하는 요소로 지역의 언론, 시민단체의 역량을 고려할 필요가 있다. 이들은 지역의 여론을 형성하고, 주도하는 역할을 수행하며, 이들을 통해 주민들은 지방자치에 관한 정보를 얻을 수 있기 때문이다.

제 2 절 자치역량의 강화방안

본서에서는 지방정부의 자치역량을 입법, 행정, 재정, 정치 등 지방자치의 기능을 중심으로 현황과 강화방안을 검토해보고자 한다.

1. 자치입법역량

지방정부가 자치권에 기초하여 조례·규칙 등 자치법규를 제정하는 것을 자치입법이라 하고, 이러한 자치법규를 만들 수 있는 권한을 자치입법권이라 한다. 여기서 조례는 지방정부가 법령의 범위 안에서 그 소관 사무에 관해 지방의회의 의결로 제정하는 법규를 말하며, 규칙은 지방정부의 장이 법령 또는 조례가 위임한 범위 내에서 그 소관 사무에 관해 제정하는 규범을 말한다.

자치법규는 관할 지역의 주민의 생활과 직결되는 내용을 포함하기 때문에, 지방정부의 자치입법역량에 따라 주민의 삶의 질이 달라질 수 있다. 지방정부의 자치입법역량은 자치법규의 제정활동과 밀접한 연관을 가진 지방의회와 단체장의 전문성과 정치력에 영향을 받는다. 이와 함께 주민도 일정한 절차를 거쳐 직접 조례의 제정, 개정 및 폐지를 청구할 수 있기 때문에 주민의 관심과 참여도 자치입법역량에 중요한 영향을 미친다고 볼 수 있다. 또한 지방에 뿌리를 두고 있는 언론과 시민단체는 주민의 요구를 주민의 대표로 구성된 지방의회에 신문, 방송, 기타 활동을 통해 투입하는 역할을 수행하고 있다는 측면에서 간접적으로 영향을 미친다고 볼 수 있다. 그러나 우리나라의 지방 언론과 시민단체의 역량은 일부 지역을 제외하고는 매우 미흡한 수준에 그치고 있는 것이 현실이다.

지방정부의 자치입법역량을 강화하기 위해서는 직접적으로 입법활동에 참여하는 지방의원 및 단체장의 입법과 관련된 전문성과 주민의 필요를 입법활동에 적절히 투입할 수 있는 정치적 능력을 제고할 필요가 있다. 또한 주민이 지방의회의 입법활동에 대해 더 깊은 관심을 가질 수 있도록 인터넷 홈페이지 등을 통해 관련 정보를 알기 쉽게 공개하는 노력이 필요하다. 간접적인 영향을 미치는 언론과 시민단체의 역량은 자생적으로 발전해야 하는 요소로 정부부문의 간섭이 오히려 해가 될 수 있다는 점에서 사회경제적 수준의 발전과 함께 자연스럽게 역량이 성장하기를 기다려야 할 것이다.

2. 자치행정역량

지방정부가 스스로의 독자적 사무(자치사무)를 가지고, 원칙적으로 국가의 관여를 받지 않고, 그 사무를 자주적으로 처리할 수 있는 권한을 자치행정권이라 한다. 자치행정역량은 지방정부가 자치사무를 효과적, 효율적으로 처리할 수 있는 능력을 의미한다. 이러한 역량을 강화하기 위해서는 우선 중앙정부의 권한과 사무를 지방에 이양하는 지방분권화가 선행될 필요가 있다. 즉 정부부문이 수행해야 할 사무 중에서 주민의 생활과 관련성이 높은 권한과 사무에 대해서는 재원과 함께 지방정부에 부여할 필요가 있다.

그러나 지방정부가 중앙정부로부터 권한과 사무를 이양받는다고 하여 행정이 효율적, 효과적으로 이루어진다는 보장은 없다. 지방정부의 이양받은 사무를 주민의 편익을 증대하는 방향으로 집행할 수 있는 행정역량을 보유하고 있어야 한다. 이러한 자치행정역량은 세부적으로 단체장과 지방공무원의 정책기획, 정책집행, 정책평가능력으로 구성될 수 있다. 정책기획능력은 지방정부에게 주어진 사무를 효과적으로 수행하고, 지역의 문제를 해결하기 위한 정책대안을 도출할 수 있는 전문성을 의미한다. 정책집행능력은 단체장 및 지방공무원이 주민의 편익을 극대화하기 위하여 조직을 구성하고, 인력을 배치하며, 예산을 배분할 수 있는 능력을 의미한다. 정책평가능력은 정책의 집행과정 또는 종료 이후에 산출 또는 결과물을 평가하여 더 나은 정책을 만들고, 더 효과적인 정책집행에 활용하는 능력을 의미한다.

이러한 자치행정역량을 강화하기 위해서는 다음과 같은 노력이 필요하다. 첫째, 정책기획능력은 주로 단체장, 지방의원, 고위직 지방공무원에게 요구된다. 이들이 지역에 발생하는 문제를 체계적으로 분석하고, 문제를 해결하기 위해 가장 바람직하고, 실행가능한 정책대안을 도출하는 능력을 보유할 수 있도록 전문성을 강화할 필요가 있다.

둘째, 정책집행능력은 주로 단체장과 지방공무원에게 요구되는 역량이다. 단체장은 지역의 문제를 해결하기 위한 정책대안을 실행하기 위해 조직을 구성하고, 인력을 배치하며, 예산을 배분해야 한다. 지방공무원은 정책대안을 최대한 효율적으로 집행하기 위한 전문성을 배양해야 한다. 단체장은 지방공무원에 대한 교육훈련을 통해 집행에 필요한 전문성을 강화할 필요가 있다.

셋째, 정책평가능력은 단체장과 지방의원들에게 요구되는 역량이다. 단체장은 정책이 의도한 대로 집행되고 있는지 점검해야 하고, 집행이 끝난 이후에는 성과에 대한 평가를 통해 이후의 정책기획 및 집행에 반영할 수 있는 역량이 있어야 한다. 이를 위해 필요한 경우에는 전문조직을 둘 필요도 있다. 지방의원들은 단체장을 견제하고, 예산을 심의하는 과정에서 정책평가역량을 발휘해야 한다. 정책평가역량을 강화하기 위해 정책평가와 관련된 전문가로 구성된 자문위원회 등을 활용하는 동시에 단체장 및 지방의원의 자체역량을 강화하기 위한 교육이 이루어질 필요가 있다.

3. 자치재정역량

지방정부가 고유한 사무를 수행하는 데 필요한 경비를 자주적으로 조달하고, 지출할 수 있는 권한을 자치재정권이라 한다. 살펴본 지방정부의 입법역량이나 행정역량보다, 실질적으로 지방자치의 효과적인 정착을 위해 필요한 것은 재정역량이라 할 수 있다. 재정권이 뒷받침되지 않는 입법권, 행정권은 실효성이 확보될 수 없기 때문이다. 따라서 지방정부는 지방자치에 필요한 재원을 자주적으로 조달할 수 있는 능력을 배양할 필요가 있다.

그런데 지방정부의 재원이 되는 지방세 등이 기본적으로 국가가 규정하는 법률에 의해 결정된다는 점에서 지방정부 스스로 재정역량을 강화하는 것은 한계가 있다. 또한 지방정부가 처한 사회경제적 여건에 따라 지방정부의 노력으로는 재정역량을 강화하는 것이 사실상 불가능한 지역도 있다. 따라서 지방정부의 자치재정역량의 강화는 기본적으로 국가적 차원에서 지방재정을 안정적으로 확충하는 방향으로 이루어질 필요가 있다.

국세와 지방세 비중을 조정하여, 지방세의 비중을 상대적으로 높이고, 일반교부금에 해당하는 지방교부세의 비율을 상향 조정하는 노력이 이루어질 필요가 있다. 또한 국고보조금 사업의 경우에는 상대적으로 상세한 비목까지 규제하는 것보다는 상대적으로 사용범위가 넓은 포괄보조금으로 전환함으로써 지방정부의 재정자율권을 확대할 필요가 있다. 이와 함께 지방정부는 자체적으로 세외수입 등 다양한 수입원을 개발하고, 재정력을 확충하기 위한 노력을 강화해야 할 것이다.

4. 지방정치역량

지방정부가 중앙정치(중앙정부, 국회)에 의존하지 않고, 선거를 통해 단체장 및 지방의원을 구성하고, 자체적인 힘으로 지역의 문제를 해결하는 능력을 지방정치역량이라 할 수 있다. 이러한 정치역량은 주민의 의식과 참여,

지방언론과 시민단체의 적극적 활동을 기반으로 한다. 주민의 정치의식 수준이 낮고, 지방정부 운영에 대한 언론과 시민단체의 관심과 비판이 적다면, 지방선거, 단체장과 지방의회의 정책결정 등 지방의 정치활동은 침체될 개연성이 높다.

반면, 주민의 정치의식 수준이 높고, 지방정부 운영에 대한 언론과 시민단체의 관심과 비판이 많다면, 지방의 정치활동은 투명하게 주민의 수요를 반영할 가능성이 높다. 또한 단체장이 주민들의 의견을 하나로 결집시키는 정치적 리더십을 보유하고, 주민들과 적절한 의사소통을 한다면, 지방정부의 정치활동은 투명하고, 합리적으로 이루어질 가능성이 높다. 그러나 반대의 경우에는 지방정부의 정치활동이 혼란스럽고, 불투명하게 이루어질 가능성이 높을 것이다. 주민을 대표하는 지방의원의 경우에는, 지방의원이 주민의 필요를 적절히 파악하고, 주민 및 단체장과 적절히 소통하고 있다면, 적절한 정치역량을 발휘하고 있다고 볼 수 있다.

이러한 지방의 정치역량은 지방자치의 수준을 반영한다고 볼 수 있다. 왜냐하면 지방자치는 본질적으로 지방정부를 구성하고 있는 단체장, 지방의원, 주민, 언론과 시민단체 등 구성원들의 정치활동에 의존하기 때문이다. 특히 지역에 문제가 발생했을 때, 지방정부를 구성하고 있는 단체장, 지방의원, 지방공무원, 시민단체와 언론, 일반주민 등 모든 구성원들이 합리적인 토론과 적절한 절차를 거쳐 문제를 해결할 수 있는 가는 지방정치역량의 문제라 할 수 있다. 이러한 관점에서 지방정치역량은 지역사회의 경쟁력을 구성하는 중요한 사회적 자본 중 하나에 해당한다고 볼 수 있다.

따라서 지방정부의 정치역량을 강화하는 것은 지방자치의 수준을 높이는데 매우 중요한 요인이라 할 수 있다. 대의민주주의(Representative democracy) 하에서는 기본적으로 단체장과 지방의원의 정치역량이 중요한데, 지방선거에서 주민들은 주민의 의사를 지방정부 운영에 적절히 반영할 수 있는, 즉 높은 수준의 정치역량을 보유한 인물을 대표로서 선출하여야 한다. 나아가 이미 지방선거 이후에는 언론, 시민단체 및 주민들이 지방정부의 운영에 대해 깊은 관심을 가지고 비판적 기능을 수행할 때, 단체장과 지방의원들의 정치역량이 개선될 여지가 있다. 이러한 측면에서 지방의 정치역량은 근본적으로 주민의 정치의식 수준에 의존하고 있고, 주민들이 자발적으로 정치역량을 증진시킬 때 지방자치가 더욱 성숙할 수 있다고 본다.

제 3 절 주민통제

주민이 지방자치제를 자기 것으로 인식하고 주인의식을 갖는 것이 자치의 근본이다. 그러기 위해서는 지방정부를 비롯한 지방의 공공문제(local public affair)에 대한 통제력을 갖는 것이 중요하다. 앞선 제4장에서 주민참여의 다양한 형태를 살펴본 바 있고, 여기에서는 주민소환, 주민감사청구, 주민소송 등 주민이 직접 지방정부의 활동을 통제할 수 있는 제도에 대해 보다 자세히 검토해보고자 한다.

1. 주민소환

(1) 의 의

주민소환은 주민들이 지방자치단체의 행정처분이나 결정에 심각한 문제점이 있다고 판단할 경우, 일정한 절차를 거쳐, 선거 등으로 선출·임명된 선출직 공무원(단체장, 지방의원)을 임기가 끝나기 전에 파면·해직할 수 있는 제도를 말한다. 지방자치법 제20조는 주민이 그 지방자치단체의 장 및 지방의회의원[8]을 소환할 권리를 가지며, 주민소환의 투표 청구권자·청구요건·절차 및 효력 등에 관하여는 따로 법률로 정하도록 규정하고 있다.

이에 따라 2006년 5월 24일 주민소환에 관한 법률이 제정되고, 2007년 7월부터 시행되었으며, 이 법에 따라 주민들은 지방정부의 단체장과 투표로 선출된 지방의회 의원을 소환할 수 있다. 즉 주민들은 특별시장·광역시장·도지사는 해당 지방자치단체의 주민소환투표 청구권자 총수의 10% 이

8) 비례대표 지방의회의원은 제외한다.

상, 시장·군수와 자치구의 구청장은 15% 이상, 지역선거구 시·도의회 의원 및 자치구·시·군의회 의원은 20% 이상의 서명을 받아 관할 선거관리위원회에 주민소환을 청구할 수 있다.

청구가 이루어진 후에는 주민소환투표가 실시되고, 해당 지방정부 유권자 총수의 3분의 1 이상이 투표하고, 유효투표 총수의 과반수가 찬성하면 해직이 확정된다. 그러나 주민소환투표의 청구에는 일정한 제한이 따른다. 선출직 지방공직자의 임기 개시일부터 1년이 경과하지 아니한 때, 선출직 지방공직자의 임기만료일부터 1년 미만일 때, 그리고 해당 선출직 지방공직자에 대한 주민소환투표를 실시한 날부터 1년 이내인 때는 주민소환청구가 금지된다. 이는 주민소환의 정치적 악용을 방지하고, 지방행정을 안정화하기 위한 조치이다.

주민소환제도는 정치인에 대한 가장 확실하고 직접적인 통제수단이라 할 수 있다. 즉 주민소환제를 통해 주민들은 선출직 공무원들의 독단적인 행정운영과 비리 등에 대한 직접적인 통제력을 행사할 수 있다. 이는 선거를 통해 보장된 임기 이전에 사실상 다시 한번 선거를 치르는 재신임 투표의 성격을 지니고 있다. 투표권을 지닌 주민 전체의 일정 수 또는 일정 비율이 주민소환을 청원하면, 임기 종료 이전에 선거를 다시 실시하고, 선거에서 지면 공직을 떠나게 하는 제도이다. 미국에서는 지방의원·교육위원·단체장 등 지방공직자에게 광범위하게 적용되고 있으며, 독일에서도 일부 주를 제외한 다수의 주에서 단체장 및 지방의원에 대한 주민소환제가 실시되고 있다.

(2) 장점과 한계

주민소환제는 임기제와 대의민주제의 단점을 보완하고, 지방행정을 사전적으로 통제하고, 선거실패를 보완하는 등의 장점을 지니고 있다(심상복, 2009). 첫째, 주민소환제는 임기제와 대의민주제의 단점을 보완할 수 있다. 임기제는 단체장과 지방의원이 여론에 좌우되지 않고 소신 있게 임무를 수행할 수 있도록 보장해 주는 장치이다. 그러나 주민의 대표가 임기제에 근거하여 주민의 의사와는 전혀 다른 방향으로 정책을 결정하여 주민에게 큰 손해를 끼칠 우려도 있다. 임기가 끝난 후 주민들은 지방선거를 통해 단체장과 지방의원을 평가할 수 있으나, 임기 중에는 사실상 이에 대한 심판이 이루어질 수 없다. 그러나 주민소환제가 있음으로써 주민들은 단체장과 지방의원들이 주민들의 의견과 현저히 다른 결정을 내릴 경우에 일정한 절차를 거쳐 임기 중간에 해임시킬 수 있다. 이에 따라 단체장과 지방주민들이 임기제 뒤에서 주민들의 의견을 무시하는 것이 아니라, 항상 주민의 의견을 정책에 반영하려는 노력을 기울이게 될 것이다. 또한 주민소환제는 주민들이 상시적으로 지방정부의 운영에 대해 관심을 가지게 하고, 주민의 대표가 상시적으로 주민의 의사에 귀를 기울이게 함으로써 대의민주주의로 인해 발생하는 문제를 해소하는 기능도 수행한다고 볼 수 있다.

둘째, 주민소환제는 지방정부의 운영을 사전적으로 통제하는 기능을 수행한다. 주민소환제가 존재함으로써, 단체장과 지방의원들은 소극적 측면에서 사전적으로 지방정부운영을 불법, 부당하게 하지 않으려고 노력하게 되며, 적극적 측면에서 주민의 의사를 존중하여 운영하도록 노력하게 된다. 이러한 측면에서 주민소환제가 실제 활용되지 않는다 하여도 선출직 공무원들이 주민의 의사와 현저히 다른 결정을 하지 못하도록 사전에 예방하는 기능을 수행한다고 볼 수 있다.

셋째, 주민소환제는 지방선거의 실패를 보완하는 기능을 수행할 수 있다. 지방선거는 짧은 기간 안에 실시되며, 주민들은 후보자들의 자질과 능력을 충분히 파악하지 못한 상태에서 선거에 임하기 쉽다. 특히 지방선거가 중앙선거의 일부로 인식되어 주민들이 정당을 중심으로 선거에 참여할 경우, 지역감정이나 정파성에 근거하여 투표를 하게 되고, 실제 주민의 의사를 반영하지 않은 인물이 단체장이나 지방의원으로 선출되는 문제가 발생한다. 이때 주민소환제가 있음으로써 주민들은 일정기간 동안 선출된 단체장이나 지방의원들이 지방정부를 어떻게 운영하는가를 살펴보고, 현저히 주민의 의사와 다른 의사결정을 하게 될 경우에는 임기가 종료되기 이전에라도 일정한 절차를 거쳐 해임시킬 수 있다. 따라서 주민소환제는 주민의 입장에서는 임기가 끝나기 전에 지방선거의 실패를 교정할 수 있는 기회를 제공하는 제도로서 이해될 수 있다.

그러나 주민소환제의 장점은 동전의 양면과 같아서 한계로서 인식될 수도 있다. 즉 주민소환제는 정치적으로 악용 또는 남용될 우려가 있으며, 선출직 공무원들의 소신행정을 저해하고, 막대한 사회적 비용을 발생시킬 수도 있다. 즉 지방정치가 당파성에 의해 좌우되고, 주민들의 갈등과 대립이 심할 경우에, 단체장 또는 지방의원의 반대 정파에 속한 정치인들은 주민들을 선동하여 임기 전에 주민소환제를 통하여 해임시키려고 할 것이다. 이러한 상황하에서 선출직 공무원들은 소신있게 지방정부를 운영하기 힘들 수 있으며, 실제 단체장 또는 지방의원들에 대한 주민소환이 이루어질 경우, 또 한번의 지방선거를 치르는 과정에서 주민간 갈등이 증대되는 등 막대한 사회적 비용이 발생할 수 있다.

보충 14-1 지방자치와 주민소환

"하남시장 주민소환 부결 – 투표율 미달로…시의원 3명中 2명은 '소환' 확정".

12일 전국 최초로 실시된 경기 하남시 김황식 시장에 대한 주민소환투표의 투표율이 전체 투표권자의 3분의 1에 미달돼 소환이 부결됐다. 그러나 함께 소환대상 투표에 오른 시의원 3명 중 2명은 소환이 확정되면서 의원직을 상실했다. 하남시 선거관리위원회는 이날 오전 6시부터 오후 8시까지 36개 투표구에서 진행된 김시장 소환투표 결과 총 투표권자 10만 6,435명 중 3만 3,057명이 투표해 최종 투표율이 31.1%로 잠정집계됐다고 밝혔다.

주민소환은 투표권자 3분의 1 이상이 투표해 과반수 찬성으로 확정되기 때문에 김시장에 대한 소환투표는 투표율 미달로 부결됐다. 반면 소환대상 시의원 3명 중 유신목 · 임문택 의원은 투표율이 37.7%를 기록했으며 개표 결과 소환이 확정돼 '주민소환 1호'가 됐다. 김병태 의원은 23.8%의 투표율을 보여 소환대상에서 빠졌다. 김시장은 "극단상황까지 오도록 한 데 대해 반성하고 시민들에게 사과한다"면서 "이제 가장 먼저 할 일은 갈등과 분열로 상처받은 하남시민들의 가슴을 치유하고 하나로 통합하는 것"이라고 말했다. 소환이 확정된 유 · 임 의원은 이번 결정을 받아들일 수 없다고 밝혔다. 임의원은 "유권자들을 차로 실어 나르고 투표하라는 문자 메시지를 보내는 불법 행위를 통해 억지로 만든 투표율은 인정할 수 없다"면서 "선관위에 '투표 소청' 신청과 함께 법원에 소송도 제기할 것"이라고 말했다.

이번 투표는 지난해 김시장이 하남시에 광역화장장을 유치하겠다는 계획을 발표한 것이 발단이 됐다. 당시 화장장 유치에 반대하던 시민들은 지난 5월 주민소환법이 발효되자 곧바로 주민소환운동에 들어갔고 두 달 뒤인 지난 7월 투표를 청구했으나 법원의 무효판결로 무산됐다. 그러나 지난 10월 다시 서명을 받아 투표를 재청구하면서 투표가 실시됐다.

[경향신문] 2007-12-13 14면

2. 주민감사청구

(1) 의 의

주민감사청구는 행정기관이나 공직자의 위법·부당한 조치나 행위로 인하여 일반주민들의 불편이 가중될 경우, 또는 특정 주민의 손실과 피해를 초래한 경우, 이해관계자 또는 일반 주민들이 관련 감사기관에 감사를 청구하여 시정을 요구하는 제도이다. 우리나라에서는 1996년부터 서울특별시에서 운영하고 있는 시민감사청구제도를 모델로, 1999년 지방자치법을 개정하여 2000년부터 전국에서 시행하고 있다.

현행 지방자치법 16조는 지방자치단체와 단체장의 권한에 속하는 사무처리가 법령에 위반되거나 공익을 현저히 해한다고 인정되는 경우, 주민이 직접 감사를 청구할 수 있도록 규정하고 있다. 즉 19세 이상의 주민은 시·도는 500명, 인구 50만 이상의 대도시는 300명, 그 밖의 시·군 및 자치구는 200명을 넘지 않는 범위에서 해당 지방자치단체의 조례로 정한 주민 수 이상의 연대서명을 받아, 시·도에서는 주무부장관에게, 시·군 및 자치구에서는 시·도지사에게, 법령에 위반되거나 공익을 현저히 해한다고 인정되는 사안에 대한 감사를 청구할 수 있도록 하고 있다.[9)]

주무부장관이나 시·도지사는 감사청구를 수리한 날부터 60일 이내에 감사청구된 사항에 대하여 감사를 끝내야 하며, 감사결과를 청구인의 대표

9) 다만, 수사나 재판에 관여하게 되는 사항, 개인의 사생활을 침해할 우려가 있는 사항, 다른 기관에서 감사하였거나 감사 중인 사항 등은 제외된다.

자와 해당 지방자치단체의 장에게 서면으로 알리고, 공표하여야 한다. 또한 주무부장관이나 시·도지사는 주민 감사청구를 처리할 때 청구인의 대표자에게 반드시 증거 제출 및 의견 진술의 기회를 주어야 한다.

(2) 장점과 한계

주민감사청구제도는 주민들에게 직접적으로 감사를 청구할 수 있는 권한을 부여함으로써 지방정부운영에 대한 통제를 강화하는 장점을 지니고 있다. 또한 지방공직자들이 주민의 권익을 최대한 보장하는 방향으로 지방정부를 운영하도록 하는 사전적 역할도 수행할 수 있다. 그러나 감사청구를 위한 주민의 수가 다소 많게 설정되어 있어 사실상 제도가 실효성 있게 운영되지 못하고 있는 한계를 지니고 있다.

보충 12-2 주민감사청구제 효과 '톡톡'

풀뿌리 민주주의의 핵심인 주민감사청구제도가 효과를 톡톡히 보고 있다. 비뚤어진 행정에 대한 지적은 어떤 형태로든 상당부분 반영되는 것으로 나타났다. 주민감사청구제는 자치단체의 잘못을 고치기 위해 상급기관에 감사를 청구하는 제도. 인구 50만명 이상 대도시에선 300명, 그 밖의 시·군·구에선 200명 안팎의 서명을 받으면 된다. 부문을 가리지 않는다. 하지만 뿌리를 내리지 못한 주인의식 탓에 신청 건수는 많지 않다.

29일 행정안전부에 따르면 이 제도를 처음 시행한 2000년부터 지난해까지 광역자치단체에 청구된 주민감사는 모두 202건. 10년간 연평균 16.8건, 시·도별 연평균 1건을 조금 웃돌았다. 대전시와 제주도엔 단 1건도 없었다. 대전시 감사 관계자는 "서명을 받도록 한 기간만 3~6개월이 걸리는 등 절차가 번거롭다."면서 "집단행동이 더 빠르다는 생각에 감사청구를 꺼리는 것 같다."고 말했다.

감사에 들어가기 전 각하된 사례는 48건. 이 중 절반 정도는 서류를 갖추지 못한 경우였다. 따라서 혈세 관리를 감시한다는 자세로 꼼꼼히 대처하면 효력은 더할 것으로 보인다. 법정으로 가는 게 능사는 아니어서 여론과 시스템에 호소하는 특장점을 지녔다. '머슴'을 자처하며 일제히 출범한 민선5기 들어 주민감사 청구제는 더욱 주목을 받는다.

서울에서는 2007년 13건으로 처음 두 자릿수를 보인 뒤 2008년 21건, 지난해엔 32건을 기록했다. 구의회 의정비 인상 및 외유성 해외 연수, 단체장 공로수상 등 청렴과 관련해 감사를 청구한 사례가 눈에 띄게 늘어났다. 지난 6·2지방선거에서 대부분 기초단체장들이 물갈이된 점에 견줘 시사하는 게 적잖았다.

대구시의 경우 2006년 이종화 북구청장의 업무추진비에 대한 주민감사청구가 눈길을 끌었다. 주민들은 그가 2005년 9,600만원의 업무추진비를 직원격려용으로 부당하게, 신용카드 아닌 현금으로 사용해 횡령한 의혹이 있다고 주장했다. 일정 부분 사실로 드러나 이 구청장 등 5명이 징계받았다.

시민단체들은 다음 단계로 주민소송을 추진했다. 인천 연수구 주민 256명은 2007년 한 구의원이 '공무원 한마음 체육대회'를 진행하는 데 필요한 물품 145만원어치를 자신의 부인이 운영하는 가게에서 구입하도록 압력을 행사하고, '직원혁신 화합 수련회' 행사 대행업체 선정과정에도 개입했다며 감사를 청구했다. 감사결과 구 직원 2명이 경징계되고 3명은 훈계를 받았다. 인천시 관계자는 "다소 치사해 보이기까지 한 해당 구의원의 월권을 통한 이익 추구가 주민들의 공분을 일으켜 감사청구에까지 이르렀던 것 같다."고 말했다.

주민감사 청구가 소송으로까지 번져 이긴 사례도 나왔다. 2005년 '순천 동천하도정비사업 특혜 의혹'과 관련해 주민들이 전남도에 감사를 청구했다. 당시 전남도 심의위원회는 각하결정를 내렸다. 그러나 주민들은 행정소송으로 승소판결을 받았고, 전남도는 특별감사를 실시해 순천시 공무원 12명을 문책했다. (후략)

[서울신문] |2010-08-30| 15면

3. 주민소송

(1) 의 의

주민소송은 행정법규의 위법한 적용에 대하여 이를 시정하기 위하여 일반선거인 또는 일반주민이 제기할 수 있는 민중소송의 일종이다. 일반적으로 행정소송은 국민의 권리·이익의 구제를 목적으로 하므로, 자기의 법률상의 이익이 침해된 경우에만 제기할 수 있는 것이 원칙이다. 그러나 민중소송은 행정법규의 적정한 운용을 확보하기 위한 소송으로, 위법인 행정작용에 대한 국민의 권리·이익의 구제를 목적으로 하지 않는다. 따라서 민중소송은 일반적으로 인정되지 않으며, 법률이 정책적으로 특별히 필요하다고 인정하는 경우에 한하여 인정된다.

우리나라의 지방자치법 제17조는 민중소송으로서, 감사를 청구한 주민에 한하여, 특정한 조건을 전제로 주민소송을 인정하고 있다. 즉 주민은 공금의 지출에 관한 사항, 재산의 취득·관리·처분에 관한 사항, 해당 지방자치단체를 당사자로 하는 매매·임차·도급 계약이나 그 밖의 계약의 체결·이행에 관한 사항 또는 지방세·사용료·수수료·과태료 등 공금의 부과·징수를 게을리 한 사항에 대하여 감사를 청구할 수 있고, 그와 관련하여 위법한 행위나 업무를 게을리 한 사실에 대하여 해당 지방자치단체의 장[10]을 상대방으로 하여 소송을 제기할 수 있다.

이에 따라 감사를 청구한 주민은 주무부장관이나 시·도지사가 감사청구를 수리한 날부터 60일이 지나도 감사를 끝내지 아니한 경우, 감사결과 또는 조치요구에 불복하는 경우, 주무부장관이나 시·도지사의 조치요구를 지방자치단체의 장이 이행하지 아니한 경우, 지방자치단체의 장의 이행 조치에 불복하는 경우에 주민소송을 제기할 수 있다.

(2) 장점과 한계

주민소송제도는 지방정부의 위법인 행정작용에 의하여 직접 권리나 이익을 침해당한 주민이 아님에도 불구하고, 특정한 조건하에서 민중소송을 할 수 있도록 허용했다는 점에서 지방정부 운영에 대한 주민통제를 강화하는 수단이라 할 수 있다. 여기서 특정한 조건에는 감사청구를 한 주민에 한하여, 단체장을 상대로 공급지출, 재산의 취득·관리·처분, 지방세 등 공금의 부과·징수 등 중요한 업무의 위법·부당한 사항에 한하여, 60일 이내에 감사를 끝내지 않거나, 감사결과에 불복하는 경우 등의 요건들이 포함된다.

이렇게 엄격한 요건을 설정하고 있는 것은 지나친 민중소송의 남발을

10) 해당 사항의 사무처리에 관한 권한을 소속 기관의 장에게 위임한 경우에는 그 소속 기관의 장을 말한다.

사전에 방지하기 위함이라 할 수 있다. 이러한 주민소송제도를 통해 주민감사청구제도의 실효성을 확보하고, 지방공직자들로 하여금 특히 주민소송의 대상이 되는 사무를 합법적이고, 공정하며, 투명하게 처리하도록 하게 만드는 효과를 거둘 수 있다고 본다.

보충 12-3 [주민 소송 첫 승소] 지자체 편법 · 구태 '풀뿌리 주민'이 막았다

주민소송제는 주민감사청구제, 주민소환제와 함께 지방자치제에서 주민이 단체장이나 지방의원을 견제하기 위한 수단 중 하나로 2006년 도입됐다. 주민소송제는 지자체의 위법한 재무 · 회계 행위에 한하여 그 시정을 법원에 청구하는 제도다. 따라서 소송 대상도 지자체의 공금 지출에 관한 사항, 재산의 취득 · 관리 · 처분에 관한 사항, 당해 지방자치단체를 당사자로 하는 계약의 체결 · 이행에 관한 사항, 지방세 · 사용료 · 수수료 등 공금의 부과 · 징수의 해태에 관한 사항 등으로 제한돼 있다. 주민소송을 위해선 사전에 반드시 주민감사를 청구해야 한다. 주민감사를 청구하기 위해서는 시 · 도의 경우 500명, 인구 50만명 이상의 도시는 300명, 나머지 시 · 군 · 구는 200명 이내의 서명을 받아야 하며 서명자 숫자는 조례에 명시되어 있다.

서울행정법원이 20일 서울 도봉 · 양천 · 금천구 주민이 제기한 주민소송에서 원고 승소 판결을 내림에 따라 지방자치단체가 법적 절차를 무시한 채 결정했던 의정비 인상 관행에 제동이 걸렸다. 이번 소송의 특징은 무엇보다 2006년 주민소송제가 도입된 이후 처음으로 풀뿌리 주민이 승소한 판결이라는 점이다. 법원이 기초의원들이 받는 의정활동비 가운데 월정수당 인상이 위법이라고 판단한 것은 인상 과정에서 주민의견 수렴이 제대로 이뤄지지 않았다고 봤기 때문이다.

현행 지방자치법은 의정활동비와 월정수당 등을 결정할 때 공청회나 주민의견조사 등을 거쳐야 한다고 규정하고 있다. 법원은 이번 판결을 통해 이 같은 지방자치법의 의정비 인상 절차가 실질적으로 준수돼야 한다고 판단했다. 재판부는 "형식적 의견 청취가 아니라 충분한 정보를 준 상태에서 주민들이 수당액수 등에 대한 합리적 의견을 형성해 민주적 절차에 따라 개진할 수 있도록 해야 한다"고 밝혔다.

법원 관계자들은 이번 판결이 주민소송제에 따른 청구가 법정에서 수용된

첫 사례인 점에 주목하면서 지자체의 예산낭비 등을 견제하기 위한 주민소송을 활성화하는 계기가 될 것으로 전망했다. 이번 소송에서 주민들의 변호를 맡은 법무법인 공감의 김영수 변호사는 "2006년부터 주민소송이 도입되고 몇차례 주민소송이 진행되긴 했지만 모두 법원에서 패소했고 이번 승소가 처음"이라며 "주민들이 직접 참여해 지방의회의 부당한 의정비 인상을 막았다는 점에서 주민소송의 취지가 제대로 구현된 사례라고 봐야 한다"고 말했다.

주민들이 구의회를 상대로 주민감사를 거쳐 소송을 제기하게 된 것은 2007년 말 지방의회들이 동시다발적으로 2008년 의정비를 큰 폭으로 인상했기 때문이다. 이후 해당 지역주민들이 의정비 인상절차에 대해 주민감사를 청구했고, 서울시의 경우 시민감사옴부즈만이 이들 지방의회와 구청에 시정권고를 내렸지만, 일부 지방의회가 의정비를 소폭 인하하면서 버티자 결국 주민들은 법원에 주민소송을 제기했다. 현재 지방의원들이 의정비를 부당 인상했다며 소송을 제기한 서울 자치구들은 이번에 판결이 난 도봉, 금천, 양천구를 비롯해 서대문, 성동구 등 5곳이다.(후략)

[경향신문] |2009-05-21| 03면 |

참고문헌

강태구. (2005). 지방정부의 자치 역량과 경쟁력. 대한지방행정공제회. 지방행정.

김병국 · 권오철. (1999). 지방자치단체 역량평가를 위한 지표개발연구－내부조직역량 평가체계구축을 위한 시론－. 한국지방자치학회. 한국지방자치학회보.

심상복. (2009). 현행 주민소환제의 문제점 고찰. 부산대학교「법학연구」제49권 제2판.

이승종 · 윤두섭. (2005). 지방정부의 역량에 관한 개념화 연구. 한국지방자치학회. 한국지방자치학회보.

임승빈 · 이재성. (2005). 지방정부 역량과 단체장 역량과의 관계성－민선 10년 지방자치 실시 이후의 자치구와 시를 중심으로－. 한국정부학회(구 대구경북행정학회). 한국행정논집.

최길수. (2005). 지방정부의 자치역량강화에 관한 연구. 한국지방자치학회. 동계학술대회 발표집.

최봉기 · 조용상 · 이시경 · 조병희. (1993). 지방정부의 자치역량 강화방안－분석틀의 구성을 중심으로－. 한국정부학회(구 대구경북행정학회). 대구경북행정학회보.

최용환 · 남창우 · 이태일. (2004). 지방정부의 자치역량 강화방안. 충북개발연구원.

하승수. (2006). 주민소환제도의 특징과 시민사회에 주는 함의. 한양대학교 제3섹터연구소. 시민사회와 NGO.

하혜수. (2009). 특별시, 광역시 자치구의 개편대안 연구: 자치역량의 관점에서. 서울행정학회. 한국사회와 행정연구.

CHAPTER 15

지방정부간 협력과 갈등관리

제 1 절 광역행정과 지방정부간 협력
제 2 절 공공갈등관리
제 3 절 지방정부간 갈등과 분쟁조정

제15장 지방정부간 협력과 갈등관리

우리나라에서 1995년 민선단체장이 출범해 본격적인 지방자치제가 실시된 이후 지방정치 현장에서 가장 두드러진 특징은 정부간, 또는 정부와 주민간 갈등과 협력의 상호작용이 두드러지고 있다는 점이다. 중앙집권적인 행정체제에서는 지방정부간 협력과 갈등은 상위기관에 의해 용이하게 조정이 가능하였지만, 지방자치제가 실시되어 각 지방정부의 자율성이 확대되면서 지방정부간의 갈등을 극복하고 상호협력을 확보하는 것이 핵심적인 과제로 부각되었다.

이러한 과제를 해결하기 위한 방안으로는 두 가지 차원에서 접근할 수 있다. 하나는 지방정부간 협력을 도모하기 위한 제도적 장치를 마련하는 것이고, 또 다른 방안은 지방정부간 갈등(conflicts)과 분쟁(disputes)을 효과적으로 해결할 수 있는 구체적인 절차를 제도화하는 것이다. 이번 장에서는 지방자치제가 분권적이며 유기적으로 운영될 수 있는 협력기제와 갈등관리방안에 대해 살펴본다.

제1절 광역행정과 지방정부간 협력

1. 지방정부간 협력의 필요성

지방자치제의 실시와 더불어 지역간 또는 정부간 갈등(conflicts)과 분쟁(disputes)이 빈번해지고 있다.[1] 정부간 관계에서 이러한 갈등과 분쟁은 필연적으로 나타나는 현상이지만, 최근에는 정부간 관계를 상호 협력적인 관계로 전환시키려는 노력들이 가시적으로 나타나고 있다. 지방정부가 수행하는 사무가 지역 고유사무만이 아니라 교통수단과 정보통신기술의 발달로 생활권이 광역화 추세를 보임에 따라 혐오시설의 설치에서부터 도로·교통, 지역개발은 물론 일반 행·재정분야에 이르기까지 주변 자치단체와의 협력사업 수요가 급속하게 증가하고 있다.

지방정부간의 협력이 필요한 이유를 살펴보면, 첫째, 도시화가 촉진되면서 생활권과 경제권이 지방자치단체의 행정구역을 넘어서는 경우가 확대되고 있기 때문이다. 도시가 점차 확장되어 생활권과 경제권이 겹치게 되면서 각종 행정사무에 대한 상호 협력의 필요성이 증대되고 있다. 특히 대도시와 주변 지역간에는 광역적으로 처리해야 할 사무들이 많이 발생하고 있다.

둘째, 외부효과(externality)로 인한 행정 서비스의 과소공급 또는 과잉공급과 더불어 지방정부간의 갈등이 발생하고 있기 때문이다. 지방정부가 제공하는 행정서비스가 인근 지방정부의 주민에게도 혜택을 주는 긍정적 외부효과(positive externality)로 인해 서비스가 충분히 공급되지 못하는 과소공급의 문제가 발생할 수 있다. 반대로 혐오시설이나 위험시설 등 부정적 외부효과(negative externality)가 발생하는 사업에 대해서는 인근 지방정부는 이를 반대하고 나서 지방정부간 갈등으로 이어지게 된다. 따라서 지방정부가 공급하는 행정서비스에서 발생하는 이익이나 불이익이 자치단체의 관할구역을 넘어서 확산되는 경우, 이익에 따른 비용을 적정하게 분담시킬 수 있는 방법으로 인근 자치단체간 협력이 필요하다.

셋째, 지방정부간 재정력의 격차로 인해 행정서비스의 수준에도 차이가 발생할 수 있다. 이러한 격차를 해소하기 위해서는 재정력 격차가 있는 자치단체를 동일한 서비스의 공급단위로 개편하는 광역행정이 요구된다.

---

1) 갈등과 분쟁은 넓은 의미에서는 유사한 개념으로 사용되고 있지만, 대개 분쟁(disputes)은 갈등(conflicts)이 밖으로 표출된 상태를 의미하고, 결정을 전제로 하고 있다는 점에서 갈등과 구별된다. 다시 말해, 분쟁은 당사자들에 의해서 지각되어 현재화된 상태를 의미하며, 둘 이상의 당사자가 존재하여야 하고, 제한된 자원을 둘러싼 경쟁과 반대, 그리고 이로 인해 당사자들이 방해를 받는다는 내용을 포함하고 있다(Robbins, 1974; 조승현, 2003: 187).

넷째, 최소의 비용으로 행정서비스를 공급할 수 있는 지역적 범위가 있을 수 있는데, 최적의 규모를 이룰 수 있도록 자치단체들이 공동으로 서비스를 공급한다면 규모의 경제 효과를 얻을 수 있다. 특히 상하수도, 교통과 환경문제, 광역단위의 지역계획 등과 같은 분야는 해당 지방정부의 관할구역을 넘는 광역단위에서 시행하는 것이 유리한 행정수요가 지속적으로 발생하고 있다.

그러나 이같은 협력의 필요성에도 불구하고 자치단체들은 아직도 관할구역 위주의 행정을 고집하거나 협력에 대해 부정적인 태도를 보이는 경우도 없지 않다. 따라서 지방정부간 협력을 활성화하기 위해서는 협력에 대한 긍정적 가치관의 형성 등 전반적인 여건과 인프라의 조성이 필요하다. 또한 협력에 영향을 미칠 수 있는 투자재원과 전문인력을 확보하고 협력 시스템의 보완 등과 같은 정책방안이 요구된다(한표환 · 김선기, 2003: 231-232). 특히 지방정부간 협력에는 재원 및 인력 측면의 이익 또는 손실이 협력 여부를 결정하는 중요한 요인이 될 수 있기 때문에 협력을 통해 상호이익을 극대화할 수 있는 방안이 강구되어야 할 것이다.

2. 지방정부간 협력의 방식

현재 우리나라 지방자치법은 자치단체간 상호협력을 의무화하는(제147조) 한편 이를 실행하기 위한 방안으로 사무위탁(제151조), 행정협의회(제152조), 지방자치단체조합(제159조), 지방자치단체 협의체(제165조) 등을 제시하고 있다.

(1) 사무위탁

지방정부간 사무의 위탁은 지방정부가 계약에 의해 자기사무의 일부를 다른 지방정부에게 위탁해 처리하는 방식을 말한다. 특히 규모의 경제상 독자적으로 특정 공공서비스를 제공하기 어려운 지방정부와 공급의 여력이 있는 지방정부간에 효과적인 협력방식으로 활용되고 있다. 예컨대, 소방업무, 쓰레기 처리, 시설관리 등의 업무를 독자적으로 처리하기에는 너무 많은 비용이 드는 경우 이미 제대로 된 시설과 인력을 갖추고 있는 인근 지방정부에 위탁해 처리하게 하고 그에 대한 대가를 지불하는 경우를 들 수 있다.

우리나라의 사무위탁제도는 1988년 지방자치법의 개정을 통해 지방정부간 협력 방식의 하나로 명문화되었으나 활용빈도는 매우 저조한 편이다. 1995년 민선체제가 들어선 이래 2008년 12월말까지 총 57건의 사무위탁이 이루어졌다. 분야별로는 상하수처리 23건, 쓰레기처리 13건, 도로건설 8건 등이며 위탁기관별로는 시·도간 14건, 광역-기초간 8건, 기초간 35건 등으로 나타났다. 사무위탁제도는 전반적으로 계약문화가 미진한 상태에서 지방정부간에 책임전가문제가 발생할 수 있고, 사무위탁에 따른 권한축소와 재정적 부담 우려 등으로 인해 크게 활성화되지 못하고 있는 실정이다.

(2) 행정협의회

행정협의회는 2개 이상의 지방정부가 관련 사무를 공동으로 처리하기 위하여 구성된다. 행정협의회는 지방정부간의 결합이지만, 관련 지방정부의 독자성을 제한하지 않는 느슨한 형태의 협력방식이므로 지방정부의 자율성을 보장할 수 있다는 장점이 있다. 또한 자유로운 협의를 통해 높은 수준의 협력과 협상을 위한 장치로 활용할 수 있다.

행정협의회는 법인격이 없기 때문에 사무의 처리는 협의회를 구성하는 지자체의 명의로 하게 되며, 그 효과도 자치단체에 귀속된다. 또한 행정협의회는 협의조정권만 가지고 있으며, 협의회에서 합의가 이루어지지 아니한 사항에 대해서는 상급정부가 조정할 수 있게 되어 있어 형식적인 조정권만을 갖고 있다는 한계가 있다.

우리나라에서는 1973년 지방자치관계법의 개정으로 행정협의회에 관한 법적 근거가 마련되었으며, 1988년 전문개정 지방자치법에서는 협의회의 구성·조직·기능·폐지, 규약의 규정사항 및 변경, 협의회에 대한 지도·감독 등에 대한 상세한 규정이 마련되었다. 광역권행정협의회는 1971년 부산권광역행정협의회가 처음으로 구성된 이래 2008년 12월말 현재 수도권, 대구권, 광주권, 대전권 등 7개 권역(14개 자치단체)에 구성되어 있으며, 기초행정협의회는 경기 중부권행정협의회 등 54개 권역(165개 자치단체)에서 운영되고 있다. 기능별로는 부·울·경발전협의회, 중부내륙권 행정협의회 등 51개 협의회가 구성되어 있다.

그러나 이같은 행정협의회는 지방정부간의 갈등을 줄이고 협력을 제고하는 데는 그 기능이 미약해 운영 초기에는 회의개최 횟수가 연평균 1~2회 정도에 불과하였다. 최근 인근 자치단체와의 협력의 필요성이 증대하면서 상정안건의 수가 늘어나는 등 기능이 점차 활성화되고 있다.

(3) 지방자치단체조합

자치단체조합은 2개 이상의 자치단체가 하나 또는 둘 이상의 사무를 공동으로 처리할 필요가 있을 때에 설립신청을 할 수 있다. 자치단체조합의 설립이 필요할 경우에 해당 자치단체들은 규약을 정하여 당해 지방의회의 의결을 거쳐 상급정부의 승인을 얻어 설립할 수 있다(지방자치법, 159조).

자치단체조합은 법인의 성격을 지니며, 이러한 점에서 법인격을 갖지 못하는 행정협의회와 구분된다. 조합은 새로운 법인체를 창설한다는 점에서 사무위탁이나 협의회에 비해 상대적으로 비용이 많이 드는 방식이지만 지방정부의 자율성을 보장하면서도 다양한 광역사무를 효과적으로 처리할 수 있는 협력방식으로 활용되고 있다. 일본의 경우, 지방정부간 협력방식으로 사무위탁 다음으로 조합이 많이 활용되고 있다. 그러나 조합은 구성원이 지방자치단체이므로 이들로부터 운영에 필요한 인적·물적 자원을 지원받게 되므로 지방자치단체에 대한 조합의 독자성은 크다고 볼 수 없다.

우리나라 지방자치단체조합은 과거에는 기초자치단체인 시·군 사이의 조합만 인정되었으나 1973년부터 모든 지방자치단체 사이의 조합이 인정되었다. 2010년 현재 부산－거제간 연결도로건설조합, 부산·진해경제자유구역청, 수도권교통본부, 지리산관광개발조합 등 8개의 조합이 운영되고 있다. 최초의 조합으로 1991년에 설립된 수도권쓰레기매립지운영관리조합은 2000년에 지방공사로 전환되었으며, 2003년에 설립된 자치정보화조합도 2008년에 독립연구개발기관(한국지역정보개발원)으로 전환되었다.

표 15-1 지방자치단체조합 설립 현황

조합명칭	구성원	목적	승인일자
부산-거제간 연결도로건설조합	부산광역시/경상남도	부산-거제간 연결도로 민간투자사업 총괄	2003.6.4
부산·진해 경제자유구역청	부산광역시/경상남도	부산/진해 경제자유구역내 각종 인허가사무처리, 외자유치 등	2004.1.20
광양만권 경제자유구역청	전라남도/경상남도	광양만권 경제자유구역내 각종 인허가사무처리, 외자유치 등	2004.1.20
부산·김해 경량전철조합	부산광역시/경상남도 김해시	부산/김해간 경량전철 건설/운영 총괄	2004.2.16
수도권교통조합	서울특별시/인천광역시/경기도	수도권 대중교통 광역화추진	2005.2.4
황해 경제자유규역청	경기도/충청남도	경기/충남 경제자유구역내 각종 인허가사무처리, 외자유치 등	2008.6.10
대구·경북 경제자유구역청	대구광역시/경상북도	대구/경북 경제자유구역내 각종 인허가사무처리, 외자유치 등	2008.6.10
지리산권 관광개발조합	남원시/장수군/곡성군/구례군/하동군/산청군/함양군	지리산 인근 7개 시군관광개발사업 공동추진	2008.9.5

보충 15-1 광역경제권발전위원회

광역경제권발전위원회는 이명박 정부가 새로운 지역발전정책을 추진하기 위해 '5+2 광역경제권'을 설정하고 이를 뒷받침할 기구로 2009년 구성되었다. '5+2 광역경제권'은 지역 간의 연계 및 협력을 통해 지역경쟁력을 효율적으로 향상시키기 위해 경제·산업권과 역사·문화적인 동질성 등을 고려하여 설정한 권역으로 수도권, 충청권, 호남권, 대경권, 동남권 등 5대 광역경제권과 강원권, 제주권 등 2개의 특별경제권으로 구성되어 있다. 광역경제권발전위원회의 주요기능은 광역경제권발전계획(5년 단위)과 광역시행계획(1년 단위)의 수립, 시·도간 연계·협력 과제의 발굴 및 재원분담방안 수립, 광역시행계획의 추진실적 및 광역경제권 사업에 대한 평가 등이다(국가균형발전특별법 제28조 제2항).

광역위원회는 이같은 역할을 수행하기 위해 산하에 사무국과 자문단을 구성하여 운영하고 있다. 사무국은 광역위원회의 업무성격상 시·도간의 이해관계가 상충될 경우 이를 조정하는 역할을 수행하고 있다. 이같은 광역위원회는 법인격이 부여되지 않았다는 점에서 기존의 자치단체조합과 구별되고, 임의기관으로 운영되고 있는 행정협의회보다는 광범위한 역할을 수행하고 있다. 따라서 이명박 정부의 광역위원회는 자치단체조합과 행정협의회의 장점을 보완한 새로운 지방정부간 협력방식이라고 할 수 있다.

(4) 지방자치단체 협의체

지방정부는 공통적인 관심사를 협의하기 위해 자치단체협의체를 구성해 상호 협력하기도 한다. 이러한 협의체를 통해 지방정부의 권익을 주장하고, 상호간 공동 노력을 시도할 수 있다. 또한 관계 기관끼리 상호친선 및 협력을 위해 자매결연이나 공동문제 처리를 위한 협력체제를 구축할 수 있다. 지방자치법에 규정된 전국적 협의체는 시·도지사 협의회, 시·도의회 의장협의회, 시장·군수·자치구 구청장협의회, 시·군·자치구의회 의장협의회 등 4개 협의체가 운영되고 있다. 우리나라의 자치단체 협의체는 아직은 주로 중앙정부를 상대로 정책건의에 주력하고 있는 수준이다.

(5) 기타 광역행정을 통한 협력방식

지방정부간 협력은 위에서 언급한 방식 외에도 광역행정을 통해 다양한 형태로 협력체제를 구축할 수 있다. 넓은 의미의 광역행정은 사무위탁, 협의회, 조합 등을 포함한 공동처리방식과 연합, 통합 등의 방식으로 접근할 수 있다. 지방정부간 협력의 형태로서 통합이나 연합방식은 공동처리방식에 비해 협력수단이 공식화되어 있어 협력 또는 조정이 용이한 반면, 지방정부의 자율성이 침해될 수 있고 소요비용도 많이 드는 단점이 있다. 따라서 다양한 협력방식을 협력의 용이성 확보와 지방정부의 자율성 보장이라는 두 가지 차원을 고려하여 신중히 접근하여야 할 것이다(이승종, 2003: 335−336). 이같은 전제조건을 감안할 때 현행 사무위탁, 협의회, 조합 등을 제외하고 추가로 검토할 수 있는 대안으로 특별구, 자치단체연합, 자치단체간 통합 등을 들 수 있다.

1) 특 별 구

특별구(special dispict)는 특정한 광역적 사무를 처리하기 위해 일반 행정구역 또는 자치구역과 별도의 특별자치단체 구역을 설정하는 방식이다. 미국에서 활발하게 이용되고 있는 방식으로 일부사무의 처리를 위한 법인의 설치라는 점에서 조합과 유사하다. 다만, 조합은 현행법상 관련 지방정부를 창설자로 규정하고 있는데 비해, 특별구는 반드시 그렇지는 않으며 상급자치단체 또는 중앙정부가 창설자인 경우가 많다는 점에서 지방정부의 자율성 보장 측면에서 다소 불리할 수 있다는 단점이 있다. 특별구는 국가에 따라 다양하게 운영되지만, 광역행정을 위해 설립된 특별구는 하천, 공원, 상하수도, 홍수 등의 사무와 관련된 것이 일반적이다.

2) 자치단체연합

지방정부의 구역을 초과하는 광역적 행정기구를 창설하는 방식으로 자치단체연합체를 들 수 있다. 자치단체연합체는 여러 지방정부가 연합해 특별자치단체적 성격을 가진 연합체를 구성해 상·하수도, 도로·교통, 도시·지역계획, 교육·사회복지, 경찰 등 공통 사무를 처리하도록 하고 각 지방정부는 고유사무를 처리하는 방식이다. 이러한 연합체는 도시지역에서 많이 채택하고 있는데 캐나다의 토론토 도시연합(Toronto's Metropolitan Federation), 미국 남캘리포니아 정부연합(Southern California Association of Local Government), 독일의 광역하노버 연합(The Greater Hanover Federation), 일본의 광역연합 등이 이에 속한다.

그러나 새로운 광역자치단체의 창설은 지방행정체계의 복잡성을 가져올 뿐 아니라 지방행정의 책임소재를 불분명하게 할 수 있다는 단점이 있다. 자치단체연합체의 설치에 신중을 기하여야 할 또 다른 이유는 기능분야에 따라 통합의 효과가 다르게 나타날 수 있다는 점이다(Stein, 1980). 예컨대, 상수도 같은 서비스는 통합의 효과가 있을 수 있으나, 복지서비스는 오히려 부정적 효과가 나타날 수도 있기 때문이다.

3) 자치단체간 통합

자치단체간 통합을 통하여 광역행정 수요에 대응하는 방식이 있을 수 있다. 통합방식은 일정한 광역권 안에서 여러 자치단체를 포괄하는 단일 정부를 설립하여 통합정부가 광역사무를 처리하는 방식이다. 이러한 통합정부는 광역사무에 대해 주도적으로 계획하고 집행한다는 점에서 연합방식과 구별된다. 통합방식은 광역권 안의 여러 자치단체를 통합하여 광역사무를 능률적 · 경제적으로 처리하며 자원을 균형있게 배분할 수 있는 장점이 있다. 그러나 이 방식에 의하면 통합 이전 각 지방정부의 개별적 특성이 무시되고 주민참여가 어려워지는 단점이 크기 때문에 본격적인 지방자치시대에 적용하기가 용이하지 않다는 문제점이 있다. 더구나 통합방식은 지방정부간 협력문제에만 관련된 것이 아니라 지방행정체제 개편과 연계된 복잡한 차원의 문제로 접근해야 한다.

제 2 절 공공갈등관리

지방정부간 협력을 제도화하기 위해 다양한 협력장치를 마련했으나 이러한 제도와 기구들이 적절히 작동하지 않거나, 가동될 경우에도 새로운 환경변화에 의해 지방정부간 갈등과 분쟁이 유발될 수 있다. 더욱이 정부와 주민간에는 지방정부간 협력장치와 관계없이 갈등이 일어난다. 정부와 주민간, 그리고 정부간에 야기되는 공공갈등은 다양한 형태로 발생하고 있다.

1. 공공갈등의 개념과 유형

(1) 공공갈등의 개념

일반적으로 갈등(conflict)과 분쟁(dispute)은 순기능과 역기능을 동시에 가지고 있으며 보편적으로 존재하는 현상으로 받아들여지고 있다. 그러나 갈등이 긍정적인 효과를 가진다고 해도 어디까지나 적정한 수준을 유지할 필요가 있다. 대개 갈등이 적정수준을 상회하여 발생하거나 지나치게 오랜 기간 동안 지속되면 역기능이 증폭하게 된다. 따라서 갈등과 분쟁에 대한 적절한 관리(management)와 조정(coordination)을 통하여 분쟁 당사자간 행동을 상호 협력적인 방향으로 유도해 나갈 수 있으며, 갈등이 원만하고 생산적으로 조정되면, 사회발전에 순기능으로 기여할 수 있다는 시각이 지배적이다(Carpenter and Kennedy, 1987).

우리나라도 중앙정부주도의 권위주의적인 국정운영방식이 민주적인 거버넌스(governance) 체제로 전환되고, 시민사회의 역량이 강화되고 시민의식이 제고되면서 갈등이 빈번해지고 있다. 정부정책을 둘러싼 갈등이 1980년대까지는 주로 정부와 이해당사자 사이에서 사후적인 보상을 둘러싸고 나타났다면, 1990년대 이후에는 중앙부처 상호간은 물론 NGO와 지방정부 및 의회 등도 갈등당사자에 포함됨으로써 갈등의 주체가 다양해지고, 갈등 내용도 정책의 내용적 합리성과 절차적 타당성을 놓고 이익갈등과 가치갈등이 혼재되는 등 복잡한 양상을 띠고 있다.

다양한 유형의 갈등 가운데 공공갈등(public conflict)은 공공기관이 법령을 제정 또는 개정하거나 각종 공공정책과 사업계획의 수립과 추진과정에서 발생하는 이해관계의 충돌과 대립을 말한다. 공공부문의 갈등관리를 위해 대통령령으로 2007년 2월부터 중앙부처를 대상으로 시행되고 있는 '공공기관의 갈등예방과 해결에 관한 규정'도 이와 유사하게 정의하고 있다. 일반적으로 갈등 당사자를 기준으로 해서 정의할 때는 정부가 갈등에 직·간접적으로 관련된 경우를 의미한다. 다시 말해, 공공갈등은 정부와 공공기관이 정책이나 사업의 추진과정에서 이해당사자나 주민과 갈등·대립하는 현상을 말한다.

(2) 공공갈등의 유형

1) 갈등 주체별 분류

공공갈등의 유형은 갈등의 주체, 갈등의 원인, 갈등의 내용 등에 따라 다양하게 분류할 수 있는데 갈등주체별로 보면 크게 정부와 주민간 갈등과 정부간 갈등으로 대별할 수 있다. 먼저 정부와 주민간 갈등은 주로 정부정책이나 사업을 추진하는 과정에서 주민과의 갈등과 대립이 빚어지는 경우이다. 정부와 주민간 갈등에는 개인, 집단, 조직, 기업, NGO 등 다양한 이해당사자들이 개입하게 되어 복잡한 양상으로 전개되는 경우가 허다하다.

정부간 갈등은 자원과 권력의 획득이나 배분과정에서 정부간 이해가 충돌함에 따라 발생되는 분쟁 현상을 의미한다. 현대 사회에서 정부간 관계는 과거와는 달리 민주화의 진전과 지방자치의 내실화가 이루어지면서 정책을 둘러싼 정부간 갈등양상이 필연적인 현상으로 받아들여지고 있으며, 그 조정과정에서 대립, 갈등, 협상 등 다양한 정치과정이 나타나게 된다.

정부간 갈등은 다시 중앙정부와 지방정부간 갈등, 광역자치단체와 기초자치단체간의 수직적 갈등과 광역과 광역, 기초와 기초간의 수평적 갈등으로 분류할 수 있다. 중앙정부와 지방정부간의 수직적 갈등은 중앙정부와 광역자치단체 및 기초자치단체간의 갈등으로 세분할 수 있다. 수직적 갈등은 권한의 크기가 다른 집단간에 생성되는 갈등으로 적절한 통제수단을 통해 해결되는 경우가 많지만, 광역자치단체 상호간 또는 기초자치단체 상호간에 발생하는 갈등은 비슷한 권한을 가진 자치단체간의 갈등구조로서 당사자 간의 해결이 어려운 상황을 겪게 된다. 물론, 정부간 갈등도 표면상으로는 부처간 정책갈등, 또는 중앙정부와 지방정부간 갈등으로 보일지라도 고객집단(client group)이나 지역주민의 이해를 대변하는 경우도 적지 않다.

2) 갈등 원인별 분류

공공갈등을 원인별로 보면 이해갈등, 가치갈등, 사실관계 갈등, 구조적 갈등으로 분류할 수 있다(김종호 외, 2004: 7−9). 첫째, 이해갈등(interest conflict)은 한정된 자원이나 권력을 놓고 서로 경쟁하거나 이익의 분배 방법과 절차를 놓고 서로 다른 입장을 지니는 경우에 발생한다. 쓰레기 소각장이나 매립장 건설을 둘러싼 반대운동을 대표적인 예로 들 수 있다.

둘째, 가치갈등(value conflict)은 가치관이나 신념체계, 종교와 문화 등에 대한 시각차이가 갈등의 원인이 되는 경우이다. 새만금간척사업과 사패산터널 반대운동에서처럼 환경문제를 둘러싼 가치관과 세계관의 차이로 갈등이 발생하는 경우 그 해소방안이 용이하지 않다. 가치판단의 문제는 개인이나 집단의 신념이나 기본적 원리의식으로 연결되기 때문이다. 그러나 현실적으로 가치갈등과 이해갈등이 명확하게 구분되지 않고 혼재되는 경우가 많아 이를 엄격한 기준으로 분리하기는 어렵다. 다만, 갈등의 근본적인 원인이 이해관계보다 가치관의 대립에서 비롯된 경우를 가치갈등이라고 본다.

셋째, 사실관계 갈등은 어떤 사건이나 자료, 상대방의 언행에 대한 해석 차이로 갈등이 발생하는 경우로 과학기술의 한계로 갈등의 원인 되는 경우를 들 수 있다. 단체장의 판공비 지출의 적정성이나 내용을 둘러싼 대립과 갈등이 여기에 해당한다.

넷째, 구조적 갈등은 사회구조나 제도 등 분쟁 당사자 외부의 상황적인 요인으로 인한 갈등과 절차상의 문제로 야기되는 갈등이 여기에 포함된다. 일반 지방자치단체와 특별지방행정기관간의 고질적 갈등과 같은 것이 여기에 속한다.

3) 갈등 내용별 분류

갈등의 내용을 기준으로 보면 입지갈등, 권한갈등, 환경갈등 등으로 분류할 수 있다. 첫째, 입지갈등(location conflict)은 정부가 시행하는 사업의 입지선정 과정에서 중앙정부와 지방정부, 정부와 주민 그리고 주민간에 발생하는 갈등으로 다시 유치갈등과 기피갈등으로 나눌 수 있다. 유치갈등은 각 자치단체마다 중앙정부의 지원으로 첨단산업을 유치하거나, 지역발전에 도움이 되는 공공시설을 끌어들이려는 과정에서 발생하게 된다. 흔히 핌피(PIMFY: Please In My Front Yard) 현상으로 불리는 유치갈등은 자기 지역에 이익이 되는 산업이나 공공시설을 유치하고자 하는 과정에서 지방정부간에 발생하는 갈등이다. 도청사나 종합전시장 등과 같은 시설이나 고속철도 역사 유치 등을 둘러싼 지방정부간 갈등이 이에 해당한다.

기피갈등은 지방정부가 자기 지역에 불이익이 되는 조치나 정책 또는 시설이 입지하는 것을 회피하는 과정에서 발생하는 갈등으로 흔히 님비(NIMBY: Not In My Back Yard) 현상으로 불린다. 쓰레기처리장, 화장장, 도축장, 분뇨처리장 등과 같은 혐오시설이나 핵발전소, 유류저장시설 등 위험물의 설치를 반대하는 것을 예로 들 수 있다.

둘째, 권한 갈등은 상위 정부와 하위 정부간에, 또는 지방자치단체 상호간에 자치권의 배분과정에서 주로 일어난다. 지방자치단체는 나름대로의 자치권을 가지고 있으나, 중앙정부나 지방정부 또는 상위 자치단체와 하위 자치단체간 권한이 중복되거나 모호할 경우에 발생할 수 있다.

특정 지방자치단체의 처분 또는 부작위가 헌법 또는 법률에 의해 부여받은 다른 지방정부의 권한을 침해했거나 침해할 현저한 위험이 있는 경우에도 야기된다. 또 경기도 평택시와 충남 당진군의 경우처럼 관할구역을 둘러싼 경계분쟁도 야기되고 있다. 경계분쟁은 입지갈등이나 환경갈등과 달리 지방정부간 관할구역을 둘러싼 갈등이라는 점에서 상이한 해결절차가 필요하다.

셋째, 환경갈등은 환경에 영향을 미치는 사업수행 과정에서 발생한다. 4대강 살리기사업, 새만금간척사업, 방폐장 건설 등 최근 대규모 국책사업을 둘러싸고 빈번하게 발생하고 있다. 최근에는 환경갈등이 가치갈등과 겹쳐 복합적인 구조를 띠면서 갈등해결이 더욱 어려워지고 있다.

2. 공공갈등의 원인

공공갈등은 다양하고 복합적인 요인에 의해 발생하고 있다. 정부가 공공사업을 추진하는 과정에서 발생하는 갈등의 원인은 사업명분이 불충분하거나, 정보 공개 및 투명성 미확보, 주민참여의 미보장, 미흡한 보상체계, 사업적 기술에 대한 불신, 갈등조정 기구의 미흡, 비용·편익의 불공평성, 정치심리적 요인 등이 중요한 요인으로 지적되고 있다(나태준 외, 2004: 59-70).

특히 시민정신의 함양이 전제되어야 하는 지방자치시대에 대립적이고 배타적인 태도로 말미암아 상호 윈-윈(win-win) 할 수 있는 기회를 놓치는 경우도 적지 않고, 효과적인 조정기제의 미비도 갈등을 키우는 요인으로 작용하고 있다는 것이다. 본서에서는 공공갈등의 원인을 크게 권력구조적 요인, 사회문화적 요인 그리고 법·제도적 요인으로 구분하여 살펴본다.

(1) 권력구조적 요인

공공갈등의 발생을 거시적이고 구조적인 차원에서 접근하면 국가와 시민사회간의 갈등과 대립, 그리고 중앙부처간 정책갈등과 중앙-지방간 갈등을 포함한 정부간 갈등으로 나눌 수 있다. 우선 국가와 시민사회간 갈등은 민주화, 분권화, 다원화가 진행되면서 국가와 시민사회간의 관계가 종전의 종속적, 일방적 의존관계에서 수평적인 경쟁관계로 역학관계가 변화하였다는 점에서 찾을 수 있다. 권위주의 정치체제가 붕괴되고 민주화가 진행되면서 정부에 대한 주민의 시각에 본질적인 변화가 야기되고, 이에 따라 전세계적으로 정부에 대한 신뢰가 줄어들고 있는 것도 공공갈등의 중요한 원인이다(Nye, 1998).

이에 비해 상대적으로 시민사회의 성숙으로 NGO의 역량이 강화되고 정책과정에 미치는 영향력이 증대하였다. 아울러 정부가 민간부문의 성장을 주도해가던 발전국가는 쇠퇴하고 경제규모가 팽창하면서 민간부문(기업)의 영향력이 증대하게 된 것도 국가-시민사회(NGO)-민간부문(기업)의 역학구도에 큰 변화를 야기하게 되면서 공공갈등은 보편적 현상으로 등장하게 되었다.

둘째, 정부간 역학관계의 변화도 공공갈등의 중요한 원인으로 지목되고 있다. 중앙정부와 지방정부간 계서적 종속관계가 본격적인 지방자치제의 실시로 협조적 긴장관계로 전환되면서 상호의존적인 관계로 전환되었다. 중앙집권적인 권력구조와 운영체계가 분권적 국정운영방식으로 전환된 이후 중앙과 지방간 그리고 지방간의 이해대립은 불가피한 현상으로 일상화되고 있다.

(2) 사회문화적 요인

공공갈등의 보다 근본적인 원인은 사회문화적인 차원에서 찾을 수 있다. 첫째, 우리나라는 분단이후 남과 북의 이념적 대립이 감정적 대립으로 치닫는 경향이 있고 흑백사고로 대화와 타협을 경시하는 저신뢰사회(low-trust society)가 오랫동안 지속되어 왔다. 상대방의 의견을 존중하고 타협하는 것보다 자신의 의견을 주장하고 관철시키려는 권위주의적인 행태와 문화는 갈등의 불씨를 내연시키는 단초를 제공해왔다.

둘째, 공공의 문제를 토론하고 합의점을 도출해내는 공론장도 미숙하였다. 공론장의 한 축인 언론은 이념적 대립으로 정파적 경향을 드러내는 경우가 적지 않았고, 갈등중심의 보도행태와 이념적 편향성으로 사회적 갈등을 부추기는 부정적 역할을 수행하기도 하였다.

셋째, 갈등문제를 합리적으로 해결하는 의사소통 문화와 기술이 부족하였고, 의사소통구조의 왜곡도 적지 않았다. 자신의 의견과 주장을 설득력 있게 전달하는 훈련과 상대방의 의견을 청취하는 기술 등 효과적인 커뮤니케이션에 대한 이해와 기술의 빈곤이 갈등을 야기하는 원인으로 지목되고 있다. 여기에다 갈등이 발생할 경우 이를 관료주의적 접근으로 해결하려는 관행이 남아있어 공공갈등이 발생하면 걷잡을 수 없이 증폭되는 현상이 불거지기도 하였다.

(3) 법 · 제도적 요인

갈등이 발생하면 이를 제도적으로 해결하는 조정기제가 작동하지 못하고, 사전에 협의하는 절차도 미비할 경우 공공갈등은 상당한 사회적 비용을 지불하게 한다. 공공갈등을 해결하기 위한 사전예방수단으로 행정절차법과 정보공개법 등이 제정되어 있으나, 주민의견수렴과 정보공개를 위한 법적 장치와 조정기제가 형식적으로 운영되거나 제 기능을 발휘하지 못하면 사전에 갈등을 예방하기 어렵다.

정부는 2005년 '공공기관 갈등관리기본법'의 제정을 시도하였으나 국회와 시민단체 등의 반대로 무산되었다. 법의 제정 취지에도 불구하고 지금까지 공공갈등을 야기하는 직 · 간접적 당사자인 정부가 나서 갈등관리에 관한 법을 제정하겠다는 점에 대한 불신과 반발이 강했기 때문이다. 2011년에는 이같은 반대여론을 보완하여 국회와 정부를 중심으로 다시 관련 법률의 제정을 추진하였으나 결실을 보지 못하였다. 우리 사회는 아직도 정부와 주민간 그리고 정부간 갈등을 조정할 제도적 장치가 미비하고, 정부간 또는 정부에 대한 불신으로 다양한 조정장치들이 원활하게 작동하지 못하는 경우가 많아 법적 · 제도적 차원의 보완이 필요하다.

3. 공공갈등의 해결방식

공공갈등은 복합적인 구조를 띠고 있기 때문에 갈등의 주체, 갈등 유형, 그리고 갈등의 원인 등에 따라 다양한 접근방법으로 해결을 모색하게 된다. 공공갈등의 해결방법으로 Gladwin(1987)은 세 가지 방식을 제시하고 있는데 첫째, 법률제정, 공청회, 투표 등 공공기관의 개입에 의한 공적해결기제, 둘째, 알선, 조정, 중재 등 제3자에 의한 해결기제, 셋째, 협상, 타협, 협력적 문제해결 등 당사자들간의 자율적인 해결기제를 꼽고 있다.

이를 보다 단순화하여 갈등 당사자간의 협의와 정부를 포함한 제3자에 의한 조정으로 구분하기도 한다. 어리(Ury, 1988)는 분쟁조정을 위해 사용되는 수단을 이해관계(interest), 권리(right), 권력(power) 등 세 가지로 분류하고 있다. 공공갈등을 해결하기 위해 이처럼 다양한 방식과 수단이 동원되고 있으나, 본서에서는 법적·제도적 방식, 보상적 방식, 대체적 분쟁해결방식(ADR: Alternative Dispute Resolution), 주민선택적 방식, 심의민주적 방식 등 다섯 가지로 분류하여 살펴본다.

(1) 법적·제도적 방식

법적·제도적 방식은 가장 전통적인 접근방식으로 법규와 제도적 장치를 통한 해결방식이다. 법적 차원에서 보면 갈등해결의 공식적·강제적 방법은 소송이다. 헌법과 각종 법규는 개인들간의 갈등뿐만 아니라 정부간, 정부와 주민간 갈등해결의 기본원리와 일반적인 기준을 제시하고 있다. 행정쟁송제도(행정심판, 행정소송)와 같은 공식적 제도는 물론 관례와 같은 비공식적인 관행도 갈등해결의 토대로 작동한다.

최근에는 4대강 살리기사업, 새만금간척사업, 경부고속철도 천성산 구간 터널공사 등과 같은 대규모 국책사업을 둘러싼 이해갈등과 가치관의 대립에 사법부가 개입하는 사례가 빈번해지고 있다. 방사성폐기물처리장 입지선정으로 야기된 부안사태와 울산시 북구 사회단체의 헌법소원제기 등의 경우처럼 정부의 정책결정과 집행과정의 적법성 및 절차적 정당성에 대한 이의제기도 많아짐에 따라 의견수렴, 공청회 등 이해당사자들의 공정한 참여를 보장하는 제도적 장치들이 중요해지고 있다.

그러나 사법적 판단을 통한 갈등해결은 비용과 시간이 과다하게 투입되고, 소송이 갖는 대립적 성격으로 인해 분쟁이 재연될 소지가 많고, 가치관의 대립과 같은 갈등의 본질적인 문제는 해결하기 어렵다. 또한 법과 제도에 대한 사회적 신뢰가 결여되어 있으면 법 집행도 한계에 봉착하게 된다.

보충 15-2 4대강 살리기 사업을 둘러싼 소송사례

이명박 정부가 추진한 4대강 살리기 사업에 대해 정당·시민사회단체로 구성된 '4대강 사업 위헌·위법심판을 위한 국민소송단'은 2009년 11월 서울행정법원과 부산·대전·전주지법 등 전국 4개 법원에 4대강 저지를 위한 행정소송과 집행정지 신청을 냈다.

국민소송단은 "정부가 4대강 사업을 시행하면서 예비타당성 조사를 하지 않아 국가재정법을 위반했고, 환경영향평가를 부실하게 해 실질적으로 안한 것과 마찬가지"라고 주장했다. 이들을 또 "정부가 하천법·한국수자원공사법·문화재보호법 등을 어겼고, 지방자치단체장과 협의절차를 거치지 않아 문제가 있다"고 주장했다. 소송인단은 절차상 문제뿐 아니라 정부가 주장하는 홍수예방·용수확보·수질개선·일자리창출 등의 효과 대신 오히려 홍수 위험이 커지고, 수질오염, 생태계 파괴 등이 나타난다고 주장했다.

이에 대해 전주지법은 2011년 1월 18일 "영산강 살리기 사업 목적의 정당성, 수단의 적절성, 사업시행으로 예상되는 피해의 규모와 예상 피해에 대한 대책을 종합할 때 피고들이 재량권을 일탈·남용한 위법이 있다고 보기에 부족하다고"고 원고패소 판결을 내렸다. 재판부는 이어 "이 사업이 대운하 사업을 계획하고 있다고 인정하기 어렵고, 홍수 예방·수자원 확보라는 목적의 정당성과 이를 위한 수단의 유용성이 인정된다"고 설명했다.

이에 앞서 서울행정법원도 2010년 12월 3일 "한강살리기 사업이 절차상 위법이 있었다고 볼 수 없고 정부가 4대강 사업으로 인한 사회적 이익과 손실을 따져서 판단하는 데 있어서 법적 허용 범위를 벗어나지 않았다"고 판결했다.

국민소송단은 법원의 이같은 판결 직후 "법원이 절차적 문제만 판단하고 정책 내용의 검토없이 정부 주장만 일방적으로 들어줬다"며 항소하겠다고 밝혀

> 4대강 사업을 둘러싼 갈등은 대법원에서 최종판결을 내려할 상황이 되었다.
>
> 중앙일보, 2011. 1. 19; 2010. 12. 4.

(2) 보상적 방식

보상적 방식은 시장경제원리를 활용하는 경제적 접근으로 이해관계를 둘러싸고 진행되는 갈등해결에 유효한 방식이다. 정부간 갈등에서 행정적 수단보다는 중앙정부의 요구를 들어주는 조건으로 지원되는 각종 보조금이나 재정인센티브를 제공함으로써 유기적 협조관계를 형성할 수 있다. 국책사업이나 공공시설의 입지와 관련된 주민과의 갈등도 경제적 유인을 제공함으로써 적극적인 순응을 기대할 수 있다. 특히 부정적 외부효과(negative externalities)가 발생하는 사업이나 시설에 대해 긍정적 보상으로 상쇄하는 경매(auction) 방식도 인센티브시스템으로 활용되고 있다.

그러나 비용-편익의 불균형을 개선하기 위한 보상적 접근방식은 적절한 보상 수준과 적용 범위를 둘러싼 형평성 문제로 갈등이 재연될 수 있고, 금전적으로 환산하기 어려운 가치갈등 사안에 적용하는 데는 한계가 있다. 특정 시설입지에 따른 비용과 편익을 정확하게 측정하여 경제적 가치를 가격으로 결정하기 어렵고 적절한 보상형태나 보상정도에 대한 사회적 합의도 쉽지 않기 때문이다.

(3) 대체적 분쟁해결방식(ADR)

대체적 분쟁해결방식(Alternative Dispute Resolution)은 협상(negotiation), 조정(mediation), 중재(arbitration) 등과 같이 사법적 절차를 거치지 않고 갈등을 해결하는 방식이다. 협상은 갈등관계의 이해당사자들이 전략적으로 조우하면서 서로의 이해를 조정하여 결합이익(joint interest)을 극대화하기 위한 의사결정과정이기 때문에 합의안을 도출하게 되면 갈등이 해소될 수 있다(이달곤, 2005: 376).

협상은 제3자의 개입없이 이해당사자간의 갈등해결방안이라는 점에서 제3자가 개입하는 조정이나 중재에 비해 접근방식 및 결정의 구속력에 차이가 있다. 협상 외에도 조정, 중재, 조정중재(med-arb), 약식재판(minitrial), 중립전문가의 사실확인(neutral expert fact-finding), 약식 배심원 심리(summary jury trial) 등 다양한 형식으로 발전되고 있지만 원리면에서는 상호조정을 핵심으로 하는 협상을 기초로 하고 있다.

ADR은 사법적 해결에 비해 시간과 비용을 절감할 수 있을 뿐 아니라 합의과정을 통해 갈등당사자들간 감정적 대립을 해소하고 신뢰관계를 구축할 기회를 갖는다는 장점이 있다. 그러나 정부가 갈등당사자인 문제에 있어서는 이 방법이 적실하지 못하다는 한계가 있다. 조정과 중재의 경우 갈등당사자들간 능력이 비슷해야 하지만 정부는 민간에 비해 월등한 능력을 가지고 있고, 제3자(조정자, 중재자) 역할을 할만한 주체가 마땅하지 않다는 문제가 있다. 또한 ADR은 개인간, 집단간 이익갈등을 조정하는 점에서는 성공적이지만 가치를 둘러싼 갈등에 대해서는 적실하지 않고 갈등을 사전예방하는 기능을 수행하기 어렵다는 한계가 있다.

(4) 주민선택적 방식

주민선택적 방식은 개인이나 집단이 선거나 투표를 통해 자신의 선호를 직접 투입하는 참여민주주의(participatory democracy)의 장점을 활용한 방식이다. 협상이나 조정과 같은 대체적 분쟁해결방식(ADR)을 활용하기 어려운 상황에서는 대의제(representative system)의 한계를 보완하기 위한 국민투표나 주민투표가 개인의 선호를 표현하는 참여민주적 접근의 주요한 수단으로 활용되고 있다. 주민투표를 통한 해결방식은 투표권자의 다양한 선호를 공식적으로 반영하는 제도로서 결정에 소요되는 시간이 길지 않고 결정되는 시점이 확실하다는 장점이 있다. 특히 주민투표(referendum)는 주민발의(initiative), 주민소환(recall)과 함께 지방자치제도를 정착시키는 직접민주주의의 주요한 수단이 되고 있다. 주민투표를 활용한 갈등해소의 대표적인 사례로 경주 방폐장 입지선정을 들 수 있다.[2)]

---

2) 경주사례는 방폐장 입지선정이 주민의 의견을 충분히 반영하지 못해 실패했다고 판단하여 절차적 민주성을 대폭 강화하였다. 새로운 입지선정방식은 주민설명회와 토론회 개최를 의무화하고 민간전문가들로 부지선정위원회를 구성해 부지의 적합성을 평가하

주민선택적 방식은 공공갈등의 해결이라는 기능적 차원에서 뿐만 아니라 정책의 정당성 제고와 순응성 확보에도 크게 기여하기 때문에 다양한 참여방안이 강구되어 왔다. 그러나 주민투표는 기권이 많은 경우 주민의 선호가 제대로 반영되었다고 보기 어렵고, 소수의 의견과 선호가 무시될 수 있다는 단점이 있다. 또한 정부의 사업에 대해 일반적인 투표를 지속적으로 시행한다는 것도 불가능하고, 민주주의 대표제의 원리에도 부합되지 않는 면이 있다. 따라서 주민선택적 방식은 주민의 의견을 취합하고 협상 당사자의 자격을 심사하는 과정에서 보조수단으로 활용할 수 있을 것이다(이달곤, 2004: 373-374).

(5) 심의민주적 방식

심의민주적 방식은 심의민주주의(deliberative democracy)에 이념적 토대를 두고 참여적 의사결정을 통해 합의를 도출함으로써 갈등을 해결하는 방식이다. 심의민주주의(deliberative democracy)는 의사결정 과정에 대한 개방적이고 폭넓은 참여와 함께 참여자들의 반성적(reflective)이고 자기 성찰적(self-reflective, introspective)인 자세에 기반한 진정한 심의(authentic deliberation)를 강조한다. 다양하고 풍부한 토의과정을 통해 참여자들의 선호를 전환함으로써 결과적으로 집합적 의사결정의 질을 높이는 것을 핵심내용으로 하고 있다.

이러한 의미의 심의민주주의는 가치 다원화 시대에 다양한 이해관계를 가진 참여자들로부터 자발적이고 민주적인 소통과 토의, 합의과정을 이끌어 내어 대의제 민주주의의 한계를 보완하자는 것이다. 따라서 심의민주적 방식은 갈등당사자들 간의 이해관계 교환이나 협상의 차원을 넘어 참여와 심의를 통한 합의형성적 접근(consensus building approach)이라고 할 수 있다(정규호, 2007: 92).

구체적인 방법으로는 합의회의, 시민배심원제, 시나리오 워크숍, 공론조사 등 다양한 유형의 참여적 의사결정방법이 활용되고 있다. 그러나 심의민

는 절차를 도입하는 한편, 주민투표를 필수절차로 규정하고 주민참여를 제도적으로 보장하였다. 그러나 경쟁적 주민투표제도는 지역감정조장과 관권개입, 부정선거 등으로 주민의 선호를 적절하게 반영하지 못하였다는 평가도 있다(정정화, 2007).

주적 방식은 심의 과정이 장기간에 걸쳐 지속되기 때문에 신속한 정책결정이 필요한 경우 적용하기 어렵고, 토론과 학습을 통해 문제설정과 해결방안을 협력적으로 모색해 나가야 하기 때문에 토론과 합의문화가 형성되지 않는 상황에서는 적용하기 어렵다는 단점이 있다.

제 3 절 지방정부간 갈등과 분쟁조정

중앙집권 시대에는 중앙정부라는 단일의 의사결정기관이 지방정부간의 갈등을 조정하고 통제하기가 용이하였지만, 지방자치 시대에는 지방정부가 독자적인 의사결정권을 갖게 되고, 다수의 지방정부가 존재하기 때문에 의사결정과정에서 분쟁의 소지가 발생하게 된다. 여기서 살펴보는 지방정부간 갈등은 대개의 경우 주민과 사회집단이 가세한 지역간 대립의 양태를 띠고 있다는 점에 유의할 필요가 있다. 즉 지방정부간 갈등은 단순히 지방정부간 대립에 국한되지 않고 정부간 차원과 정부－주민간 차원의 이중적 갈등구조를 내포하고 있다. 따라서 이번 절에서 언급하는 지방정부간 갈등의 원인이나 해결방식은 앞서 설명한 공공갈등의 원인나 해결방식과 근원적 차원에서는 유사하지만, 지방정부간 관계라는 제도적·구조적 차원에 초점을 두고 있다.

1. 지방정부간 갈등의 원인

(1) 비선호시설이나 선호시설 유치를 둘러싼 지역이기주의

공공갈등을 갈등 주체별로 보면 중앙정부와 지방정부간의 수직적 갈등은 주로 권한의 배분과 관련되어 있으며, 지방정부 상호간 수평적 갈등은 지역이기주의에 기인하는 경우가 많다. 지역이기주의에 기초한 지방정부간 갈등은 발생원인도 다양하고 이질적이어서 더 복잡한 구조를 가지고 있을 뿐만 아니라 이에 대한 조정 및 해결방안도 매우 힘든 과제이다. 최근 지방정부간 갈등은 비선호시설이나 위험시설의 설치를 둘러싼 갈등이 대표적이다. 비선호시설은 이용자 또는 국가적 차원에서는 반드시 설치가 필요한 시설이지만, 설치에 따른 피해를 직접적으로 입게 되는 지방정부는 해당시설의 설치를 적극적으로 반대함으로써 상호간 갈등이 발생하게 된다. 비선호시설의 입지갈등은 해결과정에 장시간이 요구되거나 실마리를 제대로 찾지 못하는 경우가 빈번하다.

특정지역의 주민이나 지방정부가 자기 지역의 이익을 내세워 국가 전체의 이익이나 다른 지역의 이익에 반하는 행동을 하거나 그와 같은 태도를 취하는 현상을 지역이기주의라 하는데 흔히 님비(NIMBY) 또는 핌피(PIMFY)로 불린다. 이러한 지역이기주의는 정부와 주민, 중앙정부와 지방정부 그리고 지방정부 상호간에 갈등과 분쟁을 증폭시킬 뿐만 아니라, 과격한 시위를 동반한 집단행동을 만연시키고 있어 심각한 사회문제가 되고 있다.

지역이기주의는 민주화의 진전에 따른 주민의 권리의식의 신장과 환경에 대한 관심의 고조, 지방자치제 실시에 따른 주민의 입장이나 요구에 민감한 지방정치 구조, 그리고 공동체 의식의 취약 등으로 인해 야기된다. 지역이기주의를 극복하기 위해서는 공동체 의식을 함양하고 적절한 보상체계를 마련하는 한편, 갈등조정기제를 정비하고 정부사업에 이해당사자의 참여 보장과 행정에 대한 신뢰를 회복하는 것이 선행되어야 한다. 특히 비선호시설이나 위험물의 설치, 수자원 보호, 그린벨트 지정, 환경 문제 등을 둘러싼 갈등은 해당 지역 주민들에게는 막대한 생활상의 불편과 피해를 초래하기 때문에 정당한 보상체계를 구축하는 일이 매우 중요하다.

(2) 지방자치제 실시로 인한 지방정부간 경쟁의 심화

지방자치가 실시되고 지방분권이 추진되면, 개별 지방정부의 자율성이 강화된다. 또한 개별 지방정부의 공간적 지배력을 높이게 됨으로써 결과적으로 지방정부간 협력적 관계가 현실적으로 어려워질 수 있다. 다시 말해, 지방정부의 자율성과 지방분권의 강화는 수평적 정부간 관계를 강화하는 반면 정부간 협력을 어렵게 만드는 것이 현실이다.

우리나라도 중앙정부 중심의 단일국가 형태를 취하였던 1980년대까지만 해도 정부간 갈등의 문제는 생소한 개념이었다. 그러나 1991년 지방의회가 구성되고, 1995년에 주민 직선의 단체장이 등장한 이후부터는 정부간 갈등이 고조되는 양상이다. 지방자치가 실시됨에 따라 지방행정이 자치구역을 따라 이루어지고 민선단체장이 등장해 지역의 입장과 이익을 좀더 적극적으로 주장하게 되면서 다른 자치단체나 국가와의 분쟁이 발생하게 되었다.

지방자치가 실시되기 이전에 중앙정부는 인사 및 운영상의 통제와 같은 권력적이고 직접적인 방법을 사용해 지방정부를 통제해 왔다. 그러나 지방자치단체장이 주민에 의해서 직접 선출되면서 이러한 통제는 근본부터 흔들리게 되었다. 중앙정부의 강력한 수단이었던 인사통제를 행할 수 없게 되면서 자연히 지역주민과 지방정부의 이해관계 표출을 조정하고 완화하기가 쉽지 않게 되었다. 잠재되었던 갈등이 드러나고, 새로운 갈등이 발생할 수 있는 환경이 조성되면서 중앙정부와 지방정부간, 그리고 지방정부간의 갈등도 불거지게 되었다.

(3) 지방정부간 광역적 사무의 증가

앞서 언급한 대로 지방자치제의 실시로 지방정부는 중앙정부의 통제나 간섭없이 자기 책임하에 자신의 업무를 자율적, 독자적으로 처리하게 되었으며, 지방정부간에도 상호 독립하여 각자의 업무를 수행할 수 있게 되었다. 그러나 지방정부가 처리하는 업무 중에는 그 영향이 당해 지방정부의 행정구역을 넘어서 다른 지방정부에까지 미치는 것이 있으며, 두 개 이상의 지방정부가 협력하여야만 처리할 수 있는 경우도 있다. 생활권과 경제권의 확대에 따라 지방자치단체의 경계를 넘어서 발생하는 광역적 사무가 증가하여 지방자치단체간에 상호협력의 필요성이 증가하고, 그 결과로 지방정부간의 갈등 발생도 불가피해지고 있다.

광역행정을 추진하는 과정에서 초기에 생산적인 협력이 이뤄질 수 있는 핵심적인 조건은 편익과 비용의 분담문제이기 때문에 협력관계의 형성으로 인해 발생하는 이러한 경제적 불평등을 조기에 최소화하는 노력이 중요하다. 도로, 교량, 관광자원 등과 같이 인근 지방정부와 협력관계를 통해 제공하는 행정서비스는 편익과 비용구조, 권한과 책임분담 체계를 명확히함으로써 갈등의 소지를 미연에 방지할 수 있다. 이러한 수단으로는 사전협의제나 사전협약의 명문화 방식 등을 고려할 수 있을 것이다.

2. 지방정부간 갈등의 해결방식

정부간 갈등이 발생하면 당사자간의 합의를 통해 해결하거나 제3자의 조정을 통해 해결하게 된다. 가장 바람직한 방식은 갈등당사자인 지방정부간의 합의나 상호협력을 통해 해결하는 것이다. 그렇지 못할 경우 제3자가 개입하는 조정과정을 거치게 된다. 당사자간의 합의에 의한 방식은 자원의 공동관리와 상호지원, 협상을 통한 비용과 고통의 분담, 광역행정을 통한 해결 등이 있다. 제3자의 개입을 통한 조정방식으로는 상급관청이 관여하는 직권에 의한 조정, 분쟁조정위원회를 통한 조정, 행정소송과 헌법재판소를 통한 사법적 해결방식 등이 있다.

(1) 협상을 통한 당사자간 합의

정부간 관계에서 발생되는 갈등을 해소하기 위한 우선적인 방법은 당사자간 협상을 활용을 하는 것이다. 특히 협상은 어느 일방의 이익을 완전히 배제하지 않는다는 점에서 갈등해소를 위해 가장 합리적인 방법이라고 할 수 있다. 협상을 통해 합의에 도달하는 방식으로, 첫째, 자원의 공동관리와 상호지원 방안을 들 수 있다. 자원의 공동관리는 지방정부 상호간에 시설이나 자원을 공동으로 사용하거나 관리함으로써 협력 관계를 유지하는 것이다. 또한 인접 지방정부가 상이한 자원을 보유하고 있을 경우에도 상호지원을 통해 공동 이익을 추구할 수 있다. 예를 들어, 인접 지방정부에 온천과 스키장이 조성되어 있을 경우 관광객을 서로 안내해주는 유인제도를 만들 수 있을 것이다.

둘째, 지방정부간 시설의 공동 사용에 대한 협정 또는 계약을 체결해 상호 비용부담을 통한 계약적 협력관계를 유지할 수 있다. 예컨대, 특정 지방정부의 쓰레기 소각장을 다른 지방정부가 비용을 부담하고 이용하는 사무위탁의 방식을 고려할 수 있다. 비용을 부담하지 않고 서로 이질적인 고통을 분담하여 비선호시설을 공동이용하는 협력방식도 있다. 서울시 구로구와 경기도 광명시가 각각 쓰레기 소각장과 하수처리장을 공동이용하는 경우로 지방정부간 대표적인 빅딜사례라고 할 수 있다.

셋째, 지방정부간 갈등 해결에는 광역행정에 의한 방식도 있다. 광역행정은 지방정부간 공동사무를 처리하기 위한 상호협력 방식이기도 하지만, 갈등을 사전에 관리할 수 있는 제도적 장치로서도 의미가 있다. 광역행정은 여러 가지의 형태가 있지만 갈등해결과 관련된 것은 행정협의회, 지방자치단체조합, 지방자치단체협의체 등이 일반적으로 활용되고 있다. 지방정부간의 이해 조정이 필요한 경우나 이해의 대립이 표출되기 시작한 경우에 행정협의회를 구성해 갈등의 진전을 막고 공동으로 대처할 수 있다. 자치단체조합은 공동비용이 발생하거나 상시적인 공동처리 사무를 효율적으로 처리할 수 있고, 자치단체협의체를 상설화해 상호 대화 채널을 가동함으로써 조정력을 발휘할 수 있다.

(2) 분쟁조정위원회의 조정

지방정부간에 사무처리 과정에서 분쟁이 발생하면 행정자치부 장관이나 광역단체장은 당사자의 신청에 따라 조정을 할 수 있다. 다만, 그 분쟁이 공익을 현저히 저해하여 조속한 조정이 필요하다고 인정될 경우에는 당사자의 신청이 없이도 직권으로 조정할 수 있다(지방자치법 제148조 1항). 분쟁조정위원회는 시·도 간의 분쟁조정(광역과 기초간의 분쟁 포함)을 목적으로 행정안전부에 설치된 중앙분쟁조정위원회와 시·군·구의 분쟁조정을 목적으로 시·도에 설치된 지방분쟁조정위원회가 있다.

중앙분쟁조정위원회는 시·도간 또는 시·도를 달리하는 시·군·자치구간, 시·도와 시·군·자치구간의 분쟁조정을 주요 기능으로 하는데, 조정절차는 당사자의 쌍방 또는 일방의 서면신청이나 위원회의 직권상정을 통하여 소위원회가 검토하고 이를 바탕으로 위원회가 심의조정을 한다. 조정결과를 당사자에게 통보하면, 당사자는 결정사항을 이행할 의무를 지며 불이행시에는 이행명령과 대집행이 가능하다. 직권상정의 경우 직권상정 전에 일정기간을 주고 당사자들로 하여금 협의하여 분쟁을 해결하도록 하거나 분쟁조정 신청을 하도록 권고할 것을 규정하고 있다. 운영실적을 보면 2000년 4월 25일에 구성된 이후 2010년 6월까지 총 10건을 접수하여 조정 2건, 실무조정·취하 3건, 조정없는 자동종결 3건, 각하 2건의 실적을 기록하고 있다.

지방분쟁조정위원회는 지방자치단체 상호간이나 지방자치단체의 기관장 상호간에 사무를 처리할 때 의견이 달라 분쟁이 발생하였을 경우, 이에 대한 협의·조정 기능을 수행한다. 조정절차는 중앙분쟁조정위원회와 동일하며 위원회 구성 이후 10건을 접수하여, 조정 6건, 기각 2건, 취하 1건, 각하 1건의 실적을 기록하고 있다.

그러나 중앙분쟁조정위원회는 소극적인 심의활동과 갈등조정 역량의 부족, 다양한 분쟁해결기법 활용의 저조 등으로 제기능을 다하지 못하고 있다. 지방분쟁조정위원회도 기구의 소극적 운영과 사전 모니터링 기능의 부재, 낮은 실효성과 낮은 이용률이 문제점으로 지적되고 있다(은재호, 2010). 이 때문에 분쟁조정위원회에 상정되는 비율이 저조하고, 조정결과의 수용성도 낮아 갈등해소를 위한 적절한 기제로 기능하지 못하고 있다. 따라서 현행 분쟁조정위원회가 효과적으로 작동하기 위해서는 법적 권한으로 부여된 직권 상정권 등을 활용하여 적극적·능동적으로 나설 필요가 있다.

이와 함께 조정결과에 대한 이행을 강제할 수 있는 제도적 장치가 필요하다. 현실적으로 지방자치단체장은 해당 지방자치단체에 불리한 결정이 내려질 경우 이를 거부하고 법원에 소송을 제기할 가능성이 높다. 이같은 부작용을 방지하기 위해서는 조정결과를 수용하지 않을 경우 중앙정부가 재정적으로 패널티를 부과하는 방안을 도입할 필요가 있다.

(3) 사법적 해결

사법적 해결의 방식으로는 행정소송을 제기하거나, 헌법재판소의 분쟁심판을 통해 해결하는 방법이 있다. 먼저, 행정기관은 감독청의 행정행위가 위법·부당한 경우에 무효확인이나 취소·정지의 소송을 제기할 수 있다. 중앙정부의 직무이행명령 등에 대해 자치단체장이 이의가 있을 때는 이행명령서를 접수한 날로부터 15일 이내에 대법원에 행정소송을 제기할 수 있다.

또한 헌법 제111조는 국가기관 상호간, 국가기관과 지방자치단체간 및 지방자치단체 상호간에 일어나는 권한분쟁에 대해 헌법재판소의 심판사항으로 규정하고 있다. 따라서 정부간 사무권한의 갈등이 있을 경우 헌법재판소에 권한쟁의 심판을 청구할 수 있다. 헌법재판소법 제62조 제1항 제3호는 지방정부간 분쟁을 심판하는 규정으로서 광역자치단체 상호간의 권한쟁의 심판, 기초자치단체 상호간의 권한쟁의 심판 그리고 광역자치단체와 기초자치단체 상호간의 권한쟁의 심판도 헌법재판소에서 담당하도록 규정하고 있다.

참고문헌

김병준. (2009). 「지방자치론」. 서울: 법문사.

김종호 · 이창훈 · 신창현. (2004). 「환경분야 갈등유형 및 해결방안 연구」 한국환경정책 · 평가연구원.

김현조. (2009). 「지방자치론」. 서울: 대영문화사.

나태준 외. (2004). 「갈등 해결의 제도적 접근: 현행 갈등 관련 제도분석 및 대안」. 한국행정연구원.

양현모 · 이준호. (2003). 지방자치단체간 협력을 위한 행정협의회 활성화 방안: 영산강유역권 행정협의회 · 섬진강환경행정협의회 사례를 중심으로. 「한국지방자치학회보」, 15(4): 175-194.

이달곤. (2004). 「지방정부론」. 서울: 박영사.

______. (2005). 「협상론」. 제3판. 서울: 법문사.

이승종. (2003). 「지방자치론」. 서울: 박영사.

은재호. (2010). 정부간 분쟁조정제도 개선방안 연구. 「입법과 정책」, 제2권 제2호.

정규호. (2007). 정책갈등의 참여적 해결을 위한 합의형성적 접근의 의미와 과제: 한탄강댐 건설을 둘러싼 갈등을 중심으로. 「한국정책학회보」, 16(2): 91-118.

정정화. (2007). 위험시설 입지정책결정의 합리성: 방폐장 입지선정 사례를 중심으로. 「지방정부연구」, 11(2): 153-174.

조승현. (2003). 지방정부간 갈등관리에 관한 연구. 「한국행정논집」, 15(1): 183-204.

한영수. (2005). 지방자치단체간 발전적 관계에 관한 연구. 「지방정부연구」, 9(4): 7-21.

한표환 · 김선기. (2003). 지치단체간 협력사업의 유형별 성공 · 실패요인 분석과 추진방안. 「한국행정학보」, 37(3): 217-239.

Burton, J. W. (1993). "Conflict Resolution as a Political Philosophy". In Dennis, J., Sandole, D. and Hugo van der Merwe. (eds.). *Conflict Resolution Theory and Practice: Integration and Application.* Manchester: Manchester University Press.

Carpenter, Susan L. and W. J. D. Kennedy. (1987). "Environmental Conflict

Management", In Lake, Robert W. (eds.). *Resolving Locational Conflict.* New Brunswick, New Jersey: Rutgers University, Center for Urban Policy Research.

Gladwin, Thomas N. (1987). "Patterns of Environmental Conflict over Industrial Facilities in the United States, 1979–88," In Lake, Robert W. (eds.). *Resolving Locational Conflict.* New Brunswick, New Jersey: Rutgers University, Center for Urban Policy Research.

Nye, Joseph S. Jr. et al. (eds.). (1998). Why People Don't Trust Government. 박준원. (역). (2001). 국민은 왜 정부를 믿지 않는가. 서울: 굿인포메이션.

Robbins, S. P. (1974). *Managing Organizational Conflict,* Englewood Cliffs: Prentice Hall.

Stein, Robert M. (1980). "Functional Integration at the Substate Level: A Policy Approach." *Urban Affairs Quarterly,* 16(2): 211–233.

Ury, W. L., Brett, J. M., and Goldberg, S. B. (1988). *Getting Disputes Resolved: Designing Systems to Cut the Costs of Conflicts.* San Francisco: Jossey–Bass.

Weiss, J. A. (1987). Pathways to Cooperation among Public Agencies. *Journal of Policy Analysis and Management.* 7(1).

국문색인

ㅊ

ㅋ

영문색인

공저자약력

이달곤

[약력]

서울대학교 공과대학 졸업(공학사)
서울대학교 행정대학원 졸업(행정학 석사)
미국 East Carolina 대학교(정치학 석사)
미국 Harvard 대학교 Kennedy School 졸업 (정책학 석사·박사)
서울대학교 행정대학원 교수
서울대학교 행정대학원 원장
지방행정연구원 원장
18대 국회의원
한국행정학회 회장
행정안전부 장관
가천대학교 행정학과 석좌교수

[저서]

협상론(2005, 법문사)
지방정부론(2004, 박영사)
노사협상전략(1989, 한국경제신문)
협상의 미학(2019, 박영사)

하혜수

[약력]

경상대학교 행정학과(행정학사)
서울대학교 행정대학원 석사(행정학석사)
서울대학교 행정대학원 박사(행정학박사)
경기개발연구원 연구위원
상주대학교 행정학과 교수
영국 버밍엄대학교 연구교수
서울행정학회 부회장
정책분석평가학회 편집위원장
한국지방행정연구원장 역임
경북대학교 행정학부 교수(현재)

[저서]

새행정학(2005, 공저)
지방인사혁신론(2007, 공저)
자치구역개편론(2006, 공저)
협상의 미학(2019, 박영사)

정정화

[약력]

한국외국어대학교 법학과(법학사)
서울대학교 행정대학원(행정학석사)
서울대학교 행정대학원(행정학박사)
미국 럭거스대학교 방문교수
한국일보 기자
지방이양추진위원회 실무위원
국가균형발전위원회 전문위원
고용노동부 옴부즈만(현재)
행정개혁시민연합 갈등관리위원장(현재)
서울행정학회 회장
강원대학교 행정학과 교수(현재)

[저서]

현대사회와 NGO(공저, 2010, 대영문화사)

전주상

[약력]

서울대학교 사법학과(법학사)
서울대학교 행정대학원(행정학 석사)
서울대학교 행정대학원(행정학 박사)
교육과학기술부 정부출연연구기관 평가위원
통계청/중소기업청 자체평가위원회 평가위원
충청남도 정책자문단 자문위원
기획재정부 공기업－준정부기관 경영평가위원
기획예산처 정부투자기관 경영평가위원
행정안전부 지방자치단체 합동평가단 평가위원
행정자치부 지방행정혁신 평가위원
한성대학교 행정학과 교수(현재)

[저서]

지방정부의 갈등관리: 이론과 실제(2007, 배재대학교출판부)

김철회

[약력]
서울대학교 국제경제학과(경제학사)
서울대학교 행정대학원(행정학석사)
서울대학교 행정대학원(행정학박사)
한국연구재단 연구원
국회예산정책처 예산분석관
기획재정부 경영평가위원
지방분권촉진위원회 실무위원
한남대학교 행정학과 교수(현재)

[저서]
테마행정학(2007, 공저, 법우사)
테마행정사례연구(2011, 공저, 법우사)

지방자치론

2012년 3월 15일 초판발행
2019년 9월 10일 중판발행

저 자 이달곤·하혜수·정정화·
전주상·김철회

저자와 협의하여 인지첩부를 생략합니다

발행인 안종만·안상준
발행처 (주) 박영사
서울특별시 종로구 새문안로3길 36, 1601
전화 (733)6771 FAX (736)4818
등록 1959. 3. 11. 제300-1959-1호(倫)

www.pybook.co.kr e-mail: pys@pybook.co.kr

정 가 28,000원 ISBN 978-89-6454-221-7